# 후삼국 시대

45년간 펼쳐진 영웅들의 명승부

# 전쟁 연구

이도학 지음

주류성

후삼국시대 전쟁 연구
- 45년간 펼쳐진 영웅들의 명승부

지은이 ㅣ 이도학
펴낸이 ㅣ 최병식
펴낸날 ㅣ 2015년 6월 30일
펴낸곳 ㅣ 주류성출판사
주소 ㅣ 서울특별시 서초구 강남대로 435 주류성빌딩 15층
전화 ㅣ 02-3481-1024(대표전화)  팩스 ㅣ 02-3482-0656
홈페이지 ㅣ www.juluesung.co.kr

값 22,000원

ISBN  978-89-6246-242-5  93910

# 후삼국
## 시대

45년간 펼쳐진 영웅들의 명승부

## 전쟁 연구

# 머리말

　우리 나라 역사상 전쟁의 빈도가 가장 많았을 뿐 아니라 격렬했던 시대를 지목하라면 단연 후삼국시대를 거론하지 않을 수 없다. 상주 지역에서 원종과 애노의 난이 터지고 순천만의 해룡산성에서 신라군 비장 직에 있던 진훤이 거병한 889년부터 고려에 의한 한반도의 재통일이 이루어지는 936년까지의 45년간은 승부에 승부를 거듭하던 동란의 시기였다.

　우리 나라 역사상 가장 숨가쁘게 전개되었던 후삼국시대의 전쟁에 대한 체계적인 정리가 필요해졌다. 물론 이 시대의 전쟁에 관한 연구와 논저가 출간된 바 있다. 그러나 현장을 둘러보고 현장감 있는 논설을 제기하지는 못하였다. 아쉬움이 컸다. 이에 대한 대안으로 본서에서는 한반도 중·남부 지역에서 장장 45년간에 걸쳐 펼쳐진 전쟁의 역사를 집성해 보고자 하였다. 단순한 집성이 아니라 전쟁의 성격과 진행 과정을 면밀하게 추적하여 해당 전쟁에 대한 총체적 인식이 가능하도록 하고자 했다. 그러한 작업의 일환으로 전쟁

유적 자체를 답사하면서 복기(復碁)하는 정서로써 살펴보았다. 전쟁의 주체가 된 기분으로 과거의 전장(戰場)에서 동선을 비롯한 전쟁 상황을 재현해 보았다. 물론 이러한 노력은 본서에 모두 용해되어 담겨 있는 것은 아니다. 그렇지만 집필에 자신감을 심어준 것은 틀림 없는 사실이었다.

 본서에 등장하는 대표적인 전쟁은 다음과 같다. 즉 궁예가 상전이었던 양길을 꺾고 한반도 중부권을 제패하는 일대 전기가 되었던 비뇌성(안성) 전투, 진훤과 왕건이 격돌했던 문막(원주) 전투, 영산강유역과 서남해안 지배권을 둘러싸고 궁예나 왕건의 군대와 진훤의 군대가 격전을 치렀던 나주 일원, 후백제군의 대야성(합천)으로의 진출 과정, 경상남도 의령에서 일어난 왕봉규의 성장과 지금의 서부 경남 지역에 대한 지배권 쟁탈전, 남해안 도서(島嶼)들에서의 격돌, 조물성(의성) 전투, 후삼국시대사에서 클라이막스를 기록하는 공산(대구) 전투, 후백제가 내리막길을 걷게 되는 고창(안동) 전투와 운주성(홍성) 전투, 후백제 해군이 기습적으로 고려 왕궁을 포위하였던 발성 전투, 후백제 신검 왕자가 신라 도성 근처까지 진격했던 사탄 전투, 후삼국시대를 마무리 짓는 일리천(구미) 전투와 황산(논산) 전투를 꼽을 수 있다.

본서는 한국전통문화대학교 '2013년도 교원 학술연구 지원사업'의 일환으로 출간되는 것이다. 본서의 집필과 관련한 자료 정리와 현장 답사에 있어서 대학원의 송영대 군과 이주연 군이 많은 노고를 아끼지 않았다. 이 자리를 빌어 고마움을 표한다. 그리고 현리교회 마당에 벚꽃이 늦게까지 만개했던 재작년 봄날, 따뜻하게 후의를 베풀어주신 근암성 밑의 최상헌 목사님께 특별히 감사를 드린다. 광주가 제일 무더웠던 작년 여름 날, 노구에도 불구하고 뙤약볕 속에서 나주 지역의 전장을 안내해 주신 전남 도청의 국장 출신이신 이진영 선생님께도 감사를 올린다.

여러 인연들로 인해 세상에 선을 보이게 된 본서가 후삼국시대의 전쟁과 인간, 그리고 사회와 시대상을 이해하는 데 일조하기를 바랄 뿐이다.


2015년 6월 11일


이 도 학

# 차 례

# I

# 진훤의 세력 형성과
# 전주 천도

# 1. 진훤의 출신과 성장

후삼국시대를 활짝 연 영웅은 백제를 부활시킨 진훤과 태봉을 세운 궁예였다. 진훤은 궁예를 몰아낸 왕건에 맞서 국토의 통일을 시도했으나 후백제가 멸망함으로써 후삼국시대도 종식되었다. 진훤은 후삼국시대의 처음과 끝을 함께 한 유일한 대왕이었다. 본고에서는 그러한 진훤의 세력 형성 과정과 국가 운영에 대해 살펴보도록 하겠다.

진훤은 상주 가은현 사람이다. 본래 성은 이씨였는데 후에 진(甄)으로 성을 삼았다. 그의 아버지 아자개는 농사를 지으며 살았는데, 나중에 집안을 일으켜 장군이 되었다. 처음 진훤이 강보에 싸였을 때 아버지가 들에서 밭을 갈고 있었다. 어머니가 남편에게 밥을 주려고 아이를 수풀 밑에 두었더니, 호랑이가 와서 그에게 젖을 먹였다. 마을 사람들이 듣고는 이상히 여겼다. 장성하자 모습이 웅장하고 기이했으며, 뜻과 기상이 기개가 있어 평범하지 않았다.[1]

진훤은 가은현, 즉 지금의 문경시 가은읍 출신이었다. 그의 아버지인 아자개는 농민 출신으로 나타난다. 반면 『삼국유사』에 인용된 『이제가기』에는 아자개가 신라 진흥왕의 혈통으로 적혀 있다. 그러한 아자개의 장남이 진훤이었다.[2] 이 계보대로 한다면 진훤의 원계(遠系)는 신라 진흥왕과 관련된 김씨 혈통이라는 이야기가 된다. 즉 진흥왕→구륜공→선품→작진→아자개→진훤으로 이어지는 계보이다. 진흥왕은 534년에 출생한 것으로 보인다. 이것을 기준으로 1세대 30년씩 잡는다면 684년경에 진훤이 출생해야만 한다. 그러나 이는 진훤이 태어난 867년과는[3] 무려 180년, 6세대의 시차가 발생하는 것이다.[4]

이러한 문제점은 차치하더라도 진훤의 가계가 신라 왕실과 연결되었을 가능성은 전혀 없다. 이씨 집안의 계보에 신라 김씨 왕가의 계보가 서술되어 있다는 자체가 선뜻 이해되지 않기 때문이다. 따라서 이 계보는 어떠한 정치적 의도에서 생겨난 것으로 보인다. 이와 관련해 『고려사』에 보이는 고려 태조 왕건의 가계 설화 모두에서 왕건의 원조(遠祖)로 '성골장군 호경'이 등장하고 있는 점과 연관이 있는 듯하다. 신라 왕실에서도 이미 7세기 전반에 사라진 성골 신분이, 왕건의 가계 속에서 부활하여 등장한 것이다. 주지하듯이 이는 신라 정서랄까 전통의 계승이라는 차원에

---

1) 『三國史記』권50, 甄萱傳. "甄萱 尙州加恩縣人也 本姓李 後以甄爲氏 父阿慈介 以農自活 後起家爲將軍 初萱生孺褓時 父耕于野 母餉之 以兒置于林下 虎來乳之 鄕黨聞者異焉 及壯 體貌雄奇 志氣倜儻不凡"

2) 『三國遺事』권2, 紀異, 後百濟 甄萱 條. "李磾家記云 眞興大王妃思刀 諡曰白駜夫人 第三子仇輪公之子波珍干善品之子角干酌珍 妻王咬巴里生角干元善 是爲阿慈介也. 慈之弟一妻上院夫人 第二妻南院夫人 生五子一女 其長子是尙父萱 二子將軍能哀 三子將軍龍盖 四子寶盖 五子將軍小盖 一女大主刀金"

3) 『三國遺事』권2, 後百濟 甄萱 條에 보면 "咸通八年丁亥生"이라고 하였다. 이 해는 867년이다.

4) 李道學, 『진훤이라 불러다오』, 푸른역사, 1998, 25쪽.

서 생겨난 것으로 보인다. 진훤의 가계 역시 그가 신라계 호족들을 포섭
해 가는 과정에서 생겨난 것으로 간주한다면 가능할까?

진훤의 출신지인 가은은 백제와 직접적인 관련이 있는 곳은 아니다.
그러나 현지 전승에 따르면 백제가 멸망된 이후 백제인들은 신라에서 노
예생활을 하지 않으려고 사방으로 흩어졌다고 한다. 이 중에서 경제적 기
반이 있는 백제인들이 산간오지인 지금의 문경시 가은읍의 아차 마을로
피난해 와서 살았다는 이야기가 전해진다.[5] 즉 진훤의 출생지는 지금의
문경시 가은읍 갈전[갈밭] 2리 아차(아채) 마을이다. 이곳과 그 주변에는
진훤과 관련한 전설들이 전하고 있다.

아차 마을과 그 주변
에는 진훤과 관련한 설화
가 전해 내려온다. 먼저
아차 마을 이름의 유래를
장군 무용담과 긴밀하게
연결된 용마 전설에서 찾
고 있다. 진훤은 마을 뒷
산의 큰 바위 밑 굴에 살
고 있는 난폭한 백마를
낚아채 자신의 말로 만든

▲ 문경 농암면 연천리의 말바위

후, 날마다 타고 다니면서 길들여 명마를 만들었다고 한다. 또한 문경시
농암면 연천리 개천가에는 말이 스친 자국이라고 하여 '말바위'라는 암석
이 남아 있다. 말바위 아래에는 개천이 있는데, 이곳에서 말 한 마리가 나

5) 문경시, 『甄萱의 出生과 遺蹟』, 1996, 80쪽.
   李道學, 『진훤이라 불러다오』, 푸른역사, 1998, 26쪽.

와서 놀다가, 사람이 곁에 가면 물 속으로 들어갔다고 한다. 그래서 진훤이 꾀를 내어 냇가에 허수아비를 세워 놓았고, 이 말이 허수아비를 매일보자 두려워하지 않았다는 것이다. 그리고 진훤이 허수아비 뒤에 서 있다가 물 밖으로 나온 말을 꽉 붙잡아 키웠다고 전한다. 현재 말바위(말바우)가 있는 마을 도로를 '말바우길'이라고 부르고 있다. 그리고 이곳 마을에 있는 교회 이름도 마암(馬巖)인 것이다.

어느 날 진훤은 소나무를 향해 활시위를 당김과 동시에 부리나케 말을몰았다. 그런데 소나무에는 이미 화살이 박혀 있었다. 자신의 말이 화살보다 느리다고 생각한 진훤은 홧김에 백마의 목을 베었다. 그와 동시에화살이 소나무에 날라와 턱하고 박혔다. 순간 진훤은 '아차'하는 탄식을내뱉었다. 앞서 박혀 있던 화살은 전날에 연습할 때 쏘았던 화살이었다.이로 인하여 진훤이 출생한 마을을 아차라고 일컫게 되었다고 한다.[6] 진훤의 출생지에 대해서는 다음과 같은 기록도 전한다.

> 또 고기(古記)에는 이렇게 말했다. 옛날에 부유한 사람이 광주(光州) 북촌에서 살고 있었다. 그에게는 딸이 하나 있었으며, 자태와 용모가 단정하였다. 딸이 아버지께 말하기를, "밤마다 자줏빛옷을 입은 남자가 침실에 와서 관계하고 갑니다" 하자 아버지는"너는 긴 실을 바늘에 꿰어 그 남자의 옷에 꽂아 두어라" 하여 그말대로 시행했다. 날이 밝아 그 실이 간 곳을 찾아보니 북쪽 담 밑에 있는 큰 지렁이 허리에 꽂혀 있다. 이로부터 태기가 있어 사내아이를 낳았는데 나이 15세가 되자 스스로 진훤이라 일컬었다.[7]

---

6) 한국학중앙연구원, 『한국구비문학대계』. 제목 : 견훤의 실수, 제보자 : 전우화, 채록지 : 경상북도 문경시 농암면 화산리 285-5 노인회관, 채록일 : 2010. 02. 08.

위의 인용에서 보듯이『삼국유사』에는 진훤의 출생지를 광주 북촌이라고 하였다. 진훤의 어머니가 '광주' 사람으로 적혀 있다. 그런 관계로 그의 출신지를 호남 쪽으로 보는 견해가 제기되었다.[8] 그러나 진훤의 출신지는 분명하고도 구체적으로 역사책에 명시되어 있다. 그러므로 '광주 북촌'은 글자 형태가 비슷한 도회 이름인 '상주 북촌(尙州北村)'의 잘못이라고 보겠다. 실제 진훤이 출생한 아차 마을은 상주 북쪽에 잇대어 있는 동리인 것이다. 따라서 이는『삼국유사』에서 더러 발견되듯이 '光州'와 글자형태가 비슷한 '尙州'를 오각(誤刻)한 것으로 단정된다. 오각의 사례는 정덕본『삼국유사』에서 제법 확인된다. 가령 후백제 진훤 조만 보더라도 '완산(完山)'의 '完'을 자형(字形)이 닮은 '아(兒)'로 오각하였다. 진훤의 가계와 관련하여 동일한 조목에 2차례나 등장하는『이제가기(李磾家記)』는『이비가기(李碑家記)』로도 판각되었다. 게다가『고기』의 진훤 출생설화에 이어진 경복 원년 임자(892)의 완산군 도읍 기사와, 진훤의 넷째 아들 금강이 즉위하여 일리천 전투를 지휘했다는 기사는『고기』의 신뢰성을 크게 떨어뜨린다.[9] 이러한 여러 정황에 비추어 볼 때『고기』에 수록된 '광주 북촌'은 '상주 북촌'의 오각 가능성을 한층 짙게 해 준다.

물론 광주에는 진훤이 출생했다는 '생룡동(生龍洞)'을 비롯하여 '진훤대(甄萱臺)'가 있다. 그러한 지명은 진훤의 출생지여서가 아니다. 광주가 그의 초기 근거지였던 데서 유래한 것이다. 후백제를 세운 진훤의 출신지가

---

7)『三國遺事』권2, 紀異, 後百濟 甄萱 條. "又古記云 昔一富人居光州北村 有一女子 姿容端正 謂父曰 每有一紫衣男到寢交婚 父謂曰 汝以長絲貫針刺其衣 從之至明尋絲於 北墻下 針刺於大蚯蚓之腰 後因姙生一男 年十五 自稱甄萱"

8) 金庠基,「甄萱의 家鄕에 對하여」『東方史論叢』, 서울대학교 출판부, 1984, 200~203쪽. 朴敬子,「甄萱의 勢力과 對王建 關係」『淑大史論』11・12, 1982, 132~134쪽.

9) 姜鳳龍,「甄萱의 勢力基盤 擴大와 全州 定都」『후백제 견훤정권과 전주』, 전북전통문화연구소, 2000, 41쪽.

▲ 진훤 탄생설화가 남아 있는 금하굴

문경시 가은읍 일대임은 문헌 기록과 더불어 현지의 무수한 전설과 관련 유적에서도 뒷받침된다.[10]

이와 관련해 진훤이 자신의 출생 지역을 속여 광주 출신이라고 했다고 보는 견해도 있다. 그러나 후삼국시대에 광주는 무주로 불렸고, 오늘날과 같이 광주로 명칭이 바뀐 것은 940년 이후였다. 또한 과연 출신지를 광주로 속인다고 해서 당시 이 지역에서 살았던 후백제 사람들이 몰랐다고 보기도 어렵다. 때문에 오각 가능성을 염두하지 않고 출생 지역을 속였다고 보는 견해는 옳지 않다고 생각한다.

실제 아차 마을에는 진훤의 출생과 관련하여 지렁이가 살았다는 동굴이 남아 있다. 즉 순천 김씨 금하정(金霞亭) 뒷켠에 자리 잡고 있는 금하굴(金霞窟)이다. 이곳은 진훤의 출생과 관련된 설화가 전해 오고 있다.[11] 현재 문경시는 가은읍 갈전리 산170-1 일원을 '견훤유적지'라는 이름의 관광지로 조성해 놓았다. 이곳에는 2002년 6월에 숭위전(崇威殿)이라는 사당을 건립하였고 금하굴 주변을 일체 정비하였다.

현지의 안내판에 적혀 있는 설화의 내용은 다음과 같다. 즉 부유한 농

---

10) 이에 관한 정리·소개는 문경시, 『甄萱의 出生과 遺蹟』, 1996을 참조하기 바란다.
11) 한국학중앙연구원, 『한국구비문학대계』. 제목 : 지렁이의 아들 견훤, 제보자 : 남보원, 채록지 : 경상북도 문경시 가은읍 성저 1리 마을회관, 채록일 : 2010.02.02.

가에서 과년한 외동딸이 있었는데, 밤마다 미소년이 찾아와 사랑하여 몇 달이 지나 임신하게 되었다고 한다. 이에 그 아버지가 실을 꿴 바늘을 소년의 옷에 꿰라고 하였고, 아침에 그 실을 따라가니 굴 속에 커다란 지렁이 한 마리가 죽어 있었다고 한다. 지렁이가 살던 굴은 아침 저녁으로 오색이 영롱하고 풍악소리가 요란하여 금하굴이라 이름하였고, 멀리서 이 소문을 듣고 많은 사람들이 찾아오므로 마을에 살던 부호가인 심장자가 하인을 시켜 금하굴을 묻어버렸다고 한다. 그 후로 풍악 소리도 끊어지고 심장자 집도 졸지에 망했다고 전한다. 해방 후 다시 굴을 원형대로 파냈으나 풍악소리는 더 이상 들리지 않았다고 한다.

진훤의 집안은 문경시 농암면의 가장 서쪽 오지인 궁기리(宮基里)의 궁터에 자리 잡고 있었다고 한다. 궁터라는 지명은 후백제왕 진훤이 출생한 곳인데서 유래하였다고 한다. 즉 임금이 나온 곳이라고 해서 궁터라는 지명이 생긴 것이다.[12]

현재 상주시 화서면 하송 1리 청계 마을 중심에는 진훤왕의 위패를 모신 선신당(仙神堂)이 나타난다. 선신당은 한 칸으로 이루어진 맞배지붕 당집이다. 사당의 빗장을 풀고 들어가면 "후백제대왕신위"라고 적힌 위패가 모셔져 있다. 상량문에 적혀 있는 '도광 19재(道光十九載)'는 1839년이다. 매년 정월 보름과 시월

▲ 궁기 1리 표지석

보름에 동고사를 올리고 있다.[13] 현재 이 선신당의 옆쪽 벽면에는 '후백

12) 李道學, 『진훤이라 불러다오』, 푸른역사, 1998, 38~40쪽.
13) 金基卓, 「尙州 甄萱社堂의 聖神閣 考察」 『尙州文化硏究』 15, 慶北大學校 尙州文化硏

제 진훤왕묘(後百濟甄萱王廟)'라는 편액이 걸려 있다. 그 안에 모셔진 위패에는 하얀 글씨가 훼손된 것처럼 약간 지워져 있다. 선신당 안쪽 벽면에는 개건기가 나무에 적혀 걸려 있고, 마주보는 벽면에는 사당과 논산의 진훤왕릉, 그리고 진주

▲ 상주시 화서면 하송 1리 청계 마을의 선신당

동고산성 사진과 설명을 프린트해서 걸어 놓았다.

진훤의 아버지인 아자개는 본래 농민이었지만 이후에 장군이 되었다고 한다. 이는 신라 말 어지러웠던 사회적 배경으로 인한 것이었다. 아자개가 세력을 형성하였던 상주는 사벌주라고도 하며, 889년에 원종과 애노의 난이 일어난 곳이었다. 원종과 애노의 난이 일어난 시점에 진훤은 상주에서 벗어나 서남해 지역에서 복무하고 있었다. 진훤에 대해 살펴보기 전에, 후삼국시대 개막의 도화선이 되었던 원종과 애노의 난을 살펴보면 다음과 같다.

3년, 국내 여러 주와 군에서 공부(貢賦)를 바치지 않아 창고가 비고 국가 재정이 어려워지자, 왕이 사신을 파견하여 독촉하였다. 이로 인하여 도처에서 도적이 봉기하였다. 이때 원종·애노 등이 사벌주에 웅거하여 반란을 일으켰다. 왕이 나마 영기에게 명령하

究所, 2005, 15~16쪽.

여 그들을 체포하게 하였으나, 영기가 반도의 보루를 보고 두려워하여 진군하지 못하자, 촌주 우연이 최선을 다하여 싸우다가 여기에서 전사하였다. 왕이 칙명을 내려 영기를 참수하고, 나이가 10여 세인 우연의 아들로 하여금 아버지의 뒤를 이어 촌주가 되게 하였다.[14]

889년에 일어난 원종과 애노의 난은 신라 사회의 문제점이 폭발한 것이었다. 당시 신라는 가뭄을 비롯한 천재지변이 일어나면서 민심이 흉흉해졌다. 신라 정부는 흉작으로 국가의 재정을 확보하지 못하자 지방을 들볶았다. 신라 지배층의 호화롭고 사치스런 생활을 계속 유지하려면, 흉년의 경우 평시보다 더 많은 재원이 필요하였다. 경주의 신라 지배층들은 오랜 평화로 인하여 백성들의 생활상에는 관심이 없었다. 게다가 지방민들은 피부를 맞대고 있는 호족들로부터 수탈을 당하고 있었다. 이중의 수탈에 허덕이고 있던 지방민들은 급기야 이판사판의 심정으로 반란을 일으키게 되었다.

원종과 애노의 난은 상주라고도 하는 사벌주에서 일어났다. 신라의 도성에서 비교적 가까울 뿐 아니라 원래의 신라 지역이었던 사벌주에서 일어난 농민 반란은 큰 반향을 일으켰다. 신라 조정에서도 이를 묵과할 수는 없었기 때문에 군사를 보내어 진압하고자 하였다. 그러나 신라에서 파악한 반란의 규모와, 실제 반란의 규모는 큰 차이를 보였다. 신라 중앙에서 보낸 영기는 반란군의 요새를 보고 공격할 엄두조차 내지 못하였다.

---

14) 『三國史記』 권11, 眞聖王 3년 조. "三年 國內諸州郡 不輸貢賦 府庫虛竭 國用窮乏 王發使督促 由是 所在盜賊蜂起 於是 元宗哀奴等據沙伐州叛 王命奈麻令奇捕捉 令奇望賊壘 畏不能進 村主祐連 力戰死之 王下勅斬令奇 祐連子年十餘歲 嗣爲村主"

그만큼 농민 반란군의 기
세는 드셌기에 신라 정부
군은 절절맬 정도였다.
촌주 우연이 이끄는 지방
군이 분전하였으나 우연
이 전사했을 정도로 농민
반란군의 기세는 드높았
다. 결국 반란을 진압하
지 못한 정부군 사령관

▲ 상주 사벌국 왕릉

영기는 책임을 면할 수 없었다.

　　원종과 애노의 난이 진압되었다는 기록은 없다. 그렇다고 이들의 존재
가 사서에서 확인되는 것도 아니다. 이로 볼 때 이들은 전사하였고, 그 잔
류 세력들은 주변 호족세력들에게 흡수된 것으로 짐작된다. 이와 관련해
주목해야 할 인물이 아자개이다. 『삼국유사』에 따르면 아자개는 광계 연
간(885~887)에 사벌성에서 장군을 칭하였다고 한다.[15] 또한 『신증동국여
지승람』에는 다음과 같은 기록이 보인다.

　　　사벌국고성(沙伐國古城)[병풍산(屛風山) 아래에 있다. 성 옆에 높고
　　둥근 구릉(丘陵)이 있는데, 세상에서 전하기를 '사벌국의 왕릉(王陵)'이라
　　한다. 신라 말년에 진훤의 아버지 아자개가 이 성에 웅거하였다.][16]

---

15) 『三國遺事』 권2, 紀異, 後百濟 甄萱 條. "父阿慈个 以農自活 光啓中據沙弗城[今尙
　　州] 自稱將軍"
16) 『新增東國輿地勝覽』 권28, 慶尙道, 尙州牧 條.

▲ 상주 병풍산성에서 바라본 낙동강

　여기에서 사벌국고성은 상주시 병성면에 소재한 지금의 병풍산성을 가리킨다. 병풍산성의 북쪽에는 경명왕의 아들로 전해지는 박언창의 무덤인 사벌국왕릉이 바라다 보이며, 동쪽으로는 낙동강이 굽이돌고 있다. 이제까지와는 달리 2014년 4월 26일에 병풍산성을 답사할 때는 성문 쪽이 아닌 성벽 쪽으로 올라가면서 과연 적이 쉽게 공격하기 힘들겠다는 생각이 들었다. 성의 정문은 북쪽에 있었으며, 이곳에는 평지가 넓게 펼쳐지며 마치 늪지대처럼 질퍽거렸다. 그리고 성 밑에는 고분군이 펼쳐져 있었다.

　아자개는 885~887년에 병풍산성에서 세력을 형성하였다고 한다. 원종과 애노의 난이 889년에 이루어졌다는 점을 미루어본다면, 양자는 밀접한 관련이 있었을 것으로 짐작된다. 광계 연간이라는 연대를 그대로 믿지 못한다고 하더라도 아자개가 농민에서 장군이 된 것은 그만한 연유가 있었기 때문일 것이다. 원종과 애노의 난 때 아자개가 어떤 식으로든 활약하였기 때문으로 보인다. 즉 아자개는 원종과 애노의 난을 이어 가면서 지방에서 세력을 형성하였을 수 있다. 혹은 신라 중앙군도 진압하지 못하였던 원종과 애노의 난을 진압한 게 아닌가 싶다. 아자개는 시대를 잘 이용하여 사람들의 인망을 사고 지역을 안정시켰기에 상주 지역에서 장군을 칭하였던 것으로 보인다. 어쨌든 농민항쟁의 와중에서 지도층의 변화가 수반되게 마련이다. 또 그러한 선상에서 상주 가은현 농민 출신의 아자개는 이곳을 장악한 후 장군을 칭한 것으로 추정할 수도 있다.[17]

---

17) 金庠基는 아자개를 원종과 애노 등의 一派로 지목한 바 있는데(金庠基, 「甄萱의 家鄕에 對하여」『東方史論叢』, 서울대학교 출판부, 1984, 198쪽) 정확한 지적으로 판단된다.

# 2. 남해 지역의 장악과 세력 형성

진훤은 아자개의 세력 형성과는 달리 종군하여 서울인 경주로 들어갔다가 서남쪽 해안에서 방수(防戍)했다고 적혀 있다.

그가 종군하여 서울에 들어갔다가 서남해로 가서 지키게 되었는데, 잘 때에도 창을 베고 적을 기다렸다. 그는 용기가 있어 항상 다른 군사들보다 앞장 섰으며, 이러한 공로로 인하여 비장이 되었다.[18]

위의 기록에서는 적(敵)이라는 존재가 보인다. 여기에서 적은 해적을 가리킨다. 해적들은 주로 재물을 가득 실은 상선(商船)을 약탈 대상으로 삼았다. 당시 상선들은 당과 신라가 교류하는 상선이나, 혹은 신라 내에

---

18) 『三國史記』 권50, 甄萱傳. "從軍入王京 赴西南海防戍 枕戈待敵 其勇氣恒爲士卒先 以勞爲裨將"

서 교류하는 상선을 주로 노렸다. 이들을 보호하기 위해 신라 정부군 선단은 해적들을 소탕해야 했다. 바로 진훤이 그 역할을 맡았던 것으로 보인다.[19]

그러면 여기서 말하는 서남해는 어느 지역을 가리킬까? 그동안의 연구에서는 진훤의 초기 세력을 나주 지역으로 지목하였다. 즉 진훤이 지배력을 강화하자 이 일대에서 해상활동을 통해 세력을 쌓은 토착세력들이 불만을 품고 궁예 정권과 연결하고 진훤에게 등을 돌렸다고 보기도 하였다.[20] 그러나 나주는 서해에 해당되므로 '서남해'라는 공간적 범위를 포괄하지 못하고 있다. 오히려 '서남해'는 지리상 순천만 일대가 적합해 보인다.

그러한 근거는 진훤의 최측근 세력의 출신지를 꼽을 수 있다. 먼저 진훤의 인가별감(引駕別監)이었던 김총(金摠)은 죽어서는 순천부의 성황신이 되었다고 한다.[21] 김총에게만 확인되는 인가별감은 지금의 대통령 경호실장과도 같다. 『수북정집』에서는 김총에 대해 신라의 인가별감으로 평양군(平陽君)이라고 하였다.[22] 그러나 김총이 신라에 벼슬했다는 기록은 『신증동국여지승람』 기록과 부합하지 않는다. 게다가 당시 순천 지역을 진훤이 장악하고 있었다는 점에서 『수북정집』의 내용을 수용하기는 어렵다.

김총의 묘소와 그의 사당인 동원재(東源齋)는 순천시 주암면 주암리 방축동에 남아 있다. 김총은 진례산의 산신으로 일컬어졌기 때문에 출신지

---

19) 李道學, 「新羅末 甄萱의 勢力 形成과 交易 -張保皐 以後 50年-」 『新羅文化』 28, 2006, 217~218쪽.

20) 신호철, 「高麗 건국기 西南海 지방세력의 동향 : 羅州 호족의 활동을 중심으로」 『역사와 담론』 58, 2011, 4~5쪽.

21) 『新增東國輿地勝覽』 권40, 全羅道, 順天都護府 條.

22) 『水北亭集』 「水北亭集附錄」 行狀[黃鈺], "以新羅引駕別監平陽君諱聰"

▲ 순천 주암면 주암리 방축동의 김총 유적지

를 진례산 주변으로 간주하기도 한다.[23] 지금의 여수시 상암동에 위치한 영취산이라고도 하는 진례산은 순천과는 30㎞ 정도 떨어져 있다. 순천부의 성황신이 여수 진례산의 성황사에 모셔졌다는 점은 쉽게 이해가 되지 않는 부분이다. 그러나 생전에 두 지역과 밀접한 관련이 있었던 인물이었다고 본다면 이러한 특수성을 감안할 수 있다고 생각한다.

어쨌든 김총의 성황사는 여타 성황사와는 달리 생활 근거지에서 너무나 떨어진 곳에 소재하였다. 그 이유로서는 김총이 비록 순천 출신이기는 하지만 지역적 기반이 취약했을 가능성이다. 아니면 그가 진훤의 부하로서 순천 해룡산성에서 근무한 인연에다가 인가별감이라는 진훤의 최측근 인물인 관계로 순천 김씨의 시조가 되었을 수 있다. 혹은 그가.순천 지역 토착 호족 출신은 아니었기에 지역적 연고가 없는 여수 땅에 성황당이 건

---

23) 변동명, 「金摠의 城隍神 推仰과 麗水·順天」『전남사학』 22, 2004, 163쪽.

▲ 여수 진례산 원경

립된 것으로 해석해 볼 수 있지 않을까. 다만 순천 지역의 구전 설화에 따르면 전사(戰死)한 김총의 시신을 찾지 못하여 밤나무로 사람의 모양을 만들어 초혼장(招魂葬)을 했다고 한다.[24] 진훤 곁에서 활약하던 김총은 중요한 상황에서 주군을 대신하여 희생하였기에 지역에서도 그의 공적을 기려 성황신으로 모신 것으로 보인다.

진훤의 사위였던 박영규도 순천 지역의 호족이었다. 진훤의 고려 망명을 돕고 고려에 항복하는데 일조했던 박영규를 『신증동국여지승람』에서는 죽어서 해룡산신이 되었다고 했다.[25] 그리고 『강남악부』에는 강남군(江南君)의 후손인 박영규를 진훤의 사위이자 이 땅의 군장이었다고 적혀 있다. 해룡산 아래 홍안동(鴻雁洞)의 옛 성터에서 박영규가 웅거하였고, 죽어서는 해룡산신이 되었다고 한다.[26]

여기서 해룡산신의 해룡산은 지금의 해룡산성을 가리킨다. 진훤의 최측근들을 보면 김총이나 박영규와 같이 순천 지역 출신들이 많다. 반면 나주 지역은 오히려 진훤에게 등을 돌렸다. 이러한 점을 고려한다면, 진훤은 순천 지역에서 복무한 것으로 보인다. 또한 박영규는 진훤의 사위라

---

24) 변동명, 「金摠의 城隍神 推仰과 麗水·順天」 『전남사학』 22, 2004, 173쪽.

25) 『新增東國輿地勝覽』 권40, 「全羅道」 順天都護府.

26) 鄭淸柱, 「新羅末·高麗初 順天地域의 豪族」 『全南史學』 18, 2002, 29~30쪽.

는 점에서, 진훤보다는 연하의 인물인 것이다. 즉 박영규 이전에 진훤에게 호의적이었던 세력이 있었다고 생각해 볼 수 있다. 그 세력의 뒤를 이은 박영규가 대가 바뀌었지만 진훤에게 지속적으로 충성한 것으로 이해된다.

「대경대사탑비」에 보면 909년에 대경대사 여엄이 중국에서 승평으로 입국하는 장면이 다음과 같이 기록되어 있다.

> 이로써 대각의 마음을 전해 받고 운거의 심인(心印)을 전승하여 거듭 경수(鯨水)를 넘어 다시 제잠(鯷岑)으로 돌아오니, 이때가 바로 천우 6년(909) 7월이었다. 무주 승평에 도달하였다.[27]

지금의 순천을 가리키는 승평항은 중국 항로과 관련된 항구였다는 점을 알 수 있다. 여엄이 승평항으로 들어오기 이전부터 순천만은 국제무역과 관련된 항구로 발달해 있었기 때문에 진훤은 이곳에서 해적들을 소탕하는 일을 맡았던 것이다.[28]
당시 순천만이 국제무역과 관련되어 있었다는 점은 광양 마로산성에서 출토된

〈광양 마로산성에서 출토된 당나라제 해수문포도방경〉

---

27) 朝鮮總督府, 『朝鮮金石總覽』上, 1919, 132쪽. "此時天祐六年七月 達于武州之昇平"
28) 이도학, 『진훤이라 불러다오』, 푸른역사, 1998, 85~87쪽.

▲ 광양 마로산성 성벽

유물들을 통해서 알 수 있다. 광양 마로산성은 1997년 정밀지표조사를 통하여 백제시대에 쌓은 이후 통일신라시대까지 계속해서 사용된 성으로 밝혀졌다. 이곳에서는 '마로관(馬老官)'이라는 명문이 양각된 기와가 출토되었다. 백제시대부터 통일신라 8세기 중엽까지 이 지역에 마로현(馬老縣)이 설치되었다는 『삼국사기』기록과 부합되고 있다.[29]

　광양 마로산성에서는 자기류가 다수 출토되었다. 이들은 중국에서 제작된 월주요 계통의 청자와 백자였다. 또한 해수문포도방경(海獸文葡萄方鏡)도 출토되었다.[30] 해수문포도방경은 일본 정창원에 소장된 해수문포도방경과 동일한 모티브로 파악된다. 이는 당(唐)에서 제작된 해수문포도방경이 일본열도와 신라 마로산성에 각각 유입되었음을 알려준다. 해수

---

29) 順天大學校博物館, 『光陽 馬老山城 I : 建物址 I』, 2005, 21쪽.
30) 順天大學校博物館, 『光陽 馬老山城 I : 建物址 I』, 2005, 260쪽.

▲ 순천만 일대의 주요 산성

문포도방경은 당현종대(唐玄宗代) 전후 즉 8세기 초중반 정도에 전성기를 맞았다고 한다.[31] 해수문포도방경과 더불어 마로산성에서는 신라제 '왕가조경(王家造鏡)' 명문 동경도 출토되었다. 이러한 유물들은 마로산성이 대외 교역항이었음을 입증해준다.[32]

순천만 일대에는 당시의 주요 산성들이 여러 곳에 분포해 있다. 대표적으로 마로산성을 비롯하여 해룡산성·검단산성·고락산성 등이 있다. 이들은 순천만을 에워싸는 형세로 입지해 있다.

해룡산성은 해발 75m의 나지막한 야산에 축조된 토성이다. 즉 청암대학에서 대대포구로 이어지는 도로 곁 구릉상에 위치하고 있다. 산성은 그

---

31) 李道學, 「新羅末 甄萱의 勢力 形成과 交易 −張保皐 以後 50年−」『新羅文化』 28, 2006, 225쪽.

32) 李道學, 「新羅末 甄萱의 勢力 形成과 交易 −張保皐 以後 50年−」『新羅文化』 28, 2006, 224쪽.

▲ 순천 해룡산성 원경

대부분이 밭으로 개간되어 있을 만큼 완만하면서 야트막한 지대의 서북에서 동남 방향으로 가로누워 있다.[33] 실제로 현지에서 이곳을 보면 산성이라는 느낌보다는 낮은 언덕 정도로 생각될 정도이다.

진훤은 해룡산성이 해상교통의 요충이라는 지리적 여건을 이용하여 성장했을 것으로 보인다. 현재 해룡산성 지역의 동쪽에는 동천(東川)이 흐르고 서쪽에는 이사천(伊沙川)이 흐르고 있으며, 그 양편으로는 넓은 평야가 자리 잡고 있다. 현재의 평야 지역은 과거에는 대부분 바다였을 것으로 본다면, 해룡산성 또한 바다에 바로 잇닿아 있었을 것이다. 해룡산성이 자리 잡은 지역은 순천만 안쪽 천혜의 포구 터로 보고 있다.[34] 해룡산성과 관련하여 해룡창의 존재도 주목할 필요가 있다. 해룡산성은 고려시대의 조창으로 당시의 물류가 모이는 거점 지역이었다. 그렇기 때문에 호족들이 세력을 형성하기에 적합한 장소였다. 해룡산성과 진훤의 관계에 대해서는 다음의 전승을 통해서 그 일면을 엿볼 수 있다.

신라 때 견훤이라는 이가 여기 와서 도읍을 했다고 그래. 여기 성터가 다 있어. 석성도 아니고 토성인디, 요리 산몰랑으로 저리

---

33) 順天大學校博物館, 『順天 海龍山城』, 順天大學校博物館, 2002, 7쪽.
34) 順天大學校博物館, 『順天 海龍山城』, 順天大學校博物館, 2002, 9쪽.

해서 간골이란 디기 있는디, 옛날 견훤이라고 그 이가 여그 와서
도읍을 해서 토성을 쌓아 갖고, 조리 산몰랑으로 저리 내동 뒤로
간대바구라고 금성 뒷산 그리 토성이 조르르니 있거든. 그란디 시
방도 거기를 파 보면 기와가 나와. 그때 기와는 시방 기와하고는
틀려. 시방도 가면 있을 거여. 궁글어댕기는 것이 있어. 그때 견훤
이라고 하는 이가 여그 와서 도읍을 해갖고 있다가 서울로 올라
갔어.[35]

　　이 전설이 시사하는 바는 매우 크다. 즉 해룡산성에서 진훤이 힘을 키
워 나갔다는 증거가 된다. 실제로 현지에서는 해룡산성을 견훤산성으로
도 부르고 있다. 진훤의 세력은 해룡산성에만 국한된 것이 아닌, 주변의
여러 산성과 연계되어 있었을 것이다. 그러나 주로 해룡산성에서 교역과
군사 활동을 펼쳤다고 볼 수 있다. 진훤은 이곳에서 축적된 힘을 바탕으
로 북진하였던 것이다.

　　검단산성은 전남 순천시 해룡면 성산리 산 48번지 일대에 자리 잡고
있다. 산성이 자리 잡은 산은 주민들에 의하면 '안산' 혹은 '검단산'으로
부르고 있으며, 피봉산(皮峰山)으로도 일컬어진다. 이 산은 해발 138.4m
의 낮은 산이며, 여수반도와 순천 지역을 연결하는 길목에 위치하였다.
그리고 광양만이 눈앞에 보이는 요새지이다. 산성은 피봉산의 7~9부 능
선에 형성되어 산의 중복보다 높은 위치에 자리 잡아 산정부의 일정한 공
간을 둘러싸고 있다.[36]

---

35)　順天大學校博物館, 『順天 海龍山城』, 順天大學校博物館, 2002, 188쪽. 이 보고서에
　　서는 해당 자료의 출전에 대해 '1993. 12. 23. 순천시 오천동 현지조사, 제보자-정
　　병숙(남, 90)'로 밝혀 놓았다.
36)　順天大學校博物館, 『順天 劍丹山城』 I, 順天大學校博物館, 2004, 24쪽.

▲ 순천 검단산성 성벽

고락산성은 전남 여수 시 문수동 산 35번지, 미 평동 산 115번지, 둔덕동 산 176번지 일대에 소재 하였다. 고락산성이 있는 산은 고락산(故樂山)이나 괘락산(掛樂山)으로 부르 기도 한다. 고락산성은 해발 335m의 고락산정과 고락산 동쪽에 있는 해발 200.9m의 봉우리를 둘러싸고 있다. 낮은 봉우리에 위치한 성은 높은 봉우리에 위치한 성보다 규모가 훨씬 크고, 축성 기법도 정교하다. 이러한 상황으로 보아 적군을 방어하기 위한 주둔지는 낮은 봉우리에 위치하고, 높은 봉우리에서 적의 동태를 조망하였던 것으로 보인다.[37]

앞서 살펴본 4곳의 성은 순천만을 둘러싸고 있는 대표적인 산성들이 다. 이곳은 호족이나 군인들이 각각 주둔하면서 세력을 형성하였다. 진 훤은 이들을 한데 묶어서 자신의 세력에 동조하도록 유도했던 것으로 보 인다. 결국 이곳에서 구축한 힘을 기반으로 추후 무주 지역을 장악할 수 있었다.

진훤이 세력을 키워 거병할 수 있었던 기반을 요약해서 서술하면 다음 과 같다. 즉 통일신라에서 정치적으로나 경제적으로 가장 큰 비중을 점하 고 있던 국가가 당이었다. 신라의 대당(對唐) 교섭은 사신 파견과 같은 공 적인 교류는 말할 것도 없고 민간인들의 내왕과 같은 사적인 차원에서 한

---

37) 崔仁善, 「麗水 鼓樂山城에 對한 考察」『文化史學』 19, 2003, 24쪽.

▲ 여수 고락산성 성벽

층 활기를 띠었다. 이때 신라에서 입당(入唐)하는 루트와 관련된 항구로
서는 당은포(경기도 화성)와 회진(會津: 전라남도 나주)이 가장 비중이 컸었
다. 그런데 841년 장보고가 피살된 지 반세기가 지난 9세기 말부터는 해
적들이 횡행함으로써 당은포보다는 영산강 하구의 회진쪽으로 출항이 많
아졌다. 그러는 가운데 내륙에서는 도적떼들이 곳곳에서 창궐하는 실정
이었다. 이로 인해 경주에서 내륙으로 회진항까지 가는 루트마저도 안전
하지는 못하였다. 신라 조정은 왕경(王京)에서 비교적 가깝기에 해적들의
약탈이 상대적으로 적었던 안전한 승평 즉 지금의 순천만 일대를 국제적
항구로 개항(開港)시켰다. 이와 짝하여 해룡산성이 승평항을 방수해주는
요진(要鎭)으로서 기능하였다. 진훤은 이곳에서 해적들을 소탕하는데 발
군의 전공을 세운 관계로 비장으로까지 속속 승진할 수 있었다. 한미한
농민 출신인 진훤이 비장까지 승진할 수 있었다는 것은 가위 파격적인 일
이었다. 이는 그만큼 신라 조정이 그에게 걸었던 기대가 지대하였음을 뜻

한다. 동시에 이를 통해 항로상의 사면초가를 뚫고자 하는 신라 조정의 절박한 입장을 읽을 수 있게 된다.[38]

순천만과 이웃하면서 하나의 지형구 속에 자리 잡은 광양만에는 마로산성이 소재하였다. 마로산성은 당초 마로현의 치소 성이기도 했다. 그러나 신라 말 중앙 통제력의 이완을 틈타 이곳을 실질적으로 점거한 이가 순천 지역 호족 박영규 가문이었다. 마로산성에서 청해진에서와 동일한 당제(唐製) 도자기가 출토된 사실은 장보고 시대 이래로 이곳이 대당·대일본 교역의 삼각 거점이었음을 뜻한다. 박영규 가문은 대당·대일본 교역을 통해 성장하고 있던 해상(海商)이기도 하였다. 그러한 박영규 가문의 교역 활동을 보호해 주었던 이가 신라 비장직의 진훤이었다. 마로산성에서 출토된 해수문포도방경이나 중국제 도자기의 존재는 이곳이 대당 교역의 거점으로서 기능했음을 뜻한다. 진훤은 박영규 가문과의 세력 제휴를 통해 경제적 기반을 서서히 구축할 수 있었다. 아울러 박영규 가문의 상선이 입당하면서 유학생이나 유학승들을 태우고 갔다. 그러는 가운데 진훤은 이들을 자연스럽게 자신의 인맥으로 구축할 수 있었던 것으로 보인다.

종전에는 진훤의 세력 기반을 그 휘하의 공적 무력에만 국한시킨다든지 혹은 해적 소탕에서 발휘한 능력만으로 막연히 추측하였다. 그러나 진훤은 중국제 물품이 출토된 마로산성을 비롯한 그 일대를 세력권에 넣고 있었다. 신라가 일본에 수출하던 동경의 존재까지 이곳에서 출토되었다. 따라서 진훤의 경제적 기반은 대당·대일본 교역이나 그러한 해상들의 교역을 엄호해 주면서 구축된 것으로 볼 수 있게 되었다.

---

38) 李道學, 「新羅末 甄萱의 勢力 形成과 交易 -張保皐 以後 50年-」『新羅文化』28, 2006, 223~226쪽.

그러면 진훤이 정국의 주도권을 장악할 수 있었던 요인은, 어떻게 정리할 수 있을까? 첫째, 해적 소탕을 통하여 실전 경험이 풍부한 전문적 군사력을 보유하고 있었다. 둘째, 항구에 근무하면서 유학생이나 유학승들과 교류하면서 탄탄한 브레인층을 확보하는 동시에 상인들로부터는 경제적 기반을 축적하였다. 셋째, 빼어난 정치적 안목을 지녔기에 옛 백제 땅에서 '백제의 재건'이라는 슬로건을 내걸어 주변 세력들을 휘하에 빠르게 포용하면서 정치 세력화시켰다. 넷째 인구와 물산이 풍부한 호남 지역을 기반으로 하였다는 점을 들 수 있다.[39]

39) 李道學, 『진훤이라 불러다오』, 푸른역사, 1998, 174~178쪽; 『궁예 진훤 왕건과 열정의 시대』, 김영사, 2000, 234~236쪽.

# 3. 무진주 입성과 후백제 건국

892년에 진훤은 신라 조정에 반기를 들었다. 당시 전국적으로 신라 조정에 대한 반란이 걷잡을 수 없게 일어났었다. 다음의 기사가 그러한 사실을 말해준다.

당나라 소종 경복 원년(892)은 바로 신라 진성왕 6년인데, 총신들이 임금 가까이 있으면서 정권을 농락하자, 나라의 기강이 문란하고 해이해졌다. 더욱 기근이 겹들어 백성들은 이리저리 흩어지고 도적들이 벌떼처럼 일어났다. 이에 진훤은 은근히 반심을 품고 무리를 모아 왕경 서남쪽의 주현을 다니며 공격하니, 가는 곳마다 모두 호응하여 달포 동안에 무리가 5천 명에 달하였다.[40]

---

40) 『三國史記』 권50, 甄萱傳. "唐昭宗景福元年 是新羅眞聖王在位六年 嬖竪在側 竊弄政柄 綱紀紊弛 加之以饑饉 百姓流移 群盜蜂起 於是 萱竊有覦心 嘯聚徒侶 行擊京西南州縣 所至響應 旬月之間 衆至五千人"

진훤의 군사적 기반은 비장 직에 있으면서 예하에 두었던 신라의 공적 무력과 순천 지역의 호족들이었다. 진훤은 순천 지역 호족들의 지지를 업고 주변 지역들을 공략하기 시작하였다. 진훤의 공격 대상이 된 지역은 왕경 서남쪽의 주현이었다. 신라 왕경인 금성을 기준으로 하여 서남쪽에 있는 무주를 진훤이 공격한 것이다. 진훤은 무주 일대로 세력을 확대하는 과정에서 큰 저항은 없었던 것으로 보인다.

도리어 이 지역의 사람들은 진훤의 공격을 환영하는 모습을 보였다. 달포, 즉 한달이 조금 넘는 기간 동안 그 무리가 5천 명에 달했다는 것은 무주 곳곳에서 진훤을 지지하는 이들이 많았다는 것을 뜻한다. 사람들은 젊지만 능력있는 장군 진훤을 환영하였고, 그가 세상을 바꾸어주기를 희망하였다. 다음의 기사가 그러한 사실을 가리킨다.

6년, 완산의 도적 진훤이 주에 웅거하여 후백제라고 자칭하였다. 무주 동남쪽의 군현이 그에게 투항하였다.[41]

「신라본기」에도 거의 비슷한 내용의 기사가 수록되어 있다. 무주 동남쪽의 군현이 진훤에게 투항했다는 것은 순천 지역의 호족들이 진훤에게 호응하였고, 그 주변 일대도 마찬가지로 진훤에 대한 지지를 천명했다는 의미이다. 또한 진훤을 완산의 도적이라고 한 것은, 이후 진훤이 완산주에 도읍을 하였기에 그 상황을 반영한 표현이겠다.

진훤은 889년을 기점으로 하여 자체 세력을 형성했던 것으로 보인다. 『삼국유사』에서는 진훤이 무진주에서 세력을 형성한 시점을 2시기로 적

---

41) 『三國史記』 권11, 眞聖王 6년 조. "六年 完山賊甄萱據州 自稱後百濟 武州東南郡縣絀降屬"

어 놓았다. 즉 용화(龍化) 원년 기유(己酉) 기록과 경복(景福) 원년 임자(壬子) 기록이다.[42] 두 시점 모두 당소종(唐昭宗)의 연호에 해당하지만 용화는 용기(龍紀)의 오각이다. 전자는 889년, 후자는 892년이 된다. 『삼국사기』는 후자에 따라 서술되었다. 반면 『삼국유사』에서는 고창에서 벌어진 후백제와 고려 군대의 전투 기사를 42년경인, 즉 930년의 일로 적고 있다. 여기서 42년은 진훤왕 42년으로 해석된다. 즉 889년에 진훤이 거병했다고 본다면 민첩한 거병을 통하여 여타의 군도 세력 중에서 초기에 그가 정국 주도권을 장악한 것이다. 그러나 이 시점에 그가 무진주를 점령했다기보다는, 자체적인 세력 형성을 바탕으로 892년에 무진주를 점령했다고 보아야 시간과 문헌상의 모순이 없어진다.[43]

일찍 반란을 일으킨 세력의 경우 조기에 진압되는 경우가 역사적으로 많이 나타난다. 진승과 오광은 진나라에 맞서 가장 먼저 반란을 일으키고 장초를 세웠으나 곧 진압되었다. 그러나 그 이후 혼란을 이용하여 일어난 항우와 유방은 중국 전역에 자신의 세력을 뻗쳤다. 진훤 또한 889년의 시점에서 원종과 애노의 난으로 신라 조정이 허둥대는 것을 보고는 순천에서 창자루를 거꾸로 쥐었다. 이로부터 서남해안 일대를 제패한 지 3년 후 진훤은 892년에는 무진주까지 장악한 것이다. 이에 관한 기사는 다음에 보인다.

그는 마침내 무진주를 습격하여 스스로 왕이 되었으나 감히 공
공연히 왕이라고는 일컫지 못하고 스스로 서명하기를, "신라 서면
도통지휘병마 제치 지절 도독전무공등주군사 행전주자사 겸 어사

---

42) 『三國遺事』권2, 紀異, 後百濟 甄萱 條. "龍化元年己酉也 一云景福元年壬子"
43) 신호철, 『後百濟甄萱政權研究』, 일조각, 1993, 42~46쪽.

▲ 광주 무진고성 성벽

중승 상주국 한남군개국공 식읍2천호"라고 하였다. 이때 북원의
도적인 양길이 강성하자 궁예는 자진하여 그의 휘하로 들어갔다.
진훤은 이 말을 듣고 멀리서 양길에게 벼슬을 주어 비장을 삼았
다.[44]

　진훤이 무진주를 장악한 시점은 892년이었다. 당시 진훤의 나이 26세
로, 23세 때 순천 지역에서 독립하여 세력을 형성한 이후 3년 만의 일이
었다. 진훤은 자신의 행동에 자만하지도 지나치지도 않았다. 차분하게 자
신의 세력을 공고히 하였다. 이 때문에 왕이 되었음에도 섣부르게 외부에

---

44) 『三國史記』 권50, 甄萱傳. "遂襲武珍州自王 猶不敢公然稱王 自署爲 新羅 西面都統
　　指揮兵馬 制置 持節 都督全武公等州軍事 行全州刺史 兼 御史中丞 上柱國 漢南郡開
　　國公 食邑二千戶 是時 北原賊良吉雄强 弓裔自投爲麾下 萱聞之 遙授良吉職爲裨將"

왕이라고 함부로 칭하지 않았다. 신라의 세력은 과거에 비해 많이 꺾이긴 하였지만, 아직도 건재하였으며, 지방에는 곳곳에서 호족들이 일어나고 있었다. 이러한 상황에서는 제각기 안으로만 왕을 칭하는데 머물러야 한다. 만약 대외적으로까지 왕을 칭하면서 군림하려고 하면 명분상 공동의 표적이 되기 일쑤였다.

그러니 진훤은 내부적으로만 왕을 칭하였던 것으로 보인다. 이는 '자왕(自王)'이라는 표현을 통하여 알 수 있다. 진훤이 칭한 '자왕'의 용례는 중국 손권(孫權)의 경우에서도 보인다. 즉 "겨울 10월 을묘에 황제가 황위를 물려주자 위왕 조비가 천자를 칭했다. 이듬해(221)에 유비가 촉(蜀)에서 황제라고 칭하고, 손권 역시 오(吳)에서 스스로 왕이라 칭하니 이에 천하는 드디어 셋으로 나뉘어졌다"고 한 기록을 주목할 필요가 있다. 손권은 221년 이전에 이미 국가를 경영하고 있었다. 진훤의 예도 이와 마찬가지로 국가 경영과 국호 사용을 전제하여 스스로 왕을 칭하였다고 보아야 한다. 또한 조선은 1392년에 개국하였으나, 1394년에도 태조 이성계는 조선왕을 칭하지 못하였다. 즉 조선 태조는 '권지국사(權知國事)'라고 하였을 뿐 '감히 왕을 일컫지 못했다(不敢稱王)'고 했다. 그렇다고 하여 당시 시점에서 이성계가 조선의 왕이 아닌 것은 아니다. 마찬가지로 진훤 또한 892년의 시점에서 왕이 아니라고 볼 수 없다.[45]

또한 진훤의 '자서(自署)' 또한 주목할 필요가 있다. 진훤의 자서는 '신라 서면도통지휘병마 제치 지절 도독전무공등주군사 행전주자사 겸 어사중승 상주국 한남군개국공 식읍2천호(新羅 西面都統指揮兵馬 制置 持節 都督全武公等州軍事 行全州刺史 兼 御史中丞 上柱國 漢南郡開國公 食邑二千戶)'라는 다소 긴 호칭이었다. 이러한 자호(自號)는 신라에 대한 명백한 적대 행위

<hr>

45) 李道學, 「後百濟의 全州 遷都와 彌勒寺 開塔」『韓國史研究』165, 2014, 8~9쪽.

이자 도전이기도 했다. 그러나 진훤은 현실 인식이 빠른데다가 정치적으로 유연한 면이 있었다. 그로서는 아직은 신라와 정면 충돌하는 것은 시기상조라고 판단했다. 그랬기에 진훤은 자호 가운데 신라를 제일 앞에 붙여 예우를 버리지 않았다. 다만 대외적으로는 자신이 신라 서쪽 지역의 군사권을 장악하였음을 홍보하는 게 좀 더 효율적일 것으로 판단하였다.

그리고 신라 9주의 영역 중 3곳, 즉 전주·무주·공주의 군사를 담당한다는 것을 명기하였다. 즉 이 일대의 지배권을 스스로 갖추고 있음을 천명한 것이다. 이미 892년의 시점에 무주 일대는 물론이고 그 이상의 영역까지 확보한 상황이라는 점을 짐작해 볼 수 있다. 실제로 900년 진훤의 전주 행차는 '순행'이었다. 순행은 자신의 영토로 이미 확보된 상황에서 가능하였다. 그렇기 때문에 900년 이전에 전주·무주·공주는 진훤의 세력 하에 있었던 것으로 보인다. 『삼국유사』에서는 '서면도통'이 아닌 '서남도통'으로 적어 놓았다. 이 또한 지리적으로 보았을 때 비슷한 영역에 해당한다. 무진주에 도읍을 한 진훤은 '행전주자사'라는 호칭을 통해 전주지역에도 영향력이 미치고 있음을 공표하였다.

전주·무주·공주는 모두 백제의 옛 땅에 해당한다. 진훤은 '자서'를 통하여 백제의 옛 땅을 회복하고, 이 지역의 군사권을 장악하겠다는 의도를 드러내었다. 또한 자서를 하였다는 점은 이러한 그의 목표가 일정 부분 이상 이루어졌기 때문에 가능한 일이기도 했다. 진훤의 자서 중에서 눈여겨 보아야 할 부분은 '한남군 개국공'이라는 명칭이다. 이 명칭에 대해서 일찍이 순암 안정복은 진훤의 대표적인 관작으로 거론하기까지 하였다.[46]

한남군이라는 지명은 고려 성종 이후에 등장하는 지명인 수주(水州)인

---

46) 『東史綱目』第5上 壬子年 眞聖女主 6년.

지금의 수원 지역을 가리킨다. 그러므로 한남군 지명이 신라 말기의 후삼국시대에는 존재했다고 보기 힘들다. 즉 한남군은 그 한자 의미대로 파악하여 '한수(漢水)의 남쪽'을 지칭하는 관념이 투영된 지명으로 받아들일 수 있다. 조선시대의 기록에서도 한남(漢南)은 백제의 영역으로 인식하였다. 또한 앞서 살펴본 '전무공등주(全武公等州)'가 백제의 옛 땅을 가리킨다는 점을 전제한다고 하자. 그러면 한남군은 한수 이남의 백제 왕도를 포괄하는 백제의 옛 땅 전체를 망라하는 관념적인 지명으로 인식할 수 있다.[47] 어쨌든 그런데다가 진훤이 '왕'을 칭했다는 자체는 단순히 호족 중의 강자가 아니라 여타 호족들과는 급이 다르다는 것을 선포하는 행위였다. 이러한 진훤의 자호는 주변의 호족들을 포용하는 데 효과를 거두었을 것으로 판단된다.

이렇듯 진훤은 신라에 대한 반감이 강한 옛 백제 지역에서 자신의 정권을 공고히 하였다. 또한 진훤은 주변 세력에 대해서도 신경을 썼다. 양길에게 비장직을 제수한 게 대표적인 사례이다. 양길도 북방에서 자기 나름의 세력을 형성하고 있었다. 그랬기에 그가 진훤의 임명을 곧이곧대로 받아들였는지 여부는 알 수 없다. 그러나 진훤을 마냥 무시할 수는 없었을 것으로 보인다. 진훤은 생산량이 풍부한 호남평야 일대를 장악하였고, 서남해안의 해상교역권을 장악하여 재력을 쌓아 올렸다. 군사력과 재력은 서로 비등한 관계를 가지게 마련이다. 그러니 진훤은 호남 지역을 장악함으로써 여타 호족들이 무시할 수 없는 세력으로 성장한 것이다. 또한 무진주의 지훤을 자신의 사위로 삼았다. 이를 통해 무진주에서 호족들의 지지를 받고 그들과 연계했음을 알 수 있다.

그러나 진훤은 자신의 영역에서 모든 이들의 지지를 받지는 못했다.

---

47) 李道學, 「後百濟의 全州 遷都와 彌勒寺 開塔」『韓國史研究』165, 2014, 12~14쪽.

이는 이해가 충돌하는 해상 활동의 재편과 맞물려 있었기 때문이다. 진훤은 서남해안의 군소 해상 세력들을 제압·통제하는 한편, 해적들을 소탕하여 해상 무역의 막대한 이익을 독점할 수 있었다. 요컨대 장보고 이후 50년 만에 진훤은 서남해안의 해상권을 장악한 가장 강력한 세력가로 등장했던 것이다. 진훤이 전주로 천도한 900년에 신라의 대중국 기항지인 항주(杭州)에 도읍한 중원의 약소국인 오월국(吳越國)에 신속하게 사신을 파견한[48] 것도 순전히 해상제해권 장악에 대한 열망에서 기인한 것으로 보인다. 그러나 진훤의 등장으로 해상권이 크게 위협 받게 된 나주 세력이 왕건과 제휴하였다. 그럼으로써 서남해안 제해권은 결국 진훤과 왕건이 양분(兩分)하는 추세가 되고 말았다.

---

48) 『三國史記』 권50, 甄萱傳.

# 4. 전주 천도와 후삼국시대의 개막

진훤이 거병(擧兵)한 후 최초의 근거지인 광주는 도읍으로 지목할 수 있다. 비록 진훤이 공공연히 '칭왕' 하지는 못했다고 한다. 그렇더라도 칭왕이 사실이라면 그에 걸맞는 국호의 제정을 분리할 수 없다. 게다가 『삼국유사』에서는 진훤의 근거지였던 광주를 "처음으로 광주에 도읍했다 始都光州"라고 하였다. 그리고 전주 입성 전 진훤의 행차를 '순(巡)'이라고 했다. 궁예의 사례에 비추어 볼 때도 892년 당시 광주는 후백제의 첫 수도였다. 그러므로 900년 후백제의 전주 입도는 천도에 해당한다.

진훤이 광주에서 전주로 천도하게 된 배경은 영산강유역 주민들의 백제로의 귀속 의식이 취약한데서 찾을 수 있었다. 이곳은 5세기 후반에서야 백제의 직할지로 편제되었다. 그로 인한 변방 의식으로 인해 백제에 대한 귀속 의식은 덜했다. 그러한 관계로 백제의 재건에 대한 응집력이 상대적으로 약하였다. 결국 진훤은 백제를 재건한 자신을 열렬히 환대하는 전주로의 천도를 결행하게 되었다.[49] 게다가 옛 백제의 왕도가 있던 지역으로 천도해야 후광 효과뿐 아니라 정치적 명분이 강화되기 때문이다. 관련 기사를 인용하면 다음과 같다.

> 진훤이 서쪽으로 순행하여 완산주에 이르니, 주내 백성들이 진
> 훤을 맞이하여 위로하였다. 진훤은 인심을 얻은 것을 기뻐하며 좌
> 우 사람들에게 말했다. "내가 삼국의 기원을 상고하여 보건대, 마
> 한이 먼저 일어났고 누대로 발흥한 까닭에, 진한과 변한이 좇아
> 흥기했다. 이때 백제는 금마산에서 개국하여 6백여 년이 지났는
> 데, 총장 연간에 당나라 고종이 신라의 요청에 의하여 장군 소정
> 방을 보내 수군 13만을 거느리고 바다를 건너오고, 신라의 김유신
> 도 땅을 휩쓸고 와서 황산을 지나 사비에 이르러 당나라 군사와
> 협력하여 백제를 격멸하였으니, 이제 내가 어찌 서울을 완산에 정
> 하여 의자왕의 숙분을 갚지 않겠는가?"[50]

위의 기사 중에서 진훤의 말 중 처음 부분의 내용을 그동안의 연구에
서는 "내가 삼국의 시초를 살펴보니, 마한이 먼저 일어나고 후에 혁거세
가 발흥하였으므로 진한과 변한이 따라서 일어났다"라는 식으로 해석해
왔다. 즉 혁세(赫世)를 박혁거세(朴赫居世)를 가리키는 혁거세(赫居世)를 간
략하게 하여 기록한 것으로 파악한 것이다. 그러나 혁세(赫世)는 누대(累
代) 즉 대대(代代)로를 가리키는 말로 해석하는 게 옳다. 가령 대대로 현귀

---

49) 李道學,「弓裔와 甄萱의 比較檢討」『弓裔와 泰封의 역사적 재조명』제3회 태봉학술제, 철원군, 2003, 20쪽.

49) 李道學,「弓裔와 甄萱의 比較檢討」『弓裔와 泰封의 역사적 재조명』제3회 태봉학술제, 철원군, 2003, 20쪽.

50) 『三國史記』권50, 甄萱傳. "萱西巡至完山州 州民迎勞 萱喜得人心 謂左右曰 吾原三國之始 馬韓先起 後赫世勃興 故辰卞從之而興 於是 百濟開國金馬山六百餘年 摠章中唐高宗以新羅之請 遣將軍蘇定方 以船兵十三萬越海 新羅金庾信卷土 歷黃山至泗沘與唐兵合攻百濟滅之 今予敢不立都於完山 以雪義慈宿憤乎"

(顯貴)한 고관(高官)을 가리키는 '혁세공경(赫世公卿)'이라는 용어가 이러한 예에 해당한다. 또한 문맥상 마한이 먼저 일어나고 그 뒤를 이어 진한과 변한이 일어났다고 이해해야 자연스럽다.[51]

진훤은 전주로 순행하였을 때 환영하는 인파를 보고 크게 고무된 것으로 보인다. 진훤은 좌우 사람들에게 자신의 포부를 밝혔는데, 이를 통해 그의 정치적인 이상을 읽을 수 있다.

전주 지역의 사람들은 그동안 신라에 대해 분노와 실망이 가득하였다. 현재의 아픔이 클수록, 과거의 영광이 그리운 법이다. 진훤은 이 점을 제대로 공략하였다. 전주 지역 사람들은 스스로가 직접 백제의 영광을 체감한 적이 없다. 그러나 아버지의 아버지, 할아버지의 할아버지로부터 백제가 어떤 나라였는지에 대해서 들었고, 백제 멸망 당시 신라의 행동과, 그 신라가 지금 자신들에게 어떻게 하고 있는지에 대해서는 명백하게 알고 있었다. 모든 이들은 자신들이 주인공이었던 백제를 그리워하였다. 때문에 현실의 어려움을 극복하기 위한 이상향으로 백제가 자리 잡았던 것이다.

진훤은 그러한 백제의 부활을 외쳤다. 그리고 백제를 정벌한 신라를 깎아내리면서, 백제야말로 이 땅의 주인공이라는 점을 각인시켰다. 여기서 진훤은 금마산 개국설을 선언하면서, 백제가 전주 지역에서 흥기하였다는 점을 주장하였다. 물론 이는 진훤이 잘못 알고 있었기에 주장한 것으로 볼 수도 있다. 그러나 진훤이 자서한 관작에 보이는 한남군이 한수 이남을 가리킨다고 할 때 백제의 영역을 정확히 간파했다고 본다. 진훤이 금마산 개국설을 선언할 당시 백제의 옛 땅에는 백제 재건을 선언한 여러 세력들이 할거했을 가능성이 있다. 한강유역을 비롯하여 광주(廣州) 지역

---

51) 李道學, 「後百濟의 全州 遷都와 彌勒寺 開塔」『韓國史研究』 165, 2014, 16~17쪽.

호족 왕규나 죽주의 기훤, 공주장군 홍기처럼 백제의 고도(古都)에서 일어난 세력도 존재하였다. 진훤은 사비성 도읍기 백제의 양도(兩都) 중 하나인 금마저를 주목하였고, 이를 연줄로 백제의 개국지를 익산으로 남하시켰다.[52]

▲ 남원 실상사 편운화상 부도

진훤의 연설을 살펴보면 내용의 절반에 총장 연간의 일에 대해 언급해 놓았다. 즉 나당연합군이 백제를 멸망시킨 일을 똑똑히 언급해 놓은 것이다. 옛 백제 지역 사람들로서는 기억하고 싶지 않은 아픈 과거였다. 진훤은 이를 상기시켰다. 그리고 마지막에는 의자왕의 숙분(宿憤)을 풀어야 한다는 당면 과제를 제시하였다. 말할 나위 없이 이는 신라에 반대하는 분위기를 유도하여 백제 유민들을 결집시키기 위한 구호이기도 했다.

진훤의 연설은 '백제의 개국과 영광→백제의 멸망→의자왕에 대한 복수'라는 3단계의 구성으로 되어 있다. 백제에 대한 기억을 상기시키고, 원수가 누구인지에 대해 명백하게 밝혔다. 이제는 그 원수를 갚자는 단순한 구성은 주변의 호족들은 물론 주민들에게도 쉽게 꽂히는 내용이었다. 그리고 신라에 대한 반감을 고취시키고, 백제의 영광을 이어야 한다는 의무감을 줌으로써 후백제 건국에 대한 정당성을 부여하였다.

그는 곧 후백제왕이라 자칭하였으며, 관제를 설정하고 직책을

---

52) 李道學, 「後百濟의 全州 遷都와 彌勒寺 開塔」 『韓國史研究』 165, 2014, 17~18쪽.

▲ 편운화상부도의 '정개(正開)' 연호

분담시켰으니, 이때가 당 나라 광화 3년(900)이오, 신라 효공왕 4년이었다. 오월국에 사신을 보내 예방하니 오월왕이 답례로 사신을 보내고, 동시에 진훤에게 검교 태보의 벼슬을 주고 나머지 직위는 전과 같게 하였다.[53]

진훤은 이내 백제왕임을 자칭하였다. 또한 관제와 직책을 설정함으로써 국가의 몸체를 구성하였다. 후백제는 이미 892년의 시점에 건국되었다. 그러므로 900년의 시점에 와서는 대대적으로 외부에 선전하면서 독립을 외쳤다. 신라로서도 더 이상 진훤은 도적떼의 수장 정도로 폄훼시키기는 어려운 현실이 되었다. 이제는 자신들의 존립을 위협하는 강적으로 인식한 것이다.

진훤은 또한 오월국에 사신을 보냈다. 외국과의 통교를 함으로써 한반도에 신라 외에 다른 나라, 즉 후백제가 있다는 사실을 알렸다. 오월에서는 자신들에게 사신을 보낸 후백제를 극진하게 대우하였고, 후백제 또한 이를 통하여 자신들의 권위를 높였다. 당시 한반도에서 중국과 외교를 하고 있는 것은 신라 외에는 없었다. 그러나 진훤은 신라와 동일한 위치에 오르기 위하여 사신을 보내 통교한 일은 큰 효과를 보았다. 이후에 왕건과 왕봉규 등은 진훤과 마찬가지로 중국에 사신을 보냈다. 이는 진훤의

---

53) 『三國史記』 권50, 甄萱傳. "遂自稱後百濟王 設官分職 是唐光化三年 新羅孝恭王四年也 遣使朝吳越 吳越王報聘 仍加檢校太保 餘如故"

행동을 보고 배운 것으로, 그만큼 진훤의 시선은 다른 이들에 비해 앞서 있었다고 할 수 있다.

문헌에서는 확인되지 않지만 진훤은 연호를 반포하였다. 전라북도 남원의 실상사 조계암터에 이르면 편운화상부도가 있다. 편운화상은 실상사의 개창자인 홍척의 제자이자 경북 성주 안봉사를 열었던 고승이다. 그의 부도에 "정개십년경오세건(正開十年庚午歲建)"이라는 문구가 세줄로 새겨져 있다. 여기서 정개는 후백제의 연호이다. 정개의 '개'에는 '열다'·'펴다'·'깨우치다'·'시작하다' 등의 뜻이 담겨 있다. 즉 정개에는 '바르게 열고·펴고·깨우치고·시작한다'는 의미가 함축된 것이다. 편운화상부도에 나온 정개 10년은 910년이 된다. 즉 정개 원년은 901년으로 진훤이 후백제왕을 선포한 1년 후이다. 진훤이 당나라 연호를 사용하지 않고 자체적인 연호를 사용한 것은, 백제를 멸망시킨 원수 당나라의 연호를 거부하는 반당적 정서가 깔려 있었기 때문이다. 때문에 대외 정세에 민첩하였던 진훤이지만 당과는 일체의 외교관계를 맺지 않았다.[54]

---

54) 李道學, 『진훤이라 불러다오』, 푸른역사, 1998, 97~98쪽.

# II
# 궁예의 초기 세력 형성과
# 비뇌성 전투 및 문막 전투

# 1. 궁예의 출신과 세달사

 

 

 

후삼국시대에는 선이 굵은 여러 인물들이 나타났다. 이 중에서도 한 시대를 이끌었던 대표적인 사람으로 궁예(弓裔)를 들 수 있다. 궁예는 폭군의 대명사로 인식된다. 그러나 이러한 시각은 왕건의 찬탈에 대한 정당성 때문에 부정적인 측면이 부각되었다는 점을 염두에 두어야 한다. 궁예는 인간적으로 불행한 사람이었지만, 그 스스로가 이를 극복하고자 노력하였다. 그러나 역사 속에서 가장 추악한 인물로 기록되었고, 지금까지도 그렇게 기억되고 있다.

그러면 궁예라는 이름에는 어떠한 의미가 담겨 있을까? 궁예는 문자 그대로 '활의 후예'라는 뜻이다. 이 점을 확대하여 추모 즉 주몽의 후예 곧 고구려의 후예라는 의미로 해석하기도 한다.[1] 이 문제에 대해서는 검증이 필요할 것 같다. 『자치통감』에는 '궁예(躬乂)'라고 하였다. 즉 "고려의

---

1) 朴漢卨, 「弓裔姓名考」『韓國學論叢 －霞城李瑄根博士古稀紀念論文集』, 李瑄根博士古稀紀念論叢刊行委員會, 1974, 75~87쪽.

석굴사(石窟寺) 애꾸 중 궁예(躬乂)가 무리를 모아 개주(開州)에 웅거하여 왕을 칭하면서 태봉국(泰封國)이라 하였다"[2]고 했다. 그러나 이러한 표기는 궁예가 왕이되었다가 축출된 이후의 시점에 쓰여진 것인 만큼 음(音)으로만 표기한 것으로 보인다. '궁예(躬乂)'는 '몸이 베어졌다'는 뜻이므로 악의적인 표기임을 알 수 있다. '석굴사 애꾸 중'이라고 한 것도 폄훼시킨 서술이다. 따라서 궁예(躬乂)는 이름이 지닌 상징성을 무시한 발음 표기에 불과한 것으로 보인다.

그런 만큼 궁예의 공식 이름 표기에 무게를 두어야 할 것 같다. 여기서 '궁(弓)'은 뜻이고, '예(裔)'는 음(音)일 가능성이 있다. 장보고(張保皐)를 궁파(弓巴)·궁복(弓福)이라고 하였다.[3] 여기서 이름씨의 접미어로 붙은 '파(巴)'나 '복(福)'의 의미를 찾는 게 필요하다. 이와 관련해 뱀처럼 일어서지 못한 아이를 사동(蛇童)이라고 한[4] 사례가 주목된다. 그런데 사동을 사복(蛇卜)·사파(蛇巴)·사복(蛇伏)이라고 불렀다고 한다. 즉 동일한 책에서 "이는 모두 사동(蛇童)을 말한다"고 하였다. 여기서 '사(蛇)'는 아이의 행태를 취한 글자이다. 아이를 가리키는 '동(童)'을 '복(卜)·(伏)'이나 '파(巴)'로 일컬었음을 알려준다. 장보고의 소싯적 이름인 궁파·궁복에다가 이것을 역으로 적용하면 '궁동(弓童)'이라는 등식이 도출된다. 즉 '활아이' 곧 '활 잘 쏘는 아이'라는 뜻을 지녔다. 이러한 맥락에서 볼 때 궁예 역시 '예'라는 음이 '애' 즉 '아이'를 가리키므로 '궁동(弓童)'의 뜻일 가능성이 있다.

그러면 왜 '궁(弓)'이라는 의미를 지닌 이름이 붙게 되었을까? 궁파나 궁복 역시 사복(蛇福)처럼 장보고의 어릴 때 용모나 특징에서 연유했다고

---

2) 『資治通鑑』 권270, 貞明 5년 秋7월 조.
3) 『三國史記』 권10, 흥덕왕 3년 조.
   『三國遺事』 권2, 紀異, 神武大王 閻長 弓巴 條.
4) 『삼국유사』 권5, 義解, 蛇福不言 條.

볼 수 있다. 장보고는 무예에 능숙했는데, 어릴적 '활 잘 쏘는 아이'였던 데서 비롯되지 않았을까? 궁예는 애꾸였기에 '활에 맞아 애꾸가 된 아이'라는 의미로서 '활 아이'로 일컬어졌을 수 있다. 그러나 이보다는 '예'를 3인칭대명사 '이'를 가리키는 것으로 해석해 보자. 그러면 궁예는 '활을 잘 쏘는 이'의 뜻이 된다. 고구려 시조인 추모(鄒牟)라는 이름은 부여 말에서 활을 잘 쏘는 이[善射者]의 뜻에서 유래했다. 이러한 맥락에서 본다면 궁예가 고구려를 계승하여 국호를 고려로 삼았다고 할 때, 활을 잘 쏘는 이를 가리키는 보통명사이기도 한 고구려 시조 추모의 후예가 된다. 그러므로 궁예라고 일컬은 것은 자연스러워 보인다. 이는 고구려의 재건을 바라는 이들의 열망을 반영한 것으로 해석할 수 있다. 다음은 궁예의 출생과 관련한 기사이다.

궁예는 신라인이니 성은 김씨이다. 아버지는 제 47대 헌안왕이요, 어머니는 헌안왕의 후궁이었는데 그녀의 이름은 전해지지 않는다. 혹자는 궁예가 48대 경문왕 응렴의 아들이라고도 한다. 그는 5월 5일 외가에서 태어났는데, 그때 지붕에 긴 무지개와 같은 흰빛이 있어서 위로는 하늘에 닿았었다. 일관이 아뢰기를 "이 아이가 오(午)자가 거듭 들어있는 날[重午]에 났고, 나면서 이가 있으며 또한 광염이 이상하였으니, 장래 나라에 이롭지 못할 듯합니다. 기르지 마셔야 합니다"라고 하였다. 왕이 중사로 하여금 그 집에 가서 그를 죽이도록 하였다. 사자는 아이를 포대기 속에서 꺼내어 다락 밑으로 던졌는데, 젖 먹이던 종이 그 아이를 몰래 받아들다가 잘못하여 손으로 눈을 찔렀다. 이리하여 그는 한 쪽 눈이 멀었다. 종은 아이를 안고 도망하여 숨어서 고생스럽게 양육하였다.[5]

『삼국사기』 궁예전에서는 궁예의 일생에 대해 간략하게 서술해 놓았다. 궁예의 출생설화를 보면 설화적인 요소가 짙게 나타난다. 전반적으로 저주받은 아이라는 인식이 강하게 깔려 있다. 정확히는 저주받은 아이라기보다도, 신라 왕실이 저주를 내린 아이라고 볼 수 있다.

『삼국사기』에서는 궁예의 출신에 대해 47대 헌안왕의 아들 혹은 48대 경문왕의 아들로 써놓고 있다. 연령 관계로 보아 경문왕의 아들로 보는 게 가능성이 높다. 그렇다면 궁예는 진성여왕과 남매 관계가 된다. 그러나 배다른 남매 사이로 보이며, 궁중이 아닌 외가에서 출생하였기에 신라 왕의 왕비 소생은 아니었을 것으로 추정한다. 실제로 『제왕운기』에는 궁예를 경문왕의 서자라고 하였다.[6]

궁예가 어릴 적에 죽을 위기를 맞게 되었는지에 대해, 정말 불길한 조짐 때문인지 아니면 권력 암투 때문인지, 혹은 왕실에서의 미움 때문인지 정확히 알 수는 없다. 그러나 궁예는 어릴 때부터 목숨이 노려졌고, 오랜 기간 동안 떠돌이생활을 할 수밖에 없었다. 궁예는 젖먹이던 여종의 도움으로 도성에서 최대한 벗어나기 위하여 멀리 멀리 도망갔다. 결국 지금의 강원도 영월 지역까지 오게 되었다.

궁예는 한쪽 눈이 함몰되거나 큰 상처가 있었기에 주변의 아이들과 쉽게 어울리지 못했을 것이다. 자기 외모에 대한 콤플렉스가 강하게 자리 잡고 있었던 것으로 보인다. 천성도 그러하였겠지만, 주변 환경의 영향으

---

5) 『三國史記』 권50, 弓裔傳. "弓裔 新羅人 姓金氏 考第四十七憲安王誼靖 母憲安王嬪御 失其姓名 或云 四十八景文王膺廉之子 以五月五日 生於外家 其時 屋上有素光 若長虹 上屬天 日官奏日 此兒 以重午日生 生而有齒 且光焰異常 恐將來不利於國家 宜勿養之 王勅中使 抵其家殺之 使者取於襁褓中 投之樓下 乳婢竊捧之 誤以手觸 眇其一目 抱而 逃竄 劬勞養育"

6) 李道學, 『궁예 진훤 왕건과 열정의 시대』, 김영사, 2000, 19쪽.

로 난폭한 성격을 보였던 것 같다. 그를 힘들게 키워왔던 유모는 더 이상 궁예를 감당하기 힘들었던 것으로 생각된다. 다음의 기사가 그것을 말한다.

> 그의 나이 10여 세가 되어도 장난을 그만두지 않자 종이 그에게 말했다. "네가 태어났을 때 나라의 버림을 받았다. 나는 이를 차마 보지 못하여 오늘까지 몰래 너를 길러 왔다. 그러나 너의 미친 행동이 이와 같으니 반드시 남들에게 알려질 것이다. 그렇게 되면 나와 너는 함께 화를 면치 못할 것이니 이를 어찌 하랴?" 궁예가 울면서 말했다. "만일 그렇다면 내가 이곳을 떠나 어머니의 근심거리가 되지 않도록 하겠습니다." 그는 말을 마치고 곧 세달사로 갔다. 지금의 흥교사가 바로 그 절이다. 그는 머리를 깎고 중이 되어 스스로 선종이라고 불렀다.[7]

출생의 비밀을 알게 된 궁예는 크게 놀라지 않을 수 없었다. 그리고 자신이 애꾸가 된 이유를 명확하게 알게 됨으로 인하여 신라 왕실에 대한 격한 분노가 심어지게 되었다. 궁예도 나이가 들면서 자신에게 힘겨워하는 유모의 모습이 눈에 들어왔고, 결국 출가를 결심하였다. 궁예는 더 이상 유모의 근심거리가 되지 않기 위하여 스스로 유모의 곁을 떠나가게 되었다.

궁예는 유모를 어머니라고 부르고 있었다. 어릴 때부터 자신을 키워주

---

7) 『三國史記』 권50, 弓裔傳. "年十餘歲 遊戲不止 其婢告之曰 子之生也 見棄於國 子不忍 竊養 以至今日 而子之狂如此 必爲人所知 則子與子俱不免 爲之奈何 弓裔泣曰 若然則 吾逝矣 無爲母憂 便去世達寺 今之興敎寺 是也 祝髮爲僧 自號善宗"

었고, 또한 외부에도 스스로 어미를 자칭하였기에 유모를 어머니라고 불렀던 것이지만, 진심으로 유모를 어머니로 생각하고 있었던 것으로 보인다. 궁예는 장성하면서 자신의 존재가 유모에게 안 좋은 영향을 미칠 수 있을 것이라고 생각하였다. 이 때문에 궁예 스스로 유모의 곁을 떠나게 되었다. 궁예가 단순히 미치광이 폭군이 아닌, 기실 마음 속은 여린 면이 가득하였던 한 인간이라는 점은 이렇게 기록을 통해서 알 수 있다.

궁예는 본래 선종(善宗)이라는 법명으로 활동하였다. 그는 10대를 세달사에서 보내게 되었다.

『삼국사기』 궁예전에 따르면 세달사는 지금의 흥교사라고 하였다. 이를 통해 『삼국사기』가 편찬되던 12세기경에는 흥교사로 개칭되었던 것으로 보인다. 흥교사는 『신증동국여지승람』 권13에는 경기도 풍덕군의 백련산으로, 권46에서는 강원도 영월군의 대화산으로 기록되어 있어 그 위치가 어디인지에 대해 양론이 있어 왔다. 이 중에서 대화산은 현지에서는 태화산으로 불리고 있다.[8]

이 두 설 중에서 강원도 영월군 태화산 설이 옳다. 사자산 흥녕사의 징효대사 보인탑비의 비음기에 보면 '세달촌주 나생군(世達村主奈生郡)'이라는 글자가 있다. 즉 영월의 옛 지명인 나생군의 관내에 세달촌이 있었다는 것이다. 이 세달촌이라는 촌명에서 세달사라는 절 이름이 유래한 게 된다.[9]

세달사는 강원도 영월군 남면 흥월리에 소재한 흥교분교 주변이 그 터이다. 신라에서 화엄종을 개창한 의상의 법손인 신림이 주석했던 유서 깊은 사찰이다. 이곳에서는 10×6cm의 평기와에 좌서로 '흥(興)'자와 '교(敎)'

---

8) 金澤均, 「弓裔와 世達寺」『史學硏究』75, 2004, 58~59쪽.
9) 李道學, 『궁예 진훤 왕건과 열정의 시대』, 김영사, 2000, 21쪽.

자의 부수 일부가 수습되었
다. 이후에도 이곳에서 조사
가 이루어졌는데 수습된 와편
들 중에서 등줄기의 구획선내
에 자경 1.5cm로 '세(世)' 자가
양출되었으며, 다른 평기와에
서는 '달(達)' 자가 양출된 상
태로 발견되었다. 이 명문와
들은 비록 한 자씩 절단된 채
단편적으로 출토되었다. 그러
나 이를 바탕으로 이곳이 흥
교사이자 세달사라는 점을 알
수 있다.[10]

▲ 영월 흥녕사 징효대사 보인탑비

현재 이곳은 영월초등학교
흥교분교장이라는 안내판이
세워져 있다. 흥교분교는 현
재 폐교되어 지금은 자연체험
장으로 사용되고 있었다.
2013년 6월 21일에 방문하였
을 때, 이곳에는 중부고고학
연구소에서 영월 흥교사지 2
차 발굴조사가 이루어지고 있
었다. 흥교분교에는 밤꽃 냄

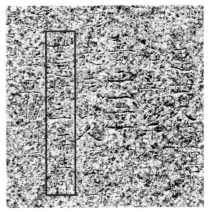

▲ 징효대사비에 새겨진 '세달촌주 나생군'

---

10) 張俊植, 「世達寺의 位置에 대한 考察」 『文化史學』 11·12·13, 1999, 471쪽.

▲ 영월초등학교 흥교분교장(세달사터)

새가 짙게 풍기고 있었으며, 전체적으로 조용하였다. 흥교분교를 지나 밭 쪽으로 걸어가면 무덤이 몇 개 나타난다. 그중 망부석 아래에 연화문이 조각되어 있는 받침이 보인다. 이는 본래 석등의 받침이었지만 후대 사람들이 망부석 받침으로 사용한 것이다. 그리고 근처에 있는 우물 이름을 세달샘터라고 일컬어 세달사와의 연관성을 상기시켜 주고 있다. 궁예는 이곳에서 청춘시절을 보내며 꿈을 키워갔다. 자신의 출생이 왜 비극적이었는지에 대해 스스로 묻고 답하였을 것이다. 그러다가 궁예의 마음속에는 신라 왕실에 대한 원망이 가득 찼을 게 자명하다. 이를 비우려고 해도 쉽게 비워지지 않았으며 언제나 응어리져서 남아 있었다. 그러면 다음의 기사를 보자.

그가 장성하자 중의 계율에 구애받지 않고 방종하였으며 뱃심이 있었다. 어느 때 재를 올리러 가는 길에 까마귀가 무엇을 물고 와서 궁예의 바리대에 떨어뜨렸다. 궁예가 그것을 보니 점을 치는 산가지였는데 거기에는 왕이라는 글자가 쓰여 있었다. 궁예는 그것을 비밀에 부쳐 소문을 내지 않고 스스로 자만심을 가졌다.[11]

---

11) 『三國史記』권50, 弓裔傳. "及壯不拘檢僧律軒輊有膽氣 嘗赴齋行次有烏鳥銜物落所

궁예는 세달사에 들어가 승려생활을 했지만 천성은 변하지 않았다. 그러던 궁예에게 어느 날 신이한 일이 생겼다. 재를 올리러 길을 가는 궁예에게 공중을 선회하던 까마귀가 점치는 막대기를 바리떼에 떨어뜨려 놓고는 갔다. 그 막대기에는 임금 '王' 자가 적혀 있었다. 궁예는 까마귀가 자

▲ 세달사터의 연화문 석등받침

신에게 계시를 내려주었다고 생각하면서 여러 생각을 하였다. 그리고 이제 슬슬 세상으로 나와 자신의 이상을 실현시키리라고 옹골차게 마음먹었다.

위의 이야기가 실제 있었는지, 아니면 꾸며낸 것인지는 정확히 알 수 없다. 다만 확실한 것은 궁예는 세달사에 오랫동안 머무르지는 못하였다는 게다. 그리고 자신의 비극적인 출생과 삶에 큰 불만을 품고 있었다는 점이다.

持鉢中 視之牙籤書王字 則祕而不言頗自負"

# 2. 궁예의 초기 세력 형성

　궁예는 자신의 본래 신분이 왕자였기에 왕이 될 수 있는 자격을 갖추었다고 자부했을 것으로 보인다. 내심으로 자부했던 왕이 되고자 했던 궁예의 열망은 곧 표면화되었다. 다음의 기사가 그것을 말해준다.

　　신라 말기에 정치가 거칠어지고 백성들이 분산되어 왕기의 밖에 있는 주현 중에서 신라 조정을 반대하고 지지하는 수가 반반씩이었다. 그리고 도처에서 도적이 벌떼처럼 일어나거나 개미같이 모여 들었다. 선종은 이를 보고 혼란한 틈을 이용하여 무리를 끌어 모으면 자기의 뜻을 이룰 수 있으리라고 생각하였다. 진성왕 재위 5년, 대순 2년 신해에 그는 죽주에 있는 반란군의 괴수 기훤의 휘하로 들어갔다.[12]

---

12) 『三國史記』 권50, 弓裔傳. "見新羅衰季 政荒民散 王畿外州縣叛附相半 遠近群盜 蜂起 蟻聚 善宗謂乘亂聚衆 可以得志 以眞聖王卽位五年 大順二年辛亥 投竹州賊魁箕萱"

▲ 기훤의 근거지였던 안성 죽주산성 성벽

궁예가 기훤(箕萱)의 수하로 들어가게 된 때는 891년이었다. 죽주 적괴 (竹州賊魁)로 표현된 기훤은 죽주 지역을 석권한 우두머리로 볼 수 있다. 기록에도 나와 있듯이 당시 신라는 도적무리, 즉 군도(群盜)가 일어나면 서 크게 혼란한 상황이었다. 자연스레 중앙의 권력은 약하고, 지방의 힘 이 센 이들에게 많은 이들이 의탁하였다. 이들은 스스로 장군과 성주를 칭하면서 독자적인 세력을 형성해 나갔다.

기훤도 이와 마찬가지로 보인다. 그 또한 죽주, 즉 지금의 경기도 안성 을 중심으로 자신의 세력을 갖고 있었다. 짧은 기록 외에 자세한 설명은 나오지 않지만, 본래 궁예가 머무르던 영월 세달사, 즉 흥교사에서 안성 까지의 거리를 생각한다면, 상당한 세력가였음을 추측해 볼 수 있다. 세 달사에 있을 때부터 궁예는 기훤의 세력을 알고 있었고, 혈혈단신으로 자 기의 뜻을 이루기 위해 기훤에게 찾아갔다.

이를 통해 대강 유추할 수 있는 것은 영서 지역의 양길과 경기도 지역

기훤의 세력 차이다. 자세한 기록이 없어서 이를 섣불리 단정하긴 힘들지만, 기훤의 세력은 양길에 필적하거나 혹은 그보다 더 강대하였을 가능성마저 있다. 궁예가 지리적으로 가까운 양길에게 바로 가지 않고 기훤에게 자신을 의탁하러 갔다. 궁예는 기훤의 세력이 양길보다 강하다고 생각하였으며, 향후 세상은 기훤이 주도해 나갈 것으로 보았다.

사회와는 격리된 사찰에만 시간을 보냈던 궁예에게 현실은 결코 만만한 곳이 아니었다. 기훤은 궁예가 처음으로 마주한 현실이었고, 그가 염려했던 것 이상으로 엄혹하게 다가왔다. 다음의 기사가 그것을 말한다.

> 그러나 기훤이 오만무례하므로 선종의 마음이 울울하여 스스로 마음을 정하지 못하고 있다가, 기훤의 휘하인 원회·신헌 등과 비밀리에 결탁하여 벗을 삼았다.[13]

궁예에게 있어 기훤은 자신의 뜻을 이룰 수 있는 첫 발걸음이었다. 그렇지만 기훤에게 있어서 궁예는 큰 의미로 다가오지 못했다. 기훤은 당시 자기 스스로 만족할 만한 세력을 갖고 있었던 것으로 보인다. 굳이 궁예가 아니라고 하더라도, 주변에서 그에게 귀부하는 사람들이 많았다. 기훤에게 있어 궁예는, 자신을 찾아오는 수많은 사람들 중에 한 명일 뿐이었다. 그 이상도 그 이하도 아니었다. 반듯한 용모와 풍채를 가진 이들도 많았다. 그랬기에 일그러진 용모를 지닌 일개 승려에 대해서는 별다른 관심을 갖지 못하였던 것으로 보인다.

기훤의 대열에 가담은 하였지만, 환대받지 못하는 궁예는 울울한 속내

---

13) 『三國史記』 권50, 弓裔傳. "箕萱侮慢不禮善宗鬱悒不自安 潛結箕萱麾下元會申煊等爲友"

를 어찌 할 수 없었다. 기훤에게 받은 홀대는 궁예가 기훤의 곁을 떠나는 데 큰 영향을 미치게 되었다. 다음에서 보듯이 이듬해 궁예는 기훤의 곁을 떠나 양길의 휘하로 들어간다.

그는 경복 원년 임자에 북원적(北原賊) 양길의 휘하로 들어갔다. 양길은 그를 우대하고 일을 맡겼으며, 군사를 주어 동쪽으로 신라의 영토를 공략하게 하였다. 이에 선종은 치악산 석남사에 묵으면서 주천·나성·울오·어진 등의 고을을 습격하여 모두 항복시켰다.[14]

양길은 원주 영원산성에서 세력을 형성하고 있었다. 영원산성은 원주 동남쪽의 치악산 자락의 해발 700~970m 되는 곳에 위치하고 있다. 북쪽으로는 해발 1,042m의 치악산 향로봉이, 동쪽으로는 해발 1,191m의 남대봉이, 동남쪽으로는 시명봉이 자리 잡았다. 영원산성은 향로봉~남대봉으로 이어지는 산맥에서 흘러내린 970 고지를 중심으로 좌우 능선을 따라 축조하였다. 절벽에 가까운 급경사지로 되어 있어서 접근이 어려운 험지인 반면 성내는 완만한 경사지가 형성되어 있어서 활용 기반 조성에 이점을 가지고 있다.[15] 영원산성이 양길의 치소였다는 사실은 『신증동국여지승람』의 다음 기록을 통해 알 수 있다.

영원성(鴒原城)[치악산의 남쪽 등성마루에 있다. 돌로 쌓았으며, 둘

14) 『三國史記』 권50, 弓裔傳. "景福元年壬子投北原賊梁吉 吉善遇之委任以事 遂分兵使東略地 於是出宿雉岳山石南寺行襲酒泉奈城鬱烏御珍等縣皆降之"
15) 柳在春, 「原州 鴒原山城考」『鄕土史硏究』 9, 1997, 46쪽.

▲ 원주 영원산성 성벽

레가 3천 7백 49척이다. 안에 우물 1곳에 샘이 5곳 있으나 지금은 폐하여
졌다. 『삼국사(三國史)』에, "궁예가 북원적(北原賊) 양길(梁吉)에게 가 붙
으니 양길이 일을 맡기고, 동쪽으로 땅을 침략하게 하였다. 이에 궁예가
치악산의 석남사(石南寺)에 나와 유숙하고 다니면서 주천(酒泉)·나성(奈
城)·울도(鬱島)·어진(御珍) 등의 고을을 습격하여 다 항복시켰다" 한다.
세상에 전하기를, "이 성은 양길이 의거하던 곳으로서 뒤에 원충갑(元冲
甲)이 여기에 웅거하여 거란의 군사를 깨뜨렸다" 한다.][16]

2013년 6월 21일에 영원산성을 답사하였다. 이곳에는 영원사라는 절이
자리 잡고 있었다. 절 옆으로 난 등산로를 따라 올라가면 영원산성에 오
를 수 있다. 그날따라 유독 검고 붉은 반점이 찍힌 나비들이 사방에 떼를

---

16) 『新增東國輿地勝覽』 권46, 江原道, 原州牧.

지어 모여 있었다. 영원산성으로 올라가는 길은 매우 험준하며 오랜 시간을 들여 겨우 올라갔다. 오늘날에는 그나마 영원사까지 차가 들어올 수 있기에 1990년에 처음 답사했을 때보다는 쉽게 올라갈 수 있었다. 후삼국시대의 경우에는 이곳에 오르는 게 결코 만만한 일이 아닐 것이라는 생각이 들었다. 또한 매우 험준한 요새에 해당하므로 공격하기도 결코 쉽지 않았을 것으로 보인다. 참고로 1990년 12월 12일자 일기장의 기록을 다음과 같이 전문 게재해 본다.

최종택 씨 집에서 9시에 나와 슈퍼에서 초코렡 등을 산 후 금대리에서 내렸다. 그러나 입산금지라고 하여 답사가 어려울듯 하였으나, 학술조사이기에 허락한다고 하여 걷기 시작하였다. 10시 35분 쯤 걷기 시작하여 12시 15분 쯤 영원사에 도착하였다. 우리가 걸었던 자갈밭길과 산길은 양길과 궁예가 걸었던 길인데 영광의 길도 아니고 곧 파멸에 이르는 길이었다. 영원사에서 산 능선을 따라 걷다가 성벽을 발견하였는데, 동·남쪽 일대를 따라 갔는데, 산성 정상부에서 보니 원주 시가지가 한눈에 들어왔다. 그리고 치악산 설경이 일품이었다.

사진도 찍고 성 높이를 재고 하였는데, 2시 훨씬 지난 후, 산성 정상부에서 셋이 '양길 장군 만세'를 외쳤다. 메아리가 돌아왔다. '양길 대왕님 만세'도 불렀다. 계곡을 끼고 있는 어마어마하게 끝이 없는 큰 성이었다. 4㎞라는 말이 맞을 거라는 생각이 들었다.

최종택 씨가 계속 배고프다면서 산 중턱에서부터 점심을 먹자고 하였는데, 초코렡만 주다가 성벽을 내려와 절을 바라보는 곳에서 3시 45분쯤 식사를 하였다. 그런데, 안내판 왼쪽으로 가면 편편한 대지 그러니까 건물지가 있다는 사실을 절에 와서 승려에게 들었다. 무척 아쉬웠다. 양길이가 초대장을 또 한번 보낸 것이라고 하여 내가 웃었다. 절에서 금대리까지 1시간 10분 걸려 돌아왔다. 영원산성은 평원군성은 아니고, 양길의 산채임은 분명하였다. 홍원기 씨와 같이 버스로 상경, 집에 왔는데 몸이 피곤하였다.

궁예는 다시 발걸음을 돌려 북원의 양길에게 의탁하였다. 다만 양길에게 의탁한 시점에 대해 궁예전에서는 경복 원년 임자, 즉 892년으로 밝히고 있다. 그렇지만 「신라본기」에서는 891년에 양길의 수하로 이미 활동하고 있다. 기록에는 891년 겨울 10월에 궁예는 기병 100여 명을 거느리고 북원 동쪽 부락과 명주 관내 주천 등 10여 군현을 습격했다고 적혀 있다.[17]

궁예가 양길에게 투신한 891년 바로 그 해에 군대를 이끌었다는 점은 상당히 파격적이라고 볼 수 있다. 기훤에게 투신한지 1년도 되지 않아 궁예는 다른 주인을 찾게 된 것이다. 양길은 그러한 궁예를 파격적으로 대우한 것은 사람 보는 안목이 출중하였음을 뜻한다. 이와 더불어 양길은 그로부터 혼란한 정국을 평정할 비책(秘策)을 들었기 때문으로 보인다. 양길은 궁예에 대한 능력 검증이 끝났다고 자신하였던 같다. 그랬기에 궁예에게 기병 100여 명을 주어 북원 동쪽 부락 등을 공격하게 하였다. 여기에서 적잖은 성과를 거두었기에 양길은 점차 그를 신뢰하게 되었다.

궁예는 강대한 기훤 밑에서 능력을 발휘하지 못한 것보다, 그보다는 세력은 약하지만 그만큼 성장 가능성이 큰 양길에게 투신하였던 것으로 보인다. 즉 소 꼬리보다는 닭 머리를 선택한 것이다. 이후 궁예가 양길의

---

17) 『三國史記』 권11, 眞聖王 5년 조. "五年 冬十月 北原賊帥梁吉 遣其佐弓裔 領百餘騎 襲北原東部落及溟州管內酒泉等十餘郡縣"

▲ 원주 신림면 성남리의 성황림

신임을 받아 치악산 석남사에 군대를 주둔한 시점은 892년인 것으로 보인다.

치악산 석남사는 오늘날 강원도 원주시 신림면 성남리 산 191에 있는 성황림에 위치하였다. 지금 이곳은 천연기념물 제93호로 지정되었다. 허가 없이 들어갈 수 없게 되어 있다. 이곳은 치악산 성황신을 마을의 수호신으로 모시던 서낭숲이었다. 이 일대의 마을은 화전민들이 개간하며 살던 마을이었다고 한다. 해마다 4월 8일과 9월 9일에 제사를 지내 왔다. 그리고 마을은 절골로 부르고 있어서 옛적에 절이 있었음을 암시해 준다.

이곳에는 조선시대 석종형 부도가 남아 있어 절터가 있었다는 점을 알 수 있다. 논과 골짜기 주변에서는 여러 기와 조각들이 발견되었다. 그 중에서는 '石南△'·'△南寺'·'△大平 △南寺' 등이 양각된 명문기와가 발견되었다.[18]

당시 궁예의 공격 대상은 주천(酒泉 : 강원도 영월군 주천면)·나성(奈城 : 영월군 영월읍)·울오(鬱烏 : 강원도 평창군 평창읍)·어진(御珍 : 경상북도 울진군 울진읍)이었다. 궁예가 영동 지역 어진까지 진출한 것은 그만큼 빠른 기동력과 군사적인 능력이 뛰어났음을 의미한다. 이와 관련해「징효대사 탑비문」에 보이는 다음의 기사를 보자.

---

18) 辛鍾遠,「雉岳山 石南寺址의 推定과 現存民俗」『정신문화연구』17, 1994, 9쪽.

(光啓) 2년(886)에 대사는 상주의 남쪽으로 피난 가서 조령(鳥嶺)에 잠시 머물렀다. 이와 때를 같이하여 본산(本山; 사자산)이 과연 병화(兵火)를 만나 보방(寶坊)이 모두 소실되었으니, 대사께서 혜안으로 미리 길흉(吉凶)을 점쳐 함께 불타서 죽을 액을 면한 것이다.[19]

위의 비문에 따르면 징효대사는 886년에 상주의 남쪽으로 피난을 갔다고 한다. 병화를 만났기 때문이라고 한 것은 군대의 습격을 받았음을 뜻한다. 이러한 병화의 주체를 정확히 지목할 수는 없다. 그러나 모든 판본(板本)에

▲ 영월 법흥사(옛 흥녕사)

는 '대순이년(大順二年)'으로 적혀 있다. 대순 2년은 891년이므로 궁예를 지목하는 게 가능해진다. 앞서 살펴 본『삼국사기』에서도 확인되듯이, 당시 궁예는 군대를 이끌고 북원 동쪽과 주천을 공격하였다고 했다. 그 대상에 흥녕사도 포함되었다고 볼 수 있다. 당시 사찰은 공개된 금붙이가 제일 많은 곳일 뿐 아니라 막대한 재물들을 쌓아놓은 곳이었다. 그랬기에 도적들의 주요 공격 대상이기도 하였다. 궁예가 흥녕사를 공격한 것은 축적된 재물을 빼앗기 위한 목적이 강했다. 또한 궁예 스스로는 화엄종 계

---

19) 한국역사연구회, 『譯註 羅末麗初金石文』上, 혜안, 1996, 153~154쪽. "大師避地於尙州之南暫栖鳥嶺 當此之時本山果遭兵火盡爇寶坊 大師預卜吉凶 以免俱焚之難"

열이기에 선종 사찰에 대해서 가차 없이 대했다고 볼 수도 있다.[20]

그는 양길의 가장 뛰어난 수하로서 활약하였다. 기훤에 비해 약한 세력이었던 양길은 점차 북방의 강자로 변모하게 된다. 이러한 양길에게 있어 궁예는 신뢰하는 부하임과 동시에, 주요 경계 대상이었다. 하지만 세력의 확장을 위해서는 반드시 필요한 존재였기 때문에, 양길은 다음에서 보듯이 궁예로 하여금 동방 원정을 보낸다.

> 겨울 10월, 궁예가 북원으로부터 하슬라에 들어오니, 따르는
> 무리가 600여 명에 달하였다. 그는 장군이라고 자칭하였다.[21]

894년에 궁예가 진출한 곳은 하슬라, 즉 명주였다. 지금의 강원도 강릉에 해당하는 이곳은 궁예가 그동안 활동하던 내륙 지역이 아닌 바다가 보이는 곳이었다. 궁예로서는 마치 동쪽 세상의 끝에 온 느낌이 들었을 것이다. 양길과의 떨어진 거리 또한 연상시키게 하였다. 영동(嶺東)으로의 진출로 양길의 세력은 더욱 더 커졌지만, 궁예의 야심도 이와 비례하여 증폭되게 되었다.

궁예가 명주로 진출했을 때의 병력도 기존과는 달라져 있었다. 기존에는 100여 명의 기병을 이끌고 약탈을 하던 궁예였다. 그런데 3년이 지난 시점에서 궁예는 600명의 군대를 거느리고 있었다. 당시 궁예는 이 군대를 바탕으로 명주 일원에서 굴산사 등을 습격하던 초구(草寇)를 정벌한 것으로 보인다. 당시 명주 일대에는 김순식(金順式) 등의 호족이 있었다. 그

---

20) 李道學, 『궁예 진훤 왕건과 열정의 시대』, 김영사, 2000, 36쪽.
21) 『三國史記』 권11, 眞聖王 8년 조. "冬十月 弓裔自北原入何瑟羅 衆至六百餘人 自稱將軍"

런데 어디선가 나타난 궁예가 오히려 도적떼를 토벌하자 명주 사람들은 궁예를 크게 반길 수밖에 없었다. 더욱이 김순식의 아버지인 허월(許越)이라는 승려가 궁예를 적극적으로 도우면서 명주 일대의 민심을 장악하도록 도와주었다. 더 나아가 궁예가 명주에서 자립할 수 있는 배경이 되었다.[22] 이때 궁예는 스스로 장군임을 자칭함으로써 양길과는 별개의 세력임을 선언하였다. 양길과의 결별과 새로운 세력의 형성은 지각변동을 예고한 것이었다. 그렇지만 양길로부터 독립하려면 더욱 더 많은 군대와 안정된 본거지가 필요하였다. 다음의 기사가 그것을 말해준다.

> 선종은 건녕 원년에 명주로 들어가 3500명을 모집하여, 이를 14개 대오로 편성하였다. 그는 김대·검모·흔장·귀평·장일 등을 사상[사상은 부장을 말한다]으로 삼고, 사졸과 고락을 같이하며, 주거나 빼앗는 일에 이르기까지도 공평무사하였다. 이에 따라 여러 사람들이 그를 마음 속으로 두려워하고 사랑하여 장군으로 추대하였다.[23]

명주를 안정적으로 장악하게 된 궁예는 군사를 모집하였다. 그 결과 그의 군대는 600명에서 3,500명으로 6배 가까이 늘어나게 되었다. 이를 체계적이고 효율적으로 관리하기 위해 14개 대오로 편성하였다. 그리고 이를 이끄는 부장을 여럿 두었고, 이들과 함께 군대를 통솔하였다. 이로써 궁예는 자신의 세력을 뒷받침하고, 자신에게 충성하는 강력한 군대를

---

22) 조인성, 『태봉의 궁예정권』, 푸른역사, 2007, 59~63쪽.
23) 『三國史記』 권50, 弓裔傳. "乾寧元年 入溟州 有衆三千五百人 分爲十四隊 金大·黔毛·昕長·貴平·張一等爲舍上[舍上謂部長也] 與士卒同甘苦勞逸 至於予奪 公而不私 是以 衆心畏愛 推爲將軍"

지니게 되었다.

궁예는 군대의 통솔을 통해 지도자로서의 능력을 검증받은 것으로 보인다. 사졸들과 고락을 같이 하는 것은 진훤도 마찬가지로, 군대를 이끄는 장군으로 결코 후방에서 사졸들과 거리를 두는 게 아닌, 함께 싸우는 이로서 다가갔다. 그렇기 때문에 존경을 받을 수 있었던 것으로 보인다. 이로써 841년에 양길의 수하가 된지 불과 3년 만에 궁예는 장군을 지칭하는 강대한 세력으로 성장하게 되었다. 그렇지만 역시 문제는 본거지였다. 석남사는 양길의 주 세력에 너무 가까이 있었다. 궁예는 더 이상 양길의 손아귀에서 놀아날 수 없었다. 그가 양길에서 벗어나기 위해서라면 석남사에서 멀어져야 했다. 그랬기에 그가 시선을 돌린 곳이 영동 제일의 고장 명주였었다. 그러나 명주의 호족들도 강력한 군사력을 갖춘 데다가 우호 세력으로 남아 있었기 때문에 굳이 그 자리를 빼앗을 필요는 없었다. 결국 명주에서 세를 확장시킨 궁예는 신라의 통치권이 미치지 않은 다른 지역으로 뻗어나가야 하였다. 다음에서 보듯이 오래 지나지 않아 궁예의 군마는 영서 지역 강원도를 휩쓸기 시작한다.

　　9년 가을 8월, 궁예가 저족·성천의 두 군을 탈취하고, 또한 한
　　주 관내의 부약·철원 등 10여 군현을 격파하였다.[24]

이듬해인 895년 가을 8월에 궁예는 대대적인 군사 활동을 감행했다. 명주를 기준으로 서북 지역에 대한 정벌에 나서 상당한 성과를 거두게 된다. 저족(猪足 : 강원도 인제)과 성천(狌川 : 강원도 화천)을 탈취하였다. 그

---

24) 『三國史記』 권11, 眞聖王 9년 조. "九年 秋八月 弓裔擊取猪足狌川二郡 又破漢州管內 夫若·鐵圓等十餘郡縣"

리고 부약(夫若 : 강원도 김화)과 철원(鐵圓 : 강원도 철원)까지 손에 넣게 되었고, 더 나아가 궁예전에서는 금성(金城 : 강원도 김화군 금성면)까지 장악한 것으로 나온다.

궁예는 양길에게서 독립한 후 군사적으로 혁혁한 전과를 거두게 된다. 명주가 위치한 동해안로도 이미 궁예의 손에 들어간 상황이고, 남쪽으로 양길, 서남쪽으로는 기훤이 버티고 있었다. 그렇기에 영서 지역 호족들은 더 이상 신라의 구원을 바랄 수도 없는 상황이었다. 이들은 자립과 귀부 중 하나를 선택해야만 되었다. 다수는 귀부하였으나, 일부는 자립하여 궁예에게 대항하기도 했던 것이다. 다음의 기사가 그러한 사실을 말한다.

> 이에 저족·성천·부약·금성·철원 등의 성을 쳐부수니 군사의 성세가 대단하였으며, 패서에 있는 적들이 선종에게 와서 항복하는 자가 많았다. 선종은 내심 무리들이 많으니 나라를 창건하고 스스로 임금이라고 일컬을 만하다고 생각하여 내외의 관직을 설치하기 시작하였다.[25]

계속되는 승리는 궁예에게 자신감을 주었다. 궁예의 상승을 막을 수 있는 자들은 아무도 없었다. 궁예는 불과 몇 년 만에 양길의 수하에서 이제는 그에 대적하는 강력한 세력으로 발돋움하였다. 급기야는 왕을 칭할 정도가 되었다. 그랬기에 그는 내외의 관직을 설치할 수 있었다. 또한 철원을 얻게 되어 궁예는 본거지를 마련하게 되었다. 게다가 서쪽으로 더욱 나아가 패서 지역, 즉 평양 이남 예성강 이북 지역의 호족들도 궁예에게

---

25) 『三國史記』 권50, 弓裔傳. "於是 擊破猪足狌川夫若金城鐵圓等城 軍聲甚盛 浿西賊寇 來降者衆多 善宗自以爲衆大 可以開國稱君 始設內外官職"

귀부하였다. 이제는 더 이상 떠돌이 승려가 아닌, 왕을 자칭하는 체계성 있는 강력한 세력가로 궁예는 다시 태어나게 되었다.

『삼국유사』에 따르면 이듬해인 896년에 궁예가 철원성에 도읍하였다고 했다. 철원은 강원도 중에서도 넓은 평야가 있는 데다가 궁예가 점령한 영역의 중간에 소재하였다. 이런 이유로 철원을 수도로 삼았다고 본다. 그렇지만 모두가 궁예를 반기는 것만은 아니었다. 자립하여 궁예에게 대항한 세력도 있었다. 대표적인 인물로는 다음에 보이는 류긍순(柳矜順)을 들 수 있다.

> 태평(泰評)은 염주 사람이니 경서와 역사에 대하여 광범히 연구하였고 행정 실무에 능숙하였다. 당초에는 그 고을의 도적 두목 류긍순(柳矜順)의 기실(記室)로 있었으며 궁예가 류긍순을 격파하니 태평이 항복하였으나 궁예는 그들이 오랫동안 복종하지 않은 것에 노하여 그를 졸병으로 배속시켰다. 그는 드디어 태조를 따르게 되었는바 건국할 당시에 그의 힘이 이에 기여한 바 있었다. 그래서 그를 순군 낭중(徇軍郎中)으로 등용하였다.[26]

류긍순은 염주(鹽州 : 황해도 연안)의 호족으로 궁예에게 귀부보다는 싸움을 선택하였다. 그렇지만 그는 궁예의 기세를 꺾을 수 없었고 결국 패배하게 된다. 패배한 류긍순과 항복한 태평에 대해 궁예는 본보기로 삼았다. 류긍순에 대한 기록은 더 이상 남아 있지 않으나 죽임을 당한 것으로

---

26) 『高麗史』 권92, 王順式傳. "泰評塩州人 博涉書史明習吏事 初爲其州賊帥柳矜順記室 弓裔破矜順評乃降 裔怒其久不服 令屬卒伍 逐從太祖開國之際與有力焉 擢授徇軍郎中"

보인다. 태평은 항복했음에도 불구하고 일반 졸병으로 강등시켰다.

궁예는 자신에게 자진해서 귀부해 온 사람은 환대한 반면, 저항하는 사람에게는 보복으로 응징하였다. 이렇게 함으로써 자신의 세력을 강화시키고 기반을 단단히 다질 수 있었다. 이 당시 궁예의 영역은 동해에서 서해까지 이르며 통일신라 영역의 북부를 차지하였다. 패서 지역에서 힘차게 비상하는 궁예에게 다음과 같은 운명적인 만남이 기다리고 있었다.

> 우리 태조가 송악군으로부터 선종에게 가서 의탁하니, 단번에 철원군 태수를 제수하였다. 3년 병진에 승령·임강의 두 고을을 쳐서 빼앗았으며, 4년 정사에는 인물현이 항복하였다. 선종은 송악군이야말로 한강 북쪽의 이름난 고을이며 산수가 아름답다고 생각하여 그곳을 도읍으로 정하고, 공암·검포·혈구 등의 성을 쳐부수었다.[27]

태조, 즉 왕건이 궁예에게 귀부한 것도 바로 이때였다. 왕건은 그의 아버지인 용건, 즉 왕릉과 함께 궁예에게 귀부하였으며 자신의 본거지인 송악(지금의 개성)을 내어준다. 송악은 당시 패서 지역의 이름난 군으로, 군사적인 면과 경제적인 면을 고려하였을 때 도읍으로 적절한 곳이었다. 궁예로서는 철원에 기반을 두기는 하였으나, 송악에 대한 욕심도 작용하였기에 자신의 본거지로 삼으려고 생각하게 되었다.

궁예는 애초에 이곳에서 류긍순의 경우와 마찬가지로 힘겨운 싸움을

---

27) 『三國史記』 권50, 弓裔傳. "我太祖自松岳郡來投 便授鐵圓郡太守 三年丙辰 攻取僧嶺 臨江兩縣 四年丁巳 仁物縣降 善宗謂松岳郡漢北名郡 山水奇秀 遂定以爲都 擊破孔巖·黔浦六口等城"

염두에 두었을지도 모른다. 그러나 류긍순과는 달리 곧바로 귀부해 왔으니 더할 나위 없이 기쁜 데다가 송악의 빼어난 산수를 보고 감탄하였다. 궁예가 바라보는 서해는 명주에서 바라본 동해와는 또 다른 느낌으로 다가왔을 것이다. 송악을 해상 거점으로 삼아 북방과 남방으로 진출하고 서방의 중국과의 교역까지 염두에 두었다.

　　장군으로서 왕건의 활약도 이때부터 시작되었다. 896년에 왕건은, 궁예가 양길의 부하 장수로서 용명을 떨쳤던 것처럼, 궁예의 부하가 되어 종횡무진으로 활약하게 된다. 이때 왕건은 송악에서도 어느 정도의 군대를 소유하였기에 자신이 거느렸던 군대를 지휘하면서 전쟁에 나섰던 것으로 보인다. 아무리 왕건의 능력이 뛰어나다고 하더라도 궁예가 선뜻 자신의 군대를 내어줄 가능성이 매우 적었기 때문이다. 왕건이 약관에 군대를 지휘할 수 있었다는 점은 그만큼 뛰어난 능력을 인정받았음을 뜻한다. 궁예는 젊은 날 자신의 모습을 보는 것 같았기에 왕건을 총애하였던 것 같다. 그리고 왕건의 아버지인 왕륭은 금성태수가 되어 자신의 본거지인 송악을 떠나게 된다.

　　궁예는 승령(僧嶺 : 경기도 연천군 삭녕면)과 임강(臨江 : 경기도 장단)을 차지하면서 기세를 올렸다. 그리고 이듬해인 897년에는 인물현(仁物縣 : 경기도 개풍군 봉동면)에서도 항복해 왔다. 궁예의 송악 천도도 이때 이루어졌는데, 필시 왕륭 사후에 이루어졌던 것으로 보인다. 그리고 수도 주변의 방위를 공고히 하기 위하여 주변 도시들을 정벌하였다. 공암(孔巖 : 서울시 강서구·양천구 일대)·검포(黔浦 : 경기도 김포)·혈구(穴口 : 인천시 강화도)가 그 대상이었다. 다음에서 보듯이 궁예의 영토 확장은 다함이 없었다.


　　선종은 광화 원년 무오 봄 2월에 송악성을 수축하고, 우리 태조

를 정기대감으로 삼고, 양주와 현주를 쳤다.[28]

898년에 송악성을 수축하여 수도의 기반을 마련하였다. 그리고 왕건을 시켜 양주(楊州 : 서울 북부 지역)와 현주(見州 : 경기도 양주군 주내면)를 공격하게 했다. 이러한 일련의 행동은 나라의 기틀을 다지고, 송악 천도 전 주변 상황을 안정시키려는 의도에서 비롯된 것이다.

왕건은 이때부터 본격적인 군사 활동을 시작하였다. 아버지가 죽고 난 후 그의 뒤를 지켜줄 사람은 없었고, 스스로 강하게 일어나야 했다. 궁예에 대한 의심의 눈초리가 들기는 하였으나, 욱일승천하는 궁예의 기세를 혼자서 대적하기는 역부족이었다. 오히려 이럴 때일수록 충성을 다하며 자신의 가치를 드러내어야 했다. 이후 왕건은 군사적으로 괄목할 만한 맹활약을 하면서 자신의 입지를 착실히 다져 나갔다.

가을 7월, 궁예가 패서도와 한산주 관내의 30여 성을 빼앗고, 마침내 송악군에 도읍을 정하였다.[29]

위의 인용에서 보듯이 궁예는 패서도와 한산주 관내의 30여 성을 기반으로 송악으로 천도하였다. 그러니 891년에 기훤의 수하가 된지 불과 10년도 넘지 않아서 대호족을 넘어 한 국가의 왕으로 성장하게 된 것이다. 세달사에서부터 늘 생각하고 바라던 꿈이 현실로 이어진 것이었다. 그 국가의 터도 철원을 벗어나 넓은 바다와 만나는 송악으로 옮기게 되었다.

---

28) 『三國史記』 권50, 弓裔傳. "光化元年戊午春二月 葺松岳城 以我太祖爲精騎大監 伐楊州見州"

29) 『三國史記』 권12, 孝恭王 2년 조. "秋七月 弓裔取浿西道及漢山州管內三十餘城 遂都於松岳郡"

위의 기록은 그러한 궁예의 행적에 대한 총괄적인 사항을 압축해 놓은 것으로 여겨진다. 신라 조정에 있어서 궁예는 더 이상 도적 조무래기가 아닌, 국가의 안녕을 뒤흔드는 무서운 적국이었다. 더 이상 좌시할 수 없는 상대였지만 신라 조정으로서는 이를 타계할 방도는 없었다.

궁예의 야심은 여기서 그치지 않았다. 옛 고구려 영역이 소재한 신라 북부를 완전히 장악하여 옛 고구려를 재건하고자 하였다. 궁예는 그 방편으로서 불교를 찾았다. 송악으로 천도한 이후 다음과 같은 팔관회의 개최는 매우 큰 의미가 있었던 것으로 보인다.

겨울 11월에 팔관회를 시작하였다.[30]

궁예의 본래 출신은 승려였다. 그 스스로도 이러한 출신에 대한 속임은 없었던 것으로 보인다. 오히려 미륵신앙에 힘입어 자신의 지지자들을 결집시켰다. 그러나 신앙 자체로만으로 모든 것을 결집시키기는 힘들었다. 이를 격식을 갖춘 체계화된 행사를 통해 만방에 알릴 필요가 있었다. 궁예는 그 방도로서 팔관회를 생각했다. 송악에서 팔관회를 개최하여 불교 교단에 대한 장악과 더불어 교황적인 위상을 공식적으로 표명하고자 하였다. 이렇듯 정치권력과 종교까지 일치시켜 장악하였으니 궁예는 어느 누구도 무시할 수 없는 강대한 세력이 되었다. 그러나 이를 수수방관할 수 없는 처지의 사람이 있었다. 그가 바로 궁예의 전 주인, 양길이었다.

---

30) 『三國史記』권50, 弓裔傳. "冬十一月 始作八關會"

# 3. 비뇌성 전투의 전개와 위치 비정

　궁예의 상승은 다른 세력에게는 어떤 의미를 주었을까? 당연히 가장 경계해야 할 대상 1순위로 꼽을 수 밖에 없으며 자신들이 구축한 세력을 무너뜨리려고 하는 위험한 인물로 인식되었다. 특히 북원 일대를 기반으로 한 양길, 그리고 죽주의 기훤은 궁예에 대한 극도의 경계심과 악감정을 가질 수밖에 없었다.

　기훤과 양길은 모두 궁예와 남다른 인연이 있는 사이였다. 궁예는 기훤과 양길의 부하였던 적이 있었기 때문이다. 궁예는 기훤에게는 푸대접을, 양길에게는 환대를 받았었다. 그러한 기훤은 궁예가 떠나간 이후에는 기록이 없어서 그 전말을 살피기가 쉽지 않다. 그렇지만 비뇌성 전투 이전까지는 그 세력이 남아 있었던 것으로 보인다. 그 이유로는 궁예가 세력을 확장하면서도 죽주 이남으로는 세력이 아직 미치지 못했다는 점을 들 수 있다.

　반면에 양길은 대호족으로 성장해 있었다. 양길이 점유하고 있는 영역 중에는 분명 궁예가 점령해서 바친 곳도 많았던 것으로 보인다. 양길의 영역에 대해서는 궁예전에서는 북원·국원 및 30여 성을 언급하고 있다. 반면 「신라본기」에서는 10여 성으로 적혀 있다. 전후 상황을 볼 때 30여 성 정도로 보는 게 좀 더 타당하다고 생각된다. 혹은 양길이 직접 통치하는 곳이 10여 성, 양길에 우호적인 세력을 모두 합쳐서 30여 성 정도로 볼 수도 있다.

이 외에도 광주(廣州 : 경기도 하남시)·충주·당성(唐城 : 경기도 화성시)·청주·괴양(槐壤 : 충북 괴산)도 양길 혹은 기훤의 영역이었을 가능성이 크다. 혹은 비뇌성 전투 당시 양길을 지지하였던 호족들이 있었던 지역으로 볼 수 있다. 그 이유는 비뇌성 전투 이후 궁예의 부하였던 왕건이 이 지역들을 모두 점거하기 때문이다.

이렇게 된다면 기록에서는 자세하지 않지만 양길이나 기훤의 세력도 결코 만만하지 않았다는 점을 알 수 있다. 본고에서 예상하는 바대로 양길과 기훤이 북원·국원·청주를 손에 쥐고 있었다면 신라 5소경 중에서 3곳, 즉 북원경·중원경·서원경을 쥐고 있었다는 의미가 되기 때문이다. 5소경은 신라 지방 행정의 중심지였고 온갖 물산이 모이는 교통의 요지이기도 하였다. 더군다나 북원경과 중원경, 그리고 서원경은 신라 국토의 중심에 해당하는 곳에 위치한다. 이 3곳은 단순히 경제적 이득과 교통 요지의 점령이라는 차원을 넘어서, 신라 왕실에 가장 위협적인 존재가 된다는 뜻이기도 했다. 3곳 소경이 궁예의 손아귀에 들어오게 된다면 신라 영토의 상당 부분이 궁예의 손에 넘어간다는 의미이기도 하다. 나아가 신라의 중심 지역인 지금의 경상북도 지역이 언제든지 위협받을 수 있는 상황이 조성되는 것이다. 양길의 강성은 일찍부터 확인되었는데 다음의 기사가 그것을 가리킨다.

이때 북원적 양길의 세력이 강성하니 궁예는 자진해서 그의 부

하가 되었다. 진훤은 이 소식을 듣고 멀리서 양길에게 직함을 내
려 비장으로 삼았다.[31]

양길은 주변의 세력들과도 관계를 맺고 있던 것으로 보인다. 진훤이
양길에게 내린 비장의 직위는 서남해에서 방수할 때 자신의 직위와 동일
하다. 이는 현실적인 힘의 차이를 반영한 것이고, 양길 또한 현실적인 상
황의 판단 하에 우호 세력을 만들기 위해 비장직을 받아들인 것으로 보인
다. 또한 후술하겠지만, 양길은 주변의 라이벌이었던 기훤과도 동맹을 맺
었고, 그 때문에 비뇌성까지 군대를 보낸 것으로 보인다. 이러한 점들을
미루어 본다면 양길은 단순히 자신의 무력만을 믿기보다는 적절하게 외
교력을 구사하면서 자신의 세력을 존속해 나간 것으로 볼 수 있다.

궁예에게 있어 양길은 결코 만만한 상대가 아니었다. 양길에게 있어
궁예도 기존의 부하장수를 벗어나 자신의 권위에 도전하는 강적이 되어
있었다. 둘은 필연적으로 부딪힐 수밖에 없었다. 그 혈전의 장소로 비뇌
성이 설정되었다. 비뇌성 전투에 대한 기록은 『삼국사기』에서 「신라본기」
와 궁예전에서 다음과 같이 확인된다.

   • 가을 7월, 북원적 두목 양길은, 궁예가 자기를 배반할 생각을
   가지고 있는 것을 싫어하여, 국원 등 10여 성주들과 함께 그를 공
   격하기로 계획하고, 비뇌성 아래까지 진군하였으나, 양길의 군사
   가 패하여 도주하였다.[32]

---

31) 『三國遺事』 권2, 紀異, 後百濟甄萱 條. "是時北原賊良吉雄強 弓裔自投爲麾下 萱聞之
   遙授良吉職爲裨將"

• 당시에 양길은 그때까지 북원에 있으면서 국원 등 30여 성을 빼앗아 소유하고 있었는데, 선종의 지역이 넓고 백성들이 많다는 말을 듣고 크게 노하여 30여 성의 강병으로 선종을 습격하려 하였다. 선종이 이 기미를 알아차리고 먼저 양길을 쳐서 대파하였다.[33)]

위의 두 기사는 같은 사서에 나오는 동일한 사건에 대한 기록이지만 일부 서술에서 약간의 차이를 보인다. 그렇지만 두 기사를 적절히 조합하면 당시 전황이 어떻게 돌아갔는지 명확하게 파악할 수 있다. 일단 양자 간 갈등의 원인으로 양길을 지목하였다. 두 기사 모두 전투의 원인으로 양길의 궁예에 대한 악감정을 지목했다. 전자에서는 궁예가 자기를 배반할 생각을 갖고 있다는 것을, 후자에서는 궁예의 지역이 넓고 백성이 많다는 점을 들고 있다. 이 두 가지 요소는 모두 양길이 궁예에 대한 적개감을 가지게 된 요인으로는 충분하다.

궁예는 애초에 양길의 부하였으나 명주에서 독립하여 스스로 장군을 칭하였다. 그렇지만 궁예는 양길과의 옛정을 생각하여 양길 영역을 넘보지 않았던 같다. 그랬기에 양자 간의 충돌이 없었던 것으로 보인다. 실제 궁예의 영토 확장 범위는 파죽지세식이었지만 양길의 영역 쪽에는 미치지 않았다. 이는 기록에는 명확하게 나와 있지 않지만 양자 간에 어느 정도 협약이 체결되었고, 그에 따라서 두 사람의 관계가 유지된 것으로 볼 수 있다. 궁예는 명주에서 서북 지역으로 영향력을 뻗혔으며, 양길은 금싸라기 땅인 남부 지역으로 영향력을 확대시켰다. 서로가 노리는 대상이

32) 『三國史記』 권12, 孝恭王 3년 조. "秋七月 北原賊帥梁吉 忌弓裔貳己 與國原等十餘城主 謀攻之 進軍於非惱城下 梁吉兵潰走"
33) 『三國史記』 권50, 弓裔傳. "時梁吉猶在北原 取國原等三十餘城有之 聞善宗地廣民衆大怒 欲以三十餘城勁兵襲之 善宗潛認 先擊大敗之"

달랐기 때문에, 그동안 양자 간의 협정은 유효하게 적용되었을 것이다. 궁예 또한 양길에 대해 옛 주군으로서의 소회를 지녔다고 보인다.

그러나 시간이 지나면서 이러한 정서는 변화를 맞이하게 된다. 궁예가 패서 지역을 얻게 됨으로써 향후 진출할 방향은 북쪽과 남쪽으로 나뉘어졌다. 북쪽은 평양으로 대표되는 옛 고구려의 영역이지만 "평양(平壤) 구도(舊都)는 묵어서 잡초만 무성하니"[34]라고 하였듯이 개발이 제대로 되지 않아 무주공산의 황무지와 매한가지였다. 이곳은 개간과 개발을 해야 되었기 때문에, 북방으로의 영토 확장은 자연히 후순위가 될 수밖에 없었다.

반면 남쪽은 노른자위 땅이었다. 한강이 흐르는 곳에는 비옥한 농경지대가 펼쳐져 있는데다가 인구조밀 지역에 속한다. 척박한 강원도 지역에서 벗어나 경기도 일대의 비옥한 농토를 보면 아무래도 욕심이 커질 수밖에 없다. 그렇지만 이곳은 이미 기훤과 양길이 점거를 하고 있었기에 마냥 칼을 들이댈 수 없는 상황이었다. 그러나 궁예는 스스로 왕을 칭하고 도읍을 정하였고 내외의 관직을 설정하기까지 했다. 이러한 상황에서 다른 이들의 눈치를 보는 것은 궁예로서는 체면이 서는 일이 아니었다. 그렇다고 해서 상대가 자신에게 너무나도 버거운 상대인 것도 아니고, 오히려 해볼 만한 싸움이란 생각이 들기 시작했다. 이러한 궁예의 속셈을 바로 간파한 이가 양길이었다.

양길은 자기 세력을 유지하면서 어떤 상황이 자신에게 유리하고 불리한지 명확히 알고 있었던 것으로 보인다. 자신이 키우던 아기 호랑이는, 어느덧 커다란 어른 호랑이가 되어 자신을 향해 군침을 흘리고 있었다. 주군과 부하의 관계로 묶여있긴 했지만 그것은 어디까지나 과거의 일일

---

34) 『三國史記』 권50, 弓裔傳.

뿐이다. 궁예는 이미 왕을 칭하는 등 자신과 대등한 관계를 넘어선 상황이었다.

이러한 궁예가 그 정병을 이끌고 남방을 정벌한다면 무조건적인 승리는 장담할 수 없는 상황이었다. 때문에 양길은 궁예의 힘이 완전하지 못할 때, 그 근원을 뿌리 뽑고자 하였다. 그렇다고 대놓고 궁예를 공격할 수는 없었다. 궁예가 들어줄 수 없는 요구를 해서 공격의 명분을 삼는 것이 필요했다. 양길은 사신을 궁예에게 보내 영토에 대한 할양을 요구했을 가능성이 크다. 자신의 영역을 설정해 놓고 그곳을 궁예가 침탈했으니 반환하라는 생트집이었을 법하다. 양길이 예견했던대로 궁예는 즉각 거부했을 것이다.

결국 양길은 자신의 영역은 물론이고 주변의 성주들과 뜻을 함께 모아 30여 성에서 병력을 차출했다. 병력면에서 양길 연합군은 궁예 군대보다 절대적으로 우세하였다. 그러나 양길 연합군은 전쟁에 대한 뚜렷한 목적이 없었다. 양길은 이 군대로써 궁예와 일전을 치르고자 하였다. 궁예 또한 더 이상 양길과 같은 하늘 아래에 존속할 수 없다는 사실을 너무나도 잘 알고 있었다. 궁예로서는 올 것이 왔다는 판단을 하였기에 절박한 입장에서 면밀하게 대응을 했던 것 같다. 드디어 양길 연합군이 움직였다. 궁예는 양길 연합군의 이동을 포착하는 정병을 이끌고 대적하러 나갔다. 한반도 중부 지역에서 숱하게 전투를 치른 바 있는 궁예는 주도면밀하게 대응했던 것 같다. 사실 기록은 소략하지만, 전투의 승패에 따라서 신라 북부 일대의 패권이 걸린 한치 앞도 양보할 수 없는 전투였다. 그리고 전투의 장소로 비뇌성이 설정되었다. 그렇다면 비뇌성은 지금의 어디에 소재하였을까?

비뇌성의 위치에 대해서는 현재 여러 견해가 제기되었다. 대략 경기도 가평군 조종현(朝宗縣)에 속한 지금의 하면(下面) 현리(峴里)에 소재한 성터를 지목하는 견해, 경기도 광주와 안성 사이의 구간으로 비정하는 견해, 강원도 철원군 김화읍으로 비정한 견해, 경기도 양평군 양근 즉 양평읍으로 비정한 견해, 그리고 마지막으로 안성의 죽주산성으로 비정하는 견해가 있다.[35)]

비뇌성의 위치에 대해 이처럼 다양한 견해가 제기되었다. 그렇지만 근본적으로 비뇌성은 비뇌역의 위치와 연관해서 찾아보아야 한다. 비뇌역은 『고려사』에서 현종의 몽진에서 언급되었다. 그러니 비뇌역의 위치를 찾는 다면 비뇌성의 위치 또한 자연스럽게 찾을 수 있다. 다음의 기사를 보자.

> … 왕이 광주(廣州)를 출발하여 재를 넘어 비뇌역(鼻腦驛)에 유숙(留宿)하는데 지채문이 아뢰기를, "호종(扈從)하는 장사(壯士)가 모두 '처자(妻子)를 찾는다'고 칭탁하고서 사방으로 흩어졌으니 혼야(昏夜)에 적이 가만히 발(發)할까 두렵습니다. 청컨대 기치(旗幟)로 장사의 관(冠)에 꽂아서 변별하도록 하소서" 하니 이를 따랐다. 유종이 말하기를, "신의 고향인 양성(陽城)이 여기에서 멀지 아니하오니 청컨대 행차하소서" 하매 기뻐하여 드디어 양성으로 행차하였는데 … 드디어 사산현(蛇山縣)을 지나가는데 … 천안부(天安府)에 이르니 유종과 김응인이 아뢰기를, "신 등은 청컨대 석파역(石坡驛)에 가서 공돈(供頓)하고 맞이하겠나이다" 하고 드디어 도망하였다.[36)]

---

35) 李道學, 「弓裔의 北原京 占領과 그 意義」『東國史學』 43, 2007, 196~201쪽.
36) 『高麗史』 권94, 智蔡文傳.

위의 기사를 보면 현종의 몽진은 일단 광주→비뇌역→양성(안성시 양성면)→사산현(직산)→천안부로 이어지는 노정을 따라 남하했음이 확인된다. 그리고 주목되는 것은 비뇌성과 비뇌역의 존재이다. 한자에서는 비뇌성(非惱城)과 비뇌역(鼻腦驛)이라는 점에서 약간의 차이는 있다. 그러나 이는 당시 음에 따라 한자가 약간씩 달라졌다는 점에서 부자연스럽지 않다. 음으로 볼 때 양자는 매우 유사하다고 볼 수밖에 없다. 그리고 당시 현종의 몽진 동선을 놓고 볼 때 비뇌역은 자연스럽게 광주와 양성 사이로 비정해 볼 수 있다. 시간적 추이를 보아 광주에서 남하하여 하루 정도 걸리는 곳으로 비정하는 게 가능해진다. 그렇지만 이후 기록에서 비뇌역에 대한 기록은 남아있지 않다. 대신 비뇌역과 그 음이 유사한 분행역의 존재가 확인된다. 『고려사』의 참역 조에 보면 경주도(慶州道)가 관할하는 15개소 중의 한 곳이 분행(分行)이며 죽주에 속한 것으로 나온다.[37] 『만기요람』에서도 영화도(迎華道)에 속한 11개의 역 중 하나로 나온다.[38] 그러므로 분행역은 조선 후기까지도 주요 교통로였음을 알 수 있다.

▲ 분행 버스정류장

지금까지의 검토를 통해 다음과 같은 사실이 확인되었다. 궁예가 양길의 호족 연합군을 비뇌성 전투에서 궤멸시킨 후에 한반도 중부권을 완벽

---

37) 『高麗史』 권82, 志, 站驛. "慶州道掌十五 德豊慶安長嘉安業南山[廣州]良梓[果州]金嶺[龍駒]佐贊分行[竹州]五行安利[利川]無極[陰竹]遙安[陰城]丹月安富[槐州]"
38) 『萬機要覽』 「軍政編一」驛遞 各道屬驛. "京畿 迎華道[本良才]屬驛十一[樂生駒興金嶺佐贊分行無極果川邑站水原本站海門加川康福]"

하게 장악할 수 있었다. 그런 만큼 비뇌성은 전략적으로 중요한 지점에 소재한 게 분명하다. 이러한 요소를 감안해서 비뇌성의 위치를 검증하는 게 필요했다. 그렇다고 할 때 비뇌성은 우선 비뇌역과 음사(音似)한 관계로 동일 지역으로 지목된다. 이와 관련해 현종의 몽진 구간에서 살필 때 광주(廣州)에서 안성(安城) 사이에 소재한 역참으로는 분행역(分行驛)의 '분행'이 가장 음사하다. 실제 분행은 비뇌→비냉에서 부냉으로 음전(音轉)된 것으로 볼 수 있다. 비뇌성(非惱城)과 비뇌역(鼻腦驛)에서 보듯이 '비뇌'로 일컫다가 '분행(分行)'으로 지명이 바뀌게 되었다. 그 이유는 사통팔달식 교통의 요지로서의 의미가 증대된 관계로 기존 음(音)에 근사하면서도 교통로(交通路)로서의 의미를 살린 '분행(分行)'으로 고쳤던 것 같다.

분행은 현재 안성시 매산휴게소 북쪽 일대의 마을을 가리킨다. 물론 버스 정류장에 '분행'이라는 지명만 남아 있을 뿐 과거 역참의 흔적은 찾기 힘들다. 그렇다면 비뇌성은 어디로 비정해야 할까? 분행에서 가장 근거리에 위치한 산성은 직선거리로 1㎞ 정도 밖에 되지 않는 죽주산성이다. 죽주산성의 기단부 보축은 반월산성 5차 발굴조사에서 확인된 외벽 기저부 보축과 유사하며 기단부 보축은 이천 설성산성의 보축과 유사하다. 지금까지 보축은 신라의 성벽에서만 나타나는 것으로 알려졌으나 최근 백제가 축조한 성벽에서도 보축이 있었던 것으로 알려지고 있다.[39] 따라서 죽주산성은 삼국시대에 축조된 성이 분명하므로 비뇌성의 후보로서 적합하다.

게다가 죽주산성은 충주와 청주에서 오는 두 도로가 합쳐지는 전략적 요로(要路)에 소재하였다. 여기서 똑바로 서울로 올라갈 수 있게 된다. 류

---

39) 단국대학교 매장문화재연구소, 「안성 죽주산성 남벽 정비구간 발굴조사 지도위원회 자료」, 2004. 8.27.

성룡의 『군문등록(軍門謄錄)』에서도 이와 같이 언급되었을 정도였다. 그러니 죽주산성의 비중이 막중하였음은 두 말할 나위 없다. 이는 궁예가 한반도 중부 지역을 장악할 수 있는 중요한 전장으로서 『삼국사기』에 기록될 정도인 비뇌성의 역사적 사실과도 부합되고 있다. 비뇌성으로 비정되는 죽주산성은 본성의 둘레는 1,690m, 외성 1,500m, 내성 270m의 규모를 자랑하는 요새였다. 또 이곳에서는 안성벌이 한눈에 잡힌다. 이렇듯 죽주산성은 충주와 청주의 두 길이 합치는 곳에 맞닿은 호서 지방의 요충지인 것이다.[40]

비뇌성이 죽주의 교통로에 위치한 죽주산성이라고 한다면, 이곳에 기반을 둔 기훤이 좌시했을 리 없다. 죽주의 기훤이 거병하여 본영으로 삼았던 성이 죽주산성일 가능성이 높다. 기훤은 이곳을 기반으로 경기도 일대의 패권을 장악하면서 양길과는 서로 대치하는 형국이었을 것이다. 물론 기훤이 비뇌성 전투 때까지 세력을 유지했는 지는 확인되지 않는다. 그러나 양길의 군대가 집결한 비뇌성은 당시 그와 이해를 공유할 수 있는 기훤의 근거지라는 것이다. 게다가 양길이 국원 등 10여 성 혹은 30여 성 성주들과 함께 궁예를 공격하는 상황이었다. 양길은 궁예에게 복속되지 않았지만 위기감을 지닌 주변 호족들과 연합하여 공동 대응하였다. 이때 기훤이 양길과 행보를 같이 했을 것임은 자명한 일이다. 이러한 점에서 볼 때 기훤은 비뇌성에서 병력을 이끌고 대기하면서 궁예와의 일전을 준비하였을 가능성이 높다. 그렇다면 당시 전투는 어떤 식으로 치러졌을까?

기록에서는 양길의 군대가 성 아래까지 진군하였으나 패하여 도주했다고만 전한다. 여기서 성 아래까지 진군했다는 부분을 여러 각도에서 해

---

40) 李道學, 『진훤이라 불러다오』, 푸른역사, 1998, 110~111쪽.

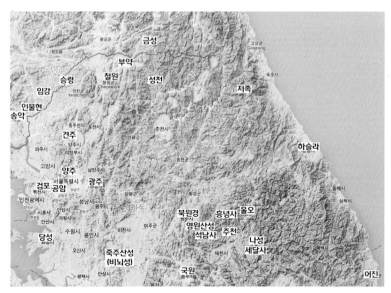

▲ 궁예의 초기 세력 형성권

석해 볼 수 있다. 『삼국사기』에서 성 아래[城下]는 전투가 이루어지는 주된 현장으로 등장한다. 성을 매개로 한 공성전은 아군과 적군 모두 상당한 피해를 감수해야만 한다. 이 경우 수성하는 측에서는 일단 성이 포위되는 일을 막는 게 급선무이다. 그러기 위해서는 성 바깥에 일부 병력을 주둔시켜서 외부로부터 지원 세력과 성안 세력 간의 연결이 차단되는 것을 막아야 한다. 그러다가 전황이 불리해지면 성 안으로 들어갈 수도 있다. 또 성 바깥에 병력을 주둔시키면 공격하는 군대가 성벽에 접근하기가 어려운 관계로 화살이나 투석 공격을 피할 수 있다. 특히 산성의 성문 아래 쪽은 공격하는 측에서 고지를 점하기 때문에 전투 상황 자체에서도 유리하다. 이러한 상황을 차단하기 위해서라도 수성하는 측에서 병력의 여유가 있을 경우에는 성 바깥에 병력을 주둔시켜 공세적 형세를 취하는 게 사기 진작에도 도움이 된다.

이러한 제반 요소들을 고려해 볼 때 양길은 30여 성에서 모은 대병력을 비뇌성 아래에 집결하였다. 비뇌성 안에서는 기훤이 기다리고 있었던 것 같다. 기훤은 자신의 군대 중 일부를 성 바깥 양길의 군대에 합류시킬 수 있다. 당연히 군세는 양길군이 훨씬 우세했기 때문에 성 밖에서 1차적으로 궁예 군대를 상대한 것으로 보인다.

그러나 궁예의 비상한 능력은 이곳에서 발현된다. 궁예는 막강한 양길의 대병력을 산산조각내어 패주시켰다. 이때 비뇌성의 함락 여부는 알 수 없지만 전체적으로 보았을 때 모두의 예상을 깬 궁예의 압승이었다. 그러니 비뇌성도 궁예의 수중에 떨어졌다고 보는 게 사세에 맞을 것이다. 사서에서 양길의 이름은 더 이상 보이지 않게 되었다. 이로써 신라 북부의 패권은 궁예에게 넘어가게 되었다. 비뇌성 전투는 중국의 삼국시대 관도(官渡) 싸움에 필적할 만한 대첩이었다. 조조(曹操)가 10배나 많은 막강한 원소(袁紹)의 군대를 관도에서 격파함으로써 하북을 통일할 수 있는 전기를 마련하였다. 이와 마찬 가지로 궁예가 비뇌성에서 승리함으로써 신라 지역 내 고구려 영역을 석권하는 결정적 전기가 되었다. 그럼으로써 이후 궁예는 명과 실이 부합하는 고구려의 계승자로서 고려의 건국을 선포할 수 있었다. 아울러 비뇌성 승전 소식을 듣고는 주변의 호족들이 궁예에게 두려워서 복종하는 일이 많았을 것이다.

이후 안성 일대는 궁예의 영역이 되었다. 지금도 궁예와 관련한 전설이 내려온다. 특히 국사암이라는 암자에는 궁예미륵이라는 불상이 남아 있다. 삼존불인 궁예미륵의 가운데 본존의 높이는 3.1m이며 3단의 원형 보개를 육계 부분에 끼워 놓았다. 허벅지에 커다란 연화문을 새겨 놓은 본존불은 고려시대 후기에 조성된 것으로 추정한다. 표정은 엄숙하고 입술을 굳게 다물고 있다. 궁예미륵의 존재는 안성 지역에서 궁예에 대한 기억이 강렬했음을 암시해 준다. 어떻게 보면 훗날까지도 궁예가 펼쳤던 미륵신앙에 대해 공감하는 민초들이 많았다는 표징일 수도 있다. 궁예미륵 주변의 다른 사찰에는 가솔리 쌍미륵과 매산리 석불입상, 즉 태평미륵이 자리하였다. 궁예 세력 확장에서 일대 분기점이 되었던 안성 땅에는 미륵신앙이 남아 있다.

▲ 안성 국사암 궁예미륵

# 4. 문막 전투

비뇌성 전투 이후 한동안 전쟁은 다시 소강 상태에 든다. 그러나 궁예 측과 양길 측의 입장은 극명하게 갈렸다. 궁예는 승리의 기쁨에 취하였고, 사후 남정을 위하여 군대 파견을 준비하고 있었다. 양길 측은 패배의 아픔과 동시에, 양길과 연합하였던 호족, 그리고 양길의 부하들 사이에서는 내분이 발생했던 것으로 보인다. 궁예는 비뇌성 전투 이후 서둘러 군대를 움직이지 않고, 상황을 예의주시하고 있었다. 그리고 양길군 내의 분열이 심화된 순간, 그 시점에 맞춰 왕건에게 병력을 주어 남정을 실시하였다. 다음의 기사에서 그것을 읽을 수 있다.

> 3년 경신에 다시 태조로 하여금 광주·충주·당성·청주[혹은 청천이라고 한다]·괴양 등의 고을을 공격하여 평정하도록 하였다. 이러한 전공으로 말미암아 선종은 태조에게 아찬의 직을 주었다.[41]

---

41) 『三國史記』 권50, 弓裔傳. "三年庚申 又命太祖伐廣州忠州唐城靑州[或云靑川]槐壤等

당시 왕건이 공격한 곳은 광주·충주·당성·청주·괴양이었다. 이 가운데 국원 즉 충주는 비뇌성 전투에 군대를 보냈었다. 국원의 호족이 1년 전에 양길의 편을 들었다는 점에서, 왕건의 남정은 그 목적이 확실해진다. 즉 비뇌성 전투 이후 양길의 영향권에 있었던 호족들을 공격하거나 궁예의 편으로 끌어 들이는 역할을 하게 된 것이다. 궁예가 왕건에게 아찬의 직을 주었다는 것을 볼 때 그 전공의 높이를 헤아릴 수 있다. 「신라본기」에서도 이에 해당하는 기록이 다음과 같이 보인다.

4년 겨울 10월, 국원·청주·괴양의 도적 두목 청길과 신훤 등이 궁예에게 성을 바치고 투항하였다.[42]

위의 기록에서 비뇌성 전투는 7월에 일어났다는 점을 상기할 필요가 있다. 이로부터 1년이 훌쩍 지난 이듬해 10월이 되어서야 궁예는 군대를 움직였기 때문이다. 보통 상식대로라면 비뇌성 전투의 승기를 타고 곧장 군대를 보내 양길을 공격하는 것을 상책으로 생각할 수 있다. 그러나 궁예는 달랐다. 궁예는 양길이 비뇌성 전투 이후 스스로 무너질 것을 알고 있었기에 군대를 보내지 않았던 것 같다. 내분이 일어나더라도 적군이 목 아래에 칼을 들이댄다면, 어쩔 수 없이 연합할 수밖에 없다. 그렇게 된다면 궁예로서도 예상과는 달리 양길을 상대하기가 힘들어진다. 오히려 이 경우에는 적의 내부에서 패배의 원인을 서로에게 돌리면서 내분이 일어나고 양길이 계속 권좌에 있을 것인지? 혹은 다른 유력한 호족이 그 자리

---

皆平之 以功授太祖阿湌之職"
42) 『三國史記』 권12, 孝恭王 4년 조. "四年 冬十月 國原菁州槐壤賊帥淸吉莘萱等 擧城役
於弓裔"

를 대체할 것인지에 대해 옥신각신하였을 수 있다. 이 문제는 쉽게 매듭 지어지지 않는 문제이기 때문에 시간이 많이 소요될 수밖에 없다.

조조의 경우도 관도대전 이후 원소가 죽고 나서 바로 군대를 파견하지 않았다. 오히려 원소군 내에서 내분이 일어나기를 바랐다. 그의 바람대로 원담과 원상 사이에 내분이 일어나서 측근들도 갈라지는 등 세력이 양분되고 말았다. 그 이후 원소의 아들 형제를 모두 공격하여 하북을 점거하였던 것이 조조의 방식이었다. 궁예도 이와 마찬가지로 대응하였던 것으로 보인다. 양길 부하들 간에 내분이 일어났을 가능성이 높다. 이들은 궁예와의 관계에서 주전과 주화로 나뉜 것으로 보인다. 그리고 주화를 주장한 이들이 앞선 기록에서 보이는 청길과 신훤으로 지목된다. 이들은 국원·청주·괴양 일대의 호족이었다. 애초 양길의 영향력하에 있었던 국원과 청주 지역이 이미 동요하고 있음을 보여준다. 때문에 이들은 왕건이 남정을 실시하자, 궁예에게 귀부하여 자신들의 세력을 존속시켰다. 그 밖의 양길 세력들은 왕건에 의해 패배한 것으로 볼 수 있다.

이로써 양길의 잔여 세력은 모두 사라지게 되었다. 드디어 한반도 북부에는 3인의 영웅이 아니라 단 1인의 영웅만이 남게 되었다. 다음에 보듯이 901년 궁예는 고려의 재건을 선언하고 스스로 왕을 칭하였다.

- 5년, 궁예가 왕을 자칭하였다.[43]
- 천복 원년 신유에 선종이 왕을 자칭하고 사람들에게 "이전에 신라가 당나라에 청병하여 고구려를 격파하였기 때문에, 평양의 옛 서울이 황폐하여 풀만 성하게 되었으니, 내가 반드시 그 원수를 갚겠다"고 말하였다. 아마도 자기가 태어났을 때 신라에서

---

43) 『三國史記』 권12, 孝恭王 5년 조. "五年 弓裔稱王"

버림받은 일이 원망스러웠기 때문에 이러한 말을 한 것으로 보인다. 그는 언젠가 남쪽 지방을 다니다가 흥주 부석사에 이르러 벽화에 있는 신라왕의 화상을 보고 칼을 뽑아 그것을 쳤는데 그 칼자국이 아직도 남아 있다.[44]

『삼국유사』「왕력」에서도 이 해에 궁예가 국호를 '고려'라고 했다는 기록이 나온다. 궁예는 그 이전에도 왕을 자칭했고, 수도를 정하거나 천도하기도 하였다. 그러나 이제는 그 의미가 이전과는 다르다. 고구려의 부활이라는 이데올로기를 주장하였고, 그에 맞춰서 고려라는 국호로 나라를 세웠다. 그가 이렇게 국호를 정함으로써 자연스럽게 국가의 목적은 신라의 멸망으로 맞춰지게 되었다.

비뇌성 전투와 더불어 문막 전투의 존재도 살펴볼 필요가 있다. 비뇌성 전투로 양길이 궁예에 의해 몰락한 이후 원주 지역의 전승에 따르면 문막읍 일대에서 전장이 형성되었다고 한다. 이에 대해서는 현재 기록은 남아 있지 않는 반면 관련 지명이 남아 있다. 대표적으로 건등산과 견훤산성의 존재를 꼽을 수 있다. 즉 원주시 문막읍 건등리(建登里)의 유래를 "왕건이 올랐다고 해서 건등산이라고 한다. 후삼국시대 건등산에는 왕건이 성을 쌓고 진을 치고 있었고, 진훤은 궁촌리에서 견훤산성을 쌓고 있었다고 전한다"[45]라고 했다.

문막 전투는 대체로 다음과 같은 이야기로 구성된다. 궁예가 비뇌성에서 대승을 거둔 직후, 진훤은 원주 문막에서 899년 10월부터 900년 4월까

---

44) 『三國史記』 권50, 弓裔傳. "天復元年辛酉 善宗自稱王 謂人曰 往者新羅 請兵於唐 以破高句麗 故平壤舊都 鞠爲茂草 吾必報其讐 蓋怨生時見棄 故有此言 嘗南巡 至興州 浮石寺 見壁畵新羅王像 拔劍擊之 其刃迹猶在"

45) 원주시, 『原州市史 -민속·문화재편-』, 2000, 589쪽.

▲ 영주 부석사 경내

지 궁예와 교전을 치른 후 전주로 내려가서 900년 10월에 후백제를 건국
했다고 한다. 이러한 설화는 앞서 언급했던 건등산과 견훤산성의 존재를
통해서 증명이 가능하다. 원주시 문막읍 포진리(浦津里)의 견훤성과 문막
읍 건등리에 왕건이 진훤과 싸울 때 진을 쳤다고 전해지는 건등산(建登山)
이 서로 약 4㎞ 정도 떨어져 있다.[46]

　진훤은 견훤산성에 주둔하고 있었던 데 반해 왕건의 군대는 그 북쪽의
건등산에 진을 쳤다. 이 사실은 왕건이 이곳으로 진주할 당시 후백제군이
먼저 남쪽의 산성을 점거하였다. 그럼에 따라 왕건의 군대는 이에 대치하
면서 적정(敵情) 관찰과 방어에 매우 유리한 북쪽의 건등산에 진을 쳤던
때문으로 파악된다.[47]

---

46) 북원문화역사연구소, 『건등산 뿌리의 후삼국지』, 두루, 2005, 154~159쪽.
47) 文幕邑史編纂委員會, 『文幕邑史』, 2003, 630쪽.

원주 견훤산성에는 '견훤산성유적지비(甄萱山城遺蹟址碑)'가 세워져 있다. 근래에 세운 것이며, 성 안쪽에 자리잡고 있다. 성벽은 잘 남아 있지 않았다. 성 입구 쪽의 작은 돌에 견훤산성에 대한 내력이 적혀 있었다.

▲ 원주 견훤산성 원경

이 밖에도 원주시 부론면 노림리 진골[甄谷]은 진훤이 지나간 고을의 뜻이라고 한다. 혹은 문막읍의 견훤산성에서 영원산성을 지키기 위한 방어선을 구축하기 위해 문막으로 들어오는 길목이기에 '진골'이라고 했다고 한다.[48] 혹은 "고려 왕건과 후백제 진훤의 싸움에서 진훤이 이곳을 통해 도주했는데 싸움에서 졌다고 해서 '진골'이라고 했다고 한다"고 하였다. 그 밖에 "이곳은 땅이 대체로 질어서 옛날에 왕건과 진훤이 싸우다가 진훤이 패하여 도망갈 때 이곳에 이르게 되었는데, 군사들이 진흙탕에 빠져 많은 군사가 왕건의 군사에게 사로잡히고 죽기도 했다고 한다"[49]고 했다.

여러 전설들이 내려오며 세부적으로 그 내용에서 약간씩 차이를 보여준다. 그러나 분명한 것은 이곳에서 진훤과 왕건이 전쟁을 하였다는 것을 공통적으로 말해주고 있다. 문막 전투와 관련해서는 다음의 전설이 주요 참고가 된다.

---

48) 북원문화역사연구소, 『건등산 뿌리의 후삼국지』, 두루, 2005, 268쪽.
49) 원주시, 『原州市史』 민속·문화재편, 2000, 608쪽.

(아마도 문막 지명의 기원이 되었음직한) '물'막리 전설로는 왕건이 진훤과 전쟁할 때 밤새 섬강을 막았다가 동이 틀 때 이 마을 앞 석지 마을에서 백회를 섞어서 풀어 놓으니 강물이 '쌀뜨물'로 보였다. 견훤산성 앞 넓은 들에는 밤을 세워가며 이 건등산 뒤 억새들에서 풀을 베어다가 허수아비를 만들어 이 마을에서 병사들 한 사람이 군사옷을 입힌 허수아비를 하나씩 옆

▲ 원주 견훤산성 유적비

에 끼고 앞에는 등불을 끄고 돌아왔다. 그러자 밤새도록 갖다놓은 허수아비 병사들이 실제 공격하는 병사들인 줄 오인하게 하였다. 섬강에 내려오는 강물은 병사들의 쌀뜨물로 오인하게 하여 진훤의 군사가 달아났다는 전설이 있다. 백회를 섞은 마을은 석지 마을, 억새풀을 베어 온 곳은 억새들(또는 왁새들), 물을 막았다가 풀어놓은 강마을은 물(문)막리로 전한다. 왕건이 오른 산은 건등산, 등불을 들고 떠난 마을은 등안이, 그리고 마을 동편에 고개를 넘는 위치에 방가(房伽)를 지어 놓고 여기에서 병사들과 같이 우물물을 마셨다는 방가정(房伽井)이 있으며……[50]

건등산: 관문(官門) 서쪽 40리에 있는데 고려 태조가 적을 토벌

---

50) 북원문화역사연구소, 『건등산 뿌리의 후삼국지』, 두루, 2005, 268~269쪽.

하고 개선하여 이 산에 올라 돌에다가 새겼기에 후세 사람들이 이로 인하여 산 이름으로 삼았다.[51]

산천편(山川篇)에 보이는데 산세가 험준하다. 땅이 또 고대(高大)한데 지금부터 천년 전 고려 태조가 군병(軍兵)을 이끌고 돌을 모아 성을 만들었다. 산을 파서 정호(井戶)를 만들고 병력을 머무르게 하여 적장인 진훤을 정벌한 유허(遺墟)이다.[52]

반저리 마을 이름 유래: 반계리(磻溪里) 마을은 원래 반저리라고 하였는데, 그 건등산에 있던 고려 태조 왕건의 건승비(建勝碑)를 서울로 옮겨 가던 도중에 이 마을 앞에서 반으로 부러져서 반저리라고 하였다고 한다"[53]

견훤산성: 건등면 후용리에 있다. 진훤이 성을 쌓고 병력을 주둔시켰다. 고려 태조를 맞아 싸웠으나 패한 유지(遺址)이다.[54]

건등면 후용리에 있다. 진훤이 성을 쌓고 병사를 주둔시켰으나 고려 태조와 싸움을 하여 패배한 곳이다.[55]

---

51) 『輿地圖書』江原道 原州, 山川 條, 建登山 項.
52) 『조선환여승람』 원주군, 고적편.
53) 한글학회, 『한국지명총람』 2(강원편), 1967, 291쪽.
   원주시, 『原州市史』 민속·문화재편, 2000, 596쪽.
54) 『조선환여승람』 원주군, 고적편.
55) 『강원도지』 권3, 고적 조, 원주 항.

견훤산성이라고 칭하는데, 괴정 부락 남방의 작은 구릉 상에 소재한 석성임. 주위 약 5정(町)이 거의 폐퇴함. 고려 초기 진훤이 고려 군대와 싸우면서 이곳에 병사를 주둔 한 곳이라 전함.[56]

건등면 후용리에 있다. 진훤이 성을 쌓고 병사를 주둔시켜 고려 태조와 싸우다 패망한 유적지이다.[57]

문막은 물막에서 나왔다는 지명 유래인 것이다. 물을 이용하여 전쟁을 치렀다는 설화는 고창 전투의 설화와도 비슷하다. 쌀뜨물처럼 보이게 하였다는 것은 왕건의 군대가 많아 보이게 만들었다는 뜻으로 받아들일 수 있다. 마찬가지로 허수아비 병사도 비슷한 맥락에서 이해한다면, 왕건의 군대가 진훤의 군대에 비해 인원이 적었음을 뜻한다.

▲ 원주 건등산유적지비

16세기 말에 이기(李墍: 1522~1604)가 편찬한 『송와잡설(松窩雜說)』에 따르면 건등산과 관련한 중요한 기록을 다음과 같이 남겼다.

원성읍(原城邑) 서쪽 1사(舍 : 30리) 밖에 역(驛)이 있는데 안창관

---

56) 朝鮮總督府, 『朝鮮寶物古蹟照査資料』 1942, 강원도 원주, 성지 조, 531쪽.

57) 원주시, 『原州市史』 민속·문화재편, 2000, 1021쪽.

(安昌館)이라고 한다. 관(館)의 남쪽에 강이 있고, 강의 동쪽에 산이 있다. 세상에서 건등산(建登)이라고 부르는데, 왕건(王建)이 올랐던 곳이라고 말한다. 한 가운데는 높고 사방 주위는 낮은데, 높고 커서 새가 날개를 편 것 같다. 그 위는 넓고 평평하여 백여 명이 앉을 만하다. 찬 샘물이 있어 비록 극심한 가뭄이라도 마르지 않는다. 세상에 전하기를, "고려 태조가 태봉(泰封)에서 벼슬하면서 대군을 거느리고 백제를 정벌하던 날에 좌우 군사를 산의 남쪽과 북쪽 들판에 주둔시키고, 이 산에 올라 기(旗)를 꽂은 곳"이라고 한다. 고려는 5백년의 장구함으로 문물과 예법이 갖추어지지 않은 것이 없었다. 그런데 시조의 이름을 피하지 않고 건등(建登)이라 일컫기에 이르렀으니 민속(民俗)의 비야(鄙野)함이 심하다.[58]

건등산에 샘물이 있었다는 것은 수원이 확보되어 있었음을 뜻한다. 왕건은 급하게 진을 치기는 하였지만 군대를 주둔하면서 공격할 수 있는 적절한 지역을 선택한 것이다. 그리고 건등산 유래가 구전만이 아니라 조선시대의 문헌에도 보인다는 사실은 관련 전승의 유래가 유구함을 암시해준다.

그 밖에 손곡 이달(李達)의 '건등산'이라는 시에 보면 역시 관련 사실이 함축되어 있다. 건등산 시를 옮겨 보면 다음과 같다.[59]

---

58) 『大東野乘』 권56, 「松窩雜說」. 위의 구절에서는 避諱하지 않았음을 거론하였다. 그러나 왕건이 궁예의 일개 장수로 있을 때 참전하였다. 그런 관계로 피휘없이 불렀기에 건등산이라는 산 이름이 남겨지게 된 것일 게다. 오히려 이런 점이 건등산 전투의 사실성을 높여준다.

59) 원주시, 『原州市史』 민속·문화재편, 2000, 299쪽.

| 고려 태조가 군사를 인솔하던 날 | 麗祖提兵日 |
| 만마의 발굽이 올랐었다네 | 登臨萬馬蹄 |
| 뭇 영웅들이 정권을 다투었는데 | 群雄爭逐鹿 |
| 참 주인이 마침내 신라를 차지했네 | 眞主競操鷄 |
| 지난 일은 연기와 노을에 오래되었고 | 往事煙霞古 |
| 남긴 자취는 풀과 나무에 아득하네 | 遺蹤草樹迷 |
| 삼한이 일통으로 돌아 갔으니 | 三韓歸一統 |
| 공은 이 산과 더불어 영원하리라 | 功與此山齊 |

그런데 이러한 문막 전투는 사서에서는 보이지 않는다. 사서에서 보이지 않는다고 해서 존재하지 않았던 일로 간주할 수 있을까? 그러기에는 기존 사서들의 기록이 너무나 영성하다. 그런데 반해 문막 전투는 전승(傳承)이 존재하고 있고, 관련 유적이 남아 있다. 물론 옛 백제가 소재했던 한반도 서남부 지역을 근거지로 해서 막 국가를 형성한 진훤이 어떻게 멀리 강원도 땅에서 왕건과 격돌할 수 있을까라는 의문을 제기할 수 있다. 이런 이유로 문막 전투를 부정하기 십상이다. 그러나 전설이 확고하다는 점을 상기하지 않을 수 없다. 이 점에 미루어 볼 때 부족한 정보를 토대로 한 정황에 의존한 판단을 내리기보다는 다른 각도에서 사실성을 타진해 볼 필요가 있을 것 같다.

우선 문막 전투의 시점이다. 비뇌성 전투 직후로 운위되고 있다. 그렇다면 비뇌성 전투 직후에 문막에서 궁예의 휘하인 왕건과 진훤이 격돌하게 된 이유를 찾아야 할 것 같다. 이 점을 시사해 주는 단서가 진훤이 양길에게 비장을 제수했다는 사실이다. 즉 "이때에 북원의 도적 양길이 가장 웅강(雄强)하여 궁예가 스스로 투항하여 그 부하가 되었는데 진훤이 이 소식을 듣고 멀리 양길에게 관직을 주어 비장(裨將)으로 삼았다"고 했다.

▲ 원주 흥법사지에서 바라본 건등산

이는 당시 왕을 칭했던 진훤이 자신의 위세를 영서(嶺西) 지역의 강자(强者)인 양길에게 과시하려는 측면도 있었을 것이다. 진훤이 자신의 전직(前職)인 비장직을 양길에게 내려줌으로써 자신의 위상을 높이는 동시에 여타 호족들과 차별화를 시도한 것으로 보인다. 여기서 보다 중요한 사실은 진훤이 양길과 세력을 제휴했다는 점이다.

그런데 비뇌성 전투에서 양길이 패배하자 원주를 비롯한 남한강유역 일대가 궁예 수중에 떨어지는 것은 시간 문제였다. 양길의 패전으로 인한 이 일대 힘의 공백을 메꾸고, 또 궁예에게 이 지역이 떨어지는 것을 좌시할 수 없었던 관계로 진훤이 원정을 단행했던 것으로 보인다. 그러나 병참선이 길었을 뿐 아니라 현지 지세에 밝지 못한 관계로 진훤 군대는 이 일대를 점령하지 못하고 전주로 이동했던 것 같다. 900년에 진훤이 수도를 광주에서 전주로 옮긴 데는 여러 이유가 있었을 것이다. 그 가운데 광주를 수도로 한 상황에서는 한반도 중부 지역에 대한 제패에 어려움을 겪었던 때문으로 해석할 수 있다.[60]

---

60) 李道學, 「弓裔의 北原京 占領과 그 意義」『東國史學』43, 2007, 207쪽.

# Ⅲ
# 나주 공방전의 전개와
# 전략적 의의

# 1. 대당對唐 항구港口의 변천

    문헌과 금석문 자료를 놓고 볼 때 신라인들이 입당(入唐)하는 항구로는 경기도 화성의 당은포(唐恩浦)와 당진의 대진(大津)·변산의 희안현(喜安縣)·옥구의 진포(鎭浦)와 나주 회진(會津)·순천·경상남도 덕안포(德安浦)가 드러나고 있다.[1] 그 밖에도 더 많은 대당 항구가 존재했을 것이다. 그러나 이상 6곳 항구는 신라 왕경인 경주와 연결되는 위치에 있었기에 견당사(遣唐使)나 고승(高僧)들의 내왕과 관련하여 기록에 남겨진 것이다. 이 중 경주→상주→충주→죽산→당은포로 이어지는 루트와 경주→대구→남원→광주→회진으로 이어지는 양대 교통로가 가장 일반적인 대당 루트였다. 이곳에서 한반도의 서해 연안으로 북상하여 요동반도를 지나 산동반도로 내려오는 북로(北路)가 있었다. 그리고 산동반도 끝의 등주(登州)를 비롯해서 회수(淮水) 하류의 초주(楚州), 양자강 하구의 양주(揚州),

---

1) 權惠永, 「新羅 遣唐使의 羅唐間 往復行路에 對한 考察」『歷史學報』149, 1996, 30쪽
    참조.

절강(浙江) 하구의 항주(杭州)나 명주(明州)로 향했던 남로(南路)가 존재했던 것으로 밝혀지고 있다.[2] 896년에 이엄(利嚴)이 절강성(浙江省) 전당(錢塘)으로 들어 가는 입절사(入浙使) 최예희(崔藝熙)를 따라 입당하였다.[3] 이것을 통해서도 신라 사신들이 남로를 이용했으며, 그에 동승하여 승려들이 입당한 경우가 밝혀진다. 그리고 경유(慶猷)도 입당사(入唐使)를 따라 건너 갔다.[4] 정진대사 긍양도 900년에 입당하여 강회(江淮)에 도달하고 있다.[5] 981년에 형미도 입조사(入朝使)를 따라 입당했던 것이다.[6] 낭공대사 행적(行寂)도 870년에 조공사(朝貢使) 김긴영(金緊榮)을 따라 입당하였다.[7]

그런데 극히 단편적인 기록이기는 하지만 당에서 귀국하는 선사들의 입항처를 주목할 필요가 있을 것 같다. 비록 불완전한 자료이기는 하지만 오히려 당시의 보편적인 입국 루트와 항구를 말해 주는 자료라고 생각되기 때문이다. 그러면 9세기 말에서 10세기 초의 비문에 보이는 당에서 귀국하는 선박이 입항했던 항구를 살펴보자. 905년에 선각대사 형미는 영산강 하구의 회진에 입항하였다. 908년에는 법경대사 경유 역시 회진으로 입항했다. 그런데 909년에 여엄(麗嚴)은 승평(昇平)으로 입국했다. 즉 939년에 세워진 대경대사비(大鏡大師碑)에 의하면 승려 여엄이 당에서 신라로의 귀국 시기와 장소를 언급하면서 909년(天祐 6) 7월에 무주(武州)의 승평에 당도했다고 하였다.[8] 여기서 승평은 승주 즉 지금의 전라남도 순

---

2) 權惠永, 「新羅 遣唐使의 羅唐間 往復行路에 對한 考察」 『歷史學報』 149, 1996, 32~33쪽.
3) 한국역사연구회, 『譯註 羅末麗初金石文』 下, 1996, 21쪽.
4) 한국역사연구회, 『譯註 羅末麗初金石文』 下, 1996, 186쪽.
5) 한국역사연구회, 『譯註 羅末麗初金石文』 下, 1996, 343쪽.
6) 朝鮮總督府, 『朝鮮金石總覽』 上, 1919, 171쪽.
7) 한국역사연구회, 『譯註 羅末麗初金石文』 下, 1996, 274~275쪽.
8) 朝鮮總督府, 『朝鮮金石總覽』 上, 1919, 132쪽. "此時天祐六年七月 達于武州之昇平"

천을 가리킨다. 『신증동국여지승람』 순천도호부 조에 의하면 "본래 백제 감평군(欿平郡)이다[欿은 沙라고도 쓰고, 또 武라고도 쓴다]. 신라 때 승평군 (昇平郡)으로 고쳤다"[9]라고 하였기 때문이다. 이 사실은 기존의 인식과는 달리 남단 내륙 교통의 요충지인 승평 또한 대중국 출항 관련한 항구가 소재했음을 알려준다. 그리고 921년에 경보는 임피 즉 옥구항으로, 동일한 해에 찬유(璨幽)는 강주 덕안포로 각각 입국하고 있다. 908년 무렵까지는 당에서 귀국하는 선박들이 회진항에 입항했는데, 909년에는 승평항으로 입항하는 것이다. 그리고 921년에는 선승들이 임피와 덕안포로 각각 입항한 사실이 확인된다. 이것을 표로 작성해 보면 다음과 같다.

| 출국/입국 연대 | 선사 이름 | 귀국 항구 |
|---|---|---|
| 891년 / 905년 | 형미 | 무주 회진 |
| ? / 908년 | 경유 | 무주 회진 |
| ? / 909년 | 여엄 | 무주 승평 |
| 896년 / 911년 | 이엄 | 나주 회진 |
| 892년 / 921년 | 경보 | 전주 임피 |
| 892년 / 921년 | 찬유 | 강주 덕안포 |
| 900년 / 924년 | 긍양 | 전주 희안 |

그러면 왜 당에서 귀국하는 선박들이 911년 이엄의 경우를 제외하고는 남중국에서 가까운 항구이자 그간 줄곧 이용해 왔던 회진항을 돌아서 승평이나 임피 혹은 덕안포를 이용한 것일까? 908년에 법경대사 경유가 회진으로 입항하는 기사에 잇대어서 "이때 병융(兵戎)은 땅에 그득하고, 적

---

9) 『新增東國輿地勝覽』 권40, 順天都護府, 建置沿革 條.

구(賊寇)는 하늘에 닿을 만큼 넘쳐 흘렀다"[10]고 하였다. 이 구절은 경유의 회진 입항이 순탄하지 않았음을 암시하는 문자로 해석될 수도 있다. 이 문제를 회진에 입항하지 못한 채 처음으로 승평으로 입항한 909년의 시점과 결부지어 살펴보자. 먼저 그 이유로서는 병화(兵禍)나 통제 불능 상태의 혼란이 가속되어 909년이나 그 직전에 회진항을 이용할 수 없는 사건이 발생했다고 보인다. 이와 관련해 903년에 왕건이 나주를 공략한 바 있지만 이곳을 확실하게 장악한 것 같지는 않다. 그랬기에 비록 왕건의 수군에게 나포되기는 했지만 909년에 후백제 측에서 오월에 보내는 선박이 지금의 영광군 관내인 염해현(鹽海縣) 앞바다를 항해할 수 있었던 것으로 보인다. 이때 왕건의 수군은 진도를 비롯하여 영암군 앞바다에 소재한 고이도를 점령하였다. 이곳을 사수하기 위해서 후백제군과 왕건의 군대가 영암 북쪽의 덕진포에서 해전을 벌인 적이 있었다.[11] 그리고 왕건은 지금의 신안군 압해도와 가란도인 갈초도를 누비고 다닌 능창이라는 해적 두목을 생포하기까지 하였다. 그 이듬해인 910년에 후백제군이 나주성을 포위했다가 퇴각한 적이 있었다.[12] 이러한 후삼국의 전장이 된 관계로 당에서 귀국하는 선박들이 회진항을 이용할 수 없었던 것 같다. 그 이후로는 임피항과 강주 덕안포를 이용한 사실이 포착된다.

그리고 위의 도표를 통해 주목할 사안은 905년부터 911년까지 형미와 경유 그리고 이엄의 귀국처인 회진의 소속 주명(州名)이 바뀌고 있다는 것이다. 905년과 908년에 형미와 경유의 입국시에는 '무주 회진(武州會津)'으로 적혀 있다. 그러나 911년에 이엄이 입국할 때는 '나주 회진(羅州會津)'

---

10) 朝鮮總督府, 『朝鮮金石總覽』上, 1919, 164쪽. "此時 兵戎滿地 賊寇滔天"
11) 『高麗史』권1, 태조 즉위 전기.
12) 『高麗史』권1, 태조 즉위 전기.

인 것이다. 이엄의 탑비문인 「무위사 선각대사 편광탑비문」에 보면 "이때 나주가 귀순하니 개펄과 섬 옆에 군대를 주둔시켰고, 무주(武州)가 왕의 뜻을 거역하니"[13]라는 구절이 있다. 이 문장에서의 '무주'는 후백제 내지는 진훤을 가리킨다. 여기서 주목할 사안은 무주가 회진의 소관 지역을 가리키는 문자로 사용되어 왔다는 것이다. 그런데 선사들의 비문에서 회진의 소관을 줄곧 무주라고 표기하다가 911년 시점에서 '나주 회진'으로 기재하였다. 이는 「무위사 선각대사 편광탑비문」에 적혀 있듯이 나주의 관할이 왕건의 수중에 떨어졌음을 뜻한다.

따라서 당에서 귀국하는 선박들이 고려가 장악한 나주 회진항을 피하게 된 이유는, 귀국선에 승선한 이들이 후백제 성향이었기 때문으로 지목된다. 921년에 각각 귀국한 경보와 찬유는 모두 892년에 입당하였다. 이 가운데 경보는 귀국 후 진훤과 연관을 맺게 된다.[14] 892년은 진훤이 무진

---

13) 한국역사연구회, 『譯註 羅末麗初金石文』 下, 1996, 237쪽.
14) 「光陽 玉龍寺 洞眞大師寶雲塔碑文」에 보면 慶甫가 후백제 영역에 이르고 후백제 교단에 編籍되는 과정을 읽을 수가 있다. 관련 비문의 내용은 다음과 같다.
"마침 귀국하는 선박을 만나 동쪽으로 돌아왔다. 天祐 18년 여름에 전주 臨陂郡에 도달했는데, 道가 헛되이 행해지는 때였고 불리한 시절의 초기였다. 州의 都統인 甄 太傅 萱이 萬民堰에서 군대를 거느리고 있었다. 태보는 본래 스스로 善根을 가졌고, 장군 집안에서 태어나셔서 바야흐로 우람한 뜻을 펴고자 했다. 비록 사로잡는 것과 놓아주는 지략을 우선으로 여겼으나, (대사의) 인자한 얼굴을 우러러 뵙고는 첨앙하고 의지하는 뜻이 배나 더해졌다. 이에 탄식하며 말하기를, '우리 스승을 만남이 비록 늦었지만 제자 됨을 어찌 늦추겠는가'라고 하면서, 자리를 피하기를 진실히 하고 띠에 적기를 독실히 했다. 드디어 州 안의 남쪽에 소재한 南福禪院에 거처할 것을 청하자, 대사가 말하기를 '새도 나무를 가리거늘 내가 어찌 꼭지 달린 박과 외처럼 (한 군데만) 얽매여 머물 수 있겠습니까' 하였다. 白鷄山 玉龍寺는 돌아가신 스승께서 도를 즐기시던 맑은 집으로서 禪을 행하기에는 알맞은 형승이라 구름 덮인 시내가 허공에 떠 있는 듯하여 경치가 가장 좋은 곳이었다. 드디어 태보에게 말하니 이를 허락하여 그곳에 옮겨 거처하였다(朝鮮總督府, 『朝鮮金石總覽』 上, 1919)."

주를 점령하고 왕을 칭하면서 기세등등하던 시점이었다. 바로 이때 출국하게 된 경보는 후백제 관련 항구를 이용하였거나 혹은 그 보호를 받으며 입당하지 않았을까 싶다. 특히 찬유의 경우 상선을 타고 입당하였다. 그러한 상선은 기본적으로 해적들에게 노출된 포획 대상이기도 했다. 그럼에도 아무 일 없이 그가 입당할 수 있었던 것은 후백제 측의 엄호가 있었기에 가능했던 것으로 보인다. 그러한 연고로 인해 귀국시에도 찬유는 후백제 땅에 입항할 수 있는 선박에 승선했던 것으로 생각된다.

이와 더불어 주목할 점은 당으로부터의 귀항 항구로서 909년과 921년에 승평과 덕안포가 각각 처음으로 등장한다는 것이다. 덕안포는 강주 관내로 적혀 있으므로, 지금의 경상남도 해안가에 소재한 항구로 볼 수 있다. 승평항은 순천만에 소재한 항구가 되는 것이다. 여기서 강주 덕안포는 후백제의 대중국 교역항으로서 기능한 것이다. 그 시점은 나주를 비롯한 영암과 진도 일원이 고려 영역이 된 관계로 남해상에서 동쪽으로 크게 물러선 지역에 소재한 덕안포가 신라 왕경인 경주 일원을 왕래하는 인사들이 드나드는 항구로서 기능했던 것 같다. 덕안포는 비록 찬유가 귀국한 때로부터 3년 뒤이기는 하지만 924년에 천주절도사(泉州節度使)를 칭하면서 역사의 전면에 등장한 왕봉규[15] 관하에서 주로 활용되었던 항구로 보인다.[16]

---

15) 『三國史記』 권12, 경명왕 8년 조.

16) 927년 4월 이후 왕봉규 세력은 소멸되고 말았다. 왕봉규 세력을 소멸시킨 대상에 대해서는 종전에는 水戰에 능한 진훤으로 간주하는 견해가 있었지만, 왕건에 의해 소멸되었다. 이에 대해서는 李道學, 「後百濟의 加耶故地 進出에 관한 檢討」 『白山學報』 58, 2001, 61~62쪽을 참조하기 바란다.

# 2. 나주 세력과 진훤과의 갈등

889년에 진훤이 예하의 병력을 이끌고 독립하였다. 그는 892년에 무진주를 점령하고 왕을 칭하였다. 당시 진훤의 초기 거점은 순천만 일대였으며, 이곳에서 해적을 퇴치하고 신라의 대외무역을 보호하는 역할을 하면서 차츰 그 세력이 커져 갔다. 신라의 주요 대당 항구 중에서 진훤의 후백제에 속한 주요 항구로는 나주 회진(會津)과 전주 임피와 희안, 그리고 순천 즉 승평(昇平)이 존재하였다. 진훤은 이 중에서 승평을 일찍이 장악하여 이곳 세력들과 함께 후백제를 건국하였다.[17] 진훤에게 있어서 승평은 가장 주요한 거점이자 항구였다. 그가 왕위에 오르고 나서 주요 경제권이 승평에 몰렸을 것이라고 상상하는 일은 그렇게 어렵지 않다.

이에 반해 회진은 조금 다른 양상을 보이고 있었다. 회진 또한 당시 선사들의 주요 귀국 항구로서 역할을 하였다는 점을 볼 때 주요한 국제항이었음은 분명하다. 그리고 나주 앞 바다의 압해도에는 능창(能昌)이라는

---

17) 李道學, 『진훤이라 불러다오』, 푸른역사, 1998, 85~87쪽.

인물이 일정한 무력을 갖추고 있었던 것으로 보인다. 해상(海商) 무역과 해적은 서로 뗄레야 뗄 수 없는 관계였다. 해상 세력은 해적과 거래하여 안전을 보장받는 대가로 그들에게 일정한 재물을 바쳤던 것으로 보인다. 말이 좋아서 거래이지, 사실상 해상 세력에게는 갈취였던 것이다.

진훤의 비호 아래에 주요 무역항으로 떠오른 곳이 승평이었다. 그리고 능창으로 대표되는 해적 세력이 득세하면서 매번 보호비를 내야 하던 항구가 회진이었다. 이러한 2곳 국제항은 후삼국시대의 개막과 더불어 큰 차이를 안고 시작하였다. 진훤은 그의 군대를 북쪽과 동쪽으로 세력을 확장하고 점령지를 자기 세력으로 완전히 편제하는 작업을 했다. 이러한 상황에서 따로 군대를 빼내어 서남해 일대의 해적을 소탕하기에는 역부족이었다. 게다가 마침 서남해 일대의 주요 세력으로 능창이 떠올랐다. 그러자 진훤은 이 지역을 힘들이지 않고 점거하는 방향으로 생각을 정리했던 것으로 보인다.

능창의 등장 시점은 진훤이 패배한 덕진포 해전 이후이다. 이때 덕진포의 서쪽에서 왕건을 공격하는 모습을 보인다. 그가 덕진포 해전에 참여했을 가능성도 있다. 그렇지만 이와는 별도로 본인 스스로의 군사력을 통해 왕건을 후미에서 공격한 것이다. 게다가 왕건과 싸울 정도의 군사력을 지녔다면, 그 세력은 기존에 이미 형성되었다고 보아야 한다. 전략적인 측면에서 진훤과 능창은 제휴 관계로서 일종의 순망치한(脣亡齒寒)을 연상할 수 있다.

이렇듯 서남해안에서는 능창이 하나의 세력으로 굳건히 자리 잡고 있었다. 진훤 또한 그의 존재를 무시할 수 없었다고 보아야 한다. 그리고 진훤은 능창과의 제휴라는 카드를 선택했다. 둘 사이에 모종의 조약이 체결되었다고 볼 수 있다. 진훤이 능창의 군사력과 세력을 그대로 인정해주는 대신, 서남해에서 능창이 진훤의 세력을 보존해 주는 조건과 승평에서 오가는 선박들의 안정을 보장해 주는 조건이었을 것으로 보인다. 이는 진훤이 무진주를 점령한 이후에 체결되었을 것으로 생각된다.

이러한 진훤과 능창의 입장은 해상 세력의 이해와는 서로 달랐을 것으로 보인다. 일단 승평은 진훤이 후백제를 세우는데 일조한 개국공신들의 근거지였다. 회진은 앞의 추론을 따랐을 경우 뒤이어 귀부한 세력에 해당한다. 승평의 해상 세력은 진훤이 이끌던 방수군 중 일부가 그대로 남거나 스스로 군대를 조직하여서 자신들을 보호했다고 볼 수 있다. 반면에 능창과 연계된 회진의 해상 세력은 후백제에 늦게 귀부하였기에 승평과의 입장은 큰 차이를 보이고 있었다. 이러한 입장 차이와 해상 무역에서의 비중은 회진 일대의 호족들이 진훤에 대한 불만을 갖는 계기가 되었던 것으로 보인다. 당시 중국과의 거래는 말할 나위 없고 국내 항구들 간에도 서로 교역이 있었을 것임은 자명하다. 그렇다고 할 때 당시 회진의 상황은 한반도의 주요 항구에도 공공연히 알려졌을 것으로 보인다. 이는 왕건의 주요 거점이었던 송악도 마찬가지였을 것이다.

그런데 다음의 기사에서 보듯이 갑자기 나주 세력과 진훤이 충돌하는 사건이 발생했다.

> 가을 8월, 후백제왕 진훤이 대야성을 공격하였으나 승리하지
> 못하고, 금성 남쪽으로 군사를 옮기면서 부근의 부락을 약탈하고
> 돌아갔다.[18]

이 사건은 901년 8월에 진훤이 대야성을 공격한 직후에 발생했다. 전

---

18) 『三國史記』 권12, 孝恭王 5년 조. "秋八月 後百濟王甄萱 攻大耶城 不下 移軍錦城之 南 奪掠沿邊部落而歸"

후 정황을 놓고 볼 때 후미에서 금성 즉 나주 세력이 진훤에게 반기를 든 사건으로 파악된다. 이 사건이 직접적이든 간접적이든 영향을 미친 관계로 진훤의 대야성 공격은 실패로 끝나게 된다. 이를 좌시할 수 없었기에 진훤은 말머리를 급히 돌려 퇴각했다고 본다. 물론『삼국사기』에서 이 사안에 대한 기록은 소략한 관계로 당시의 정황을 자세히 알기는 어렵다. 게다가 기록에서는 부근의 부락을 약탈하고 돌아갔다는 식으로 서술되어 있다. 즉 이때 진훤은 큰 전과를 못 남겼다는 식으로 기술된 것이다. 그러나 이 부분의 해석에는 주의를 요한다. 역사의 기술 도중 인과 관계가 생략되었지만 정황적으로 접근해 보자. 전후 문맥을 놓고 볼 때 나주 세력이 진훤에게 어떤 방식으로든 자극을 했을 소지가 있다.

그러면 나주 세력은 어떤 방식으로 반기를 들었을까? 이는 일단 두 가지로 생각해 볼 수 있다. 첫째는 군사적으로 진훤에게 반기를 들던가 아니면 물자 공급을 끊어버리는 방법이다. 이 경우 후백제가 주요 병력을 동쪽으로 파견하였다는 점에서 기회이기는 하였다. 그러나 이를 장기적으로 끌고 갈 만한 여력은 나주 세력에게는 없었다고 본다. 게다가 궁예 군대의 도움도 당시에는 기대하기 힘들었을 것이다. 둘째는 나주에서의 생산품이나 나주를 경유한 공급 물자를 차단했을 수 있다. 전쟁에는 으레 막대한 물자가 소요되므로 후방에서 이를 제때에 공급해줘야 원활한 전쟁 수행이 가능하다. 진훤에게 있어서 대야성 공격은 오랫 동안 준비해온 전쟁의 서막이었다. 진훤은 889년에 거병한 이래 901년에 이르기까지 10여 년 동안 후백제의 체제정비와 권력을 다지는데 힘을 쏟았다. 그러는 사이 북쪽에서는 궁예가 자신의 세력을 규합하여 영역을 확대한 결과 901년에는 왕임을 선포하였다.[19] 진훤에게는 막강한 경쟁자가 생긴 터이

---

19)『三國史記』권12, 孝恭王 5년 조. "五年 弓裔稱王"

지만 내부체제가 정비되었기에 본격적인 정벌을 감행한 것이다. 결국 진훤은 신라로 진출하는 교두보격인 대야성을 선택하였다.

당시 진훤이 대야성을 공격할 때의 시점이 가을 8월이었다는 점은 고려해 볼 필요가 있다. 음력 8월에 곡식을 수확하고, 이를 군량으로 삼아 전쟁에 임하였다고 볼 수 있다. 그리고 출정 당시에 가져가는 군량도 있지만, 이후로도 군량은 계속 공급이 되어야 한다. 이러한 군량의 공급에서 뭔가 문제가 있지 않았을까 싶다. 가뜩이나 해적들에게 시달리는 나주 일대에서는 농산물이 풍부한 곳이기에, 이곳에서도 군량 징발이 있었을 것이다. 당시 작황은 알 수 없지만, 그에 대한 반발로 인해 진훤과 대립했을 가능성이다. 그러나 이러한 추론보다는 진훤이 전주로 천도한 900년에 오월국에 신속하게 사신을 파견한 사안과 연관이 있을 듯하다. 대외교류에 박차를 가하는 상황에서 진훤이 명줄과 같은 나주 회진항에 대한 통제를 강화했을 것임은 자명하다. 이로 인해 나주 세력은 해상제해권이 위축될 수밖에 없었다. 자연히 나주 세력의 불만이 고조되기 마련이었다. 결국 기회를 노리던 나주 세력은 진훤이 멀리 대야성으로 원정한 틈을 타고 후백제에서 파견한 관리들을 습살(襲殺)한 후 회진항을 직접 장악한 것 같다.

대야성 전선에서 나주 변란 소식을 접한 진훤의 분노는 극에 달하었던 것 같다. 진훤은 대야성에서 말머리를 돌려 나주 방면으로 신속하게 회군한 후 나주 지역에 대한 대대적인 응징을 단행한 것으로 보인다. 그러한 응징을 '노략[掠]'이라고 한 것을 볼 때 상당히 거친 방법을 택했음을 알 수 있다. 이로 인해 나주 지역의 민심이 궁예에게 붙는 직접적인 계기가 된 것으로 보인다. 이후 나주를 매개로 진훤과 궁예 곧 왕건과의 지리한 공방전의 서막이 열리게 되었다. 그러면 다음의 기사를 주목하도록 한다.

신라 말에 진훤이 후백제 왕을 일컬으며 이 지역을 모두 점령하고 있었다. 얼마 있지 않아 군(郡; 羅州郡) 사람이 후고구려 왕 궁예에게 귀부하였다. 궁예는 태조를 정기대감(精騎大監)으로 임명하여 해군을 거느리고 가서 이 지역을 빼앗아 나주로 만들었다.[20]

후백제와 대립각을 세운 나주 세력이 대안으로 선택할 수 있는 세력은 궁예였다. 『고려사』에서도 이에 대해 나주군의 사람이 궁예에게 귀부하였다고 적혀 있다. 이는 나주 세력과 진훤 간에 모종의 갈등이 있었기에 진훤과의 결별을 생각하면서 궁예에게 의탁한 것이다.

나주 세력과 궁예와의 접촉은 해상 교류를 통해서 충분히 이루어질 수 있었다. 진훤의 무도함을 성토하며 자신들에게 군대를 파병하길 요청하였다고 볼 수 있다. 이 소식은 젊은 장군 왕건에게도 그대로 전해졌을 것이다. 왕건 또한 자신의 본거지인 송악이 궁예의 손에 있었고, 뒤늦게 합류한 자신의 입지를 확보하기 위해서라도 외부로 그 세력을 뻗쳐야 했다. 궁예로서도 앞서 나라를 건국한 후백제로부터 주도권을 빼앗고 싶었을 것이다. 궁예는 즉각 그러한 나주 세력의 제안을 받아들였던 것으로 보인다. 이처럼 나주 세력의 귀부는 서로 간의 이해관계를 치밀하게 따지고 나서 내린 결론이라고 하겠다.

궁예가 나주 점령을 통하려 얻을 수 있는 이점은 두 가지였다. 첫째 후백제의 후방을 공략하여 전방에 대한 움직임을 억제하는 것이다. 둘째 후백제 대외 교역의 위축과 외교적 고립의 유도였다.

---

20) 『高麗史』 권57, 地理, 羅州牧. "羅季甄萱稱後百濟王 盡有其地未幾 郡人附于後高麗 王弓裔 弓裔命太祖 爲精騎大監 奉舟師攻取 改爲羅州"

# 3. 왕건의 나주 공략과 전쟁의 시작

　나주 지역 접수와 관련해 왕건은 본격적으로 움직이기 시작하였다. 나주로부터 군대 파병을 요청받은 직후부터 전함을 수리하고 수군을 훈련시키는 등 만반의 준비를 했다. 이보다 앞서 왕건의 아버지인 왕륭은 896년에 궁예에게 귀부했었다. 궁예는 이후 본거지를 송악으로 삼았다. 이때 송악에서 활동하던 왕륭은 금성태수로 발령받았다. 왕건은 발어참성을 쌓고 그곳의 성주가 되었다.[21]

　나주 정벌에 앞서서 왕건은 900년에 이미 군사 활동을 수행하였다. 이를 통해 궁예에게 그 능력을 인정받은 바 있다. 당시 왕건은 경기도와 충청북도 일대를 공격하여 큰 성과를 거두었다.[22] 901년에 진훤이 나주를

---

21) 『高麗史』 권1, 太祖(唐 乾寧 3년 丙辰 條). "世祖時 爲松嶽郡沙粲 乾寧三年丙辰 以郡歸于裔 裔大喜以爲金城太守 世祖說之日 大王若欲王朝鮮肅愼卞韓之地 莫如先城松嶽 以吾長子爲其主 裔從之 使太祖築勃禦塹城 仍爲城主 時太祖年二十"

22) 『高麗史』 권1, 太祖(唐 光化 3년 庚申 條). "三年庚申 裔命太祖 伐廣忠靑三州 及唐城槐壤等郡縣 皆平之 以功授阿粲"

공격하자 나주 세력은 그 소식을 궁예에게 알렸다. 궁예가 이 소식을 들은 시점은 901년 말이나 902년 초 정도로 생각해 볼 수 있다. 궁예는 903년에야 왕건을 파병하였다. 이로 볼 때 궁예는 소식을 듣고 난 직후부터 나주 정벌에 대한 계획을 용의주도하게 수립한 것으로 짐작된다.

903년 3월, 왕건은 수군을 거느리고 개성에서 출발하여 나주로 내려왔다. 전례 없는 공격에 후백제는 크게 당황하게 되었다. 왕건의 군대는 1년 이상 공격을 준비한데다가 후백제의 나주에 존재한 동조 세력을 업고 기습적으로 단행된 것 같다. 다음의 기사는 나주를 에워싼 왕건의 군대와 후백제 간의 첫 전투가 된다.

> 천복(天復) 3년 계해(903) 3월에 태조는 수군을 거느리고 서해로부터 광주(光州) 지경에 이르러 금성군(錦城郡)을 공격하여 이를 함락시키고, 10여 개의 군과 현을 공격하여 이를 쟁취하였다. 이어 금성을 나주(羅州)로 고치고 군사를 나누어 수비하게 한 후 개선하였다.[23]

후백제로서는 너무나 갑작스러운 일이었다. 국토의 후방으로 인식되었던 나주가 어이 없이 점령당한 것이다. 901년의 소요가 있었지만 잘 진압한 것으로 판단하였지만 나주 세력은 뒤에서 고려에게 공작을 하였다. 그 결과 후백제가 손쓸 틈도 없이 고려군이 나주 지역을 점거한 것이다. 이러한 고려군의 기습은 이 지역을 잘 알고 있는 사람이 향도(嚮導)가 되어 이끌지 않는 한 신속한 작전수행이 어렵다. 그 향도는 의심할 여지가

---

23) 『高麗史』 권1, 太祖(唐 天復 3년 癸亥 條). "天復三年癸亥三月 奉舟師自西海抵光州界 攻錦城郡 拔之擊取十餘郡縣 仍改錦城爲羅州 分軍戌之而還"

없이 바로 나주 세력이었다고 볼 수 있다. 나주 세력은 후백제 정권이 들어서고 나서 대외 교역권을 반납하는 불이익을 받았다. 그러자 이들은 불만이 고조되어 폭발한 것이다.

왕건이 이끄는 고려군은 작전대로 금성군을 위시한 주변의 군현을 재빠르게 점령하였다. 주변의 군현에 있는 다수의 주민들은 후백제에 불만을 가지고 있었기에 왕건에게 호응했다. 2년 전인 901년 후백제군의 보복적 약탈로 인해 나주 지역의 민심은 고려 쪽으로 기울어져 있었다. 어쨌든 이러한 나주 세력의 반기와 그 틈새를 비집고 들어선 고려로 인해 삽시간에 후삼국의 정세를 뒤집어 놓았다. 이제 주도권은 고려가 쥐었기에 후백제의 대외교역은 결코 쉽게 풀리지 않게 되었다. 그러나 한 번의 패배로 모든 정황이 일변하지는 않는다. 후백제의 대외교역이 꼬이기는 했지만 전주 임피와 희안, 그리고 승평항이 남아 있었다. 그런데 다음의 기사를 눈여겨 볼 필요가 있다.

> 양나라 개평(開平) 3년 기사(909)에 태조는 궁예가 나날이 포학해지는 것을 보고 다시 지방 군무에 뜻을 두었었는데 마침 궁예가 나주 지방 방비 사업을 걱정하여 태조에게 나주로 가서 지킬 것을 명령하고 관등을 높여 한찬(韓粲), 해군 대장군으로 임명하였다. 태조는 성의껏 군사들을 무마하여 위엄과 은혜가 병행되니 사졸들은 그를 두려워하고 사랑하여 용기를 내어 싸울 것을 생각하였고 적들은 그 기세에 위압되었다.[24]

---

24) 『高麗史』 권1, 太祖(梁 開平 3년 己巳 條). "梁開平三年己巳 太祖見裔日以驕虐 復有志於閫外 適裔以羅州爲憂 遂令太祖往鎭之進 階爲韓粲海軍大將軍 太祖推誠撫士威惠並行 士卒畏愛咸思奮勇 敵境讋服"

위의 기사는 상당히 주의 깊게 살펴볼 필요가 있다. 우선 궁예의 폭정으로 중앙에서 왕건의 입지가 줄어드는 모습을 보인다. 실제 폭정을 하였는지, 아니면 후에 왕위에 오른 왕건에 의해 조작되었는 지는 명확하게 알 수는 없다. 그렇지만 적어도 909년의 상황에서 왕건의 입지가 좁아졌음을 반영한다. 또한 궁예가 나주 지방 방비를 걱정하였다는 것은 나주가 마진(摩震)[25]에게 완전히 지배되는 상황이 아님을 암시해준다. 나주 지역 내부에도 갈등이 온존한다는 의미로 볼 수 있다. 즉 나주 지역에서 친마진파와 친후백제파로 나뉘어진데다가 기존의 군사력으로는 이를 모두 방비할 수는 없었다. 그렇기 때문에 왕건이 직접 내려간 것으로 보인다. 친후백제파가 생긴 이유로는 왕건의 나주 점령 이후 후백제로 향하는 선박들이 전주 임피와 희안 아니면 승평으로 들어갔을 수 있다. 이로 인해 회진의 경제적 위상이 축소되었다는 점이다. 아울러 후백제 측의 나주 세력에 대한 다독거리기 전략이 효과를 보았을 수 있었다. 결국 친후백제파와 친마진파가 팽팽하게 대립하는 양상을 보였을 수 있다.

혹은 후백제에서 나주에 대한 공격 움직임이 포착되었을 가능성도 있다. 이러한 가능성은 다음의 기사를 통해서 추정해 볼 수 있다.

> 천우(天祐) 5년 7월 무주(武州)의 회진(會津)에 도착했다. 이때
> 전란은 땅에 그득하고, 적구(賊寇)는 하늘에 닿을 만큼 넘쳐 흘렀
> 고, 삼종(三鍾)이 머무는 곳에는 사방에 진지가 많았다.[26]

---

25) 이보다 앞선 904년부터 궁예는 국호를 마진으로 바꾸었다. 이하 앞서 언급한 고려도 태봉으로 바뀌기 전까지는 그대로 마진으로 표기한다. 『三國史記』권12, 孝恭王 8년 조. "八年 弓裔設百官 依新羅制……國號摩震 年號武泰元"

26) 朝鮮總督府, 『朝鮮金石總覽』上, 1919, 164쪽. "天祐五年七月 達于武州之會津 此時 兵戎滿地 賊寇滔天 三佛所居 四郊多壘"

위의 기사는 법경대사(法鏡大師) 경유(慶猷)의 비문에 보이는 내용이다. 천우 5년은 908년이므로 '전란'은 왕건이 파견된 909년 이전에 발생한 일을 기록하였다. 이때 회진뿐 아니라 한반도 전역이 내전 상황이었음을 생생하게 전해주고 있다. 이 같은 일반적인 상황을 떠나 후백제의 입장에서 마진에게 점령당한 나주는 입안의 가시처럼 성가신 존재일 수밖에 없었다. 이처럼 후방의 중요한 항구에 적이 도사리고 있는 상황은 무엇에 비유될 수 있을까? 과장되게 표현하면 트로이 목마같은 정황이 된 것이다. 이러한 상황에서 후백제가 마음 놓고 동방이나 북방으로 진출하기는 힘들었다. 때문에 진훤은 어떻게든 나주를 손아귀에 넣어야만 하였다.

이러한 움직임을 궁예는 좌시할 수 없었기에 왕건을 한찬으로 임명하여 해군의 통솔권을 맡기고 나주로 보낸 것이다. 6년 전, 나주를 후백제의 손아귀에서 벗어나게 해준 왕건이 다시 한 번 나주를 찾았다. 나주 세력 간의 갈등은 함선을 이끌고 내려온 왕건의 위용 앞에 수그러 들었을 것임은 자명하다. 곧 친마진파의 득세로 상황이 조정되었을 것이다.

이무렵 한반도 서남해의 도서 지역이 활기찼음을 시사하는 기록의 편린이 다음에 보인다. 즉 가우(嘉祐) 연간(1056~1063: 고려 문종 10~17)에 송의 소주(蘇州) 곤산현(崑山縣: 지금 강소성 崑山)에 표류해 온 고려인 30여 명의 의복은 당인(唐人)과 같이 홍정(紅鞓) · 각대(角帶) · 단조포삼(短皀布衫) 등을 착용하였다. 아울러 이들은 당 천우(天祐) 연간(904~907)의 둔라도수령배융부위(屯羅島首領陪戎副尉)의 고신(告身)과 둔라도(屯羅島)를 칭하고 있는 상고려표(上高麗表)를 각 1통씩 지니고 있었다.[27] 여기서 둔라도의 '둔라'는 '탁라(乇羅)'를 잘못 기재한 것이므로 곧 탐라[제주도]를 가리킨다. 그리고 '배융부위'라는 직위는 탐라성주의 동생이 띠고 있었다.[28] 그렇다

---

27) 范成大, 『吳郡志』 권46, 異聞.

고 할 때 10세기 초엽에 제주도 세력은 쇠미해지는 제국이지만 당과 교섭
하여 당복(唐服)을 비롯한 신표를 받아왔음을 알려준다. 제주도에서 파견
한 이들은 이때 받은 고신을 신표로 삼아 '상고려표'를 들고 개경으로 가
던 길에 중국 강소성으로 표류한 것이었다. 해조류를 매개로 탐라는 후백
제 상선과 교역하기도 했다. 어쨌든 이러한 편린을 통해서도 서남해에는
적어도 9세기 말~10세기 초엽에는 독립된 세력이 할거했음을 알려준다.
그렇기에 진훤이나 궁예 역시 이들에 대한 제압 없이는 대외 교류에 한계
가 있음을 직감한 것이다. 이러한 차원에서라도 양자는 서남해 도서 세력
평정 작업에 팔을 걷어붙였다고 하겠다.

---

28) 장동익, 『宋代麗史資料集錄』, 서울대학교 출판부, 2000, 426쪽.

# 4. 왕건의 사신선 나포와 서남해 도서 장악

나주 세력 간의 갈등을 정리하는 가장 좋은 고전적인 방법은 외부와의 갈등을 조장하는 것이다. 외부에 적을 만들어 놓고, 그 적이 아군을 호시탐탐 노린다고 하자. 그러면 비록 반대하는 세력이라고 하더라도 적에게 붙지 않는 한 자기의 목소리를 내기는 어렵다. 왕건은 나주 세력들과 적절한 긴장관계를 조성하면서 자신의 활약을 궁예에게 보고해야 할 필요도 있었다. 마침 왕건에게 천재일우의 기회가 찾아왔다. 바로 오월국으로 보내는 후백제의 사신선에 대한 정보가 다음의 기사처럼 들어왔다.

> 태조는 수군을 거느리고 광주 염해현(鹽海縣)에 머물렀다가 오월국(吳越國)으로 들여보내는 진훤의 배를 노획하여 돌아오니 궁예가 매우 기뻐하여 특별히 표창을 하였다.[29]

---

29) 『高麗史』 권1, 太祖(梁 開平 3년 己巳 條). "以舟師次于光州塩海縣 獲萱遣入吳越船 而還裔喜甚優加褒獎"

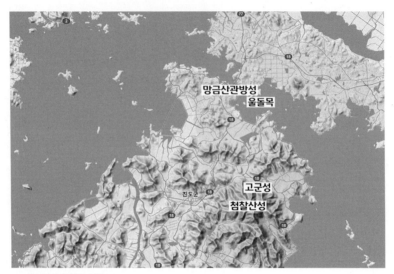

▲ 진도 일대의 주요 성들

　필시 전주 근방의 임피나 희안에서 출발한 후백제 선단은 서해안을 따라 내려와 흑산도 방면에서 중국의 영파 쪽으로 가는 항로를 설정했을 것이다. 그러한 정보를 입수한 왕건은 염해현 즉 전라남도 영광 앞바다의 섬 사이에 숨어 있다가 기습한 것으로 보인다. 그리고 왕건은 후백제 선박을 노획하여 의기양양하게 궁예에게 보냈다. 이때 궁예는 후백제에 대한 주요한 정보를 얻는 동시에 나주 지역에 대한 지배권을 다시 한번 확인시키는 전기로 삼고자 했을 것이다. 반면 진훤으로서는 일단 심대한 타격을 받게 되었다. 해상을 장악하지 못하여 이러한 일이 재발된다면 외교적으로 고립될 뿐 아니라 나주를 비롯한 도서 세력에 대한 통제는 물건너가는 격이 되었다. 결국 진훤은 더 이상 좌시할 수 없었기에 군대를 모아 정리할 필요가 있었다. 이러한 기미를 눈치 챈 왕건은 다음의 기사에서 보듯이 후백제와 일전을 불사할 준비를 하였다.

궁예는 또 태조에게 명령하여 정주(貞州)에서 전함들을 수리한
후 알찬 종희(宗希) 김언(金言) 등을 부장(副將)으로 하여 군사 2천5
백을 거느리고 광주 진도군(珍島郡)을 가서 치게 하여 이를 함락시
켰다.[30]

　　염해현에서 오월국으로 가는 후백제의 선박을 나포 한 뒤, 왕건은 그
대로 귀환하였던 것으로 보인다. 왕건은 모든 신하들이 보는 앞에서 궁예
의 치하를 들은 후, 또다시 궁예에게 명령을 받는다. 궁예는 왕건에게 정
주에서 전함을 수리하게 하였다. 이는 다시 나주로 내려 가서 본격적인
전쟁을 치르라는 의미였다.

　　여기서 생각해 보아야 할 부분 중 하나가 전함을 수리한 기록이다. 물
론 항해하면서 문제가 생긴 전함들을 수리하는 것은 당연할 수도 있다.
그렇지만 염해현에서 귀환하고 난 직후 전함을 수리한다는 것은, 그 직전
에 후백제군과 교전했음을 뜻한다. 오월국으로 항진하는 후백제 선단을
나포하는 과정에서 교전이 발생한 것이다. 이때 왕건의 수군도 타격을 입
었기에 정주로 돌아와서 전함을 수리한 것으로 보인다.

　　궁예는 내친김에 후백제 봉쇄 전략으로 나왔다. 그랬기에 종희와 김언
을 왕건의 부장으로 삼고 군사 2,500명을 딸려서 출병시킨 것으로 해석된
다. 이때 증원된 왕건의 수군은 광주 진도군을 공격하였다. 그러면 나주
로 바로 가지 않고 진도를 공격했다는 것은 어떤 의미일까? 이는 전략적
인 계산에서 출발한다. 오월국으로 가는 선박을 나포한데 힘을 얻은 궁예
는 후백제를 외교적으로 고사시킬 목적으로 서남해안을 봉쇄할 계획을

---

30) 『高麗史』권1, 太祖(梁 開平 3년 己巳 條). "又使太祖修戰艦于貞州 以閼粲宗希金言
　　等副之領兵二千五百往擊 光州珍島郡拔之"

▲ 망금산 관방성에서 바라본 울돌목

구체적으로 실현하고자 한 것이다. 특히 후백제의 수군이 주둔하고 있는 승평항에 대한 타격까지 염두에 둔 것으로 보인다.

이러한 배경에서 왕건의 마진군은 후백제군의 허를 찔러 전격적으로 진도군으로 직행한 결과 울돌목 즉 명랑해협을 장악하였을 가능성이 크다. 현재 진도로 진입하려면 진도대교라는 큰 연륙교를 지나야 한다. 그 아래를 흐르는 해협이 이순신 장군의 명랑대첩으로 유명한 울돌목이다. 울돌목 근처에는 관망하기에 유리한 망금산이라는 산이 자리 잡았다. 망금산의 녹진전망대에는 망금산 관방성(望金山關防城)이 소재하였다. 망금산 관방성은 통일신라시대에 축조되어 고려와 조선시대에도 지속적으로 사용되었다. 이곳에서는 백제 와당도 출토되었기에 축조 시기를 올려 볼 수도 있다. 망금산 관방성은 울돌목을 바라보는 요충지에 소재하였다. 그랬기에 마진군은 망금산 관방성을 노렸기에 나주에 기항하지 않고 전격적으로 진도를 기습하였던 것 같다. 마진군의 전략은 주효하였기에 진도

▲ 울돌목과 망금산 관방성

내의 고군성(古郡城)과 첨찰산성(尖察山城)까지 점령한 것으로 보인다.

이로써 마진군은 서해와 남해가 연결되는 길목을 차단할 수 있게 되었다. 아울러 궁예의 영향력이 남해안 일대로 미칠 수 있는 일대 전기를 마련하였다. 이후에도 마진 즉 태봉, 그리고 고려가 지속적으로 진도를 관할하였는 지는 알려진 바 없다. 그렇지만 향후 정황을 보아 나주 지역의 장악 여부에 따라 진도의 운명도 결정되었던 것 같다. 왕건의 수군은 진도 점령에 힘입어 전략적 거점이 되는 서해안의 도서들에 대한 점령을 시작했다. 다음의 고이도 점령이 단적인 사례가 된다.

다시 진격하여 고이도(皐夷島)에 머무르니 성안 사람들이 이쪽 진용이 대단히 엄숙하고 씩씩한 것을 보고 싸우기도 전에 항복하였다.[31]

▲ 고이도와 압해도 위치 및 주요 산성

　마진군은 진도에서 다시 선단을 이끌고 북상하여 고이도로 갔던 것이다. 그런데 이러한 동선은 쉽게 납득이 가지 않는다. 가장 상식적인 동선은 정주에서 출발하여 '염해현→고이도→압해도→진도' 순으로 공격하여 병참 루트와 후백제군의 지원로를 끊는 것이다. 그러나 왕건은 '염해현→진도→고이도'를 공격한 후 나주에 상륙하였다. 왕건의 원정에서 압해도와 갈초도 등은 제외된 것이다. 오히려 덕진포 해전 이후에야 왕건은 압해도와 갈초도를 장악하게 된다. 그런데 이러한 공격 동선은 의아하게 한다. 왜냐하면 왕건은 능창과 적대하고 있는 상황이었지만, 이곳이 왕건의 공격 대상에는 당초 포함되지 않았기 때문이다. 능창은 이후에 펼쳐진 덕진포 해전 이후 왕건의 공격을 받아 궁예에게 끌려가 치욕적인 죽임을 당

---

31) 『高麗史』 권1, 太祖(梁 開平 3년 己巳 條). "進次皐夷島城中人望見 軍容嚴整不戰而降"

했다.

사서에서 능창은 압해도를 비롯한 주변 도서 지역을 장악한 해적으로 알려졌다. 능창은 해적과 해상(海商)이라는 양면성을 함께 지닌 자로 지목하는 게 일반적이다. 그러한 능창의 본거지는 압해도의 송공산성으로 비정된다. 송공산성은 압해도에서 가장 높은 곳에 위치한 산성이기에 주변 도서를 조망하는데 가장 용이하였다. 그 서쪽에는 자은도·암태도·팔금도·안좌도 등 큰 섬들이 있다. 북쪽으로는 고이도와 매화도 및 당사도 등의 섬이 펼쳐졌다. 남쪽으로는 율도·달리도 및 화원반도까지 조망이 가능하다. 이러한 천혜의 입지 조건을 놓고 볼 때 능창의 본거지를 송공산성으로 지목하는 것은 자연스럽다. 이러한 송공산성의 존재는 왕건의 선단에게도 가히 위협적이었을 것이다.

왕건이 진도나 고이도를 공격할 때는 무조건 압해도 해역을 통과할 수밖에 없다. 게다가 그러한 동향은 송공산성에서 모두 포착이 가능하다. 왕건의 선단이 이곳이 아닌 자은도·암태도·팔금도 등을 지난다고 하자. 그렇더라도 능창의 손아귀에서 완전히 벗어나기는 어렵다. 그런데 이때 왕건은 진도를 공격한 직후 나주에 기항하지 않고 고이도를 공격했다는 점이다. 그러한 배경과 관련해 갈초도의 위치 확인이 필요해진다. 갈초도에 대해서는 『고려사』 지리지 영광군(靈光郡) 조에 그 위치가 다음과 같이 적혀 있다.

육창현(陸昌縣). 본래 백제의 아로현(阿老縣)【갈초(葛草) 또는 가위(加位)라고도 하였음】으로 신라 경덕왕(景德王)이 이름을 갈도(碣島)로 고쳐 압해군(壓海郡)의 영현(領縣)으로 삼았고 고려에서 지금 이름으로 갈아 내속(來屬)하였다. 비이도(比尒島)·류도(蕌島)·신위도(神葦島)·청도(靑島)·독도(禿島)·백양도(白良島)·자은도(慈恩島)·

암타도(嵓墮島)·앵도(櫻島)·취도(鷲島)·내파도(乃破島)가 있다.[32]

『신증동국여지승람』에 따르면 갈초도는 영광군 남쪽 25리의 육창향(陸昌鄕)에 속한 신라 때 갈도(碣島)를 가리킨다.[33] 왕건은 후방의 위협을 제거하기 위해 고이도를 공격하려고 했다. 그러자 능창은 갈초도의 무리를 모아 왕건의 군대에 대적하다가 점령당한 것이다. 이후 왕건은 진훤과의 싸움에 본격 돌입할 수 있었다.

기록에 나오는 고이도의 관방시설은 왕산성으로 지목할 수 있다. 왕산성은 고이도 남쪽에 위치한 둘레 약 1㎞ 정도의 포곡식산성이다. 왕산성을 후삼국시대 성으로 지목하는 데는 이견이 없다. 더욱이 왕산성과 관련된 전설에 따르면 왕건이 고려를 건국하던 918년경에 축조되었다고 한다. 왕건의 숙부인 왕망은 고려 건국에 공이 많았음에도 홀대받자 불만을 가지고 거사했지만 사전에 발각되어 압해면 고이리로 달아났다는 것이다. 왕망은 이곳에서 군마를 훈련시키고자 성을 쌓았다고 했다. 그렇지만 왕망은 왕건의 군사에 의해 현 무안군 망운면 두무치 및 '고사'라는 연못에서 칼을 맞아 죽었다고 한다.

그러면 능창은 왕건이 고이도로 가는 것을 그냥 바라만 보았을까? 이에 대해서는 일반적인 예상과는 달리, 능창은 그러한 왕건의 군사 활동을 묵인하였을 가능성이 크다. 그렇다면 왕건과 능창 사이에 모종의 거래가 있었을 가능성이다. 기존의 인식과는 달리 덕진포 해전 이전까지 왕건과 능창은 우호 관계였을 수 있다. 그렇지 않다면 능창의 위협이 상존하는

---

32) 『高麗史』권57, 志, 全羅道 靈光郡. "陸昌縣 本百濟阿老縣【一云葛草 一云加位】新羅
   景德王 改名碣島 爲壓海郡領縣 高麗 更今名 來屬 有比尒島·蕾島·神葦島·靑島·禿
   島·白良島·慈恩島·嵓墮島·櫻島·鷲島·乃破島"
33) 『新增東國輿地勝覽』권36, 영광군, 고적 조.

가운데 왕건이 진도와 고이도를 공격하기는 쉽지 않다. 더욱이 왕건의 선단이 압해도 일대를 통과하기도 어렵다.

이때 왕건은 군대를 양분하여 능창과 대치하는 동시에 군사 작전을 시행했을 수도 있다. 그

▲ 신월항에서 바라본 고이도

러나 왕건의 군대가 후백제와의 싸움에서 병력이 부족하다는 기록을 본다면 쉽게 군대를 나누기도 어려웠을 것이다. 후백제로서는 능창을 이용하여 후미에서 왕건을 공격하는 일이 용이할 수 있다. 그러다 보면 왕건 또한 작전 수행이 소극적일 수밖에 없다. 그럼에도 왕건은 적극적인 작전 수행으로 서남해 일대의 주요 섬들을 장악하였다. 이는 후백제의 지원로를 차단하는 등 주요 지점을 골라서 공격하는 형태로 보인다. 왕건은 이때 나주 세력의 도움을 받았을 수도 있다. 그러나 이보다도 오히려 능창의 지원과 조언에 힘입었을 가능성이다. 그렇다면 왕건은 능창과는 덕진포 해전 이전까지 우호 관계를 유지하였지만, 그 이후 상황의 급변으로 왕건과 적대 관계가 형성되었을 가능성도 고려해야 한다.

# 5. 제1차 덕진포 해전의 전개

왕건이 이끈 마진군은 서남해의 도서 지역을 평정함으로써 후방의 위협을 정리하였다. 이제 남은 것은 후백제의 위협을 받고 있던 나주 지역의 구원이었다. 다음의 기사를 볼 때 당시 나주 지역은 후백제에 의해 육로와 해로 동시에 공격을 받고 있었다.

> 다시 나주 포구에 이르렀을 때에는 진훤이 직접 군사를 거느리고 전함들을 늘여 놓아 목포(木浦)에서 덕진포(德眞浦)에 이르기까지 머리와 꼬리를 서로 물고 수륙 종횡으로 군사 형세가 심히 성하였다.[34]

위의 기사에 보이는 목포는 현재 나주 영산포이다. 덕진포는 나주 덕

---

34) 『高麗史』권1, 太祖(梁 開平 3년 己巳 條). "及至羅州浦口 萱親率兵列戰艦 自木浦至德眞浦 首尾相銜水陸縱橫 兵勢甚盛"

▲ 덕진포와 덕진교

진면 일대가 된다. 이는 '덕진면'이라는 지명과 대석교창주덕진지비(大石橋創主德津之碑)를 통해 이곳이 덕진포임을 증명할 수 있다. 물론 대석교창주덕진지비 관련 설화를 액면대로 신뢰하기는 어렵더라도 덕진으로 불리웠다는 증거임은 분명하

다. 이렇듯 '덕진' 지명은 『신증동국여지승람』에서도 확인될 뿐 아니라 일찍부터 위치는 명확히 밝혀졌다. 반남현 포구는 석해포로 비정하고 있다. 물론 덕진포와 석해포는 현재 작은 지류에 소재하기 때문에 전함들의 출입에 대해 회의적일 수도 있다. 그렇지만 수십 년 전만 하더라도 지금의 덕진면사무소까지 바다였다고 한다. 강의 너비도 현재의 작은 지류가 아니라 더 넓었다는 것이다. 지금부터 천여 년 전 후삼국시대라면 수량이 더욱 풍부하였기에 많은 대형 선박들이 출입하는 항구로 그려질 수 있다.

가령 왕건이 건조한 전함 1백여 척 가운데 큰 전함 십여 척은 사방이 각각 16보(步)이다. 갑판 위에는 다락을 세웠는데 말을 달릴 수 있을 만큼 넓었다. 왕건의 선단(船團)에는 사방을 조망할 수 있는 망루와 말들이 달릴 수 있을 만큼 넓은 갑판을 가진 대형 전함을 갖추고 있었다. 그러니까 이 배는 길이가 31m에 이르는 거대한 규모인데다 갑판 위에 상장(上粧)을 꾸민 장대한 누선이었다. 1492년 콜럼버스가 세 척의 범선을 이끌고 대서양을 횡단할 때 타고간 기선(旗船) 산타마리아호의 길이가 27.4m에 폭이 약 6.1m였던 점과 비교된다. 더구나 산타마리아호는 "배가 너무 크기에

조금 더 작아야 한다"했
다. 이와 비교해 왕건 전
함의 규모가 장대함을 짐
작할 수 있는 것이다. 이
러한 거대 전함이 드나들
었던 포구가 영산포와 덕
진포였던 것이다.

▲ 대석교창주덕진지비

덕진포의 위치는 이론
(異論)이 없지만, 다만 이
곳에 수십~수백 척의 선
박이 정박했다고 하자. 그렇다면 덕진포가 지금보다 더 넓은 포구였다고
하더라도 한 장소에서 해전이 벌어졌다고 생각되지 않는다. 이곳을 중심
으로 후백제 전함들이 포진하였고, 좀 더 나아가 석해포의 함대와 연합하
여 마진군을 공격한 게 아닌가 싶다.

사서를 보면 진훤은 해상과 육상에서 나주의 여러 포구들을 점거하고
공격하던 상황으로 보인다. 진훤은 군대를 이끌고 나주 세력들을 제압함
으로써 서남 도서 지역에 대한 지배권을 장악하고자 한 것이다. 이러한
급박한 정황에도 불구하고 왕건은 여러 섬들을 점령하면서 왔다. 왕건은
후백제의 원군에 대비하여 퇴로를 확보해서 후방의 위협을 제거하기 위
한 때문으로 보인다.

진훤은 군대를 나누어 목포와 덕진포를 공격하였다. 이는 군대를 분산
시킬 정도의 병력 우세를 뜻한다고 볼 수도 있다. 그리고 서로 머리와 꼬
리를 물고 있었다는 식의 표현은 양쪽의 대규모 선단이 연계성을 지니고
함께 공격했음을 가리킨다. 진훤의 군세는 왕건의 선단을 압도하고 있었
다. 이렇듯 우세한 병력과 전략적 위치를 선점한 진훤에 대해 왕건은 불

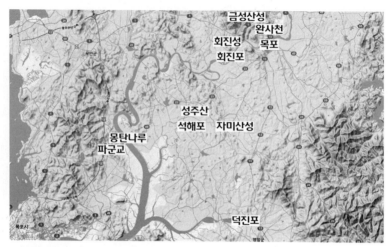
▲ 덕진포 해전 관련 주요 거점 및 지명

리함을 느낄 수밖에 없었다. 그렇지만 왕건에게는 물러설 수 없는 일전이
었다. 다음의 기사에 왕건 측의 불리한 정황이 보인다.

　　그것을 보고 우리 여러 장수들은 근심하는 빛이 있었다. 태조
　　는 말하기를 "근심하지 말라. 전쟁에서 이기고 지는 것은 군대의
　　의지가 통일되어 있느냐 없느냐 하는 데 있는 것이지 그 수가 많
　　고 적은 데 있는 것은 아니다"라고 하면서 곧 진군하여 급히 공격
　　하니 적선들이 조금 퇴각하였다.[35]

　왕건의 독려는 휘하의 마진군이 마음을 굳세게 다지는데 큰 역할을 하
였다. 전시에 장군의 역할은 모든 병사들의 중심이 되어서, 적과 맞서 싸

---

35) 『高麗史』 권1, 太祖(梁 開平 3년 己巳 條). "諸將患之 太祖曰 勿憂也 師克在和不在衆
　　乃進軍急擊 敵船稍却"

우고, 아군의 사기 진작을 위해 노력해야 하는 것이다. 왕건은 자신들의 군세가 진훤의 후백제군에 열세임을 알았지만 이를 극복하고 정면에서 맞서 싸운 것이다. 이에 마진군은 크게 고무되어 후백제군과의 전면전에 돌입하였다.

목포와 반남현 포구, 즉 석해포에는 이미 후백제군이 진을 치고 나주 지역을 봉쇄하고 있었다. 그리고 후백제군은 덕진포에서 마진군을 요격하기 위하여 대기한 상황이었다. 주요 항구들을 선점해야 전쟁의 유리한 고지를 장악하게 되므로 후백제군은 이미 군사 배치를 완료하였다. 그러고나서 진훤은 덕진포에 정박한 전함들로 하여금 왕건의 군대를 요격한 것으로 보인다. 구체적으로 복원해 보면 후백제군은 크게 3곳에 배치되어 있었던 것이다. 왕건의 마진군은 영산강 하류에서 올라가는 모양새였다. 간단하게만 보아도 3:1의 싸움이었다. 그렇지만 이 상태에서 3이 모두 1을 공격하지는 못하였다. 자기들과 적대되는 포구를 점령하였기 때문에 모든 군사를 마진군과의 싸움에 투입시키기는 쉽지 않았을 것이다. 해당 포구에도 일정한 병력을 잔류시켜야 하는 문제가 따른다. 그리고 이 경우 덕진포의 군대가 주력이 될 수밖에 없다. 반면 이들을 도와주는 조병(助兵)은 석해포에 포진했을 것이다. 효율적인 싸움을 위해서는 전장의 폭을 확대시킬 필요가 있었다. 그렇기 때문에 후백제군은 지류가 아닌 영산강 본류 쪽으로 나와 왕건 군대를 요격했다고 볼 수 있다.

전쟁에서는 적의 가장 강력한 부분에 군대를 쏟아 부어 우세를 점하면 예상보다 쉬운 승리를 얻을 수 있다. 이와 관련해 『삼국사기』에 수록된 근구수태자와 고국원왕 사이에서 벌어진 반걸양 전투(半乞壤戰鬪)를 예로 들 수 있다. 반걸양 전투에서 근구수태자에게 고구려에서 항복해 온 사기(斯紀)가 붉은색 깃발 아래에 있는 정예군을 공격하면 된다고 귀띔하였다. 백제가 과연 이 말대로 하였더니 고구려군이 무너져 수곡성까지 진출할 수 있었다.[36] 왕건의 경우도 진훤이 이끄는 기함(旗艦)을 찾아내어 바로 공격할 생각을 하였을 것이다. 진훤이 이끄는 본대 전함 진영에 심대한 타격을 주면, 다른 전함들은 저절로 붕괴되리라고 판단할 수 있다. 이렇듯 후백제의 선단 붕괴는 나주 점령으로 이어지게 되는 것이다.

후백제 전선(戰船)은 마진 선단의 북쪽과 동쪽에 포진하였고, 북쪽과 동쪽의 전함은 서로 연결되어 신호가 오갔을 것으로 보인다. 이 중에서 중심 세력은 덕진포에서 출발한 동편의 군대였을 것이다. 왕건의 선단은 공격을 동편으로 집중시킨 것으로 보인다. 진훤은 북쪽과 동쪽에서 협공하여 왕건을 공격하려고 하였다. 그러나 진훤의 전략을 간파한 왕건은 과감하게 동쪽을 공격하였던 것 같다. 그 결과 예상 못한 공격을 받은 후백제 선단은 일시적으로 당황하였던 것으로 보인다. 이 전투의 결과는 다음의 기록과 같다.

> 이에 바람의 흐름을 타서 불을 놓으니 적들이 불에 타고 물에 빠져죽는 자가 태반이었다. 여기서 적의 머리 5백여 급을 베었다. 진훤은 작은 배를 타고 도망하였다.[37]

승기를 잡은 왕건은 기회를 놓치지 않고, 곧바로 화공을 펼쳐 후백제 전함을 공격하였다. 뜻밖의 화공에 후백제 선단은 속수무책으로 선열(船

---

36) 『三國史記』 권24, 近仇首王 元年 條. "先是 高句麗國岡王斯由親來侵 近肖古王遣太子拒之 至半乞壤 將戰 高句麗人斯紀 本百濟人 誤傷國馬蹄 懼罪奔於彼 至是 還來 告太子曰 彼師雖多 皆備數疑兵而已 其驍勇 唯赤旗 若先破之 其餘不攻自潰 太子從之 進擊大敗之 追奔逐北 至於水谷城之西北"

37) 『高麗史』 권1, 太祖(梁 開平 3년 己巳 條). "乘風縱火燒 溺者大半 斬獲五百餘級 萱以小舸遁歸"

列)이 무너졌다. 당시 화공에 사용한 무기로는 서경의 반란군을 공격한 방식처럼 소형 선박을 화선(火船)으로 이용한 것으로 추측하고 있다.[38] 마진군이 선제 공격을 하여 후백제 선단의 틈새를 벌려놓았다. 그 틈새에 짚이나 연화성이 강한 자재들을 잔뜩 쌓아 놓은 화선을 후백제 선단으로 밀어 보낸 것 같다. 마침 바람도 마진군에게 유리하게 후백제 선단쪽으로 불었다. 화선은 후백제 선단에 부딪히면서 불길이 번져 나가 심대한 타격을 입혔던 것으로 보인다. 싯뻘건 화염이 하늘을 찌르자 새파랗게 공포에 질린 후백제 군사들은 바다로 뛰어 들거나 창과 칼에 베여 죽은 숫자가 500여 명이나 되었다.

해전에서의 화공은 가장 무서운 공격이다. 비잔틴에서도 '그리스의 불'이라는 화공전 무기로 적을 공격하였다. 중국 삼국시대의 적벽대전 또한 화공으로 승리한 대표적인 사례로 회자되고 있다. 그랬기에 덕진포 해전은 일찍부터 적벽대전에 비견되어졌다. 다음은 『신증동국여지승람』에 수록된 김종직의 십이영(十二詠) 가운데 덕진포 해전에 대한 시이다.

> 교활한 오랑캐의 깃발이 덕진(德津)을 가리니
> 어찌 남포(南浦)에 천인(天人)이 주둔했을 줄 알았으랴
> 가련하다. 맹덕(孟德 : 曹操)의 천 척 군졸이
> 마침내 주랑(周郎 : 周瑜)의 한 횃불에 재가 되었어라[39]

적벽대전과 마찬가지로 우세였던 후백제군은 화공전에 걸려 심대한 타격을 입었다. 결국 후백제 선단은 황망히 퇴각할 수밖에 없었다. 이때

---

38) 愼成宰, 「궁예정권의 나주진출과 수군활동」 『軍史』 57, 2005, 189쪽.
39) 『新增東國輿地勝覽』 권35, 全羅道, 羅州牧.

진훤이 작은 배 즉 소가(小舸)를 타고 황급히 몸을 빼서 빠져나갔다고 한다. 이는 사실일 지도 모르지만, 승자인 당당한 왕건과 대비되는 초라한 진훤을 부각시키기 위해 만들어진 내용일 수도 있다.

왕건은 덕진포 해전에서 대승을 거둔 후 나주 지역을 장악한 것으로 간주하는 견해가 많다. 그러나 이 부분은 주의가 필요하다. 이후 덕진포보다 북쪽에 위치한 반남현 포구로 전선이 이동하는 경향을 보이고 있다. 게다가 몽탄 지역의 설화나 지명을 본다면 덕진포 해전 이후에도 양국간의 충돌은 여전했다. 다만 전선은 덕진포 북쪽의 석해포로 이동한 것으로 보겠다. 단 한 번의 전투가 전체적인 승리의 견인이 될 수도 있지만, 오히려 가열하고도 지속적인 전투라는 후폭풍을 초래할 수도 있다. 이를 염두에 두고 향후 양상을 살펴보면 다음과 같다.

> 처음에 나주 관내 여러 군들이 우리와 떨어져 있고 적병이 길을 막아 서로 응원할 수가 없었기 때문에 자못 동요하고 있었다. 이에 이르러 진훤의 정예 부대를 격파하니 군사들의 마음이 모두 안정되었다. 이에 삼한 땅에서 궁예가 절반을 차지하였다.[40]

위의 인용에 보이는 '처음'은 덕진포 해전 이전의 상황을 가리킨다. 앞에서 살폈듯이 덕진포 해전 이전 나주 지역은 마진에 투항한 상황이었다. 그러나 양자는 공간적으로 멀리 떨어져 있었다. 그런 관계로 나주 지역은 후백제로부터 항상 위협을 받았다. 게다가 후백제 선단이 해상을 차단하고 있었다. 그렇기 때문에 마진과 나주 세력 간의 연결은 쉽지 않았다. 결

---

40) 『高麗史』 권1, 太祖(梁 開平 3년 己巳 條). "初羅州管內諸郡與我 阻隔賊兵遮絕莫相應援頗懷虞疑 至是挫萱銳卒衆心悉定 於是三韓之地裔有大半"

국 이러한 문제를 정면으로 돌파하기 위해 왕건이 전함을 이끌고 내려와서 진도를 비롯한 서남해 도서를 점령한 후 나주에서 후백제군과 결전을 벌인 것이다. 왕건은 해상에서 나주를 포위하고 있던 후백제 선단을 격파함으로써 마진과 나주 간의 관계가 이어질 수 있었다.

여기서 주목해야 할 점이 있다. 덕진포 승전 후 궁예가 삼한 땅 즉 통일신라 영역의 절반 이상을 차지한 기사가 등장한다는 것이다. 그렇기 때문에 덕진포 승전 후 나주 공방전이 마무리된 것으로 간주하는 시각이 많았다. 그러나 이후에도 나주에서의 전투 기록은 계속 등장하고 있다. 가령 왕건이 나주에 군대를 주둔시킨 기사와 반남현 포구에서 능창과 전투하는 기사가 되겠다. 요컨대 이러한 군소 전투까지 모두 포함해서 909년 제1차 덕진포 해전을 마무리 지을 수 있다. 그러면 이제는 다음 기사를 살펴보도록 한다.

> 태조는 다시 전함을 수리하고 군량을 준비하여 나주에 주둔하려고 하였다. 그때 김언 등이 자기들의 공로는 많은데 상이 없다고 하여 해이하여졌다. 태조는 그들에게 말하였다. "부디 해이하지 말라! 오직 힘을 다하여 복무하고 두 마음을 먹지 말아야 복을 얻을 수 있을 것이다. 지금 임금이 포학하여 죄 없는 사람을 많이 죽이며 아첨하는 자들이 득세하여 서로 음해를 일삼고 있다. 이리하여 중앙에 있는 자들은 자기 신변을 보전하지 못하는 형편이니 차라리 정벌에 종사하고 왕실을 위하여 진력함으로써 자기 몸을 보전하는 것이 더 낫다." 여러 장수들은 태조의 말을 그렇다고 여겼다.[41]

---

41) 『高麗史』권1, 太祖(梁 開平 3년 己巳 條). "太祖復修戰艦 備糧餉欲留戍羅州 金言等

덕진포 해전 이후 전황은 잠시 소강 상태에 놓였다. 그러자 왕건 휘하의 장수들은 나태해지게 된 것이다. 왕건은 이를 극력 경계하였다. 아직 싸움이 완전히 끝나지 않은 것을 알았기에 장수들을 독려하여 본분을 잊지 않게 했다. 이때 왕건이 주둔한 나주는 지금의 덕진포 일대로 간주된다. 마진이 나주 지역을 완점하기 전까지는 주력이 덕진포에 주둔했을 것으로 보인다. 왕건이 덕진포에 진영을 갖춘 후 반남현 포구 즉 석해포에 이르렀다는 기사가 나온다. 이 부분에서 주의할 사안은 덕진포 해전 이후 나주 지역이 마진에 장악되지 않았다는 점이다. 바꿔 말해 석해포와 그 북쪽에 있는 회진과 목포 등은 여전히 진훤이 장악하였는지도 모른다. 설령 진훤이 장악하지 않았다고 하자. 그렇더라도 덕진포 북쪽은 마진 세력이 아직 미치지 못한 곳이 된다. 그렇다면 이는 궁예가 삼한 땅의 절반을 차지했다는 기록과 상충되는 것처럼 보인다.

▲ 반남현포구(석해포)

그러나 마진이 나주 지역을 완점하지 못하다가 덕진포 해전을 계기로 나주 일대를 장악하였다면 앞뒤가 서로 맞게 된다. 즉 덕진포 해전으로 나주 일대를 모두 장악한 것은 아니다. 그렇지만 덕진포 해전 이후 마진의

自以功多 無賞頗解體 太祖曰 愼勿怠 唯戮力無貳心庶可獲福 今主上恣虐多殺 不辜讒諛得志互相浸潤 是以在內者人不自保 莫如外事征伐殫力勤王以得全身之爲愈也 諸將然之遂至"

실질적인 나주 지역 지배가 가능해졌다는 의미로 받아들여질 수 있다. 그렇다면 왕건의 군대가 반남현 포구에 이른 기록 또한 자연스러워진다. 이제는 분쟁 구간이 덕진포 일대에서 반남현 포구인 석해포 일대로 옮겨간 것이다. 이곳까지 마진군이 진출한 상황에서 정전이 유지된 것으로 보인다.

반남현 포구에서의 전투는 지금까지는 크게 조명받지 못하였다. 그렇지만 최근 이 지역의 구전설화가 알려지면서 반남현 포구에서도 후백제군과 마진군 간의 공방전이 있었을 가능성이 제기되었다.[42] 실제 지금의 나주 공산면 복사초리 일대에서는 구전설화가 남아 있다.

당시 후백제군은 성주산에 주둔하였기에 후동골에 군막사터가 남아 있다. 현장을 답사한 결과 이곳은 군대가 주둔할 만큼 넓은 지역이었다. 밭으로 경작되고 있는 이곳에 건축물이 조성되었을 가능성은 충분하였다. 또한 성주산 정상에는 당시 마진군을 정찰하기 위한 목적의 후백제군 초소가 있었다고 본다. 이 밖에 취사터로 전해지는 조리등에서 쌀을 씻어 밥을 지어 먹었다고 한다. 이러한 설화와 지명의 존재는 이곳

▲ 성주산 원경

42) 이진영, 「왕건과 견훤의 伏蛇草裡 공방전」 『榮山江』 7, 2009 ; 황병성·노기욱·이진영, 「나주 공산면 상방리 복사초리 전적지」 『고려의 후삼국통합과정과 나주』, 景仁文化社, 2013.

▲ 후동골 군막사터

이 당시 전적지였을 가능성을 암시해준다. 사서에는 구체적으로 기술되지 않았지만, 마진군과 후백제군의 접전지였을 수 있다.

이러한 추정이 가능하다면 후백제군은 덕진포에서 물러난 다음 반남현 포구에 진을 쳤을 수 있다. 그러나 마진군과의 접전에서 다시금 밀려 그보다 북쪽인 회진이나 목포(영산포)로 이동한 것으로 보인다. 후백제군은 퇴각하기 전에 이곳에서 가까운 자미산성에 주둔하면서 마진군과 전투를 했던 것 같다. 관련 전설이 남아 있기 때문이다.

이러한 전설을 참고해 볼 때 덕진포 해전 이후 석해포→성주산→자미산성으로 이어지는 후백제군의 방어선이 구축되었음을 알 수 있다. 마진군은 이러한 코스를 밟아 공격한 것이 된다. 사서에도 이때 왕건이 적의 경내에 첩보망을 늘여 놓았다고 한다. 이는 반남현 포구 일대에 전운이 감돌고 있었음을 가리킨다. 결국 왕건이 이끄는 마진군이 반남현 포구를 장악한 후

▲ 자미산성에서 바라본 삼포강 들녘

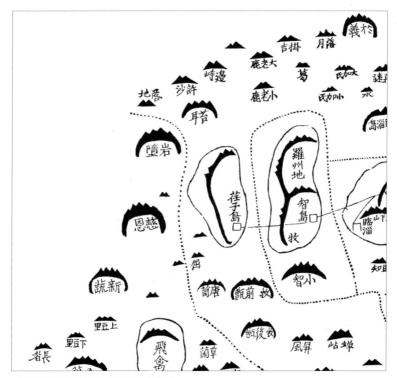

▲「대동여지도」에 보이는 압해도와 갈(초)도

후백제군이 주둔하고 있는 자미산성까지 공격한 것이다.

덕진포 해전 이후 상황이 불리하게 돌아가고 있던 진훤은 왕건이 나주 지역에서 손 떼게 하는 묘책을 발휘해야 했다. 이때 진훤이 생각해 낸 인물이 수달로 불리던 능창이었다.

능창의 성격에 대해 그동안 친후백제계나 중립 세력으로 지목하였다. 덕진포 해전 이후 왕건과 대립했으니 친후백제계로 간주한 것이다. 혹은 서남해 일대 해적 집단의 수령으로 보아 별개의 중립 세력으로 지목하기도 한다. 당시 마진군이 후백제가 장악하고 있던 덕진포를 공격했다는 점에서 서로 무관한 것 같지는 않다.

능창의 군사적 중심지이자 통치 거점은 압해도였다. 압해도 주변의 도서들이 그의 영향권이었다고 볼 수 있다. 능창이 주둔했던 곳은 압해도에서 전략적으로 가장 중요한 송공산성이었다. 삼면이 바다로 둘러 싸인 요새에 소재한 송공산성은 주변의 섬들과 지나가는 선박을 관제할 수 있는 입지 조건을 지녔다.

그러면 능창은 후백제와 마진 가운데 어느 쪽과 더 가까웠을까? 지리적 여건상 덕진포 해전 이전의 능창은 당연히 후백제와 더 밀접하였을 수 있다. 그러면 지리적으로 연계된 능창과 나주 세력과의 관계는 어땠을까? 일단 능창은 나주 세력과는 달리 왕건에게 융화되지 않았다는 것이다. 이러한 점에 비춰 볼 때 능창은 나주 세력과 불편했을 가능성이 크다. 즉 내륙 수로와 해상을 이용하여 교역을 하던 나주 세력은 대외 교역에 있어서 능창과 보행을 함께 해야 하는 처지였다. 능창과 나주 세력은 해상 무역에 대한 보호와 그에 대한 반대급부로서 일종의 공생 관계였다. 그런데 마진 세력이 나주 지역에 뻗치게 됨에 따라 이들이 능창의 역할을 대신해 주게 되었다. 그러니 능창과 마진은 필연적으로 충돌할 수밖에 없었다. 그러면 그 이전의 진훤과 능창의 관계는 어떠하였을까? 진훤은 서

▲ 압해도와 압해대교

남해 도서 지역을 직접 장악하는 대신 능창을 비롯한 토착 세력의 기득권을 묵인하는 선에서 공생 관계가 이루어졌을 가능성이다. 그런데 돌연한 왕건의 서남해 도서 점령과 나주 공격은 기존 세력 판도를 일거에 바꾸는

새로운 변화의 물살이었다. 능창은 이 상황에서 다시 한 번 선택을 해야 했다. 즉 마진과의 공존을 모색하거나 아니면 후백제와의 관계를 유지하면서 왕건과 싸우던가 해야 하였다.

▲ 압해도 송공산성 원경

이러한 상정에 앞서 한 가지 중요한 기사를 염두해 둘 필요가 있다. 바로 능창이 망명한 자들을 끌어 모았다는 사실이다. 그러면 압해도로 망명한 자들은 누구였을까? 지리적인 측면에서 볼 때 압해도로 망명한 사람들은 반후백제 계열일 가능성이 높다. 마진에서 이곳까지 망명한다는 것은 쉽지 않다. 진훤이 순천만 일대에서 거병하여 세력을 형성하고 주변 지역을 장악하자 기존 신라의 통치 질서를 유지하던 세력들이 쫓겨서 압해도로 스며들어 왔을 수 있다. 그럼에 따라 능창은 세력 규모가 커질 수밖에 없었다. 그리고 압해도로 망명한 자들은 후백제에 대한 반감을 가진 이들이었다. 그런데 마진이 나주 지역으로 세력을 확대하자 능창은 새로운 선택의 기로에 서게 되었다.

능창에 대한 진훤의 영향력은 줄어든데 반해 마진의 영향력은 급물살을 타는 형국이었다. 결국 능창은 마진 편에 붙게 되었고, 협력자로서 왕건의 원정에 도움을 준 것으로 보인다. 후백제의 영역이었던 진도를 공격할 수 있도록 도움을 주고, 영산강을 따라 후백제를 공격하는 교통로와 주요 거점들을 능창이 제공하였던 것으로 보인다. 능창은 마진을 도와주는 호족으로서 거듭났다고 하겠다. 덕진포 해전 때까지 능창은 왕건을 도와주는 지지 세력이었던 것으로 보인다.

그런데 덕진포 해전 이후부터는 상황이 달라진다. 왕건에게 도움을 주었던 능창은 이제는 부담스러운 존재가 되었다. 왕건은 예의 장기를 발휘하여 능창을 구슬리기 위해 재물을 선물하는 식으로 환심을 샀고, 이후 후백제군을 꺾으면 더 큰 보상을 주겠다고 약속하였을 수도 있다. 그런데 이러한 약속이나 보상 여부를 떠나 나주 지역이 평정되자 왕건은 서남해상에서 이해가 충돌하는 능창에 대해 다른 생각을 품게 된다. 왕건이 서남해에 대한 지배권을 확립하려면 능창을 현실적으로 제거할 수밖에 없었다. 능창은 이러한 왕건의 변심에 분노하면서 자신의 활약에 대한 보상보다는 위기감을 가졌던 것 같다. 능창으로서는 차라리 왕건의 군대를 쓸어버리고 다시금 진훤과 손을 잡게 된다면 위기 국면에서 탈출할 수 있다고 생각했을 수 있다. 이러한 계산을 한 후 능창은 왕건과 대립각을 세우면서 자위 조치를 취하게 된다. 능창은 왕건보다 서남해의 물길을 훨씬 잘 알고 있었다. 게다가 이해를 공유하는 주변 도서 지역의 세력을 규합할 수 있는 영향력도 갖추었다.

왕건 군대의 장기간에 걸친 나주 주둔은 현지의 기존 해상 세력의 이익을 침해하는 것이었다. 결국 양자 간의 충돌이 빚어지지 않을 수 없었다. 이러한 충돌은 피해를 입었다고 생각하는 토착 세력의 선제 공격으로부터 비롯되었다. 다음의 기사가 그것을 말한다.

태조는 드디어 광주 서남 지경 반남현(潘南縣) 포구에 이르러 적의 경내에 첩보망을 늘어 놓았다. 그때 압해현(壓海縣)의 적수(賊帥) 능창(能昌)이 섬에서 일어났는데 수전을 잘 하여 '수달'이라고 불리었다. 그는 망명한 자들을 끌어모으고 갈초도(葛草島)에 있는 소수의 반란군들과도 서로 연계를 맺어 태조가 오는 것을 기다려

서 태조를 해치려고 하였다.[43]

정보망을 동원한 왕건의 능창에 대한 대응은 다음의 기사에 보인다.

　　태조는 여러 장수들에게 말하였다. "능창이 벌써 우리가 오는
것을 알고 있으니 반드시 섬의 도적들과 함께 사변을 일으킬 것이
다. 도적의 무리는 비록 적으나 만일 세력을 규합하여 우리의 앞
뒤를 막는다면 승부를 알 수가 없다. 그렇기 때문에 물에 익숙한
자 10여 명으로 하여금 갑옷을 입고 창을 들고 가벼운 배를 타고
밤에 갈초도 나룻가로 가서 음모하려고 왕래하는 자들을 사로잡
아 그 계획을 좌절시키도록 하는 것이 좋을 것이다." 여러 장수들
이 다 그 말을 좇아서 과연 한 척의 작은 배를 잡으니 그것이 바로
능창이었다.[44]

능창과 갈초도 소적들은 왕건에게 든 반기를 실행에 옮기고 있었다.
이 사실을 포착한 왕건은 능창과 갈초도 소적이 손을 잡고, 나아가 진훤
과 연계한다면 협공을 받을 수 있다고 판단했다. 이에 대응하여 왕건은
몰래 첩자를 풀고 또한 함정을 마련한다. 대규모 전투를 벌이기보다는 능
창의 동선을 파악한 후 사로잡아 피해를 최소화하자는 전략이었다. 왕건

---

43) 『高麗史』 권1, 太祖.(梁 開平 3년 己巳 條). "光州西南界潘南縣浦口縱諜賊境 時有壓
海縣賊帥能昌起海島 善水戰 號曰水獺 嘯聚亡命逐與葛草島小賊相結候 太祖至欲邀
害之"
44) 『高麗史』 권1 太祖(梁 開平 3년 己巳 條). "太祖謂諸將日 能昌已知我至 必與島賊謀
變賊徒 雖小若并力合勢遏前絕後勝負未可知也 使善水者十餘人 擐甲持矛乘輕舫 夜
至葛草渡口 擒往來計事者 以沮其謀可也 諸將皆從之果獲一小舸乃能昌也"

의 전략은 적중했다. 갈초도 나룻가에 매복했다가 능창을 덮친 것이다. 갈초도는 능창과 연계된 세력이 있던 곳이었다. 능창은 왕건에게 발각되지 않기 위해 단 한 척의 작은 선박으로 기민하게 움직였다. 그렇지만 능창은 왕건의 야간 매복에 걸려들어 나포되고 말았다.

왕건은 능창을 자신이 처리하지 않았다. 능창은 서남해의 도서 지역에서는 위엄과 이름이 있는 자였다. 그랬기에 왕건 스스로 처형하지는 못했던 것 같다. 대신 그를 인질로 삼아 송공산성을 점령하고, 갈초도의 소적들을 항복시켰을 수 있다. 이러한 일련의 과정을 거친 후 왕건은 다음의 기사처럼 능창을 궁예에게 보냈다.

> 태조는 그를 잡아서 궁예에게 보냈더니 궁예가 크게 기뻐하고 능창의 얼굴에 침을 뱉으면서 말하기를, "해적들이 다 너를 추대하여 두령으로 하였지만 지금은 나의 포로가 되었으니 어찌 나의 계책이 신기하지 않으냐" 하고 곧 여러 사람들에게 선포한 다음 그를 죽였다.[45]

궁예에게 보내진 능창은 실컷 조롱당한 후 죽임을 당하였다. 서남해에서 강력한 세력을 지녔던 능창을 모욕함으로써 궁예는 자신의 권위를 높일 수 있었다. 또한 이는 수많은 이들에게 본보기가 되었을 것이다. 그리고 왕건은 자기 손으로 해결하지 않음으로써 궁예에게 공적을 몰아줘서 위신을 세워주었다. 아울러 서남해 도서 사람들의 원성을 피하고자 하였다.

---

45) 『高麗史』 권1, 太祖(梁 開平 3년 己巳 條). "執送于裔 裔大喜乃唾昌面曰 海賊皆推汝 爲雄 今爲俘虜豈非我神筭乎 乃示衆斬之"

얼굴에 침을 뱉는 행위에는 대단한 증오감이 깔려 있었다. 역사적으로 살펴보면 고구려군의 향도가 되어 내려온 백제인 재증걸루가 개로왕을 생포한 후 면상에 침을 세 번 뱉고는 죄상을 따진 바 있다.[46] 풍왕은 권력 갈등 속에서 백제 복국군(復國軍)의 최고 장군인 복신을 생포한 후 처형 여부를 고심할 때였다. 그때 곁에 있던 달솔 덕집득이 죽이라고 부추기자 복신은 덕집득에게 침을 뱉으면서 욕설을 퍼부었다.[47] 이처럼 침을 뱉는 행위는 강한 적개심을 지닌 이에게 하는 능멸 행위였다. 궁예가 능창에게 침을 뱉은 행위 또한 이와 비슷한 선상에서 해석된다. 기록에서는 궁예가 자신의 위엄을 과시하기 위한 행태로서 침을 뱉은 것처럼 묘사되었다. 물론 기록상 능창의 활동은 미미한 데다가 마진군에게 심대한 타격을 준 것도 아니었다. 그렇다고 능창이 왕건을 곤경에 빠뜨리지도 않았다. 어디까지나 자위권 차원에서 왕건에게 대응하다가 실패하여 궁예에게까지 끌려가 모욕을 당했을 뿐이다. 그러나 여기에는 그만한 이유가 있었으리라고 본다.

능창이 궁예에게 원한을 살 만한 행동으로는 배신을 상정해 본다. 본시 마진과 연계했던 능창이 배신하여 오히려 마진을 곤경에 빠뜨리려고 했을 수 있다. 이렇게 된다면 궁예가 여러 사람들 앞에서 침을 뱉고 목을 베는 행위가 자연스러워진다. 물론 능창이 본래 마진 편이었지만 배신하

---

46) 『三國史記』 권25, 蓋鹵王 21년 조. "至是 高句麗對盧齊于·再曾桀婁·古尒萬年【再曾·古尒, 皆複姓.】等帥兵 來攻北城 七日而拔之 移攻南城 城中危恐 王出逃 麗將桀婁等見王下馬拜己 向王面三唾之 乃數其罪 縛送於阿且城下戕之 桀婁·萬年 本國人也 獲罪逃竄高句麗"

47) 『日本書紀』 권27, 天智 2년 6월 조. "六月 前將軍上毛野君稚子等 取新羅沙鼻岐奴江二城 百濟王豊璋 嫌福信有謀反心 以革穿掌而縛 時難自決 不知所爲 乃問諸臣曰 福信之罪 既如此馬 可斬以不 於是 達率德執得曰 此惡逆人 不合放捨 福信卽唾於執得曰 腐狗癡奴 王勒健兒 斬而醢首"

여 왕건을 공격하려다가 도리어 사로잡혀서 궁예에게 보내졌다는 사항들은 정황에 근거한 추측에 불과하다. 어쨌든 궁예가 능창에게 침을 뱉은 이유가 생략됨으로써 결과적으로 궁예의 포악함을 부각하는 기록이 되었다. 반면 능창을 생포한 왕건의 지략과 무용이 대비되게끔 한 것이다.

그러면 이후 마진군은 어디까지 진출하였을까? 회진과 목포까지 밀고 올라가서 나주 일대를 모두 장악하였을 수도 있다. 그렇지만 이와 관련해 몽탄 관련 구전설화가 주목된다. 몽탄은 지금의 무안군 몽탄면 몽강리와 나주시 동강면 옥정리를 연결하는 나루이다. 왕건으로 인해 붙여진 몽탄나루 이름과 전설은 지금까지 남아 있다.

전설에 따르면 왕건이 진훤과 싸우다가 몽탄강 부근에서 포위되었다고 한다. 그날 밤 꿈에 영산강의 신이 나타나 강물이 빠졌으니 피하라고 하여 건너편으로 허겁지겁 도망가게 되었다는 것이다. 왕건은 자신을 추적한 후백제군을 파군천(破軍川)에서 격파했다고 한다. 이런 연유로 몽탄이나 파군천과 같은 지명이 남게 된 것이다.[48] 파군천에는 현재 파군교라는 작은 다리가 남아 있다.

▲ 몽탄나루

이러한 전설은 구체적인 데다가 지명까지 남아 있는 것이다. 따라서 당시 전쟁과 관련된 현장이었기 때문에 지금까지 회자

---

48) 박종오, 「영산강 유역의 왕건 관련 설화」 『고려의 후삼국통합과정과 나주』, 景仁文化社, 2013, 221쪽.

된 것이므로 사실일 가능
성이 높아 보인다. 몽탄
나루 전설의 핵심은 왕건
이 이곳까지 진출하였다
가 후백제의 반격을 받았
다는 것이다. 그렇지만
이를 극복하고 승리를 쟁
취하였다는 내용으로 마
무리되고 있다. 이후의

▲ 파군교

상황은 잘 알 수 없다. 왕건이 나주를 제대로 장악하였는지에 대해서는
의문이 남는다. 기록에서도 덕진포 해전 이후 왕건은 반남현 포구까지 진
출한 사실이 확인된다. 전설에 따르면 왕건은 자미산성을 공략하고 몽탄
나루에서 후백제군과 싸웠다는 것이다. 실제 전설에 따르면 진훤은 둔전
을 하면서 자미산성에 주둔하였고, 왕건은 영암군 신북면의 갈마산에 진
을 치고 서로 싸웠다고 한다.[49] 그렇다면 제1차 덕진포 해전 때 왕건은 나
주 지역을 완점하지 못했음을 알려준다. 이러한 정황은 또 다른 전쟁의
도화선이 되었다고 본다. 그랬기에 909년 이후 912년까지 나주 공방전은
지속되었던 것이다.

---

49) 李道學, 『진훤이라 불러다오』, 푸른역사, 1998, 128쪽.

# 6. 제2차 덕진포 해전과 궁예의 친정

909년 제1차 덕진포 해전은 왕건이 이끈 마진군의 승리로 매듭지어졌다. 이와 관련해 진도·고이도·압해도·갈초도 등 서남해 도서들은 마진에 넘어 갔다. 나주의 덕진포와 석해포도 마진에 떨어졌다. 마진이 나주지역을 계속 장악하고 있다고 하자. 그러면 이는 두고 두고 후백제의 발목을 잡을 게 명약관화 하였다. 진훤은 이에 대한 대응으로 다음에 보듯이 나주성 공략을 단행했다.

　14년, 진훤이 직접 보병과 기병 3천을 거느리고 나주성을 포위
　하여 열흘 동안 풀지 않았다. 궁예가 수군을 출동시켜 그를 습격
　하자 진훤이 군사를 이끌고 퇴각하였다.[50]

---

50) 『三國史記』 권12, 孝恭王 14년 조. "十四年 甄萱躬率步騎三千 圍羅州城 經旬不解 弓
　裔發水軍 襲擊之 萱引軍而退"

910년(신라 효공왕 14)에 진훤은 보병과 기병 3천 명을 거느리고 나주성을 공격하였다. 앞서 왕건은 반남현 포구를 장악함으로써 자미산성까지 영향력을 미치게 되었다. 그러한 상황에서 진훤은 몸소 군대를 이끌고 나주성을 공격한 것은 나주 지역에 대한 탈환 시도였다. 그러나 진훤의 시도는 성공하지 못했다. 바로 궁예의 군대가 나주성으로 증원되었기 때문이다. 이때 궁예의 증원군이 나주성으로 들이닥쳤다. 후백제군은 양쪽에서 협공을 받게 되자 어쩔 수 없이 퇴각하게 되었다. 그럼으로써 910년 진훤의 나주성 공격은 실패로 끝났다. 그런데 다음의 기사에서 보듯이 궁예의 명을 받은 왕건은 다시금 나주를 공격하였다.

주량 건화 원년(911) 신미에 연호였던 성책을 고쳐 수덕만세 원년이라 하고, 국호를 태봉이라 하였다. 태조로 하여금 군사를 거느리고 금성 등지를 치게 하여, 금성을 나주로 고쳤다. 전공을 논하여 태조를 대아찬 장군으로 삼았다.[51]

그 이듬해인 911년에 궁예는 국호를 마진에서 태봉으로 바꾸었다. 그 직후 궁예는 왕건을 시켜 금성 즉 나주를 치게 하였다. 이 사실은 나주 지역이 그 전까지도 확실하게 장악되지 못하였음을 뜻한다. 물론 이 기록을 『고려사』에 나오는 909년의 제1차 덕진포 해전으로 지목하기도 하지만 타당하지 않다. 이 경우는 연대의 오류를 전제로 해야 한다. 그러나 911년에 국호를 태봉으로 고친 후에 이 기사가 등장하므로 취하기 어렵다. 911년에 왕건은 다음의 기사에서 보듯이 무진주 지경을 공격하였다.

---

51) 『三國史記』 권50, 弓裔傳. "朱梁乾化元年辛未 改聖册爲水德萬歲元年 改國號爲泰封 遣太祖率兵 伐錦城等 以錦城爲羅州 論功 以太祖爲大阿湌將軍"

▲ 무진고성

　　진훤 20년(911) 신미【양(梁)나라 태조(太祖) 건화(乾化) 원년】에 후
고려왕 궁예가 고려 태조를 정기 태감(精騎太監)으로 삼아 수군[舟
師]을 거느리고 무진(武珍) 지경을 빼앗아 평정하려고 했다. 성주
(城主) 지훤(池萱)은 곧 진훤의 사위였다. 진훤과 서로 호응하여 굳
게 지키고 항복하지 않았다.[52]

　　위의 기사뿐 아니라 『세종실록 지리지』에서도 왕건이 무진주를 공격했
다가 실패한 기록이 보인다. 무진주는 지금의 무진고성인데, 『신증동국여
지승람』에서도 다시금 언급되었다.[53] 이 같은 정황은 『삼국사기』에서 911

52) 『世宗實錄』 地理志, 全羅道 長興都護府 茂珍郡. "甄萱二十年辛未【梁太祖乾化元年】
　　後高麗王弓裔以高麗太祖爲精騎太監 帥舟師 略定武珍界 城主池萱 乃甄萱之壻也 與
　　甄萱相應 堅守不降"
53) 『新增東國輿地勝覽』 권35, 全羅道, 光山縣.

년에 궁예가 왕건에게 나주 경략을 시킨 일과 엮어져 있다고 볼 수 있다. 즉 태봉으로의 개호(改號)와 더불어 궁예가 왕건에게 나주 지역을 공략하게 한 것이다. 이때 왕건은 무진주까지 진출했지만 실패하고 회군하였다.

『동사강목』에서는 위의 전쟁을 『고려사』에서 903년에 왕건이 광주 접경에 진출한 기사와 관련짓고 있다.[54] 그러나 『세종실록』 지리지에서는 연대가 명확하게 나온다. 게다가 『고려사』에서는 '광주 접경에 이르렀다'고만 하였을 뿐 광주에서의 전투 기록은 없다. 따라서 『삼국사기』에서의 나주 경략 기사는 기록대로 911년으로 보아야 할 것 같다.

그렇다면 지금까지의 논의를 정리해 본다. 앞서 제1차 덕진포 해전에서 왕건은 반남현 포구까지 쳐들어가서 나주 지역의 일부를 장악하였다. 그로부터 2년 뒤인 911년에 왕건은 나주 지역을 자국 영역으로 삼게 되었다. 이에 힘입어 왕건은 무진주성을 공격하였지만 뜻을 이루지 못하고 퇴각하였다. 다만 그는 나주 지역을 석권한 것으로 만족해야만 했다.

견훤이 나주 일대를 죄다 태봉에게 내준 상황은, 세력 확장과 대외교류에 있어 걸림돌이 될 것임은 자명했다. 비유하자면 목에 언제나 비수가 들어와 있는 셈이었다. 늘 후방을 염려해야 하는 상황이 된 것이다. 그렇기 때문에 견훤은 절대로 나주 지역을 포기할 수는 없었다. 견훤은 다시금 군사를 일으켜 다음과 같이 덕진포에서 격돌하게 되었다.

건화 2년(912)에 견훤이 덕진포에서 궁예와 싸웠다.[55]

위의 짧은 기록은 대단히 의미심장하다. 그럼에도 이 기록을 으레 궁

---

54) 『東史綱目』第5下 惠恭王 7年·甄萱 12年·弓裔 3年.

55) 『三國史記』권50, 甄萱傳. "乾化二年 萱與弓裔戰于德津浦"

예가 보낸 왕건이 진훤과 싸운 것으로 단정하는 견해가 많았다. 그러나 기록은 기록 그 자체를 가지고 보아야 한다. 기록에서는 분명히 진훤이 상대한 대상은 왕건이 아니었다. 진훤은 궁예와 싸웠던 것이다. 이 부분에 대해서는 상세한 검토가 필요하다. 일단 이 기록대로라면 궁예는 912년에 직접 군대를 이끌고 나주로 내려왔다고 보아야 한다. 후삼국시대를 연 두 영웅이 직접 얼굴을 맞대고 격돌하게 된 것이다. 그렇다면 진훤과 궁예가 나주 덕진포에서 자웅을 겨뤘다는 기록은 신뢰할 수 있을까?

최근의 연구에 따르면 912년에 나주 경략을 단행한 이는 왕건이 아니라 궁예라고 한다. 그러한 증거로는 강진 무위사 선각대사편광탑비를 제시하고 있다. 「선각대사편광탑비문」에 의하면 '대왕(大王)' 즉 궁예는 912년 8월에 몸소 군대를 이끌고 나주와 무주 등 지금의 전라남도 지역을 공략했다는 것이다. 이 사실은 경유의 행적을 기록한 다음과 같은 「법경대사비문」에서도 확인된다고 한다.[56]

(천우) 9년 8월에 이르러 전주(前主 : 弓裔)께서 북쪽 지역을 완전히 평정하시고 남쪽을 평정하고자 하시었다. 그래서 큰 배들을 일으켜 친히 수레를 몰고 오셨다. 이때 나주는 항복하였으므로 강가의 섬[浦嶼]에 군대를 멈추었지만, 무부(武府)는 저항하였으므로 서울[郊畿]에서 무리를 크게 일으키셨다.[57]

---

56) 최연식, 「康津 無爲寺 先覺大師碑를 통해 본 弓裔 행적의 재검토」 『木簡과 文字 연구』 6, 주류성, 2011.

57) 최연식, 「康津 無爲寺 先覺大師碑를 통해 본 弓裔 행적의 재검토」 『木簡과 文字 연구』 6, 주류성, 2011, 205~208쪽. "九年八月中 前主永平北 □須□南征 所以□發舳艫 親駈車駕 此時羅州歸命 屯軍於浦嶼之傍 武府逆鱗 動衆於郊畿之場"

위의 비문에 보이는 '천우' 연호는 그 4년까지만 사용한 당 애제(哀帝) 때의 연호이다. 조선 후기의 숭정(崇禎) 기원후 연호 표기처럼 연장시켜 사용하였다. 그러므로 '(천우) 9년'은 912년에 해당한다. 이 시점은 『삼국사기』의 기록과 비교하면 연대가 동일하다. 즉 912년 8월에 궁예는 직접 군대를 이끌고 내려와 진훤과 자웅을 겨뤘다는 사실을 알 수 있다. 이후 궁예의 태봉은 나주 지역을 다시금 장악한 것이다.

당대에 작성된 「선각대사편광탑비문」은 형미의 행적을 시간 순으로 언급한 것이므로 연대가 지닌 신빙성은 높다. 그렇다면 『삼국사기』의 제2차 덕진포 해전 기록도 신뢰할 수 있게 된다. 결국 911년에 왕건이 나주 지역을 평정한 후, 912년에 궁예가 직접 내려옴으로써 태봉의 나주 경략은 마무리되었다. 궁예의 친정 당시 왕건이 수행했을 가능성은 높다. 이때 왕건의 공적이 궁예의 성과가 되었을 수 있다. 그렇지만 궁예가 덕진포에서 진훤과 싸웠다는 기록 자체는 부정할 수 없다.

그러면 『고려사』나 『고려사절요』에서 제2차 덕진포 해전 기록이 보이지 않는 이유는 무엇일까? 이는 왕건이 즉위한 이후 궁예가 주연격인 사실이 배제된 것이다. 그 전해인 911년의 기사만 수록함으로써 마치 이때 나주 경략을 마무리한 것 같은 인상을 주었다. 그럼으로써 그 동안 진훤과 궁예가 서로 맞대결한 제2차 덕진포 해전은 역사 속에서 서서히 몰각되어 간 것이다. 다만 단편적인 기록들이 남아 결국 오늘날에 와서 그 진실이 드러나게 되었다. 또한 이러한 사례를 통해 왕건이 즉위하면서 궁예의 위상에 상당한 왜곡이 가해졌음을 읽을 수 있다.

912년에 왕건은 나주에서 머물고 있었던 것으로 보인다. 이는 다음과 같은 혜종의 출생을 통해서 알 수 있다.

혜종 인덕 명효 선현 의공 대왕(惠宗仁德明孝宣顯義恭大王)의 이

름은 무(武)요, 자(字)는 승건(承乾)이니 태조의 장남이며 어머니는
장화 왕후(莊和王后) 오씨(吳氏)로서 후량(後梁) 건화(乾化) 2년 임신
(壬申)에 탄생하였다. 태조 4년에 정윤(正胤 : 太子)으로 세워지고
종군하여 백제(百濟)를 토벌할 때에 힘써 싸움에 앞장을 섰으므로
공(功)이 제일이었다. (태조) 26년 5월 병오(丙午)에 태조가 홍(薨)하
매 유명(遺命)을 받들어 즉위하였다.[58]

혜종은 건화 2년 즉 912년에 출생한 것으로 적혀 있다. 즉 궁예의 친정
이 단행되었던 해에 혜종이 태어난 것이다. 그렇다면 적어도 911년에는
왕건이 장화왕후 오씨와 동침한 것으로 볼 수 있다. 왕건이 911년에 궁예
의 명을 받아 나주 원정을 한 사실이 입증된 것이다.

나주 시청 앞의 완사
천이라는 우물 근처는 장
화왕후 오씨와 왕건이 만
난 장소라고 한다. 지금
은 우물 외에도 여러 조
형물들을 만들어 놓아서
공원으로 조성되어 있다.
이곳에 소재했던 흥룡사
에 대한 설화는 『신증동
국여지승람』에 다음과 같

▲ 완사천

---

58) 『高麗史』권2 惠宗 원년 조. "惠宗, 仁德明孝宣顯義恭大王 諱武 字承乾 太祖長子 母
    曰莊和王后吳氏 後梁乾化二年壬申生 太祖四年 立爲正胤 從討百濟 奮勇先登 功爲第
    一 二十六年五月 丙午 太祖薨 奉遺命 位"

이 전한다.

홍룡사(興龍寺)【금
강진 북쪽에 있다. 고
려 태조 장화왕후 오씨
(吳氏)의 조부는 부돈
(富伅)이요, 아버지는
다련군(多憐君)인데,
대대로 주의 목포(木
浦)에 살고 있었다. 다

▲ 완사천의 왕건과 나주 오씨 조형물

련군은 사간(沙干) 연위(連位)의 딸 덕교(德交)를 아내로 맞아 장화왕후를
낳았다. 장화왕후가 일찍이 꿈을 꾸는데, 바다의 용이 품안으로 들어왔다.
놀라 깨어 부모에게 이야기하니, 모두 이상하게 여겼다. 얼마 안 되어 태
조가 수군장군(水軍將軍)으로 나주에 와 진수(鎭守)할 때, 목포에 배를 정
박시키고 물위를 바라보니 오색의 구름이 서려 있어서 태조가 그리로 가
보니 장화왕후가 빨래를 하고 있었다. 태조가 그 여자를 불러 동침하는데
미천한 신분이라고 임신을 시키지 않으려고 정액(精液)을 자리에 쏟았더
니, 왕후가 곧 빨아 먹었다. 드디어 임신하여 아들을 낳으니 이가 혜종이
다. 얼굴에 자리 무늬가 있으므로 세상에서는 접주(攝主 : 주름살 임금)라
한다. 그 자리에 큰 절을 세워 홍룡사라 하고, 앞에 있는 샘을 완사천(浣絲
泉)이라 한다. 속설에는 오씨가 빨래하던 샘이라고 한다.】

홍룡사에 대한 설화를 살펴보면 나주 지역의 세력가였던 오다련은 본
디 목포 사람인 것으로 나온다. 여기서 목포는 나주 영산포를 가리킨다.
『고려사』에도 보이는 이러한 전승대로라면 왕건이 목포에 온 후 오다련의

딸과 동침을 한 것이다. 앞에서 언급했듯이 동침 시점은 911년으로 지목하는 게 옳다.

그렇다면 왕건이 목포에 온 시점 역시 911년이 된다. 앞서 지적하였듯이, 909년에는 왕건이 반남현 포구를 점령하고, 2년 후인 911년에는 목포(영산포)까지 장악함으로써 나주 지역에 대한 지배권을 확보한 것이다.

궁예와 왕건이 나주 지역을 지배한 후 태봉의 영토로서 안정적으로 운용되었다. 그러나 이후에도 후백제에서는 나주 지역에 대한 공세가 꺾이지는 않았던 것 같다. 다음의 기사가 그러한 저간의 상황을 반영해주고 있다.

> 건화(乾化) 4년 갑술(914)에 궁예 역시 수군 장수의 지위가 낮아
> 적을 위압할 수가 없다고 생각하여 태조의 시중 벼슬을 해임하고
> 다시 수군을 통솔하게 하였다. 태조는 정주(貞州) 포구로 가서 전
> 함 70여 척을 수리하여 군사 2천 명을 싣고 나주에 이르렀다. 백제
> 사람들과 해상의 좀도적들이 태조가 다시 온 것을 알고 다 두려워
> 서 감히 준동하지 못하였다. 태조가 돌아와서 해상의 경제상 이익
> 과 임기응변할 군사 방책들을 보고하니 궁예가 기뻐하여 좌우 신
> 하들에게 "나의 여러 장수들 중에 누가 이 사람과 비길 만하겠는
> 가"라고 하면서 칭찬하였다.[59]

914년에는 후백제 사람들과 부근의 해적들이 다시금 나주 지역에 손을

---

59) 『高麗史』 권1, 太祖(梁 乾化 4년 甲戌 條). "四年甲戌 裔又謂水軍帥賤不足以威敵 乃
解太祖侍中 使復領水軍就 貞州浦口理 戰艦七十餘艘 載兵士二千人 往至羅州 百濟
與海上草竊 知太祖復至皆慴伏莫敢動 太祖還告舟楫之利應變之宜 裔喜謂左右曰 我
諸將中誰可比擬乎"

뻗히고 있었다. 기록에서 그들의 세력은 미미한 것처럼 나와 있다. 그러나 왕건이 전함 70여 척과 군사 2천 명을 데리고 온 사실을 주목해야 한다. 결코 무시할 수 없을 정도의 세력이 나주 지역을 노리고 있었음을 알려준다. 때문에 왕건도 직접 내려가 수군을 통솔하면서 이들을 소탕하려고 했던 것으로 보인다. 이러한 기록을 볼 때 나주 지역에 대한 진훤의 갈망은 쉽게 포기되지 않았음을 알 수 있다. 그렇지만 순탄하게 풀리지 못하는 상황이었던 것 같다. 나주 건(件)은 이후 진훤의 전쟁 수행에 있어서 지속적으로 걸림돌이 된 것으로 보인다.

# 7. 나주의 전략적 의의

나주 지역이 항구적으로 태봉과 고려의 영역에 머물러 있지만은 않았다. 이곳은 장기간 태봉과 고려의 영역이었지만, 언제부터인가 후백제 영역으로 편제되었던 것 같다. 다음의 기사가 그러한 사실을 응축하고 있다.

여름 4월에 왕이 여러 장수에게 이르기를, "나주(羅州)의 40여 군(郡)이 우리의 울타리가 되어 오랫동안 풍화에 복종하고 있었는데, 요사이 후백제의 침략을 당하여 6년 동안이나 바닷길이 통하지 않았으니 누가 능히 나를 위하여 이곳을 진무(鎭撫)하겠는가?" 하자, 공경들이 유검필(庾黔弼)을 천거하였다. 왕은 이르기를, "나 역시 그를 생각해 보았다. 그러나 요사이 신라로 가는 길이 막혔던 것을 검필이 가서 이를 통하게 하였으니 그의 노고를 생각하면 다시 명하기가 어렵다." 하였다. 검필이 아뢰기를, "신이 비록 나이들어 이미 노쇠하나 이것은 국가의 큰 일이니 감히 힘을 다하지 않겠습니까." 하였다. 왕이 기뻐서 눈물을 흘리며 이르기를, "경이 만약 명을 받든다면 어찌 이보다 더한 기쁨이 있겠소." 하고, 검필을 도통대장군(都統大將軍)으로 삼아 예성강(禮成江)까지 전송하고 어선(御船)을 주어 보내었다. 검필이 나주에 가서 경략하고 돌아오니, 왕이 또 예성강까지 행차하여 맞아 위로하였다.[60]

위에서 인용한 기록을 통해 나주 지역이 935년 이전에 후백제에 장악된 사실을 알려준다. 935년에 유검필이 출병하여 나주 지역을 회복하는 장면이 나오기 때문이다. 그렇다면 935년보다 6년 전인 929년에는 후백제가 결국 나주 지역을 탈환한 것이 된다. 물론 929년에 후백제가 나주를 탈환하였다는 기록은 남아 있지 않다. 그러므로 당시 정황을 통해 추론할 수밖에 없다.

929년은 후백제가 고려를 압박하면서 승기(勝機)를 잡고 있던 때였다. 이보다 2년 전인 927년에 진훤은 경주에 입성하여 경애왕을 살해하고 경순왕을 옹립하였다. 그 직후에 진훤은 공산 전투에서 왕건의 고려군을 대파하기에 이른다. 이후 930년 고창 전투 이전까지 후백제는 승승장구를 하면서 고려와 신라를 압박해 들어갔었다. 929년에 이루어진 나주 탈환은 바로 이러한 상승세를 타고 이루어진 것이다.

이 무렵 고려는 거듭된 패배로 약화되었다. 후백제에게 밀리고 있는 상황의 연속이었다. 그러니 고려로서는 자연 나주에 대한 방비 또한 소홀해 질 수밖에 없었다. 진훤은 이때를 놓치지 않고 군사를 보내 전격적으

---

60) 『高麗史節要』 권1, 太祖 18년 조. "夏四月 王謂諸將曰 羅州四十餘郡 爲我藩籬 久服風化 近爲百濟劫掠 六年之間 海路不通 誰能爲我撫之 公卿 薦庾黔弼 王曰 子亦思之 然近者 新羅路梗 黔弼 往通之 想念其勞 難以再命 黔弼 奏曰 臣 雖年齒已衰 然 是國家大事 敢不竭力 王喜 垂泣曰 卿 若承命 何喜如之 以黔弼 爲都統大將軍 送至禮成江 賜御船而遣之 黔弼 往羅州 經略而還 又幸禮成江 迎勞之"

로 나주를 점령한 것으로 판단된다. 그의 전략은 주효했던 것이다. 결국 929년부터 935년까지 나주 지역은 후백제 영역 안에 포함되었다. 935년에 유검필이 재탈환함으로써 다시금 고려 영역에 편제된 것이다. 나주 지역에 대한 기사는 후삼국시대의 마지막 부분에 다음과 같이 나온다.

> 6월에 진훤이 막내 아들 능예(能乂)와 여자(女子) 애복(哀福)·사랑하는 첩 고비(姑比) 등과 함께 나주로 도망나와서 고려에 들어와 조회하겠다고 청하므로, 장군 유검필과 대광 만세(萬歲)·원보(元甫) 향예(香乂)와 오담(吳淡)·능선(能宣)·충질(忠質) 등을 보내어 바닷길로 그들을 맞이하였다. 진훤이 이르자, 다시 진훤을 일컬어 상보(尙父)라 하고, 남궁(南宮)을 사관(舍館)으로 주었으며, 위(位)는 백관의 위에 두었다. 양주(楊州)를 식읍(食邑)으로 삼게 하고, 겸하여 금과 비단·노비 각 40명과 말 10필을 내려 주고, 후백제에서 항복해 온 사람 신강(信康)을 아관(衙官)으로 삼았다.[61]

936년 3월에 후백제에서는 신검의 정변이 일어났다. 진훤이 후계자로 점찍어 두었던 금강 왕자는 피살되었다. 진훤은 금산사에 유폐되고 말았다. 하루 아침에 모든 것을 잃어버린 진훤은 그해 6월에 금산사를 탈출하여 나주로 갔다. 자신에게는 변덕스러운 땅이 나주였다. 그러한 나주는 결국 자신의 최후 도피처가 되었다.

왕건은 이러한 진훤을 극진히 맞이하였다. 유검필은 물론이고 여러 장

---

61) 『高麗史節要』권1, 太祖 18년 조. "六月 甄萱 與季男能乂 女子哀福 嬖妾姑比等 奔羅州 淸入朝 遣將軍庾黔弼 大匡萬歲 元甫香乂 吳淡 能宣 忠質等 由海路迎之 及至 復稱萱爲尙父 授館南宮 位在百官之上 賜楊州 爲食邑 兼賜金帛 奴婢各四十口 馬十匹 以百濟降人信康 爲衙官"

▲ 진훤이 고려로 가면서 보았다는 나주 앙암

수들을 보내어 진훤을 직접 맞이하게 했다. 게다가 왕건은 그를 상보(尚
父)로 일컫기까지 하였다. 이러한 최상의 예우를 하였기에 후백제 정벌에
진훤을 앞세울 수 있게 되었다. 결국 그는 후삼국 통일의 위업을 완수하
였다.

　나주 지역은 통일 위업을 이루고자 했던 왕건에게는 의미 깊고도 소중
한 지역이었다. 궁예에 의해 정치적으로 핍박을 받던 상황에서는 이곳으
로 와서 화를 피하였다. 또한 지속되는 진훤과의 전쟁으로 이 곳을 마진
→태봉, 그리고 고려의 땅으로 개척해 나갔다. 왕건은 청춘을 나주 땅에
서 보냈다고 해도 과언은 아니다.

　그만큼 나주는 매우 중요한 경제적 요충지였다. 서남해안의 가장 중심
적인 지역이었다. 이곳을 점령하면 영산강 일대의 세력을 자기 편으로 끌
어 들이는 게 가능하였다. 또한 당시 선승(禪僧)들이 출입했던 국제 항구
인 회진도 나주에 소재했다. 이 밖에 목포·석해포·덕진포 등 여러 항구가
있었기에 어느 지역 보다도 경제적 교류도 활발하였다. 이러한 상황은 능

창같은 해상 세력의 등장을 가능하게 했던 것이다. 게다가 나주 지역은 예로부터 해산물이 풍부한 데다가 비옥한 곡창 지대를 끼고 있었다.

나주 지역은 전략적으로도 중요한 요충지였다. 나주는 후백제 최초 수도였던 무진주와 근거리에 위치하였다. 그렇기 때문에 후백제에 늘 위협을 안겨줄 만한 곳이었다. 그러니 진훤은 정복 활동에 나서면서도 후방을 염려하지 않을 수 없었다. 고려군이 나주에 집결하여 무진주 등을 공략한다면 반드시 구원해야 했기 때문이다. 이로 인해 진훤은 국토의 후방에 다대한 병력을 배치하여 긴장 상태를 유지할 수밖에 없었다. 나주 지역을 왕건이 장악했기 때문에 빚어진 현상이었다.

이처럼 중요한 곳이었기 때문에 진훤과 왕건은 나주 지역을 절대 빼앗기지 않으려고 하였다. 그리고 빼앗으려고 싸움을 할 수밖에 없었다. 결국 최종 승자는 왕건이 되었다. 나주는 왕건이 후삼국통일을 견인하는 역할을 하였다. 그렇기 때문에 나주 경략은 왕건의 최대 업적으로 손꼽힐 수 있다. 이와 더불어 궁예가 나주 경략에 나섰다는 사실을 증명할 수 있었다. 왕건이 나주 경략에 가장 큰 공을 세운 것은 사실이다. 그렇지만 궁예도 나주에 직접 내려와서 진훤과 대치하면서 전쟁을 주도하였다. 그렇지만 이 사실은 왕건이 고려의 왕이 됨으로써 희미해지고 말았다.

나주 지역에서는 이러한 왕건에 대한 기억이 이후에도 길게 남아 있었다. 그랬기에 관련된 여러 시들이 남겨졌다. 앞서 덕진포 해전을 언급하면서 김종직의 시를 잠시 소개한 바 있다. 고려 말의 인물인 윤소종(尹紹宗; 1345~1393)도 이 지역에 대한 시를 다음과 같이 남겼다.

　　금성산은 바다 남쪽에 있으니,
　　태사(太姒)의 고장으로 5백 년 이어왔네.
　　한 척의 배로 진왕(甄王)이 귀순한 길이요,

일만 깃발 현묘(顯廟 : 顯宗)가 출사(出師)했던 곳이라네.

흥룡사(興龍寺) 밖에는 서기(瑞氣)가 떠 있고,

개계원(開界院) 앞에는 흰 연기가 일어나네.

성조(聖祖 : 太祖)의 누선(樓船)을 여기에서 맞았으니,

동정(東征)하는 오늘날 생각 그지 없어라.[62]

---

62) 『新增東國輿地勝覽』권35, 全羅道, 羅州牧.

# IV
# 조물성 전투와 후백제
## - 고려의 개전 -

# 1. 조물성 전투 이전의 후백제와 고려

918년에 왕건이 궁예를 몰아내고 고려를 건국하였다. 왕건은 국호를 '고려'로 부활시켜 고구려 계승을 천명하였다. 이는 자신이 축출한 궁예의 정치 행태와는 180° 다른 정확히 선을 긋는 행위였다. 궁예가 고려 국호를 폐기하고 대동방국의 뜻을 지닌 마진 등으로 국호를 개칭했다. 그 뿐 아니라 옛 고구려 영역 밖으로 영토를 확장시키는 동시에 옛 백제 지역 출신들을 등용한 결과 정권의 근간을 이루었던 고구려계 호족들을 동요시켰었다. 그것이 궁예의 실정과 맞물려서 그 몰락으로 이어지게 되었던 것이다. 그러므로 정권 기반이 취약했을 뿐 아니라 고구려계 호족의 이익을 대변하는 입장에 선 왕건은 그 동요 요인을 근절시킬 필요가 있었다. 아울러 자신이 세운 국가가 고구려를 계승한 국가라는 정체성을 분명히 해야만 하였다. 왕건은 고구려계 호족들을 안심시키기 위한 차원에서라도 옛 백제 영역이었던 웅주와 운주 등 10여 주현에 대한 과감한 포기를 결행한 것으로 보인다. 고구려의 부활과 계승으로써 정권을 출범시킨 왕건으로서는 당분간 고구려적인 색채를 유지하는 게 급선무였기 때문이다.

불투명한 동란의 시기에 국가 간에 결호가 유지되기 위해서는 어떻게 했었을까? 무엇보다 경역(境域)의 획정이 전제되어야 함은 두말할 나위없다. 그러한 맥락에서 왕건은 진훤에게 삼국분할정립안(三國分割鼎立案)을 선뜻 제의했던 것이다. 주변의 상황이 유리하지 않은 입장에 처한 이는 왕건이었다. 또 '스스로'라고 하였던 바 그가 제의한 것은 분명하였다. 그러므로 왕건이 진훤에게 대폭 양보하는 입장이었을 것임은 자명해진다. 요컨대 결호(結好) 기간 동안 후백제와 고려는 설정한 옛 2국의 영역선 안의 호족 세력들을 흡수하는 작업을 꾸준히 추구해 나갔던 것으로 짐작된다. 결국 화평 기간을 통해 양국은 예전의 왕국을 명실상부하게 복원하는데 진력하였다. 궁예 세력을 축출하고 집권한 왕건으로서는 취약한 정치적 기반을 다잡는 게 급선무였다. 그랬기에 이후 후백제와 고려는 7~8년간 우호 관계가 유지되었다.[1] 그러한 선상에서 진훤은 고려에 사신을 보냈다. 그러자 왕건은 한신일(韓申一)에게 명령하여 감미현(천안시 풍세면)에서 맞이하게 하였다.[2] 양국은 긴장 관계가 아닌 평화 관계를 유지하게 되었다. 그러나 이는 어디까지나 명분적인 것일 뿐이었다. 두 나라는 필연적으로 부딪힐 수밖에 없는 운명을 지녔다.

고려와 후백제 사이에는 당장 군사적 충돌은 빚어지지 않았다. 그런데 웅주의 경우 왕건이 즉위한 918년에 후백제의 영역이 되었다. 후백제와 접경한 웅주(熊州)는 이흔암(伊昕巖)이 지키고 있었다. 그런데 왕건이 즉위하자 궁예의 측근 무장인 이흔암은 급히 상경하였다.[3] 마군대장군 이

---

1) 李道學, 「後百濟의 加耶故地 進出에 관한 檢討」『白山學報』 58, 2001, 46~52쪽.
2) 『高麗史』 권1, 太祖 원년 조. "甄萱遣一吉粲閔郃 來賀卽位 命廣評侍郎韓申一等 迎于甘彌縣郃 至厚禮遣之"
3) 『高麗史節要』 권1, 太祖 원년 조. "馬軍大將軍伊昕巖棄市 昕巖業弓馬 見利躁求 事弓裔 以鉤距 得見任用 至裔末年 襲取熊州 因而鎭之 聞王卽位 潛懷禍心 不召自至 士卒

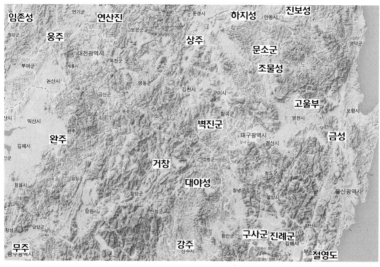
▲ 조물성 전투 당시 주요 지명

흔암이 철원으로 올라간 것은 변란이 생긴 것을 알았기에 궁예를 구하기 위해서였을 것이다. 그러나 이미 상황은 종료되어 왕건이 즉위하였기 때문에 이흔암의 입장은 애매하게 되었다. 그가 왕건에게 계속 반기를 들기에는 아직은 동조 세력이 포착되지 않았다. 이흔암이 관망하는 사이에 예상 외로 왕건은 빠르게 철원 지역을 장악하였다.

결국 이흔암은 자신의 저택에서 때를 기다리다가 도리어 왕건에게 당한 것으로 보인다. 그런데 이흔암 모반 사건을 계기로 웅주 지역은 통수권의 공백이 생겼다. 고려의 개국과 이흔암의 제거라는 정변으로 인해 웅주 지역의 민심이 동요하고 있었다. 진훤은 그 틈을 놓치지 않고 잽싸게 웅주를 점령했던 것이다. 본래 후백제의 영역이었던 웅주를 궁예가 빼앗은 것이었다. 그런데다가 웅주는 당초 백제의 영역이었기에 약정한 삼국

多亡 熊州復爲百濟所有”

분할구도 속에서 왕건은 웅주를 포기했던 것이다.

삼국분할 약정으로 인해 919년에도 고려와 후백제는 별다른 마찰을 빚지 않고 조용하게 넘어갔다. 왕건은 919년에 도읍을 송악으로 옮기고 시전을 설치하고 5부를 나누어 6위를 설치하는 등의 체제 정비에 나섰다. 또한 도성 안에 10개의 절을 창건하는 등 대규모 불사를 통해 민심을 안정시키고자 하였다.[4] 그런데 920년에 접어들어 고려와 후백제는 기존의 우호 관계가 서서히 냉각되어갔다. 지금의 경상남도 진주를 포함한 강주 지역 때문이었다. 920년 당시 강주에는 강주장군 윤웅(閏雄)이 독립적인 세력을 형성하였다. 윤웅은 명목상 신라의 조정을 따랐지만 경제력과 군사력을 바탕으로 호족으로 성장해 있었다. 그러한 윤웅이 920년에 고려에 귀부하였다.[5] 그 배경은 후백제와 연관이 깊은 것으로 보인다.

후백제는 고려와의 결호 때문에 웅주에서 북진하지 못하였다. 고려 또한 웅주 지역은 사실상 후백제의 영역으로 넘겼지만, 예산군의 일부 지역을 고려의 영역으로 확정하여 후백제와 국경을 이루었다.[6] 따라서 후백제가 고려와 충돌하지 않고 영역을 넓히려면 동쪽의 신라 지역으로 진군하는 수밖에 없었다. 이러한 맥락에서 볼 때 동남방의 강주 지역은 진훤이 군침을 흘릴 만한 대상이었다. 더구나 의자왕의 숙분을 풀겠다고 맹세한 진훤으로서는 신라 지역으로 진출하여 신라를 타도한다는 명분을 지녔다. 게다가 강주 지역은 더 이상 신라의 영향력이 미치지도 못하고 있

---

4) 『高麗史節要』권1, 太祖 2년 조. "春正月 定都于松嶽之陽 陞其郡爲開州 立市廛 辨坊里 分五部 置六衛 三月 創法王王輪等十寺于都內 兩京塔廟肖像之廢缺者 並令修葺"

5) 『高麗史』권1, 太祖 3년 조. "康州將軍閏雄 遣其子一康爲質 拜一康阿粲以卿 行訓之妹妻之 遣郎中春讓 於康州愍諭歸附"

6) 『高麗史節要』권1, 太祖 2년 조. "改烏山城 爲禮山縣 遣大相哀宣洪儒 安集流民五百餘戶"

었다. 진훤으로서는 고려와 충돌하지 않으면서 영토를 넓힐 수 있는 옛 가야 지역인 강주야말로 정치적으로 부담이 없었다.

결국 후백제의 영향력은 강주 지역으로 쏠리게 되었다. 강주장군 윤웅은 현실적으로 신라의 원조를 기대하기 힘들었다. 그렇다고 자력으로 후백제를 상대하기에는 역부족이었다. 윤웅의 현실적 대안은 비록 멀리 떨어져 있지만 고려밖에는 없었다. 결국 더 이상 버틸 수 없었던 윤웅은 고려에 귀부하였다. 고려로서는 윤웅과 상주 아자개의 귀부를 통해 지금의 경상도 지역까지 세력을 확장할 수 있는 전기를 구축했다. 그러나 강주장군 윤웅의 고려 귀부는 진훤을 자극시켰다. 미구에 고려가 강주 지역에 견고한 거점을 구축하리라고 예측하였다. 그렇게 된다면 고려는 남해상의 제해권을 장악하게 되는 것이다. 고려가 기왕에 구축한 서해상의 제해권에다가 남해상의 제해권까지 확보하게 된다? 이로 인한 후백제 측의 피해는 물어 볼 필요도 없었다. 후백제가 서해와 남해의 제해권을 고려에 빼앗기게 된다면 어떻게 될까? 후백제의 대외적인 교류와 교역은 차단되어 한반도 안으로 갇히게 되는 것이다.

이 같은 위험을 간파한 진훤은 본격적인 군사 행동을 하기 전에 강주의 배후이자 후견 세력인 고려를 회유하고자 했다. 진훤은 920년 9월에 아찬 공달을 왕건에게 보내 공작선과 지리산의 죽전을 선물하였다.[7] 공작선은 공작의 꼬리털로 만든 부채로서, 후백제인들이 공작을 직접 사육했다 하더라도 남방 세계와의 교역을 통해서만이 얻을 수 있는 물품이다. 공작선은 후백제 왕국의 번성을 상징하는 물품이었다. 죽전은 주지하듯이 대나무로 만든 화살이다. 특히 전라남도와 경상남도가 대나무 산지로 유명하다. 진훤은 북방의 왕건이 갖지 못한 공작선을 통해서는 영화와 경

---

7) 『高麗史』 권1, 태조 3년 조. "秋九月 辛丑 甄萱遣阿粲功達 獻孔雀扇智異山竹箭"

제력을, 화살의 재료인 대나무가 무성하다는 것을 통해 풍족한 무력 기반의 위세를 과시하고자 했던 것으로 보인다. 특히 대나무는 통대로 만들어 끝에 날을 물린 무기인 죽장창(竹長槍)의 재료요, 건축재나 가구재를 비롯하여 부채와 같은 죽세공재였다. 그와 더불어 번식력이 강하고 상록인 점에서 소나무와 비견되는 영생과 불변을 상징한다. 진훤이 죽전을 왕건에게 보낸 데는 강대한 무력을 담보로 하는 후백제 왕국의 영생과 불변의 확고한 왕권에 대한 자신감이 담겨 있지 않았을까?

진훤은 이처럼 고려와의 관계에 틈을 보이지 않으면서 또 안심시킨 후 군사적인 작전을 전격적으로 신속하게 단행하였다. 다음의 기사에서 보듯이 그 다음 달에 후백제군은 옛 가야 지역으로 진출하고 있었다.

> 겨울 10월에 진훤이 신라를 침공하여 대량(大良)·구사(仇史) 2
> 군을 공취하고 진례군(進禮郡)에 이르렀다. 신라가 아찬 김율(金律)
> 을 보내 구원을 요청하자, 왕이 군사를 보내 구원했다. 진훤이 그
> 소식을 듣자 이끌고 물러갔다. 이때부터 우리와 틈이 생겼다.[8]

진훤은 지금의 합천군인 대량 즉 대야성을 공격하였다. 대야성은 삼국시대부터 백제와 신라가 각축전을 벌였던 전략적 요충지였다. 대야성 앞을 지나는 황강은 낙동강 중류와 연결된다. 후백제군은 경주 방면으로 직공(直攻)하지 않고 남쪽으로 향하였다. 이때 진훤이 점령한 구사군은 지금의 창원을 가리킨다. 그리고 진례군은 지금의 김해시 진례면이다. 이 일대는 본래 가야 영역이었다. 그러므로 후백제가 신라를 공격하는 것도

---

8) 『高麗史』 권1, 太祖 3년 조. "冬十月 甄萱侵新羅 取大良仇史二郡 至于進禮郡 新羅遣
阿粲金律來求援 王遣兵救之 萱聞之引退 始與我有隙"

아니었기에 정치적으로 부담이 없는 지역이기도 했다.

▲ 합천 대야성 성벽

진훤은 낙동강 하류 방면으로 세력을 확장하였다. 이러한 진군로는 강주와 양주를 차단하고 지금의 경상남도 남부까지 세력을 확대하려는 의도였다. 신라로서는 점점 조여오는 진훤의 위협을 방관할 수는 없었다. 결국 신라 조정은 김율을 왕건에게 보내어 구원을 요청하였다.

920년 정월에 신라는 고려와 정식으로 교빙하였다.[9] 신라로서는 정치적 실체이자 국가로서 고려의 존재를 인정한 것이다. 물론 이는 고려에 군사적 지원을 요청해야 하는 부득이하고도 궁박한 상황에서 비롯되었다. 그런데 궁예 정권과는 달리 왕건은 신라에 대해 우호적인 입장을 취하였다. 이로 인해 신라 지역 호족들은 고려에 대한 반감이 크지 않았다. 그러던 중 후백제의 공격을 받고 있는 신라가 고려에 군사 요청을 하였다. 고려로서는 후백제와 신라 사이에서 선택의 기로에 서게 되었다.

이 경우 고려는 크게 2가지 시나리오를 생각해 볼 수 있다. 첫째는 고려가 후백제와 우호 관계를 유지하면서 신라 영역을 함께 잠식해 가는 방식이다. 신라의 군사력은 급속도로 붕괴되어 후백제나 고려에 맞설 수 없는 상황이었다. 후백제는 신라 영역에서 세력을 확고하게 구축한 다음 고

9) 『高麗史』 권1, 太祖 3년 조. "三年 春正月 新羅始遣使來聘"

려와 결전하는 방향으로 가닥을 잡았던 것 같다. 고려 역시 후백제의 구상과 동일한 것으로 보인다. 신라 영역에서 세력을 확장하고 이를 바탕으로 후백제와의 양자 대결 구도로 가게 된다. 두번째는 신라와 우호 관계를 유지하면서 후백제와 갈등 구조를 조성하는 것이다. 고려는 천년왕국 신라의 사직을 지켜주는 번병(藩屛) 명분을 얻을 수 있다. 반면 적대 세력인 후백제에 대해서는 침탈자 이미지를 씌울 수 있는 정치적 효과가 따른다. 동시에 신라 지역 호족들로부터 지지 내지는 협조를 얻을 수 있었다.

장기적으로 볼 때 두 번째 안이 고려가 운신하기에는 유리하였다. 신라의 지원을 받으면서 후백제와 싸울 수 있기 때문이다. 왕건은 신라와의 우호를 선택하였다. 당시 왕건은 내부의 반란을 진압하는 등 내부체제 정비에 골몰했다. 이러한 상황에서 왕건은 일단 후백제와 우호관계를 유지하는 게 상책이었다. 그러한 왕건은 출병 단행이 후백제와의 결호를 파경에 빠뜨리는 행위임을 잘 알고 있었다. 그럼에도 불구하고 왕건은 출병을 강행하였다.

진훤은 이 소식을 듣고 더 이상 진군을 못하고 돌아갔다. 그렇지만 19년 만에 점령한 대야성은 후백제의 영역이 되어 신라 공격의 거점으로 삼았다. 이 일로 인하여 후백제와 고려의 결호는 틈이 생겼다. 양국은 겉으로는 유화적인 척했지만 이제는 피할 수 없는 전쟁 국면으로 서서히 넘어가고 있었다.

이듬해인 921년에 달고적 171명이 신라를 공격하러 내려가다가 고려군의 저지를 받고 패배하는 사건이 발생했다. 신라는 즉각 사절을 보내어 고려에 감사의 뜻을 전하였다.[10] 앞서 강주 일대로 고려가 지원군을 보내

---

10) 『高麗史』 권1, 太祖 4년 조. "壬申 達姑狄百七十一人 侵新羅道由登州 將軍堅權邀擊 大敗之 匹馬無還者 命賜有功者穀人五十石 新羅王聞之喜 遣使來謝"

주었을 뿐 아니라 다시금 북부의 달고적까지 막아주면서 양국은 우호가 깊어지게 되었다. 이에 반해 후백제에서는 궁창과 명권이 고려에 투항하는 사건이 발생했다.[11] 이들의 직함이나 거느리고 있는 세력은 언급되지 않았다. 그러한 점에 비추어 볼 때 개인적인 귀부로 보인다. 고려에서는 이들에게 전택(田宅)을 내려주면서 예우하였다.

922년과 923년에는 신라 지역의 호족들이 고려에 귀부하는 모습이 나타났다. 922년 6월에 하지현장군(下枝縣將軍) 원봉(元奉), 7월에는 명주장군(溟州將軍) 김순식(金順式) 그리고 11월에는 진보성(眞寶城) 성주 홍술(洪術)이 항복을 요청하였다.[12] 하지현 즉 하지성은 이후 순주성(順州城)으로 개칭되었는데 지금의 안동 지역에 소재한다. 명주는 지금의 강릉에 해당하며 본래 태봉의 영향권이었지만 왕건이 고려를 세우자 독립하였던 것으로 보인다. 그러나 이 시점에서 다시금 고려에게 귀부하였다. 진보성은 지금의 청송군 진보면에 해당한다. 즉 궁예의 구세력과 신라 영역에 속한 경상북도 북부 지역의 호족들이 고려에 귀부하면서 고려 영역은 확대되었다.

이 중에서도 진보성의 항복을 주목해 볼 필요가 있다. 진보성은 지금은 청송군에 해당하지만 신라시대에는 문소군 즉 지금의 의성군에 속하였다. 이에 대해서는 다음의 기록을 통해서 알 수 있다.

문소군은 원래 조문국을 경덕왕이 이름을 바꾼 것인데 지금의 의성부이다. 이 군에 속한 현은 4개이다. 진보현은 원래 칠파화현

---

11) 『高麗史』 권1, 太祖 4년 조. "百濟人宮昌明權等 來投賜田宅"
12) 『高麗史』 권1, 太祖 4년 조. "六月 丁巳 下枝縣將軍元奉來投 秋七月 戊戌 溟州將軍 順式遣子降附 冬十一月 辛巳 眞寶城主洪術 遣使請降 遣元尹王儒卿含弼等慰諭之"

이었는데 경덕왕이 이름을 바꿔 지금은 보성이다. 비옥현은 원래 아화옥현[병옥이라고도 한다]이었던 것을 경덕왕이 이름을 바꿨는데 지금도 그대로 부른다. 안현현은 원래 아시혜현[아을혜라고도 한다]이었던 것을 경덕왕이 이름을 바꾸었는데 지금의 안정현이다. 단밀현은 원래 무동미지현[갈동미지라고도 한다]이었던 것을 경덕왕이 이름을 바꾸었는데 지금도 그대로 부른다.[13)]

문소군의 존재는 중요한 의미를 갖는다. 바로 제1차 조물성 전투에서 문소군의 병력이 후백제 쪽으로 차출되었기 때문이다. 반면에 진보현의 치소인 진보성은 922년의 시점에 고려에 항복하였다. 즉 같은 문소군 내에서 후백제 쪽의 세력과 고려 쪽의 세력이 나뉘어져 있는 양상을 보였다. 이는 기록에는 보이지 않지만 후백제도 고려의 진출과 마찬가지로 활발하게 이루어졌음을 뜻한다. 이러한 항복이나 귀부 행렬은 923년에도 그대로 이어졌다. 3월에 명지성(경기도 포천)장군 성달이 고려에 귀부하였다. 8월에는 벽진군(경상북도 성주) 장군 양문이 고려에 자신의 조카 규환을 보내 항복하였다.

이렇듯 922년과 923년에는 크게 5곳의 세력이 고려에 귀부하였다. 이중 3곳이 지금의 경상북도라는 점은 주목된다. 즉 고려는 강주로 출병한 이후 신라 지역으로부터 민심을 얻었던 것이다. 이를 바탕으로 고려는 신라 조정과는 우호 관계를 유지하면서 세력을 확장해 나갔다. 크게 힘 들이지 않고 평화로운 방법으로 고려가 경상북도 지역을 잠식해 갔다. 후백

---

13) 『三國史記』 권34, 聞韶郡 條. "聞韶郡 本召文國 景德王改名 今義城府 領縣四 眞寶縣 本柒巴火縣 景德王改名 今甫城 比屋縣 本阿火屋縣[一云并屋] 景德王改名 今因之 安賢縣 本阿尸兮縣[一云阿乙兮] 景德王改名 今安定縣 單密縣 本武冬彌知[一云曷冬彌知] 景德王改名 今因之"

제는 이를 좌시할 수만은 없었다. 결국 후백제는 신라 지역에서 군사 행
동을 단행하게 되었으니 조물성 전투가 된다.

# 2. 제1차 조물성 전투

924년에 후백제는 당시 신라 영역이었던 조물성을 공격하였다. 그러자 고려는 다음에서 보듯이 즉각 구원군을 파견하였다.

동광 2년(924) 가을 7월에 진훤이 아들 수미강을 보내 대야문소 두 성의 군사를 동원하여 조물성을 공격하였다. 성안 사람들이 태조를 위하여 굳게 수비하면서 싸웠으므로 수미강이 실패하고 돌아갔다.[14]

가을 7월에 진훤이 아들 수미강(須彌康)과 양검(良劍) 등을 보내 조물군(曹物郡)을 공격하였다. 장군 애선(哀宣)·왕충(王忠) 등에게 명령하여 이를 구원하게 하였는데, 애선은 전사하였다. 고을 사람

---

14) 『三國史記』 권50, 甄萱傳. "同光二年秋七月 遣子須彌强 發大耶聞韶二城卒攻曹物城 城人爲太祖固守且戰 須彌强失利而歸"

들이 굳게 지키자 수미강 등이 이득을 잃고 돌아갔다.[15]

위의 두 기록은 『삼국사기』와 『고려사』에 각각 기술된 내용으로 제1차 조물성 전투의 상황을 간략하게 적시해 놓았다. 당시 진훤은 신라 지역에 대한 고려의 세력 확대에 대응하여 일종의 진출을 위한 교두보로서 조물성을 점령하고자 했다. 후백제는 모두 2차례에 걸쳐 조물성을 공격하였다. 조물성을 공격할 때 진훤은 대야성과 문소성 두 지역의 군사를 동원하였다는 점이다.

대야성은 후백제가 920년에 확보한 합천에 소재한 성이라고 하겠다. 문소성은 앞서 살펴보았듯이 지금의 의성군에 해당한다. 대야성과 문소성은 직선 거리만 해도 두 지역은 100㎞가 넘게 떨어져 있다. 오늘날 국도를 따라 이동하더라도 120㎞가 넘는 거리이다. 이 두 지역의 군대를 동시에 징발했다고 보기에는 아무래도 어려운 면이 있다. 후백제의 본진이 주둔한 대야성에서 문소성으로 이동하여 현지의 병력과 합세하여 조물성을 공격한 것으로 보인다.

대야성의 후백제군은 중간 통로에 소재한 즉 고령·성주·달성·칠곡·군위 등을 거쳐 갔다고 보아야 한다. 이곳에서 후백제군을 상대로 저항한 기록은 보이지 않는다. 비록 기록에는 보이지 않지만 후백제군은 이미 경상북도 서남부 지역에서 활발한 군사 활동을 전개했던 것 같다. 그 결과 이 곳의 호족들은 중립을 지키거나 고려에 귀부하기도 했을 것이다. 또한 후백제에 협조적이던 호족들도 분명 존재했을 것으로 보인다. 어쨌든 후백제의 지속적인 세력 확장은 신라는 물론이고 고려와의 이해에도 상충

---

15) 『高麗史』 권1, 太祖 7년 조. "七年 秋七月 甄萱遣子須彌康良劍等 來攻曹物郡 命將軍 哀宣王忠救之 哀宣戰死 郡人固守 須彌康等失利而歸"

되었다. 이러한 요인이 조물성 전투의 발발 배경으로 보겠다. 그러면 조물성은 어디에 소재하였을까?

조물군 즉 조물성의 위치에 대해서는 여러 견해가 제기되어 왔다. 선산의 금오산성설, 안동 부근설, 김천 조마면설, 안동과 상주 사이 설, 의성 금성설 등 지금까지 여러 견해가 제시되어 왔다.[16] 그러한 조물성은 의성으로 지목하는 게 타당하다. 『용비어천가』 49장에서 남양만 부근에 소재한 소홀도(召忽島)를 '죠콜셤'이라고 하여 '홀(忽)'을 '콜' 즉 '골'로 읽고, 아울러 '소(召)'를 '죠'로 발음한 사실이 시사적이다. 그렇다고 할 때 조물성은 죠문국[召文國]이 소재한 경상북도 의성 지역으로 비정된다. 그런데 이렇게 보면 문소성은 의성인 게 분명한 만큼 의성 지역(문소성)의 군대를 동원하여 의성(조물성)을 공격한 게 되는 모순이 발생한다. 이에 대해 문소성은 지금의 의성 안계평야 부근에 설치된 아시촌소경(阿尸村小京) 일대로 비정하고, 조물성은 탑리 방면의 금성산성으로 비정한다면 충돌이 되지 않는다. 탑리에는 조문국 시기의 대형 고분군이 산재해 있다.[17]

아시촌은 514년에 신라의 소경이 설치된 곳이다.[18] 아시촌소경은 지금의 의성군 안계면 일대에 해당한다. 이곳의 안계평야는 경상북도 지역에서는 보기 드문 넓은 농토가 펼쳐져 있다. 그랬기에 일찍이 소경이 설치되었을 뿐 아니라 후삼국시대에도 이곳에서 생산되는 곡물을 중요시했다고 볼 수 있다. 현지에서 군량을 보급 받아야 하는 후백제의 입장에서는

---

16) 류영철, 『高麗의 後三國 統一過程 硏究』, 景仁文化社, 2005, 76쪽.
   이러한 여러 견해들을 열거한 류영철은 조물군의 위치를 선산의 금오산성으로 지목했다.
17) 이도학, 『진훤이라 불러다오』, 푸른역사, 1998, 164쪽.
18) 『三國史記』 권4, 智證王 15년 조. "十五年 春正月 置小京於阿尸村 秋七月 徙六部及 南地人戶 充實之 王薨 諡曰智證 新羅諡法 始於此"

▲ 의성 안계평야

가장 먼저 확보해야 할 곳이었다. 그러므로 후백제는 안계평야 일대를 중심으로 경상북도 지역 진출의 거점으로 삼았다고 이해할 수 있다.

후백제의 진출로 인하여 지방에서 생산되는 농작물이 경주로 들어오지 못하는 상황이 발생하게 되었다. 물론 신라가 후백제를 제압하는 일은 역부족이었다. 후백제군이 경상북도 일대를 휩쓸기 시작하면서, 새롭게 손을 잡은 고려와의 연계도 쉽지 않았다. 후백제군은 경주로 곧바로 진격하지 않고 그 주변 일대를 장악하여 세력 하에 넣고자 했다. 그런 후에 후백제는 마지막으로 경주로 진격하여 신라를 정복하고자 했던 것이다. 후백제의 작전이 성공하려면 아시촌소경에서 동쪽으로 진격해야 하였다. 이러한 후백제의 움직임에 겁을 먹은 벽진군장군 양문은 자신의 세력 보존을 위해 고려에 귀부했다. 고려로서도 더 이상 후백제의 세력 확장을 좌시할 수 없었다. 결국 이러한 이해 관계가 맞물려서 양자가 조물성에서 부딪치게 되었다.

조문성으로도 불리는 조물성 즉 금성산성은 천험한 지역에 소재하였다. 의성군 금성면 수정리에 소재한 금성산성은 해발 530.1m의 금성산을 중심으로 축조되었다. 성벽은 용문정 서쪽 능선을 따라 금성산 정상과 동쪽으로 뻗은 능선 아래의 계곡을 건너 맞은편 산 정상과 능선으로 연결된다. 성벽은 대부분 허물어졌으나. 급경사지에는 토석혼축(土石混築)을 하였다. 경사가 완만한 능선에는 양 벽을 석축하고 가운데는 잡석을 채웠

다. 현재 남아 있는 성벽의 높이는 1m 내외이며 둘레는 4㎞ 정도이다.[19]

2013년 9월 13일에 금성산성을 답사하였을 때 현지의 안내판에는 금성산성을 조문산성(詔文山城) 또는 금학산성(金鶴山城)으로 부른다고 적혀 있었다. 성벽의 전체 둘레는 약 2,730m, 높이는 4m, 너비는 2~4m라고 했다. 촌로들의 이야기에 의하면 신라 문무왕 이전에 축성된 조문성이라고 전하며, 『의성현지(義城縣誌)』에 금성산 고성 안에 대궐유지와 우물 4개 소가 있었다고 기록되어

▲ 의성 금성산성(조물성) 성벽

있다고 한다. 이곳에서는 병마훈련장과 전망대 등이 있었다는 것이다. 지금은 나무가 우거져 시계가 좋은 편은 아니지만 주변을 관제하기에 적합한 장소였을 것으로 보인다. 이곳은 금성산 고분군(탑리와 대리 고분군)과 짝을 이루며 조문국 시절은 물론, 후삼국시대에도 중요하게 활용되었을 것으로 추측된다.

금성산성을 점령하면 안동·청송 지역으로 진출이 용이하게 된다. 진

---

19) 義城郡·大邱大學校 中央博物館, 『文化遺蹟分布地圖 : 義城郡』義城郡·大邱大學校 中央博物館, 2005, 286쪽.

▲ 의성 금성산 고분군

훤의 계획대로 경상북도 일대를 장악하여 경주에 대한 고립이 가능해진다. 따라서 진훤은 조물성을 반드시 점령하고자 했다. 그랬기에 자신이 가장 믿을 수 있는 아들을 보내어 전투를 치르게 하였다.

『고려사』에 보면 제1차 조물성 전투에서 활약한 진훤의 아들로 수미강과 양검이 보인다. 양검은 신검이 진훤을 축출할 당시 강주도독이었다. 양검은 진훤의 둘째 아들인 것이다.

그러면 진훤의 아들로 처음 등장하는 수미강은 누구일까? 『삼국사기』 진훤전에는 이 전투의 지휘자로서 수미강만 기록되어 있다. 그런데 『고려사』에는 수미강에 이어 둘째 아들 양검도 기재되어 있다. 기록 순서로 볼 때 수미강은 양검의 형인 신검일 가능성이 없지 않다. 그러나 이름에서 수미강과 신검은 유사점이 잡히지 않는다. 오히려 수미강은 금강일 가능성이 높다.

금강의 '금'은 우리말로 '쇠'가 되는데, '수미'로 표기된다. 이것을 입증해 주는 예가 있다. 고구려의 권신인 연개소문(淵蓋蘇文)을 개금(蓋金)으로 표기하기도 하는데, 이는 그 음독(音讀)과 훈독(訓讀)이 된다. 개소문의 '개'는 '개금'의 '개로', '소문'은 '금'으로 훈독되고 있는 것이다. 그러니까 '금'의 훈독인 '쇠'를 '소문'으로 표기하였음을 알게 된다. 이것을 뒷받침해 주는 게 『일본서기』의 기록이다. 여기에서는 연개소문을 '이리가수미 伊梨柯須彌'라고 표기하였는데, '이리'는 '연'에, '가'는 '개'에, '수미'는 '소문'

에 해당됨을 알 수 있다. '금'을 '소문' 혹은 '수미'로 읽었음이 확인된다. 그렇다고 할 때 수미강의 '수미'는 '금'의 훈독이요, '강'은 음독이라고 보여지므로 자연스럽게 '금강'이 되는 것이다.

금강이 전쟁을 지휘했음은 군사적 능력이 탁월했음을 뜻한다. 더구나 『고려사』에서처럼 둘째 아들인 양검보다 앞서 넷째 아들인 금강이 기록되었다면 사족을 불허하는 것이다. 이러한 추정은 금강이 키가 크고 지략이 많았다는 평가와 정확히 부합되고 있다. 체격이 장대하고 지략이 많았음은 군사적 능력의 탁발성을 웅변하고 있는 것이기 때문이다.[20]

금강의 이름이 양검의 앞에 배치되었다는 점은 금강의 군사적 능력이 양검보다 우위에 있었기 때문으로 볼 수 있다. 이는 진훤이 말년에 후대의 왕좌로 금강을 앉히려고 하였다는 점에서도 드러난다. 당시 넷째 아들 금강은 키가 크고 지략이 많았다고 되어 있는데, 이는 군사적으로 능력이 뛰어났다는 점으로 이해할 수 있으며, 때문에 조물성 전투에서도 지휘관으로서 활동했다고 볼 수 있다.

신라는 자신들의 고립을 막기 위해서라도 조물성을 넘겨줄 수 없었다. 고려로서도 더 이상 후백제의 진군을 원하지 않았기에 장군 애선과 왕충을 보내어 조물성을 구원하게 하였다. 당시 조물성은 신라 영역에 해당되지만 정확히는 독자적인 군대를 갖추고 있는 호족의 영역이었다. 조물성은 벽진군 장군 양문처럼 친고려계의 성향을 보였기 때문에 고려에서는 군대를 보내 구원해 주었다. 이때 전투는 치열하게 전개되었기에 고려 장군 애선이 전사하는 상황까지 빚어졌다. 그러나 성 내의 저항이 완강하고 성 밖의 고려 구원군이 후백제군을 협공하였다. 그러자 후백제군은 더 이상 버티지 못하고, 수미강과 양검은 퇴각하게 되었다.

---

20) 이도학, 『진훤이라 불러다오』, 푸른역사, 1998, 165~166쪽.

조물성 전투에 대한 자세한 상황은 다음과 같은 『고려사』 박수경전을 통해서 알 수 있다.

> 박수경은 평주 사람이니 부친은 대광위(大匡尉) 지윤(遲胤)이다. 박수경은 성품이 용감하고 권모 지략이 풍부하였다. 태조를 섬겨 원윤(元尹)으로 임명되었다. 백제가 가끔 신라를 침공하므로 태조가 박수경을 장군으로 임명하고 나가서 지키게 했다. 때마침 진훤이 재차 공격하여 왔으나 박수경은 곧 기묘한 계책으로써 격파하였다. 조물군(曹物郡) 싸움에서 태조는 군대를 3군으로 나누어 대상(大相) 제궁(帝弓)에게 상군(上軍)을 맡기고 원윤 왕충에게 중군(中軍)을 맡기고 박수경과 은녕(殷寧)에게 하군(下軍)을 맡겼던 바 전투에서는 오직 박수경 등만이 전승했다. 그러므로 태조가 기뻐서 그를 원보(元甫)로 승진시키니 박수경이 말하기를, "제 형 박수문(朴守文)이 현재 원윤으로 있는데 저의 품위가 형의 위로 올라가면 어찌 미안하지 않겠습니까"라고 하니 왕은 드디어 다 같이 원보로 임명하였다.[21]

박수경전에 따르면 제1차 조물성 전투 이전부터 후백제가 자주 신라를 공격하였다는 것이다. 이에 맞서 고려 또한 신라 지역에서 후백제를 막는 군대를 운용하였음을 알 수 있다. 제1차 조물성 전투에서 후백제의

---

21) 『高麗史』 권92, 朴守卿傳. "朴守卿平州人 父大匡尉遲胤 守卿性勇烈多權智 事太祖爲元尹 百濟數侵新羅 太祖命守卿爲將軍往鎭之值 甄萱再至 守卿輒以奇計敗之 曹物郡之戰 太祖部分三軍 以大相帝弓爲上軍 元尹王忠爲中軍 守卿殷寧爲下軍 及戰上軍中軍失利 守卿等獨戰勝 太祖喜陞元甫 守卿曰 臣兄守文見爲元尹而臣位 其上寧不自愧 遂幷爲元甫"

수미강과 양검에 맞서 고려는 애선과 왕충 외에 여러 장수들을 보냈다. 박수경전에는 제궁·왕충·박수경과 은녕 등의 이름은 보이지만 전사한 애선은 등장하지 않는다.

3군 가운데 가장 중심이 되는 군대가 중군이다. 왕충은 앞의 기록에서도 거명될 정도로 중요한 인물이었기 때문에 중군에 있었다. 애선 또한 중군에 있었던 것으로 보인다. 애선은 왕충 앞에 이름이 배치되었기에 본래 고려군을 지휘했던 장군으로 추측된다. 그러나 애선이 전사하여 왕충이 대신 군대를 지휘하였기에 박수경전에서는 애선의 존재가 누락된 것으로 보인다.

제1차 조물성 전투에서 박수경은 대활약을 펼쳤다. 상군과 중군이 모두 무너지고, 하군만 남은 상황에서 박수경은 끝까지 싸워 결국 후백제군을 격퇴시켰다. 다만 이 사실을 반대로 생각한다면 후백제의 전력 또한 고려가 감당하기 벅찰 정도로 강력했다고 생각해 볼 수 있다. 제1차 조물성 전투에서 처음으로 군대를 지휘한 애선이 죽임을 당한데다가 상군과 중군이 무너져 하군만 남게 되었다. 고려군은 하군의 활약으로 승리하기는 했지만 후백제군 못지않게 피해가 막심하였던 것으로 보인다.

참고로 당시 조물성 전투를 지휘한 애선을 경기도 하남 지역의 호족으로 지목하는 견해가 있다. 이 견해는 1999년부터 2002년까지 기전문화재연구원에서 4차에 걸쳐 발굴한 하남시 교산동 건물지에서 출토된 '애선백사(哀宣伯士)'라는 명문기와를 통해 알 수 있다고 한다. 또한 교산동 건물지 외에도 춘궁동 393-3번지와 항동 121-3번지에서도 '애선백사' 명문기와가 출토되었다.[22]

---

22) 이재범, 『高麗 建國期 社會動向 硏究』, 景仁文化社, 2010, 257~258쪽. 이재범에 의하면 伯士를 우두머리라고 할 수 있는 명망가들을 의미한다고 하였다.

그리고 고려군의 중군을 이끌었던 왕충의 존재는 이후의 기록에서도 나타난다. 928년의 기록에서 왕충의 출신을 명지성(命旨城)이라고 하였다. 진훤이 장군 관흔을 보내 양산에 성을 쌓게 하자 왕충이 군사를 거느리고 가서 관흔을 패주하게 했다는 기록이 있다. 왕건은 또한 왕충에게 조물성을 염탐하게 시켰다.[23] 명지성은 지금의 경기도 포천이다. 그러므로 당시 고려군은 주로 지금의 경기도 지역 호족의 군대를 조물성 전투에 참전시켰음을 알 수 있다.

제1차 조물성 전투에서 패배한 후백제군은 경상북도 일대로의 진출이 잠시 주춤거리게 되었다. 920년에 후백제군이 대야성을 함락하고 진례군까지 공격하였을 때였다. 당시 고려군이 구원군으로 와서 훼방을 놓은 것에 이어, 조물성에서도 유사한 상황이 벌어졌다. 그로 인해 더 이상 두 나라는 우호 관계를 유지하기는 힘들게 되었다. 이때부터는 표면적으로는 아직도 우호 관계를 보였지만 점차 대결 분위기로 전환하였다. 그럼에도 외교적 교류는 이어졌다. 다음에 보듯이 진훤이 절영도의 총마를 선물한 사건을 들 수 있다.

> 8월에 진훤이 사절을 파견하여 절영도(絶影島)의 총마 한 필을 바쳤다.[24]

위의 기사에서 특이한 점은 총마의 출신지인 절영도(부산 영도)를 굳이 명기해 놓았다는 점이다. 진훤은 이곳의 좋은 말을 왕건에게 보내주면서

---

23) 『高麗史』 권1, 太祖 11년 조. "八月 幸忠州 甄萱使將軍官昕城陽山 王遣命旨城元甫王忠. 率兵擊走之 官昕退保大良城 縱軍芟取大木郡禾稼 遂分屯烏於谷 竹嶺路塞 命王忠等 往諜于曹物城"
24) 『高麗史』 권1, 太祖 7년 조. "八月 甄萱遣使來獻 絶影島驄馬一匹"

유화적인 태도를 취한 것이다. 그러나 그 속내는 달랐다. 단순히 유화적인 모습을 보여주기 위하여 총마 한 필을 보낸 것으로 보기에는 절영도라는 위치가 걸린다. 절영도는 신라 영역 동남쪽 끝에 자리 잡은 섬이다. 이곳의 명마를 진훤이 차지하였다는 것은 절영도까지 후백제의 힘이 미친다는 것을 가리킨다. 즉 진훤이 총마를 왕건에게 선물한 것은 후백제의 강성함을 고려에게 알려주고자 한 것이다. 이는 과거에 진훤이 공작선과 죽전을 왕건에게 선물한 것과 동일한 성격을 지녔다. 그럼으로써 왕건의 향후 행동에 대한 경고 의미가 담겼다고 해석된다.

# 3. 제2차 조물성 전투

925년에도 호족들의 고려로의 귀부 행렬은 이어졌다. 925년 9월에 발해의 장군과 왕족들이 고려로 귀부하였다. 이는 발해의 멸망으로 인한 것이었다. 고려는 남부 전선은 물론이고 북방의 거란이나 말갈과의 관계에도 신경을 써야 하는 처지에 놓였다. 신라 지역에서의 귀부도 이어졌다. 매조성 장군 능현이 귀부를 요청하였고, 10월에는 고울부(경상북도 영천시 임고면) 장군 능문이 군사를 이끌고 와서 투항하였다. 왕건은 고울부성의 항복을 받아주지 않았다. 그 이유는 왕도인 경주에서 가깝기 때문이었다.[25] 왕건은 아예 능문의 귀부를 거절하지는 않았다. 능문의 부하들이 개경에 계속 남도록 하였기 때문이다. 이는 표면상 신라와의 관계 유지 때문에 고울부까지 고려가 차지할 수 없다는 점을 보여주는 태도였다. 실

---

25) 『高麗史』 권1, 太祖 8년 조. "甲寅 買曹城將軍能玄 遣使乞降 冬十月 己巳 高鬱府將軍能文 奉士卒來投 以其城近新羅王都勞慰 遣還唯留麾下 侍郎盃近大監明才相述弓式等"

제로는 고울부의 귀부를 받아들이고 능문의 부하들을 통하여 고울부를
제어하고자 한 것이었다.

이렇듯 고려는 주변으로 세력을 끊임 없이 확장하고 있었다. 후백제
또한 방관하지만은 않았다. 후백제는 진훤이 몸소 조물성으로 친정을 단
행했다. 이러한 정보는 왕건의 귀에도 들어갔다. 이에 대응하여 왕건 또
한 직접 출진하기로 결정하였다. 다만 그는 진훤을 이기기 위하여 다음과
같은 양동작전을 펼쳤다.

> 8년에 정서대장군(征西大將軍)으로 임명되어 백제 연산진을 공
> 격하여 장군 길환을 죽였으며 또 임존군(任存郡)을 공격하여 3천
> 여 명을 살상하고 포로로 삼았다.[26]

제2차 조물성 전투가 일어나기 전, 유검필이 이끄는 군대는 후백제의
연산진(충청북도 청주시 문의면)과 임존군(충청남도 예산군 대흥면)을 공격하
였다. 유검필은 연산진과 임존성을 공격함으로써 후백제군의 방비를 분
산시키려고 했다. 이곳에 대한 방비를 강화하기 위해서 진훤이 본군을 나
누어 서부전선으로 군대를 보내면 왕건이 동부전선에서 보다 손쉽게 진
훤을 제압할 수 있을 것이라는 계산이었다.

그러나 왕건에게 있어서 진훤은 결코 만만한 상대가 아니었다. 애초에
왕건이 양동작전을 구사한 것 또한 진훤의 무서움을 잘 알고 있었기 때문
이었을 것이다. 그러면 제2차 조물성 전투에 대한 다음의 기사를 보도록
한다.

---

26) 『高麗史』 권92, 庾黔弼傳. "八年 爲征西大將軍 攻百濟燕山鎭 殺將軍吉奐 又攻任存
郡 殺獲三千餘人"

3년(925) 겨울 10월에 진훤이 기병 3천을 거느리고 조물성에 이르렀으므로 태조도 정예 군사를 거느리고 와서 서로 겨루게 되었다. 그러나 당시 진훤의 군사가 매우 강성하여 승부를 내지 못하였다. 태조가 임시로 평화를 유지하는 술책으로써 진훤의 군사를 피곤케 하고자 글을 보내 화친을 청하고 당제 왕신을 인질로 보냈다. 진훤도 그의 외생 진호를 보내 인질을 교환하였다.[27]

을해일에 왕이 친히 군사를 거느리고 조물군에서 진훤과 교전하였는데 유검필이 자기 군사를 끌고 와서 응원하였다. 진훤이 겁이 나서 화친하기를 청하고 외생 진호(眞虎)를 인질로 보내왔으므로 왕도 자기의 사촌 동생인 원윤 왕신(王信)을 인질로 보냈다. 왕은 진훤의 나이가 자기보다 10년 맏이라 하여 그를 상보(尙父)라고 불렀다.[28]

진훤은 조물성에 3천 명의 군사를 이끌고 왔다. 왕건 또한 이에 대적하기 위해 직접 군사를 이끌고 온 것이다. 왕건은 조물성을 끼고 진훤과 싸우는 형국이었다. 조물성은 앞서 살펴보았듯이 고려가 후백제를 무찌른 장소이기도 했다. 게다가 전쟁 직전 고려군은 유검필을 시켜 후백제의 서부전선을 공격하여 방어를 분산시키기까지 하였다. 또한 신라는 고려군에게 우호적이었기에 주변 호족들도 왕건을 돕고 있는 상황이었다. 왕건은 충분히 이길 수 있는 싸움이라고 생각했으므로 전쟁에 임하였다. 그

---

27) 『三國史記』 권50, 甄萱傳. "三年冬十月 萱率三千騎 至曹物城 太祖亦以精兵來 與之确 時萱兵銳甚 未決勝否 太祖欲權和以勞其師 移書乞和 以堂弟王信爲質 萱亦以外甥眞虎交質"

28) 『高麗史』 권1, 太祖 8년 조. "乙亥 王自將及甄萱戰于曹物郡黔弼引兵來會萱懼乞和以外甥眞虎爲質 王亦以堂弟元尹王信交質以萱十年 之長稱爲尙父"

러나 막상 뚜껑을 열어보니 진훤이 이끄는 후백제군의 힘은 기존의 계산을 뛰어 넘었다.

왕건은 정예 병력을 거느리고 내려온데다가 여러 가지 상황도 고려에 유리하였다. 그러나 수많은 싸움을 거쳐온 후백제 군대의 중심에 진훤이 있었다. 진훤의 지도력은 후백제에서도 가위 절대적이었다. 후백제의 충성스러운 정예군은 고려군을 격파하기 시작하였다. 기록에서는 진훤의 군사가 매우 강성하여 승부를 내지 못하였다고 적혀 있다. 이는 후백제군이 오히려 고려군을 압도하였음을 뜻한다. 다음에서 보듯이 왕건은 급히 유검필에게 전령을 보내어 지원을 요청하였다.

> 태조가 진훤과 조물군에서 전투할 때 진훤의 군대가 매우 정예
> 로워서 좀처럼 승부를 결정하지 못하였다. 태조는 적군의 피로를
> 기다리려고 하였는데 유검필이 군대를 거느리고 와서 합쳤으므로
> 군대의 기세가 크게 떨쳤다. 진훤이 겁이 나서 화친을 청하니 태
> 조가 그것을 허락하고 진훤을 병영으로 불러다가 일을 의논하려
> 고 하니 유검필이 간하기를, "사람의 마음이란 알기 어려운데 어
> 찌 경솔히 적과 접근하겠습니까?"라고 하니 태조는 그만 두었으
> 며 인하여 말하기를, "그대가 연산과 임존을 격파한 전공이 적지
> 않으니 국가가 안정될 때를 기다려 응당 그대의 공을 표창할 것이
> 다"라고 하였다.[29]

---

29) 『高麗史』 권92, 庾黔弼傳. "太祖與甄萱 戰於曹物郡 萱兵銳甚未決勝負 太祖欲與相持
以老其師 黔弼引兵來會兵勢大振 萱懼乞和太祖許之欲召 萱至營論事 黔弼諫曰 人心
難知豈可輕與敵相狎 太祖乃止仍謂曰 卿破燕山任存功旣不細待國家安定當策卿功"

206 · 후삼국시대 전쟁 연구

제2차 조물성 전투 초반에 왕건은 진훤의 후백제군과 맞서 싸웠지만 역부족임을 느꼈다. 그는 유검필의 지원군이 올 때까지 기다렸다. 이에 대해 『고려사』에서는 왕건이 영민한 작전으로 진훤을 상대한 것처럼 묘사해 놓았으나 실상은 그렇지 않았다. 고려군은 후백제

▲ 유검필 장군 영정

군에 밀리고 있었다. 오직 유검필이 오면 망치와 모루처럼 진훤의 군대를 제압하고자 하였다. 그러나 이러한 작전은 제대로 성사되지 못하였다.

왕건의 군대는 유검필의 합류로 사기가 좀 더 진작되기는 하였다. 그러나 이러한 사기가 장기적으로 유지된다는 보장은 없었다. 조물성 주변이 아무리 고려에 협조적이라고 하더라도 당시 상황에서는 외지에 속했다. 승산이 확실하지 않는 전투는 빨리 종료하는 게 양군에게 이득이었다. 그렇기 때문에 왕건은 조물성 전투를 끝내고자 하였다.

『삼국사기』와 『삼국유사』에서는 왕건 측에서 화친을 요청했다. 이에 반해 『고려사』와 『고려사절요』는 진훤 측에서 화친을 요청한 것으로 적혀 있다. 전자의 경우 진훤의 군세가 강하였기 때문에 왕건이 화친을 요청하였다고 한다. 후자의 경우 유검필의 등장으로 고려군이 우위에 섰기에 진훤이 화친을 요청하였다고 기록하였다. 전반적인 상황을 볼 때 화친을 요청한 이는 왕건으로 생각된다. 이는 왕건이 그때 진훤을 상보(尚父)로 불렀다는 사실을 통해서 추정할 수 있다. 기록에서는 10살 정도의 연령차 때

문이라고 하였다. 그러나 우세한 상황이었다면 굳이 이러한 립(Lip)서비스를 할 필요는 없었다. 오히려 상황이 불리하였고 진훤을 무마시키기 위하여 그만한 대우를 한 것으로 보인다.

이로써 양측은 서로의 인질을 맞교환하였다. 진훤은 외생(外甥) 진호를, 왕건은 당제(堂弟) 왕신을 각각 보냈다. 왕신은 당시 원윤이라는 관직에 있었다. 진호에 대해서는 별다른 언급이 없다. 그러니 왕건 쪽에서 좀 더 성의를 보인 것으로 생각할 수 있다.

당시 조물성 전투에서 화친을 논의할 때 왕건의 진영에서 논의를 하자는 의견이 제기되었다. 그러나 유검필은 이를 막았다. 아군의 본진에서 적장을 끌어들인다는 점은 진훤에게 위해를 가함으로써 상황을 유리하게 전개시킬 수도 있었다. 또한 아군의 위엄을 적에게 보여줌으로써 상대방을 위축시킬 수도 있는 좋은 환경이었다. 그럼에도 불구하고 왕건의 진영에 진훤을 불러들이지 않은 데는 그 만한 이유가 있었기 때문일 것이다.

진훤이 회담을 하기 위해 왕건 진영으로 온다면 단신으로 가지는 않을 것이다. 진훤 또한 혹시 모를 상황에 대비하여 자신을 호위하는 부대를 이끌고 오는 게 자연스럽다. 이 과정에서 자연스럽게 고려 군영의 상황을 볼 수 있게 된다. 혹은 날랜 군사들을 다수 데리고 와서 안팎으로 호응하여 조물성의 성문을 여는 상황이 전개될 수도 있었다. 유검필은 거기까지 생각이 미쳤기에 진훤의 입성에 대해 부정적인 의견을 피력한 것으로 보인다.

이러한 유검필의 생각을 곱씹어보면 당시 고려의 상황을 유추해 볼 수 있다. 고려는 당시 후백제와의 전쟁에서 불리한 국면이었다. 자신들의 영채를 보여주는 것이 도리어 손해라고 판단하였다. 또한 자신의 진영에서도 후백제의 정예 병력을 제어할 수 있는 능력이 현실적으로 부족하다고 판단했기 때문에 진훤의 진입을 막은 것이었다. 마치 한고조 유방이 백등산 전투에서 흉노의 묵특선우에게 곤경에 빠졌던 것과 비슷한 상황으로 볼 수 있다. 왕건은 유방과 마찬가지로 협상을 통해 겨우 조물성에서 벗어나게 되었다.

진훤은 고려의 요청을 받아들여 화친하게 되었다. 진훤 또한 적지에 너무 깊숙히 들어온 상황인데다가 험준한 조물성을 무조건 차지하리라고 확신하기는 어려웠다. 그리고 고려가 스스로 고개를 숙이고 오는 상황에서 그들의 요청을 무조건 배척할 명분도 없었다. 오히려 여유롭게 그들의 요청을 들어줌으로써 빚을 만들고 대응해 나가는 게 후백제로서는 실리라는 판단을 한 것 같다.

지금까지의 분석과는 달리 진훤측에서 먼저 화친을 요청하였다고 보는 견해도 있다.[30] 그러한 근거로서는 928년에 왕건이 진훤에게 보낸 다음과 같은 국서의 내용을 근거로 하였다.

> 을유년(925년) 10월에 와서 갑자기 사단을 일으켜서 곧 싸우게 되었는데, 족하가 처음에는 적(敵)을 업신여겨 바로 전진하니 마치 연가시[螳螂]가 수레바퀴를 막는 거와 같더니, 끝내는 어려움을 알고는 급히 물러감이 모기가 산을 진 거와 같았으니, 공손히 사죄를 하고 하늘을 가리켜 맹세하기를, "오늘부터는 영원히 화목하겠지만 만일 맹약을 위반한다면 신(神)이 벌을 주겠다"고 하였으니, 나 역시 싸우지 않는 무위(武威)를 숭상하고, 죽이지 않는 인(仁)을 기하여 드디어 겹겹의 포위를 풀어 지친 군졸들을 쉬게 하며, 볼모마저 사양하지 않고 다만 백성만을 편안하게 하려 하였으

30) 류영철, 『高麗의 後三國 統一過程 硏究』, 景仁文化社, 2005, 85~86쪽 ; 김갑동, 『고려의 후삼국 통일과 후백제』, 서경문화사, 2010, 37~38쪽.

니, 이것은 내가 남인(南人: 후백제인)들에게 큰 덕을 베푼 것이라 하겠거늘, 어찌 맹세한 피[歃血]가 마르기도 전에 못된 버릇이 다시 발작하여 벌과 전갈과 같은 독(毒)으로 생령(生靈; 백성)을 침해하고…[31]

위의 기록이 작성된 시점은 공산 전투에서 참패하고서 진훤으로부터 국서를 받은 직후의 일이었다. 때문에 위의 글에서는 후백제의 격문(檄文)에 반박하는 내용을 싣고 있으며 실제 상황보다 고려에게 유리한 방향으로 글을 전개하기도 했다. 이를테면 공산 전투에서 후백제군이 고려군의 깃발만 보고 도망갔다는 식의 서술을 예로 들 수 있다.[32] 즉 고려의 의도와 편견이 들어간 국서인 것이다. 그러므로 이를 토대로 역사적 사실을 주장하기에는 무리가 있다고 판단된다. 이제는 다음의 기사를 보도록 한다.

신라왕이 이 소식을 듣고 사절을 파견하여 말하기를, "진훤은 반복(反復)과 속임이 많아 화친할 사람이 못 된다"고 하였다. 왕이 그 말을 그렇다고 했다.[33]

신라에서는 이러한 고려의 행동에 대해 아쉬움을 노골적으로 표출하

31) 『高麗史』 권1, 太祖 10년 조. "及至酉年維時陽月 忽焉生事至於交兵 足下始輕敵 以直前若螗蜋之拒轍 終知難而勇退如蚊子之負山 拱手陳辭指天作誓 今日之後永世歡和 苟或渝盟神其殛矣 僕亦尙止戈之武期不殺之仁 遂解重圍以休疲卒不辭質子但欲安民 此則我有大德於南人也"
32) 『高麗史』 권1, 太祖 10년 조. "桐藪望旗而潰散"
33) 『高麗史』 권1, 太祖 8년 조. "新羅王聞之遣使曰 萱反復多詐不可和親 王然之"

였다. 고려의 군대가 자신들을 구원해줄 것으로 믿었던 신라군은 막상 조물성 전투에서 고려가 불리한 상황에 놓이게 된 것을 보자 안심하지 못하게 되었다. 조물성을 비롯한 경상북도 일대가 후백제의 손에 넘어가게 된다면 경주가 고립되는 상황이 발생할 수 있었다. 때문에 신라는 지속적으로 고려에게 진훤과의 싸움을 부추기는 모습을 보였다.

신라는 고려에 사신을 보내어 진훤은 믿을 수 없는 사람이라고 말하며 화친에 대해 부정적인 입장을 보였다. 고려는 신라에게 동의한다는 대답을 하였지만, 후백제와의 화친은 계속 유지할 수밖에 없었다. 후백제 세력은 막강하였다. 특히 진훤은 웅강한 모습으로 고려군을 위협했다. 그렇기 때문에 고려로서는 좀 더 힘을 쌓아 대응해 나가야 할 형편이었다.

# 4. 조물성 전투 이후의 전황

　진훤과 왕건은 각자의 군대를 이끌고 조물성에서 철군하였다. 표면적으로는 비긴 승부였다. 그렇지만 사실상 진훤의 승리라고 할 수 있다. 조물성을 얻지는 못하였지만, 그 이전까지의 영역은 고스란히 후백제의 영역이 되었다. 게다가 당분간 고려가 공격하기는 어려운 상황이 되었기 때문이다. 고려로서도 역부족으로 인하여 후백제의 경상북도 지역 공격에 큰 영향력을 행사하지 못하게 되었다.

　진훤은 조물성 전투가 끝난 12월에 다음에서 보듯이 거창(居昌) 등 20여 성을 일제히 공격하여 함락시켰다.

　　　거창(居昌) 등 20여 성을 공취하였다.[34]

　『삼국유사』에서는 '거창'이 아닌 '거서(居西)'로 표기하고는 그 위치를

---

34) 『三國史記』 권50, 甄萱傳. "攻取居昌等二十餘城"

알 수 없다고 했지만[35] 오각(誤刻)으로 간주된다. 거창(경상남도 거창)은 대야성에 인접해 있다. 대야성을 확보한 시점에서 거창 등을 공격한 게 아니었다. 조물성 전투가 끝나고 나서 거창 등 20여 성을 후백제가 확보하였는 지에 대해서는 의심스러운 점이 있다. 그렇지만 조물성 전투 이후 후백제는 경상북도 일대로의 진출을 위해 낙동강유역을 점거하고 거창까지 이르렀다고 볼 수 있다. 즉 후백제는 이 지역의 지배권을 확고하게 다지고 싶었기에 더 많은 지역을 점령하였던 것이다.

거창 등 20여 성을 공격하여 함락시킨 기록은 『삼국사기』에서만 보인다. 『고려사』나 『고려사절요』에서는 관련 기사가 보이지 않는다. 이는 고려와 직접적으로 연관되지 않은 기록이어서 그럴 수도 있다. 조물성 전투 이후 진훤은 자신감을 가졌던 것으로 보인다. 진훤은 바로 후당에 사신을 보냈다.[36] 후백제는 당시 활발한 외교정책을 펼쳤기에 국제적으로 권위를 인정받았다. 진훤의 관작(官爵)을 보면 전주·무주·공주의 존재가 보인다. 이는 완산주·무진주·웅주를 가리키는 것으로서 후백제가 차지한 주요 영역을 가리킨다. 당시 후백제는 과거 백제 영역의 상당한 지역을 회복했다. 웅진성(공주)이나 사비성(부여) 도읍기의 백제 영역을 거의 회복한 것이나 진배 없었다. 여기서 나아가 후백제는 신라 영역까지 점유하면서 전성기에 접어들고 있었다. 그런데 다음의 기사에서 보듯이 상황이 급변하였다.

여름 4월 경진일에 진훤이 보낸 인질 진호가 병으로 죽었다. 왕

---

35) 『三國遺事』 권2, 後百濟 甄萱 條. "十二月攻取居西[今未詳]等二十餘城"
36) 『三國史記』 권50, 甄萱傳. "遣使入後唐稱藩 唐策授檢校太尉兼侍中判百濟軍事 依前持節都督全武公等州軍事 行全州刺史海東西面都統指揮兵馬制置等事百濟王 食邑二千五百戶"

이 시랑 익훤(弋萱)을 시켜 그 시신을 보내 주었더니 진훤은 우리
가 그를 죽인 것으로 생각하여 우리가 보낸 인질 왕신을 죽이고
웅진 방면으로 진격하여 왔다. 왕은 여러 성들에 명령하여 성을
고수하고 나와 싸우지 못하게 하였다.[37]

926년 4월, 진훤에게 갑작스런 급보가 전해졌다. 이와 더불어 고려의
시랑 익훤(弋萱)이 그 상(喪)을 호송(護送)하면서 후백제로 왔다. 시랑은
차관급이므로 상당히 예우했음을 뜻한다. 갑작스럽게 죽은 진훤 생질의
시신을 후백제에 보냄으로써 고려는 나름대로 성의를 다하는 모습을 보
였다. 그러나 인질의 사망은 전쟁을 시작할 수 있는 좋은 명분거리이기도
했다. 『고려사』에는 이 때문에 진훤이 고려의 인질인 왕신을 죽였다고 하
였다. 그러나 『삼국사기』에는 이에 대해 조금 다르게 적혀 있다. 왕신을
곧바로 죽인 게 아니라 일단 옥에 가두었다.[38] 사실 여부와는 상관없이
진훤은 진호의 죽음을 의심하였고 고려에 불쾌감을 드러내었다. 왕신을
당장 죽이지 않고 옥에 가두었더라도 머지 않아 죽이거나 죽게 하였을 것
으로 추측된다. 고려와 후백제의 우호 관계는 더 이상 지속되기 어렵게
되었다. 서로의 인질이 죽음으로써 다시금 전쟁이 시작되었다.

진훤은 왕신을 옥에 가두고 나서 얼마 되지 않아 죽였다. 그리고 927
년 정월에 진훤은 왕신의 시신을 고려로 보냈다. 왕신의 아우인 왕육이
시신을 거두었다.[39] 이로써 양국의 인질은 더 이상 상대방의 나라에 존재
하지 않았다. 어쨌든 진호의 사인(死因)은 베일에 싸여 있다. '병사'라고

---

37) 『高麗史』 권1, 太祖 9년 조. "九年 夏四月 庚辰 甄萱質子眞虎病死 遣侍郎弋萱 送其
喪 甄萱謂我殺之殺王信 進軍熊津 王命諸城堅壁不出"
38) 『三國史記』 권50, 甄萱傳. "四年眞虎暴卒 萱聞之 疑故殺 卽囚王信獄中"
39) 『高麗史』 권1, 太祖 10년 조. "乙丑 甄萱送王信之喪 遣信弟育迎之"

하는 말은, 진훤이 일부러 병약한 생질을 볼모로 보내어 그가 사망하면 공격의 빌미로 삼고자 했던 것인가? 그러나 그 사망 원인이 승자인 고려가 남긴 기록에 납득하게끔 기록되지 않았다. 이로 볼 때, 모종의 불상사가 게재되었을 혐의를 배제하기 어렵게 한다. 실제로 진훤이 화친 약속을 어기고 경상북도 일대를 유린한 관계로, 고려 측에서 보복 살해한 것으로 간주하는 시각도 있다.

왕건이 일부러 진호를 죽였을 가능성도 고려는 해 보아야 한다. 그러나 이러한 상정은 이후의 상황과 잘 연계되지 않는다. 제2차 조물성 전투에서 사실상 패배한 왕건이 굳이 반년 정도 지난 시점에 전쟁의 빌미를 제공해야 할 이유가 분명하지 않기 때문이다. 오히려 진호를 살해한 이는 진훤일 가능성도 있다. 진훤은 병법에 능하였고 다양한 계략으로 후삼국 시대의 전쟁을 주도해 나갔다. 진호는 진훤의 직계 혈육도 아닌 생질인데다가 전시(戰時)에는 작은 희생을 통해 큰 이득을 추구할 수 있었다. 진훤은 화친을 오래 끌고 싶은 생각이 없었기에 병약한 진호를 인질로 보내어 오래 버티지 못하고 곧 사망하게 하였을 수도 있다. 혹은 자객을 보내 죽게 만들고는 책임을 고려에 뒤집어 씌운 다음 선전 포고를 하였을 가능성이다. 실제 후백제군이 웅진 지역으로 공격해 들어간 사실을 볼 때 가능성이 있어 보인다.

혹은 조금 엉뚱하지만 아자개의 소행일 가능성도 있다. 상주의 아자개는 진훤의 아버지이면서 왕건에게 항복한 독특한 전력을 가졌다. 아자개가 왕건에게 귀부하고 난 이후의 행적은 알려져 있지 않지만, 애초에 진훤과 불화하였던 것은 사실로 보인다. 또한 고령이었기에 더 이상 상주에 남아 있지 못하고 개경에서 편하게 여생을 보냈을 수도 있다. 진호는 외지에서 의지할 사람이 별로 없기에 혈연적으로 관계가 있는 아자개나 그 가족들과 교류하였을 것으로 보인다. 그러나 진훤에게 불만이 있던 아자개는 고려와 후백제가 우호 관계를 맺은 것에 대해서도 부정적으로 생각하였다면, 진호를 대신 죽여서 고려와 후백제가 다시 전쟁을 시작하게 하는 등 진훤에 대해 개인적인 감정의 결과일 수도 있다.

진훤은 즉시 군대를 모아 웅진으로 진격해 들어갔다. 그러자 왕건은 여러 성에 명령을 내려 "성벽을 굳게 지키고 나와 싸우지 말라"고 당부했다. 고려군이 몰리는 상황이었다. 답답하였던지 신라의 경애왕이 사신을 왕건에게 보냈다. 경애왕은 "진훤이 맹약을 어기고 군대를 일으켰으니 하늘이 반드시 도우지 않을 것입니다. 만약에 대왕께서 한 번 전고(戰鼓)를 울리는 위세를 떨치기만 하면 진훤은 반드시 저절로 패배할 것입니다"[40]고 말하였다. 왕건은 신라 사신에게 "내가 진훤을 두려워하는 것이 아니요, 악(惡)이 차서 스스로 쓰러질 것을 기다릴 뿐이다"고 답하였다. 그러나 이 말은 상투적인 언사에서 크게 벗어나지 않았다. 왕건은 기실 진훤을 두려워하였고, 자극하지 않기 위해 애써 싸움을 피하고 있었던 것이다. 신라는 고려가 지속적으로 후백제를 공격하고 압박하기를 바랐다. 그런데 왕건이 정작 후백제군을 공격하는 것을 못하게 하자 신라로서는 답답해 하였다. 이에 사신을 보내어 싸움을 종용했지만 왕건은 쉽게 움직이지 않았다. 아직 때가 아니고 자신의 힘이 부족하다는 것을 알고 있었기 때문이었다. 그 때문에 다른 핑계를 대었지만 구차한 느낌을 준다.

신라 사신은 진훤이 맹약을 위반하였다고 했다. 후백제가 맹약을 어겼다는 명분이 확보되었으니 어서 빨리 후백제를 공격하라는 뜻에서 이야기를 꺼낸 것이다. 이러한 신라 경애왕의 요청은 후백제에도 소식이 넘겨졌을 것으로 보인다. 백제 개로왕이 북위에 사신을 보내 고구려를 공격하

---

40) 『高麗史』 권1, 太祖 9년 조. "新羅王遣使曰 甄萱違盟擧兵 天必不祐 若大王奮一鼓之威 萱必自敗 王謂使者曰 吾非畏萱俟 惡盈而自僵耳"

라고 종용한 바 있다. 신라도 비슷한 행동을 하였다. 그리고 그 결과는 역사적 사실로도 알 수 있듯이 개로왕은 장수왕에게 목숨을 잃게 된다. 후백제는 이 사건으로 인하여 신라 경애왕에게 강한 적개심을 품게 되었다. 그동안 경주로 진격해 들어가지는 않았지만, 이 사건을 계기로 진훤은 신라의 친고려 정권을 무너뜨려야겠다고 결심한 것으로 보인다. 다음은 절영도의 총마 반환에 관한 건이다.

진훤은 "절영도의 명마가 고려로 가면 백제가 멸망한다"고 하는 도참을 들었었는데 이때에 와서 전일 고려에 말을 선사한 것이 후회되어 사람을 시켜 그 말을 돌려보내 줄 것을 청하였다. 왕이 웃으면서 그것을 허락하였다.[41]

당시 후백제에서는 절영도의 총마에 대한 도참이 퍼져 있었다. 사람들에게 널리 퍼져가는 이야기였기에 그대로 방관할 수 없었다. 진훤은 궁색하지만 왕건에게 사신을 보내어 도로 절영도의 총마를 내어줄 것을 요청했다. 왕건은 이를 웃으면서 허락했다고 한다. 전체적으로 기록에서는 왕건의 도량과 여유가 느껴지도록 서술되었다. 사실 이러한 기록은 왕건이 진훤에게 밀리고 있지 않다는 점을 강조하기 위한 목적으로 보인다.

여기서 절영도의 총마에 대한 도참도 생각해 볼 필요가 있다. 이러한 도참은 자연적으로 발생하는 것이 아니라 누군가 의도적으로 도참을 퍼뜨렸을 가능성이다. 그러므로 도참을 퍼뜨린 대상은 고려로 생각할 수 있다. 이와 비슷한 예로 918년 3월에 중국 상인 왕창근이 얻은 거울에 대한

---

41) 『高麗史』권1, 太祖 9년 조. "萱聞讖云 絶影名馬 至百濟亡 至是悔之使人請還其馬 王笑而許之"

이야기가 상기된다. 왕창근은 저자 거리에서 한 노인을 만났다. 그 노인은 사방이 1척 정도 되는 거울을 들고 있었다. 왕창근은 이를 쌀 2말로 샀다.[42] 이 거울에는 147자의 글씨가 적혀 있었다. 왕창근은 이 거울을 궁예에게 바쳤다. 궁예는 송사홍·백탁·허원에게 글씨를 해석하게 시켰다. 송사홍 등은 글자를 해석한 후 궁예가 멸망하고 왕건이 삼국을 통일할 듯이라는 것을 알아차렸다. 그러자 거짓으로 궁예에게 알렸다.

이 이야기의 사실 여부를 떠나 후삼국시대에는 다양한 도참들이 있었고, 정치가들은 이러한 도참을 이용하였다. 왕창근 이야기는 왕건이 권력을 잡고 난 이후의 이야기일 수도 있겠지만 당시 실제 존재했을 수도 있다. 그렇다면 왕창근의 거울은 왕건이나 왕건을 지지하는 세력이 꾸며낸 이야기로 보인다. 절영도의 총마도 이와 비슷하게 고려 측에서 이야기를 꾸며내어 후백제의 백성들에게 퍼뜨렸을 가능성이 있다. 백성들이야 양국 간에 어떠한 물자가 오갔는지 구체적으로 알지는 못한다. 그러나 자국에 부정적인 이야기라면 민감하게 반응할 수도 있었다. 진훤은 이러한 민심을 읽었기 때문에 궁색함을 무릅쓰고 절영도의 총마에 대한 반환을 요구한 것이다.

이와 관련해 『성호전집』에서는 '절영마가(絕影馬歌)'라는 시를 수록했다. 이 '절영마가'에서는 후삼국시대에 절영의 총마 도참과 관련된 설화를 인용해 놓았다. 그러면서 후백제의 멸망이 절영의 총마 때문이 아니라 자멸이라는 결론을 내렸다. '절영마가'의 내용은 다음과 같다.

---

42) 『高麗史』 권1, 太祖(貞明 四年 條). "貞明四年 三月 唐商客王昌瑾 忽於市中 見一人狀貌瓌偉鬚髮皓白頭戴古冠被居士服 左手持三隻梡 右手擎一面古鏡方一尺 詐謂昌瑾曰 能買我鏡乎 昌瑾以二斗米買之鏡 主將米沿路散與乞兒而去疾如旋風 昌瑾懸其鏡於市壁日光斜映隱隱有細字可讀"

| | |
|---|---|
| 바다 안에 산이 있어 그 이름이 절영이라 | 洋中有山名絕影 |
| 운무가 자욱하니 용성이 정기를 내렸다네 | 雲霧晦冥龍降精 |
| 이때는 바야흐로 병록의 운수를 만난 때라 | 是時方值丙鹿運 |
| 녹도와 적부가 다투어 바쳐졌네 | 錄圖赤符爭來呈 |
| 진훤 같은 어린애가 군병을 훔쳐 놀았지만 | 甄萱小兒盜弄兵 |
| 흥망의 형세 판가름 나 하늘 뜻이 분명했네 | 興亡勢判天心明 |
| 완산의 사신이 준마를 이끌고서 | 完山使者牽駿骨 |
| 남쪽 보물과 함께 상경에 들어왔네 | 卷與南琛入上京 |
| 군왕이 몸소 나와 예물을 받았는데 | 君王臨軒受庭實 |
| 최고의 상서 물품이 참위설과 나란했네 | 上瑞會與讖緯并 |
| 하늘이 보낸 신물이 백신의 호위를 받고 | 天敎神物百神衛 |
| 창합문 앞에 우뚝 서니 위풍을 자아냈네 | 卓立閶闔雄風生 |
| 광대한 강토에서 바깥 마구간으로 여겼으니 | 恢恢疆域視外廏 |
| 말을 우성에 돌려주어도 해로울 것 없었다네 | 屈産未害歸虞城 |
| 지리산 앞 대방의 북쪽에 | 智異山前帶方北 |
| 마을에는 아직도 만마의 이름이 전해지네 | 洞府猶傳萬馬名 |
| 산하가 풍성하다고 해서 어찌 믿을 수 있으랴 | 山河富盛安足恃 |
| 동물도 또한 인자가 정벌하기를 기다렸네 | 畜物亦待仁人征 |
| 기세등등 장대하게 구름처럼 모였지만 | 騰驤磊落空雲屯 |
| 필경에는 모두 항복의 길을 쫓아갔네 | 畢竟盡逐牽羊行 |
| 남쪽 백성들아 말이 오면 백제 망한다는 노래 부르지 마소 | 南氓莫唱馬至濟亡謠 |
| 백제는 자멸한 것이지 용마 때문 아니라오 | 濟亡自亡不緣龍馬成[43]) |

---

43) 『星湖全集』 권7, 海東樂府, 絕影馬歌.

▲ 지금은 다리가 놓여진 부산의 절영도(影島)

왕건과 진훤은 한번 싸우기 시작한 이상 쉽게 싸움을 멈추기는 힘들었
다. 양국은 이때부터 본격적으로 개전하여 통일이 될 때까지 끊임 없이
싸우게 된다.

# V
# 왕봉규 세력의 등장과
# 강주 일대의 전쟁

# 1. 왕봉규 이전의 강주

강주(康州)는 지금의 경상남도 진주(晉州)를 치소로 하는 통일신라 9주 (州)의 하나였다. 강주의 치소인 진주는 교통의 요지에 소재했다. 그랬기 에 고려와 후백제는 강주를 놓고 각축전을 벌였다. 그러한 강주 지역에는 고려나 후백제 이전에 제3의 세력이 장악하고 있었다. 바로 천주절도사 왕봉규(王逢規)였다. 순암 안정복은 왕봉규에 대해 "왕봉규는 어떤 인물인 지 모르며, 그의 전후 사실이 분명하지 못하여 상고할 수 없다"[1]고 하였 다. 이렇듯 왕봉규는 후삼국시대에 갑자기 등장한 미스터리한 인물이었 다. 국제적으로 그 지위를 공인받았을 정도로 강한 세력을 형성했던 호족 이기도 했다. 지금의 경상남도 의령에서 일어난 왕봉규는 강주 지역을 중 심으로 독자 세력을 구축하였다. 해상 교역을 바탕으로 성장한 왕봉규는 수계권의 장악을 통해 주변 지역을 하나로 묶었던 것으로 보인다.

그러면 왕봉규 등장 이전 강주의 상황과 역사적 위상을 살펴보고자 한

---

1) 『東史綱目』附錄 上卷 上, 考異, 新羅末康州王逢規事.

다. 강주 지역에는 왕봉규 외에 다른 호족 세력도 존재하여 자체 세력을 형성했던 것으로 보인다.

신라는 신문왕 5년인 685년에 거열주(居列州)를 나누어 청주(菁州)를 두어 9주를 완성하였다.[2] 이후 경덕왕 16년인 757년에 청주의 명칭을 강주로 변경하였다. 당시 강주는 1주(州)·11군(郡)·27현(縣)으로 구성되었다.[3] 신라 전체로 보았을 때 강주가 차지하는 비중은 컸다. 신라는 통일 이후 삼국의 영역에 따라 각각 3주로 나누었다. 신라 본국 경내에도 3주를 설치하였다. 왕성 서북쪽의 당은포 방면을 상주, 왕성 남쪽을 양주, 그리고 서쪽을 강주라 하였다.[4] 즉 강주는 지금의 서부 경남 지역으로서 진주가 중심이다.

강주는 신라 9주 중 한 곳이었기 때문에 일찍부터 강력한 정치 세력이 존재할 수 있었다. 또한 정치 세력 외에 반란의 기점이 되었던 것으로도 추측된다. 896년(진성여왕 10)에 일어난 적고적(赤袴賊)의 기점을 '국서남(國西南)'으로 명기하였다.[5] '국서남'은 나라의 서남쪽이나 왕경의 서남쪽을 가리키므로 경상남도 서남부로 지목된다.[6] 적고적의 난이 경상남도 서남부 즉 강주 지역에서 일어났지만 왕경의 서쪽인 모량리까지 진출한 것을 보면 강력한 형세였음을 알수 있다. 그러므로 적고적 세력은 신라 조정에서 제대로 진압하지 못한 것 같다. 다만 지방의 다른 세력들이 자

---

2) 『三國史記』 권8, 神文王 5년 조. "五年春 復置完山州 以龍元爲摠管 挺居列州 以置菁州 始備九州 以大阿湌福世爲摠管"

3) 『三國史記』 권9, 景德王 16년 조. "菁州爲康州 領州一 郡十一 縣二十七"

4) 『三國史記』 권34, 地理 1. "後與唐侵滅二邦 平其土地 遂置九州 本國界內 置三州 王城東北 當唐恩浦路曰尙州 王城南曰良州 西曰康州"

5) 『三國史記』 권11, 眞聖王 10년 조. "十年 賊起國西南 赤其袴以自異 人謂之赤袴賊 屠害州縣 至京西部牟梁里 劫掠人家而去"

6) 金相潡, 「新羅末 舊加耶圈의 金海 豪族勢力」 『震檀學報』 82, 1996, 56~57쪽.

신들의 촌락과 주민들을 지키는 과정에서 적고적을 제압한 것으로 보인다. 적고적을 막고 치안을 유지하는 과정에서 자연스럽게 강력한 힘의 결집이 이루어졌을 수 있다. 그 연장선상에서 호족 세력이 등장한 것으로 보인다.

이후 강주 지역에서는 여러 호족 세력들이 포착된다. 대표적인 인물로 강주장군 윤웅(閏雄), 천주절도사 왕봉규 그리고 강주장군 유문이다. 이들은 군사력과 경제력을 겸비한 호족 세력으로서 지금의 진주 지역을 중심으로 주변의 여러 지역을 장악하며 할거하는 양상으로 추측된다. 먼저 윤웅에 대해서는 『고려사』와 『고려사절요』에 관련 기록이 다음과 같이 남아 있다.

> 봄 정월, 신라가 비로소 사신을 보내어 내빙(來聘)하였다. 강주(康州)장군 윤웅(閏雄)이 그의 아들 일강(一康)을 보내어 인질로 삼으니, 일강(一康)에게 아찬을 제수하고 경(卿) 행훈(行訓)의 누이동생을 아내로 삼아주었으며 낭중(郎中) 춘양(春讓)을 강주에 보내어 귀부함을 위로하였다.[7]

920년 시점의 위의 기사는 『고려사절요』에도 동일하게 적혀 있다. 『삼국사기』에는 2월에 강주장군 윤웅이 태조에게 항복했다는 짧은 기록만 보인다.[8] 다만 이 기사는 『고려사』와 『고려사절요』에서 윤웅이 항복한 시

---

7) 『高麗史』 권1, 太祖 3년 조. "春正月 新羅 始遣使來聘 康州將軍閏雄 遣其子一康 爲質 拜一康阿粲 以卿行訓之妹 妻之 遣郎中春讓於康州 慰諭歸附"; 『高麗史節要』 권1, 太祖, 3년 조. "康州將軍閏雄 遣其子一康 爲質 拜一康阿粲 以卿行訓之妹 妻之 遣郎中春讓 慰諭康州"
8) 『三國史記』 권12, 景明王 4년 조. "二月 康州將軍閏雄 降於太祖"

점을 1월로 적어놓은 기록과는 다르다. 그러면 920년 윤웅의 귀부는 어떠한 배경이 발단이 되었을까? 이보다 앞서 918년에 왕건은 궁예를 몰아내고 고려를 건국했다. 왕건이 고려를 건국하자 기존에 궁예를 지지하던 세력들은 왕건에게 등을 돌리고 반란을 일으키는 등의 모습을 보였다. 이는 궁예 친위 세력과 왕건 세력 간의 갈등으로 인하여 빚어진 충돌로 생각할 수 있다. 그러나 한 걸음 나아가 생각해 본다면 궁예의 대외 노선이 왕건과 큰 차이가 있었기 때문인지도 모른다.

궁예의 대외 노선은 신라에 대한 적개감이 깔려 있었다. 궁예는 멸도(滅都)라고 일컬은 신라에서 항복하는 이들을 가차 없이 죽였다.[9] 궁예의 신라에 대한 적개감은 신라인들에게 공포로 작용하였다. 신라 조정을 신뢰하지 않는 이들도 신라 출신이라는 이유로 궁예에게 중용되지 못하였을 수 있다. 때문에 신라에게 반독립적인 성향을 지녔던 호족들은 제3자의 입장에서 관망하고 있었던 것으로 보인다. 의자왕의 숙분을 풀겠다고 선언한 후백제의 진훤에게 귀부하는 일도 쉽지 않은 상황이었다. 9주 중에서 신라의 본래 영역이었던 3주는 상주·강주·양주였다. 이 중에서 상주에는 아자개가, 강주에는 윤웅이 대표적인 호족으로서 할거하였다. 아자개와 윤웅은 궁예의 반신라정책으로 인하여 반독립적인 채로 존재하였을 뿐 태봉에게 의지하지는 않았다. 궁예가 태봉을 장악하는 동안 이들은 별다른 움직임을 보이지 않았다는 것이다. 그러나 이들은 왕건에 의해 궁예가 축출된 이후부터 본격적으로 움직이기 시작했다.

아자개는 왕건의 궁예 축출 이후 기다렸다는 듯이 고려에 귀부하였다.[10] 아자개에 대해서는 공적 기록에서 '상주 적수(尙州賊帥)'라고 했다.

---

9) 『三國史記』 권50, 弓裔傳. "善宗以强盛自矜 意慾倂呑 令國人呼新羅爲滅都 凡自新羅來者 盡誅殺之"

이는 말 그대로 상주를 기반으로 하는 독립적인 세력이었음을 뜻한다. 아자개의 고려 귀부는 정권 초기 왕건의 취약한 입지를 강화시켜주는 계기가 되었다. 그랬기에 왕건은 이러한 기회를 놓치지 않았다. 아자개가 귀부하러 오는 것도 아니고 그의 부하가 사신으로 오는 상황이었다. 그럼에도 왕건은 의식을 갖추어 맞이하도록 명령하였고 구정(毬庭)에서 의식을 연습하기까지 하였다. 왕건은 아자개의 귀부를 정치적으로 최대한 이용하려고 한 것이다. 이를 통해 자신의 정치적 입지를 강화하고 경상북도 지역에 손을 뻗칠 수 있는 계기를 마련하였다.

궁예와는 달리 왕건이 신라 출신 세력들에게 유화적인 태도를 취하자 강주장군 윤웅도 이에 맞춰 반응하였던 것으로 보인다. 이로부터 2년 뒤인 920년에 윤웅은 고려에 항복하였다. 그 또한 아자개와 마찬가지로 사신을 보내어 귀부를 요청했다. 상주에 이어 강주를 대표하는 호족까지 고려에 귀부한 것은 고려의 세력 확장을 뜻한다. 그러나 강주까지 물리적 영향력이 미치지 못한다면 언제든지 등을 돌릴 수 있는 여지는 잠재되어 있었다.

강주 지역은 비록 윤웅이 대표 호족으로 웅거하고 있었지만 신라에 대한 충성은 완전히 저버리지 않았던 것 같다. 이는 신라와 고려가 통교하는 시점에 맞춰 고려에게 귀부한 것으로도 연관시켜 볼 수 있다. 윤웅은 존왕(尊王)의 의(義)를 저버리지 않았지만 현실적인 힘에서 고려를 따랐던 것이다. 이를 바꾸어 말한다면 후백제라는 존재를 견제하는 측면으로 이해할 수 있다. 후백제의 위협으로부터 윤웅은 자신의 기반을 유지하고자 했다. 그러기 위해 그는 자력으로 막아낼 수 없는 힘의 공백을 고려를 통해 메우고자 한 것이다.

---

10) 『三國史記』 권12, 景明王 2년 조. "秋七月 尙州賊帥阿玆盖 遣使降於太祖"

▲ 합천 대야성 원경

윤웅이 후백제에 대응한 현실적인 배경은 강주나 양주 방면으로 통하는 해상 교통로를 후백제가 차단했기 때문일 가능성이다. 진훤은 일찍이 순천만을 장악하여 서남해의 제해권을 확보했다. 나아가 그는 중국이나 일본과의 교역을 통해 부를 축적하였다. 이 과정에서 강주 일대는 소외받거나 고립될 위험에 놓이게 되었다. 결국 후백제는 대야성 공격이라는 군사적 행동을 다음과 같이 감행했다. 이는 강주 지역 진출을 위한 다중 포석의 하나로도 해석된다.

가을 9월, 신축(辛丑)에 진훤이 아찬(阿粲) 공달(功達)을 보내어 공작선(孔雀扇)과 지리산(智異山)의 대나무로 만든 화살을 바쳤다.[11]

겨울 10월, 진훤이 신라를 침공하여 대량(大良)과 구사(仇史)의 두 군(郡)을 빼앗고 진례군(進禮郡)에 이르자 신라가 아찬(阿粲) 김률(金律)을 보내와 구원을 청하므로 왕이 군사를 보내어 구원하니 진훤이 이것을 듣고 물러갔는데 이때부터 우리와 틈이 생겼다.[12]

---

11) 『高麗史』권1, 太祖 3년 조. "秋九月 辛丑 甄萱 遣阿粲功達 獻孔雀扇 智異山竹箭"

12) 『高麗史』권1, 太祖 3년 조. "冬十月 甄萱侵新羅 取大良仇史二郡 至于進禮郡 新羅 遣阿粲金律 來求援 王遣兵救之 萱聞之 引退 始與我有隙 是歲 巡幸北界"

▲ 강주 일대의 성들과 지명

후백제는 918년에 왕건이 궁예를 몰아내고 정권을 열자 축하사절을 보
낸 바 있다.[13] 이후 양국은 별다른 교류 기록이 없다가 920년 9월에 이르
러 후백제에서 공작선과 죽전을 고려에 선물하였다. 이때 후백제가 고려
에 선물을 보낸 목적은 그 다음 달에 있을 대야성 공격에 관여하지 말라
는 의미로 해석할 수 있다.

그렇지만 고려는 후백제는 물론이고 신라와도 통교를 한 상황이었다.
진훤이 대량과 구사를 점령하자 신라는 고려에 구원을 요청하였다. 이 점
왕건을 고민스럽게 만들었다. 더욱이 대량은 강주에 속한 지역이었다.[14]

---

13) 『高麗史』 권1, 太祖 원년 조. "甄萱遣一吉粲閔邰 來賀位 命廣評侍郎韓申一等 迎于
甘彌縣 邰至 厚禮遣之"
14) 이현모, 「羅末麗初 晉州地域의 豪族과 그 動向」『歷史教育論集』 30, 2003, 110쪽.

『삼국사기』 지리지를 보면 대량은 대야성이 소재한 지금의 합천 지역을 가리킨다.[15] 이곳은 삼국시대 이래로 전략적 요충지였다. 후백제군은 대야성을 점령하여 경주로 진출할 수 있는 발판을 마련하는 한편, 강주 일대를 장악할 수 있게 되었다. 특히 후백제는 황강 수계권을 장악하여 낙동강유역으로 진출할 수 있는 교두보를 마련한 것이다.

구사군(仇史郡)은 해당 지역 고려시대의 지명인 구사부곡(仇史部曲)과 동일하다. 그렇지만 양자를 연결짓기는 어렵다.[16] 『신증동국여지승람』에 따르면 구사부곡은 경주부의 서쪽 60리에 소재하였다.[17] 구사부곡은 지금의 경산지 진량읍에 해당한다.[18] 대야성과 구사부곡은 현대 도로상으로도 90㎞ 정도 떨어져 있는데다가 경주의 코앞에 해당한다. 그렇기 때문에 과연 후백제군이 920년의 시점에 이곳까지 진출했는지는 회의적이다. 이에 반해 『삼국유사』에 따르면 구사군과 굴자군(屈自郡)이 동일한 지명임을 알 수 있다.[19] 『삼국사기』 지리지를 보면 굴자군은 지금의 경상남도 창원에 해당한다.[20] 신라시대에는 양주의 권역에 포함되었다. 굴자군의 위

---

15) 『三國史記』 권34, 地理 1. "江陽郡 本大良[一作耶]州郡 景德王改名 今陜州 領縣三 三岐縣 本三支縣[一云麻杖] 景德王改名 今因之 八谿縣 本草八兮縣 景德王改名 今草谿縣 宜桑縣 本辛尒縣[一云朱烏村 一云泉州縣] 景德王改名 今新繁縣"

16) 『三國史記』 권34, 地理 1. "獐山郡 祗味王時 伐取押梁[一作督]小國 置郡 景德王改名 今章山郡 領縣三 解顔縣 本稚省火縣[一云美里] 景德王改名 今因之 餘糧縣 本麻珍[一作彌]良縣 景德王改名 今仇史部曲 慈仁縣 本奴斯火縣 景德王改名 今因之"

17) 『新增東國輿地勝覽』 권21, 慶尙道, 慶州府.

18) 국토지리정보원, 『한국지명유래집 : 경상편 지명』, 국토지리정보원, 2011, 353쪽.

19) 『三國遺事』 권3, 南白月 二聖 努肹夫得 怛怛朴朴 條. "白月山兩聖成道記云 白月山 在新羅仇史郡之北[古之屈自郡 今義安郡] 峰巒奇秀 延袤數百里 眞巨鎭也"

20) 『三國史記』 권34, 地理 1. "義安郡 本屈自郡 景德王改名 今因之 領縣三 漆隄縣 漆吐縣 景德王改名 今漆園縣 合浦縣 本骨浦縣 景德王改名 今因之 熊神縣 本熊只縣 景德王改名 今因之"
국토지리정보원, 『한국지명유래집 : 경상편 지명』, 국토지리정보원, 2011, 524쪽.

치를 창원 일대로 지목한다면, 진례군의 위치는 이와 가까운 지역이 될 것이다. 진례군과 동일한 지명은 지금의 충청남도 금산군에서 발견된 다.[21] 그러나 진례군을 금산군으로 비정한다면 지리적으로 맞지 않다. 그러나 이와는 달리 진례군을 지금의 경상남도 김해시 진례면 일대로 비정할 수 있다.[22] 진례면 신안리·송정리에 있는 토성이나 창원시 토월동 비음산의 진례산성이 진례군으로 이해되고 있다. 진례는 김인광의 '지김해부진례성제군사(知金海府進禮城諸軍事)'에서 확인되듯이 현재 김해 진례면이나 그 인접 지역으로서 당시 김해부 관내에 포함되어 있었다.[23] 그렇다면 진훤은 대야성을 점령한 뒤, 황강을 따라 낙동강 하류 방향으로 내려갔다. 그리고는 지금의 창원시에 해당하는 구사군과 김해시 진례면에 해당하는 진례군까지 진격한 것이다.

후백제군은 합천에서부터 신속하게 창원과 김해를 잇는 통로를 따라 진격해왔음을 알 수 있다. 이때 신라 경명왕이 왕건에게 구원을 요청했다는 것은, 진례군이 후백제에 함락된다면 김해 지역은 물론이고 전체 신라 지역의 안전이 위태롭다는 공멸(共滅) 의식을 가졌기 때문으로 보인다. 아울러 후백제군의 가야고지(加耶故地) 진출은 고려와 체결한 결호(結好)의 결과인 세력삼분정립구도(勢力三分鼎立構圖)에 대한 파기였다. 그러므로 이 사실을 신속히 고려에 알림으로써 고려 세력을 끌어들여 이 지역에 대한 안전과 현상 유지를 기하고자 했던 것이다. 결국 진훤이 퇴각함으로써 양국 간의 직접적인 충돌은 피할 수 있었고 화평도 지속될 수 있었다.

---

21) 『三國史記』 권36, 地理 3. "進禮郡 本百濟進仍乙郡 景德王改名 今因之 領縣三 伊城縣 本百濟豆尸伊縣 景德王改名 今富利縣 清渠縣 本百濟勿居縣 景德王改名 今因之 丹川縣 本百濟赤川縣 景德王改名 今朱溪縣"

22) 국토지리정보원, 『한국지명유래집 : 경상편 지명』, 국토지리정보원, 2011, 638쪽.

23) 崔永好, 「나말여초 김해지역의 對中國 해상교섭」 『石堂論叢』 50, 2011, 362쪽.

진훤이 1만에 이르는 대병을 거느리고 신속하게 김해 지역까지 진출했지만 선뜻 퇴각할 수밖에 없었던 이유는 기존의 결호 구도를 존속시키면서, 지리적으로 고려보다 유리한 이점을 활용하여 가야고지를 잠식하고자 했던 것으로 보인다. 진훤의 퇴각은 전술상의 후퇴에 불과했던 것이다.

그러면 후백제가 김해 지역을 기습적으로 노렸던 이유는 무엇일까? 후백제군은 김해 쪽에서 낙동강을 건너 양산으로 이어지는 통로를 따라 북상하여 경주를 공략하려는 계획을 지녔던 것으로 볼 수도 있다. 그렇지만 신라왕의 신하임을 자처한 진훤은[24] 경주 정권의 타멸을 우선의 목표로 삼았을 리 없다. 이와 관련해 김해 지역은 낙동강 하구에 소재한 관계로 소백산맥이라는 지형구 안의 대동맥격의 운송로인 낙동강의 목을 점하고 있는 전략적 요충지라는 점이다. 김해 지역의 장악은 낙동강이라는 병참선과 교역로의 지배를 뜻한다. 그 결과 소백산맥 내 신라계 호족들의 대외교섭로를 차단할 수 있다. 당시의 항해는 중국대륙과 한반도의 연안을 통해 일본열도로 이어지고 있었는데, 김해 지역은 일본열도로 가는 항로상의 중간 기항지(寄港地)이기도 했다.

3세기 후반에 쓰여진 『삼국지』에 의하면 황해도에 설치된 대방군에서 왜(倭)에 이르기까지의 이정(里程) 기록을 "군(郡)에서 왜에 이르기까지는 해안을 돌아 수행(水行)하여 한국을 지난다"[25]라고 서술하였다. 그러면서 교역선들이 해안선을 따라 연안항해를 하는 구절에 "그 북안(北岸)인 구야한국에 이른다"라는 문구를 덧붙여 일본열도에 이르는 중간 기항지로서 지금의 김해 지역인 구야한국의 존재를 특기하고 있다. 이러한 사실은 해상교통의 요지에 자리 잡은 김해 지역이 중개 무역지로 기능하였음을

---

24) 申虎澈, 『後百濟甄萱政權研究』, 일조각, 1993, 106~125쪽.

25) 『三國志』 권30, 東夷傳, 倭人 條.

짐작하게 한다. 아울러 후백제는 낙동강을 대동맥으로 하는 소백산맥 내의 호족 세력들을 고립시키는 한편, 영향력을 행사하려는 전략적 차원에서 진례성 진격이 전격적으로 단행되었던 것 같다. 그 영향력을 행사할 수 있던 명분은 낙동강 유역의 가야제국에 미쳤던 옛 백제의 그것을[26] 복원한다는 차원이었던 것으로 보겠다.

후백제군이 대량군과 구사군을 점령한 후 진례군까지 진출하였다. 그러자 신라는 다급한 상황에 놓였다. 신라는 즉각 왕건에게 구원을 요청하였다. 대야성을 공격하기 직전 선물을 보내기까지 하였던 후백제의 노력에도 불구하고, 왕건은 신라를 구원하였다. 이 때문에 후백제군은 더 이상 진군하지 못하고 퇴각했다. 이 사건으로 인해 왕건과 진훤 사이가 틀어졌지만, 양국은 즉시 전쟁을 벌이지는 않았다. 이후 925년 10월의 제2차 조물성 전투를 계기로 양국 전쟁의 서막이 올랐다.

---

26) 백제는 근초고왕대인 369년에 낙동강유역의 加耶諸國에 진출하여 영향력을 행사하게 된다(李道學, 『백제 고대국가 연구』, 일지사, 1995, 189~197쪽). 그러한 전성기 때의 兩國 關係는 가야제국이 신라에 이탈해 가는 백제 성왕대에 다시금 想起되고 있었던 만큼(『日本書紀』 권19, 欽明 2년 4월 조), 후백제로서는 加耶故地에 진출할 수 있던 충분한 역사적 명분이 되었다고 보는 게 자연스럽지 않을까 싶다.

# 2. 왕봉규 세력의 등장과 세력 형성

　윤웅은 강주 지역에서 친고려 정권을 유지하였다. 그러나 이후 윤웅에 대한 기록은 보이지 않는 반면 강주 지역을 왕봉규(王逢規)가 장악해나가는 모습이 포착된다. 이는 왕봉규 세력이 윤웅과 병립하였던지 아니면 윤웅 세력을 장악하였다는 의미로 볼 수 있다. 왕봉규에 대한 기록은 다음에서 보인다.

　・8년 봄 정월, 후당에 사신을 보내 조공하였다. 천주절도사 왕봉규가 역시 후당에 사람을 보내 토산물을 바쳤다.[27]
　・후당 명종이 권지강주사 왕봉규를 회화대장군으로 삼았다.[28]

---

27)『三國史記』권12, 景明王 8년 조. "八年 春正月 遣使入後唐朝貢 泉州節度使王逢規 亦遣使 貢方物"
28)『三國史記』권12, 景哀王 4년 조. "唐明宗以權知康州事王逢規 爲懷化大將軍"

• 여름 4월, 지강주사 왕봉규가 사자 임언을 후당에 보내 조공
하였다. 명종이 중흥전에서 그를 접견하고 선물을 주었다.[29]

왕봉규에 대한 기록은 지극히 단편적이지만 시사하는 바가 크다. 왕봉
규는 924년과 927년에 후당에 사신을 보내는 등 독자적인 행보를 보여주
었다. 당시 중국과의 통교는 자주적인 세력임을 선포하는 외교적 행위였
다. 그런 만큼 왕봉규는 고려나 후백제는 물론 신라와도 어깨를 나란히하
는 독립된 세력이라는 인상을 준다. 더구나 924년 당시 왕봉규의 직함은
천주절도사(泉州節度使), 927년 3월에는 권지강주사(權知康州事), 그해 4월
에는 지강주사(知康州事)였다. 이러한 직함을 토대로 왕봉규 세력이 어디
에 있었는지를 추측해 볼 수 있다. 일단 천주의 위치는 다음과 같은 『삼국
사기』 지리지 기사가 참고된다.

강양군은 원래 대량【야(耶)로도 쓴다.】주군이었던 것을 경덕왕이
개칭한 것이다. 지금의 합주이다. 이 군에 속한 현은 셋이다. 삼기
현은 원래 삼지현【마장이라고도 한다.】이었던 것을 경덕왕이 개칭한
것이다. 지금도 그대로 부른다. 팔계현은 원래 초팔혜현이었던 것
을 경덕왕이 개칭한 것이다. 지금의 초계현이다. 의상현은 원래
신이현【주오촌 또는 천주현이라고도 한다.】이었던 것을 경덕왕이 개
칭한 것이다. 지금의 신번현이다.[30]

---

29) 『三國史記』권12, 景哀王 4년 조. "夏四月 知康州事王逢規遣使林彦 入後唐朝貢 明宗
召對中興殿 賜物 康州所管突山等四鄕 歸於太祖"

30) 『三國史記』권34, 地理 1. "江陽郡 本大良[一作耶]州郡 景德王改名 今陜州 領縣三 三
岐縣 本三支縣[一云麻杖] 景德王改名 今因之 八谿縣 本草八兮縣 景德王改名 今草谿
縣 宜桑縣 本辛尒縣[一云朱烏村 一云泉州縣] 景德王改名 今新繁縣"

앞서 잠깐 언급하였지만 강양군은 지금의 합천군 일대였다. 강양군에 속한 총 3곳의 현은 삼기현·팔계현·의상현이다. 이 가운데 의상현의 별호(別號)인 천주현(泉州縣)은 924년 왕봉규의 직함인 천주절도사(泉州節度使)와 연관 있다. 그러므로 왕봉규는 천주현 즉 의상현을 중심으로 세력을 형성한 것이다. 의상현은 지금의 의령군 부림면에 해당한다.[31] 팔계현과는 미타산을 경계로 한 것으로 보인다. 미타산은 두 개 현에 걸쳐 있는 형세이다. 부림면에는 낙동강의 지류인 신반천이 흐르며, 대야성에서 황강을 따라 낙동강으로 들어선 다음에, 신반천으로 다시 들어설 수 있다. 즉 대야성의 황강 수계와 가까운 곳에 위치한다.

의상현 즉 지금의 부림면에 소재한 산성 중에서 미타산성을 주목할 필요가 있다. 미타산성은 고려시대부터 조선시대에 사용된 산성으로 지목하고 있지만, 현재 시굴조사만 한 상황이므로 그 이전으로 소급될 가능성이 있다.

미타산성은 해발 662m의 미타산 주변 8부 능선 상에 축조된 석축성으로 둘레는 약 2㎞이다. 성 안에서는 북쪽으로 초계분지가 굽어보인다. 미타산성 남동쪽은 신반, 동쪽으로는 멀리 창녕, 서쪽으로는 천황산과 국사봉, 남쪽으로는 봉산으로 둘러싸여 있다. 미타산성의 북쪽으로는 초계분지라는 넓은 평야를 끼고 있지만 동·서·남쪽

▲ 초계분지에서 바라본 미타산성 원경

---

31) 국토지리정보원, 『한국지명유래집 : 경상편 지명』, 국토지리정보원, 2011, 697~698쪽.

▲ 합천 청덕면의 적포교에서 촬영한 낙동강 중류

삼면은 산으로 둘러싸인 지형이다.[32]

의상현 즉 부림면에서 가장 규모가 크고 주변을 관장할 수 있는 지형적 우세를 점하고 있기 때문에 후삼국시대에도 미타산성은 중요하게 활용되었을 것으로 보인다. 그랬기에 미타산성이 왕봉규의 거점이었을 것으로 추측된다. 왕봉규는 미타산성을 치소로 삼고 세력을 확장하였을 것이다. 그 경제적 기반은 초계분지와 부림면 일대에서 생산되는 농산물이었을 것으로 보인다. 또한 서쪽은 낙동강 중류에 해당하며, 북쪽에는 황강이, 남쪽에는 남강이 흐르고 있기에 이들을 모두 관장할 수 있는 지리적 우세를 점하고 있다.

왕봉규는 윤웅과는 구분되게 미타산성을 중심으로 주변의 수계권을 장악했던 것으로 보인다. 낙동강 중류의 수계권을 장악하여 중간에서 챙긴 이문과 같은 경제적 기반을 바탕으로 황강 수계권과 남강 수계권 쪽으로 세력을 확장했던 것으로 여겨진다.

왕봉규의 세력 확장으로 924년 이전에 강주 관내의 항구를 점거하였다. 강주 지역 항구로는 덕안포를 꼽을 수 있다. 덕안포는 여주 고달사 「원종대사 혜진탑비문」에서 그 존재가 다음과 같이 보인다.

때마침 본국으로 돌아가는 배를 만나 동쪽으로 노질하여, 정명

---

32) 국립가야문화재연구소, 『慶南의 城郭』, 2008, 123쪽.

(貞明) 7년(921년) 가을 7월 강주(康州) 덕안포(德安浦)에 도달하였
다. 곧바로 봉림(鳳林)으로 가서 진경대사(眞鏡大師)에게 귀국을 인
사했다.[33]

　여기서 덕안포의 소재지는 구체적으로 알기 힘들다. 그렇지만 바다와
접해 있는 남해나 하동, 사천 지역 어디 쯤의 포구로 추정된다.[34] 다만 원
종대사 찬유(璨幽)가 배에서 내리자마자 창원 봉림사(鳳林寺)로 가서 진경
대사에게 인사를 드렸다는 점에서, 창원 봉림사와 상대적으로 근거리에
위치한 포구일 가능성이 있다. 그러나 '강주 덕안포'라는 구체적인 지역
이름이 앞에 달려 있기 때문에 강주 관내에서 찾아야 할 것이다. 이와 관
련해 진주의 서편에 소재한 하동의 다사진(多沙津)이 삼국시대 이래로 유
서 깊은 항구였다는 점을 고려할 때 이곳으로 비정하고자 한다.

　왕봉규는 덕안포를 장악한 후 중국과 교역을 했던 것으로 보인다. 수
계권의 장악과 외부와의 교역은 왕봉규가 독자 세력을 구축하는 계기가
되었다. 그리고 927년에 접어들자 그는 강주 지역을 완전히 장악하였다.
그랬기에 왕봉규는 당당하게 '권지강주사'와 '지강주사' 관호(官號)를 사용
한 것으로 보인다.

　왕봉규의 세력 범위는 수계를 따라 형성된 것이다. 이는 앞서 후백제
가 대야성을 공격할 때 공격한 지역과 일부 겹치는 면이 있다. 또한 왕봉
규는 반고려적 성향을 보였다는 점에서 도리어 친후백제적인 성격을 지
녔을 가능성도 배제할 수 없다. 즉 왕봉규는 강주 지역을 장악하면서 후

---

33) 한국역사연구회 편, 『譯註 羅末麗初金石文(上)』, 혜안, 1996, 289쪽. 「慧目山高達禪
　　院國師元宗大師之碑」 "適値本國歸舟 因而東棹 貞明七年秋七月 達康州德安浦 逕詣
　　鳳林歸觀 眞鏡大師"
34) 이현모, 「羅末麗初 晋州地域의 豪族과 그 動向」 『歷史敎育論集』 30, 2003, 134쪽.

백제와 우호 관계를 설정하되, 독자적인 세력을 유지했던 것이 아닌가 싶다. 그렇다면 왕봉규와 후백제와의 우호 관계는 어떻게 증명할 수 있을까? 이에 대한 구체적인 자료가 남아 있지 않기 때문에 쉽게 증명하기는 힘들다. 그렇지만 절영도의 총마가 단서가 될 수 있지 않을까 싶다. 924년 8월에 진훤은 왕건에게 절영도의 총마(驄馬) 한 필을 선물했다.[35] 지금의 부산 영도인 절영도는 후백제보다 왕봉규 세력에 좀 더 가까운 곳이다.

왕봉규는 김해 세력과 교역을 하면서 획득한 총마를 진훤에게 바쳤을 가능성이다. 그러나 이때 왕봉규의 직함에서 알 수 있듯이 천주 즉 의령 일대에서 벗어나지 못하였다. 따라서 왕봉규가 남해안을 장악했을 가능성은 희박해진다. 다만 진훤은 총마를 통해 자신의 세력이 한반도 끝까지 미친다는 점을 왕건에게 과시하고자 총마를 선물한 것으로 추측한다면, 그것은 가능한 일이었다.

총마를 선물하기 불과 2년 전인 922년 5월에 후백제가 사신 휘암(輝嵒)을 쓰시마[對馬島]에 파견한 사실이[36] 그것을 암시한다. 왜냐하면 후백제가 쓰시마에 사신을 파견하기 위해서는 그 교두보격인 김해 지역의 장악이 선결되어야만 하기 때문이다. 그 밖에도 관련 기록이 있지만 분량 관계상 생략한다. 어쨌든 924년 7월에 부산 앞바다에 소재한 절영도의 총마를 고려에 선물했을 정도로[37] 후백제는 김해와 부산으로 이어지는 연안 지역과 항로를 장악하고 있었다. 게다가 후당(後唐)의 떵조우[登州]와 신

---

35) 『高麗史』 권1, 太祖 7년 조. "甄萱 遣使 來獻絕影島驄馬一匹"
36) 『扶桑略記』 권24, 裡書, 延喜 22년 6월 5일 조. ; 『本朝文粹』 권12, 牒, 大宰府荅新羅返牒
37) 신라 귀족들은 섬을 목마장으로 이용했었는데, 절영도의 경우도 예외가 아니었다. 733년(성덕왕 32)에 성덕왕이 김유신의 후손인 김윤중에게 절영도의 馬 1필을 하사했다는 기록이 보이기 때문이다(『三國史記』 권43, 金庾信傳). 물론 이 기사에는 '絕影山'으로 적혀 있지만 동일한 지역을 가리킨다.

라의 금주(金州) 즉 김해를 연결하는 신라인 연락관이 파견되어 있었을 정
도로[38] 경제와 전략적으로 중요한 곳이 김해 지역이었다. 그랬기에 일본
열도와의 교섭을 열망하고 있던 후백제는 920년에 전격적으로 김해 지역
의 장악을 서둘렀다고 하겠다.

한편 고려로서는 친고려적인 성향의 윤웅을 대신하여, 친백제적인 성
향을 띤 왕봉규가 활동하는 점이 불편하게 여겨졌을 것이다. 또한 남해안
일대의 제해권을 장악하기 위해서라도 왕봉규를 제거해야 할 필요가 있
었다. 결국 왕건은 왕봉규에게 손을 뻗히게 되었다.

---

38) 金庠基, 「羅末 地方群雄의 對中交通」 『東方史論叢』, 서울대학교 출판부, 1974, 435쪽.

# 3. 고려의 왕봉규 세력 공격

왕봉규가 후당에 사신을 보냈던 927년 4월은 왕봉규 세력의 전성기였다. 그러나 공교롭게도 바로 이 시점에 고려는 군대를 일으켜 왕봉규 세력의 본거지 쪽으로 진군하였다. 이와 관련해 다음의 기사를 보도록 한다.

> 여름 4월, 임술(壬戌)에 해군장군(海軍將軍) 영창(英昌)과 능식(能式) 등을 보내어 전함(戰艦)을 이끌고 나아가 강주(康州)를 치게 하니 전이산(轉伊山)·노포(老浦)·평서산(平西山)·돌산(突山) 등 4향(鄕)을 항복시키고 사람과 물자를 노획(虜獲)하여 돌아왔다.[39]

고려군의 갑작스러운 공격은 왕봉규 세력을 당황하게 만들었다. 당시 고려군의 해상작전은 나주에서 출발한 선단이 공격을 감행했던 것으로

---

39) 『高麗史』 권1, 太祖 10년 조. "夏四月 壬戌 遣海軍將軍英昌能式等 奉舟師 往擊康州 下轉伊山老浦平西山突山等四鄕 虜人物而還"

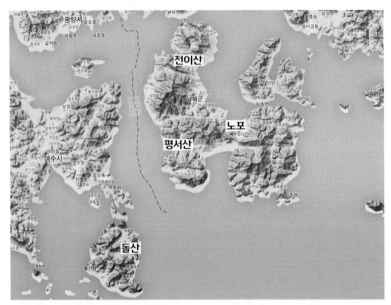

▲ 고려가 공격한 4향의 위치

보인다. 전이산·노포·평서산·돌산은 왕봉규 세력과 연관된 지역으로 볼
수 있다. 고려군은 이곳을 장악하면서 강주로 진격했던 것으로 추측된다.
즉 이 4향은 강주로 가는 수로에 있었기 때문이다. 그렇다면 전이산·노
포·평서산·돌산은 지금의 어느 지역일까? 이와 관련해 다음과 같은 『삼
국사기』 지리지가 도움이 된다.

> 남해군은 신문왕이 처음 전야산군을 설치한 곳인데 바다에 있
> 는 섬이다. 경덕왕이 개칭하여 지금도 그대로 부른다. 이 군에 속
> 한 현은 둘이다. 난포현은 원래 내포현이었던 것을 경덕왕이 개칭
> 한 것이다. 지금도 그대로 부른다. 평산현은 원래 평서산현[서평이
> 라고도 한다.]이었던 것을 경덕왕이 개칭한 것이다. 지금도 그대로
> 부른다.[40)]

전이산(轉伊山)은 전야산(轉也山)과 이(伊)와 야(也)가 다르기는 하다. 그러나 삼국시대의 지명 사례를 참고해 볼 때 동일한 지명으로 볼 수 있다. 평서산(平西山)은 한자까지 동일하기 때문에 역시 같은 지명인 것이다. 노포(老浦)는 한자가 다르기는 하지만 전야산군의 난포현(蘭浦縣) 즉 내포현(內浦縣)을 가리킨다. 그렇다고 할 때 전야산군은 지금의 경상남도 남해군 고현면, 평서산현은 남해군 남면, 그리고 난포현은 남해군 이동면으로 비정된다. 즉 남해 도서의 주요 산성을 고려군이 점령하여 수군 진출로를 확보한 것이다. 그런 후에 고려군은 강주로 진격한 것으로 보인다. 돌산 또한 이러한 남해 도서들 인근에 소재한 것이다. 다음의 인용이 그것을 말해준다.

승평군은 원래 백제의 감평군이었던 것을 경덕왕이 개칭한 것이다. 지금도 그대로 부른다[승주라고도 한다]. 이 군에 속한 현은 셋이다. 해읍현은 원래 백제의 원촌현이었던 것을 경덕왕이 개칭한 것이다. 지금의 여수현이다. 희양현은 원래 백제의 마로현이었던 것을 경덕왕이 개칭한 것이다. 지금의 광양현이다. 여산현은 원래 백제의 돌산현이었던 것을 경덕왕이 개칭한 것이다. 지금은 옛 명칭으로 회복되었다.[41]

---

40) 『三國史記』 권34, 地理 1. "南海郡 神文王初置轉也山郡 海中島也 景德王改名 今因之 領縣二 蘭浦縣 本內浦縣 景德王改名 今因之 平山縣 本平西山縣[一云西平] 景德王改名 今因之"

41) 『三國史記』 권34, 地理 1. "昇平郡 本百濟欿乎郡 景德王改名 今因之[一云昇州] 領縣三 海邑縣 本百濟猿村縣 景德王改名 今麗水縣 晞陽縣 本百濟馬老縣 景德王改名 今光陽縣 盧山縣 本百濟突山縣 景德王改名 今復故"

위에서 인용된 백제 돌산현은 지금의 여수시 돌산읍인데 섬이다. 돌산 섬은 앞서 살펴본 남해의 여러 도서 중 맨 서쪽인데다가 길목에 위치했다는 점에서 미루어 볼 때, 고려군의 최초 점령지로 생각된다. 그렇다면 고려군은 구체적으로 어디를 점령하였을까? 여수와 남해에는 수많은 성들이 남아 있다. 그중에는 삼국시대에 축조되어 사용된 성들도 있다. 이러한 성들이 당시 주요 전적지였을 것으로 추정된다.

우선 전이산 즉 전야산군의 주요 치소부터 살펴보도록 한다. 현재 남해군의 군청 소재지는 남해읍이지만 본래는 고현면이 남해의 중심지였다. 고현면 일대에는 성산토성과 성담을동산성이 소재하였다. 성산토성은 지표 조사 결과 삼국시대부터 고려시대까지 사용되었던 산성이었다. 성담을동산성 역시 지표 조사를 통해 고려시대의 유적으로 드러났다.

성산토성은 남해군 고현면 도마리 성산에 위치하였다. 성산은 대국산과 사학산을 잇는 산줄기 가운데의 고립 구릉으로 발달한 잔구성 구릉지이다. 정상부는 평정봉의 외곽을 따라 협축으로 테뫼식 토성을 축조하였다. 이곳

▲ 남해 성산토성 원경

은 삼국시대 이래 전야산군의 치소로 추정된다. 성벽은 판축식으로 구축하였으며 상부 판축 토층 사이에 격자문 계열의 기와가 출토되므로 고려시대에 개축된 것으로 추정된다.[42]

---

42) 국립가야문화재연구소, 『慶南의 城郭』, 국립가야문화재연구소, 2008, 113쪽.

이 밖에 고현산성(古縣山城)으로도 불리는 대국산성(大局山城)은 고현면 북쪽인 설천면 진목리에 소재하였다. 대국산성은 해발 370m 대국산 정상부의 외곽과 동측 사면의 7부 능선을 따라 축조한 이중성이다. 내성은 정상부의 외곽을 따라 축조한 테뫼식 석축에 속한다. 외성은 내성의 동벽에 잇대어진 토성이다. 전반적으로 성벽의 서벽과 남벽은 대국산의 줄기를 따라 쌓았다. 북벽과 동벽은 사면을 의지하여 축조하였다. 이곳에 대한 발굴 조사를 통해 건물지와 연지, 남문지가 확인되었고, 삼국~조선시대에 이르는 유물들이 출토되었다.[43]

성산토성과 대국산성은 직선거리로 2.8km 정도 떨어져 있다. 두 성은 시야에 들어올 정도로 가까운 거리이므로 관련이 컸을 것으로 추측된다. 실제 성산토성이 소재한 고현면이라는 지명과 대국산성의 다른 이름인 고현산성은 고현(古縣)이라는 지명을 공유하고 있다. 이는 문자 그대로 옛 현이 소재했던 곳으로 추정된다. 삼국시대의 생활은 주로 산성에서 이루어졌기 때문에 일찍부터 대국산성이 치소였다가 후대에는 성산토성이 포구의 역할도 하면서 치소의 기능을 하였던 것으로 추측된다.

노포는 난포현으로 지금의 남해군 이동면으로 추정된다. 이곳에는 비자당산성·남해장성·성고개성·곡포보성이 남아 있다. 이 가운데 비자당산성과 남해장성은 고려시대~조선시대에 걸쳐 사용되었다. 성고개성은 삼국시대~조선시대에 걸쳐 사용된 것으로 드러났다. 곡포보성은 조선시대 성으로 지목된다.

이러한 성들 가운데 노포에 소재한 성은 비자당산성으로 추측된다. 비자당산성은 이동면 난음리 비자당 배후구릉에 축조되었다. 현재 지표조사만 하였지만 발굴조사를 한다면 축조 시기가 소급될 가능성이 높다. 남

---

43) 국립진주박물관, 『서부 경남의 성곽』, 국립진주박물관, 2011, 86쪽.

▲ 남해 비자당산성 원경

해장성은 말 그대로 장성
이기에 해당되지 않는다.
성고개성은 도로의 갈림길
에 있는 성이므로 포구와
의 연관성은 떨어진다. 그
리고 곡포보성은 조창으로
사용되었기에 후삼국시대
에도 중요한 기능을 하였
을 수도 있겠으나 조선시

대로 비정되고 있다.

비자당산성은 비자당 마을 서쪽 구릉의 정상부에 입지한 테뫼식 석축
성이다. 성이 입지한 곳은 고립 구릉인데 정상부는 평탄하지만 외곽은 다
소 급한 경사면을 가졌다. 비자당산성의 북쪽으로는 깊숙한 내만인 강진
만이 형성되어 있다. 또 그 북동측은 지족해협을 거쳐 사천만으로 이어진
다.[44] 이처럼 비자당산성은 강주와 내왕하기에 좋은 입지 조건을 갖추었
다. 그러므로 고려군은 이곳을 점령하고 강주 일대로 나아갔을 것으로 생
각된다.

평서산은 평서산현으로 지금의 남해군 남면이다. 남면에는 임진성과
고진성 그리고 평산포진성이 소재하였다. 이 3곳의 성은 모두 조선시대
의 유적이다. 임진성은 임진왜란이 일어난 1592년에 왜구 방비를 목적으
로 군관민이 힘을 모아 축조한 성이라고 한다. 고진성은 왜구 방비를 위
해 고려 공민왕 10년 즉 1361년에 축성된 것으로 전한다. 그리고 평산포
진성은 1490년(성종 21) 9월에 축조하였다.

---

44) 국립가야문화재연구소, 『慶南의 城郭』, 국립가야문화재연구소, 2008, 114쪽.

평산포진성과 고진성은 평지성의 형식이다. 임진성은 고지대에 자리 잡고 있다. 평산이나 평산포라는 지명은 평서산이라는 지명과 일맥상통한다. 그러므로 이곳을 평서산현으로 지목할 수 있다. 다만 이곳에 대한 조사가

▲ 남해 임진성 원경

제대로 이루어지지 않았다. 그렇기 때문에 축성 연대가 소급될 가능성은 충분히있다.

가령 임진성은 임진왜란 때 축조되었다고 하지만, 입지를 보면 그 이전부터 소재했을 가능성은 충분하다. 평산포를 방어하고 선박들의 왕래를 살피기에 좋은 입지 조건을 갖추고 있기 때문이다. 실제 임진성 현지 안내판에는 처음 축조한 연대에 대해서는 알 수 없다고 하여 유보적인 입장을 취하였다. 이곳을 답사하였던 2014년 6월에는 발굴 조사가 진행되고 있었다. 향후 발굴 성과를 통해 임진성의 초축 연대에 대한 가닥이 잡히기를 바랄 뿐이다.

▲ 남해 임진성 성벽

그러한 임진성은 기업산 제2봉의 정상부위에 협축식으로 축조한 테뫼

식 석축성이다. 성은 내외 이중성으로 구성되어 있다. 사면의 경사가 급준한 남북측을 제외한 동서측에 석축의 외성을 구축하였다. 외성은 고개에서 내성으로 이르는 능선을 따라 토석혼축으로 구축했다. 성이 입지한 곳은 조선시대의 진성이 소재한 평산진과 그 주변의 평산만을 한눈에 조망할 수 있다. 또한 축성 시 동측의 평산진에서 남해현으로 통하는 육상 교통로인 고갯길에 대한 방어도 고려한 것으로 보인다. 현재 내성의 둘레는 283m이고 잔존 높이는 1∼6m이다.[45]

마지막으로 돌산의 경우도 여러 산성들이 남아 있다. 방답진성(防踏鎭城)·금성리 토성지·본산성(本山城)·수죽성·과녁성·월암산성(月巖山城)이 확인된다. 이 가운데 방답진성은 조선시대 성으로 알려져 있으며, 본산성은 통일신라시대∼고려시대까지, 그리고 월암산성은 백제시대∼통일신라시대까지의 산성으로 조사되었다.[46] 따라서 후삼국시대와 연관 있는 성은 본산성과 월암산성을 지목할 수 있다. 두 성은 돌산도의 북쪽에 위치하며 월암산성이 좀 더 북쪽에 소재하였다. 본산성은 그보다 약간 내려온 곳에 위치했다. 두 성의 거리는 약 2.4㎞로 근거리이다. 본산성이 당시 돌산현의 치소일 가능성이 있다.

본산성은 여수시 돌산

▲ 팔각정에서 바라본 여수 돌산도

---

45) 국립가야문화재연구소, 『慶南의 城郭』, 국립가야문화재연구소, 2008, 112쪽.
46) 순천대학교박물관, 『麗水市의 山城』, 순천대학교박물관, 2003, 14쪽.

읍 죽포리 산 881번지 일원으로 해발 271m의 본산(本山) 정상에 위치한다. 성 주변은 남쪽과 북쪽에 비교적 넓은 곡간평야가 펼쳐졌다. 동서로는 본산을 포함하며 길게 능선이 형성되었다. 본산성은 동쪽으로 남해와 접하고 있어서 조망권이 좋다. 이곳은 광양만으로 들어가는 입구부에 해당하는 곳으로 해상 교통로 가운데 중요한 위치를 차지한다.[47]

이처럼 전이산은 대국산성, 노포는 비자당산성, 평서산은 임진성 주변, 돌산은 본산성으로 추정할 수 있다. 당시 고려군은 전이산·노포·평서산·돌산을 장악하여 왕봉규 세력의 기반이었던 해양 교역을 차단했다. 아울러 고려는 강한 군대를 바탕으로 강주 지역으로 진군했던 것 같다. 이후 왕봉규는 기록에 보이지 않는다. 왕봉규 세력은 이때 고려에 의해 정리된 것으로 보인다.

고려에 의해 왕봉규 세력이 잠식당했으리라는 추정은 임언의 사례를 통해 유추된다. 앞서 살펴보았듯이 왕봉규의 사신인 임언은 927년 4월에 후당에 조공을 한 바 있다. 그런데 『고려사』에서는 임언이 927년에 후당에 조공을 한 기사가 보인다.[48] '이 해[是歲]'라고만 했으므로 임언을 보낸 시점을 정확히 알 수는 없다. 그러나 고려의 사신 자격으로 후당에 조공을 한 점은 분명하다. 이후 임언의 행적에 대한 기록은 남아 있지 않다. 다만 다음의 기록을 통해 그의 행적을 추정할 수 있다.

> 천안부원부인(天安府院夫人) 임씨(林氏)는 경주인(慶州人)이니 태수(太守) 임언(林彦)의 딸로 효성태자(孝成太子) 임주(琳珠)와 효지태자(孝祗太子)를 낳았다.[49]

---

47) 순천대학교박물관, 『麗水市의 山城』, 순천대학교박물관, 2003, 69쪽.
48) 『高麗史』 권1, 太祖 10년 조. "是歲 遣林彦 如唐"

위의 기사를 통해 임언이 경주 출신이었음을 알 수 있다. 이후 왕건에게 자신의 딸을 시집보냈다는 점을 알려준다. 임언은 왕봉규의 신하로 후당에 사신으로 파견되었지만, 그가 귀국한 뒤 왕봉규 세력은 사라지고 없었다. 대신 고려가 들어서 있었다. 임언은 어쩔수 없이 고려의 신하가 된 것이다. 그는 후당과의 교류를 바탕으로 그 실력이 인정되어 다시금 사신으로 파견되었다. 그러나 이번에는 왕봉규가 아니라 고려의 사신으로 후당에 갔던 것 같다. 이후 임언은 공로를 인정받아 고려의 중신이 되었다.

---

49) 『高麗史』 권88, 后妃 太祖. "天安府院夫人林氏 慶州人 太守彦之女 生孝成太子琳珠 孝祗太子"

# 4. 왕봉규 이후 경남 서부 지역의 패권

927년 4월, 고려군이 왕봉규 세력을 축출하고 3개월 뒤였다. 고려군은 다시 강주 일대를 향해 군대를 움직였다. 이번에는 남쪽이 아닌 그 북쪽을 노렸다. 다음의 『고려사』에서 보듯이 대야성이 주요 공격 대상이었다.

> 가을 7월, 무오(戊午)에 원보(元甫) 재충(在忠)과 김락(金樂) 등을 보내어 대량성(大良城)을 공격하여 격파하고 장군(將軍) 추허조(鄒許祖) 등 30여 명을 포로로 하였다.[50]

『고려사절요』에서도 위와 비슷하게 기록되어 있다. 그러나 뒷부분에 "그 성을 격파하고 돌아왔다[破其城而還]"라고 하여[51] 문구의 차이만 있을

---

50) 『高麗史』 권1, 太祖 10년 조. "秋七月 戊午 遣元甫在忠金樂等 攻破大良城 虜將軍鄒許祖等三十餘人"
51) 『高麗史節要』 권1, 太祖 10년 조. "秋七月 遣元甫 在忠 金樂等 擊大良城 虜將軍鄒許祖等三十餘人 破其城而還"

뿐이다. 927년 4월과 7월의 전쟁은 수로와 육로를 이용한 공격이었다는 점에서 각각 차이를 보인다. 그런데 이때 전쟁 목적은 강주 지역에 대한 점령으로 간주된다. 앞서 살펴보았지만 대야성은 이미 920년에 후백제의 영역이 되었다. 이후 대야성의 주인은 변화가 없었다. 그러나 재충과 김락의 공격으로 대야성은 고려 소유가 되었다.

대야성을 함락시킨 고려는 앞서 4월에 점령하였던 강주 지역과 육로로 연결될 여지가 생겼다. 그리고 후백제가 강주 지역으로 진출하는 길목을 차단할 수 있게 되었다. 특히 외형상으로라도 고려가 강주 지역을 점령했다는 것은 대외적으로도 의의가 지대했다. 이후 고려군은 강주까지 가는 길을 확보하였던 것 같다. 다음의 기록을 통해 알 수 있다.

> 8월에 왕이 강주를 순행할 때 고사갈이성(高思葛伊城)을 지나니 성주(城主) 홍달(興達)이 그 아들을 먼저 보내어 귀순하였다. 이에 후백제에서 두었던 성 지키는 관리들도 모두 항복하니, 왕이 이를 가상히 여겨 홍달에게는 청주(清州)의 녹을, 그 맏아들 준달(俊達)에게는 진주(珍州)의 녹을, 둘째 아들 웅달(雄達)에게는 한수(寒水)의 녹을, 셋째 아들 옥달(玉達)에게는 장천(長淺)의 녹을 내려 주고, 또 전택(田宅)을 내려 주었다.[52]

위와 동일한 내용은 『고려사』에도 보이지만 『고려사절요』보다는 소략하다.[53] 이는 『고려사』 홍달전에 해당 내용이 언급되어 있었기 때문이었

---

52) 『高麗史節要』 권1, 太祖, 10년 조. "八月 王徇康州 行過高思葛伊城 城主興達 先遣其子歸款 是於 百濟 所置守城官吏 亦皆降附 王嘉之 賜興達 青州祿 其長子俊達 珍州祿 二子雄達 寒水祿 三子玉達 長淺祿 又賜田宅"

53) 『高麗史』 권1, 太祖 10년 조. "八月 丙戌 王徇康州高思葛伊城 城主興達歸歎 於是 百

다.[54] 왕건이 강주를 순행하였다는 것은 이 지역이 고려의 영역임을 만방에 선전하는 효과를 가져왔다. 왕건은 호기롭게 상주에 속한 지금의 문경(고사갈이성)을 거쳐 강주로 내려갔던 것이다. 왕건이 지나는 지역은 주로 고려의 영역이었거나 친고려계 호족들이 자리 잡고 있었다.

고사갈이성은 강주가 아닌 상주에 속하였다. 그러한 고사갈이성 성주 흥달이 왕건의 순행에 맞춰 귀순한 것이다. 이 장면은 왕건에게 정치적 호재(好材)였다. 흥달의 귀부는 왕건이 원했던 모습이었다. 즉 상주부터 강주까지 고려의 영역임을 돋보이게 홍보할 수 있는 기회였다. 이와 더불어 왕건은 흥달과 그의 세 아들에게 녹(祿)과 전택을 내려주어 중립적이거나 친후백제계 성향의 호족들에게 긍정적인 인상을 주었다. 그러나 이러한 호재는 영원이 지속될 수 없었다. 이듬해인 928년 1월에 왕건은 강주를 구원하기 위해 다음의 기사에서처럼 병력을 급파했다.

> 을해(乙亥)에 원윤(元尹) 김상(金相)과 정조(正朝) 직량(直良) 등이
> 장차 강주(康州)로 가서 구하고자 초팔성(草八城)을 지나다가 성주
> (城主) 흥종(興宗)에게 패하여 김상(金相)은 전사하였다.[55]

이는 당시 강주 일대가 모종의 위협을 받고 있었다는 뜻으로 해석된다. 모종의 위협은 크게 2가지로 생각해 볼 수 있다. 즉 후백제의 공격을

---

濟諸城守 皆降附"

54) 『高麗史』 권92, 興達傳. "興達 爲甄萱高思葛伊城主 太祖徇康州 行過其城 興達遣其
子歸款 於是 百濟所置軍吏 皆降附 太祖嘉之 賜興達青州祿 子俊達珍州祿 雄達寒水
祿 玉達長淺祿 又賜田宅以賞之 甄萱將攻其城 興達聞之 欲出戰而浴 忽見右臂上有滅
字 而禳之 至十日 病死"

55) 『高麗史』 권1, 太祖 11년 조. "乙亥 元尹金相正朝直良等 將往救康州 經草八城 爲城
主興宗所敗 金相死之"

받았거나 강주 지역에서 고려군에 대한 저항이 일어났을 가능성이다. 후
삼국시대의 기록은 완벽하지 않기 때문에, 이 일대를 향해 후백제가 군대
를 일으켜서 공격하였을 가능성을 배제할 수 없다. 그렇지만 후백제군의
출병 기록이 없기 때문에 도리어 후자일 가능성 또한 염두에 둘 수 있다.
즉 왕봉규 세력의 잔당들이 강주 지역에서 난을 일으켰기에 급파된 고려
군대는 초팔성을 지나게 되었다.

　초팔성은 지금의 합천군 초계면 일대의 전(傳) 초팔성 즉 원당리성지
로 추정된다. 전 초팔성은 대암산 정상부를 둘러싸고 있는 테뫼식 석성이
다. 둘레 540m 정도의 전 초팔성에서는 대가야 토기를 비롯하여 삼국시
대~고려시대에 이르는 토기들이 출토되었다. 전 초팔성은 대양면과 초
계면, 그리고 율곡면의 경계가 되는 곳으로 높이가 591m인 대암성 위에
자리 잡고 있다. 그렇기 때문에 조망권이 탁월하며, 이 일대의 진출입로
를 모두 감시할 수 있는 전략적 요충지이다. 다만 연못이나 우물 등 집수
유구가 발견되지 않았기 때문에 장기 주둔은 힘들었을 것으로 보인다.[56]

　고려군은 강주로 진군하는 와중에 뜻밖의 적을 만나게 되었다. 바로
초팔성의 성주 흥종이었다. 흥종에 대해서『고려사』와『고려사절요』에서
는 '성주(城主)'로 기록하고 있다. 그런데 반해『삼국사기』에서는 초팔성적
흥종(草八城賊興宗)으로 기록하였다.[57] 성주와 적(賊)이라는 표현을 통해
흥종은 일단 독자적인 군대를 갖춘 세력의 수장으로 볼 수 있다. 흥종은
강주 지역에서 일어난 반란에 동조하였던 것으로 보인다. 그러나 그보다
앞서 일단 고려에게는 친고려적인 모습을 보였던 것으로 추측된다. 때문

---

56) 慶南發展研究院 歷史文化센터,『陜川 傳 草八城』, 慶南發展研究院 歷史文化센터,
　　2007, 16쪽, 48~49쪽.
57)『三國史記』권12, 敬順王 2년 조. "二年 春正月 高麗將金相與草八城賊興宗戰 不克死
　　之"

에 고려군은 흥종이 있던 초팔성 일대로 행군하게 되었다. 당초 흥종이 반고려적인 성향이었다고 하자. 그렇다면 고려군은 굳이 초팔성으로 행군하지 않고 다른 길을 택했을 것이다.

초팔성에서 김상은 흥종의 기습 공격을 받고 전사하였다. 앞서 살펴보았듯이 전 초팔성은 둘레가 540m 정도밖에 되지 않은 소규모 성이었다. 이곳은 수원이 없기 때문에 장기적인 주둔은 어렵다. 그러므로 초팔성의 군대는 소수일 수밖에 없다. 이에 반해 강주로 구원을 나간 고려군은 다수의 병력이었을 것이다. 소수의 병력이 다수의 병력을 치기 위한 방법은 단 하나, 기습이었다. 따라서 초팔성의 흥종은 기습을 통해 김상과 직량의 군대를 상대하였고 승리를 거두었다.

이러한 작전이 이루어질 수 있는 전제 조건은 이 일대가 고려군이 아무런 의심을 하지 않고 지나갈 수 있는 지역이어야 한다. 또한 군대를 수월하게 이동시킬 수 있는 길목이어야 했다. 전자의 경우 앞서 살펴보았듯이 대야성이 고려의 수중에 있었다. 그 과정에서 초팔성 또한 고려의 영역이 되었다고 볼 수 있다. 그리고 후자의 경우, 초팔성은 황강 수계권에 해당하는 성이기 때문에 교통로 상에 소재하였다. 그러므로 이 일대를 고려군이 지나갔다고 볼 수 있다.

즉 김상과 직량의 군대가 강주로 구원을 가면서 초팔성을 지나쳤다. 이전에 초팔성은 고려군의 영역으로 인식되었던 것 같다. 그러나 초팔성의 성주 흥종은 안심하고 있던 고려군을 공격하였다. 고려군은 갑작스러운 공격에 당황하였으며 이내 김상의 목이 베인 것으로 이해할 수 있다. 그렇다면 강주 지역의 난리와 흥종의 행동은 모종의 목적이 있었다고 보인다. 즉 이들은 왕봉규를 지지하던 호족이나 그 부하였을 가능성이다. 고려군이 왕봉규 세력을 점령하였을 때는 일시적으로 복종하였지만 나중에 틈을 봐서 공격한 것으로 보인다. 이때 후백제군은 다음에서 보듯이 강주 지역으로 진출하게 되었다.

> 5월, 경신(庚申)에 원보(元甫) 진경(珍景) 등이 곡물을 고자군(古
> 子郡)으로 운송하는데 진훤이 가만히 군사를 보내어 강주(康州)를
> 습격하니 진경 등이 돌아와 싸웠으나 패하여 죽은 자가 300여 명
> 이나 되고 장군(將軍) 유문(有文)은 진훤에게 항복하였다.[58]

928년 5월에 진경 등이 곡물을 고자군(경상남도 고성)으로 운송하였다.
고자군으로 곡물을 옮긴 이유를 명확하게 알 수 없다. 이를 유문의 원세
력권이 고자군 일대였기 때문에 이곳으로 곡식을 옮겼다고 보는 견해도
있다.[59] 그러나 단순히 강주의 곡물을 옮겼다는 이유로 고자군이 유문의
원세력권이라고 단정짓기는 힘들다. 곡물의 운송은 군사적인 상황이나
다른 지역의 곡물 부족으로 인하여 일어날 수도 있기 때문이다. 더구나 5
월은 보릿고개가 오는 시기이기도 하였다. 즉 고자군의 곡물이 모자라는
상황이 오자 강주에서는 곡물을 운송했다. 이로 인하여 강주성의 경계가
약해진 틈을 타서 진훤이 군대를 일으켰다고 볼 수 있다.

이러한 진훤의 작전은 성공적이었다. 곡물을 운송하던 진경은 바로 돌
아와서 후백제군에 대항하였다. 그러나 이미 승리는 후백제군으로 기울
어졌다. 결국 강주장군 유문은 진훤에게 항복하게 되었다. 친고려적인 성
향으로 추정되는 호족이 강주장군 유문이었다. 유문이 항복한 이후 강주
는 후백제의 통치 하에 놓였다. 이는 후삼국통일 때까지 지속되었다. 이

---

58) 『高麗史』권1, 太祖 11년 조. "五月 庚申 康州元甫珍景等 運粮于古子郡 甄萱師 襲康
州 珍景等還戰敗 死者三百餘人 將軍有文 降于萱"
59) 이현모, 「羅末麗初 晋州地域의 豪族과 그 動向」『歷史敎育論集』30, 2003, 144쪽.

와 관련해 다음의 기사를 주목해 본다.

> 진훤은 아내를 많이 취하여 아들이 10여 명이었다. 그 가운데
> 넷째 아들 금강이 키가 크고 지혜가 많았으므로 진훤은 특히 아껴
> 서 그에게 왕위를 전하려 하였다. 그의 형 신검, 양검, 용검 등이
> 이를 알고 번민하였다. 이때 양검은 강주도독, 용검은 무주도독이
> 되었으며, 다만 신검만이 진훤의 측근에 있었다. 이찬 능환이 사
> 람을 시켜 강주와 무주에 가서 양검 등과 함께 음모를 꾸몄다.[60]

위에서 보듯이 935년 당시 양검은 강주도독, 용검은 무주도독이었다.
여기서 말하는 주는 신라의 9주를 기준으로 설정되었던 것으로 보인다.
즉 양검은 강주 지역, 용검은 무주 지역을 관장하였던 것이다. 이러한 맥
락에서 완주도독과 웅주
도독도 존재했을 것으로
보인다. 양검이 강주도독
이었다는 점을 보아, 928
년 5월 후백제군의 강주
점령 이후부터 935년의
시점까지 강주 지역은 후
백제의 영역이 되었던 것
이다. 후백제는 강주 일

▲ 진주성 촉석루 원경

---

60) 『三國史記』권50, 甄萱傳. "甄萱多娶妻 有子十餘人 第四子金剛 身長而多智 萱特愛
之 意欲傳其位 其兄神劍良劍龍劍等知之 憂悶 時良劍爲康州都督 龍劍爲武州都督 獨
神劍在側 伊湌能奐 使人往康武二州 與良劍等陰謀"

대를 중심으로 세력을 확장하였고, 북방이나 동북방 전선과는 달리 이 일
대를 지속적으로 영유하였던 것이다.

이와 관련해 진주성 촉석루 부근
에서 출토된 '보정(寶正)' 명(銘) 기와
가 주목된다. 진주성 촉석루 외곽
시굴조사 때 출토된 기와에 '보정십
이(寶正十二)'라는 글자가 양각되어
있다고 한다.[61] '보정(寶正)' 연호는
오월국(吳越國)의 연호인데, 926년
~931년에 사용되었다. 여기서 '보정
12년'은 937년을 가리킨다.

▲ 촉석루 외곽에서 출토된 '보정' 명 기와

후백제는 오월국과 잦은 교류를 하였다. 진훤이 900년에 오월국에 사
신을 보내 예방하니, 오월왕이 답례로 사신을 보내고 동시에 진훤은 검교
태보의 벼슬을 주었다.[62] 918년에도 오월국에 사신을 보내 말을 진상하
자, 오월왕이 답례로 사신을 보내고 진훤에게 중대부의 벼슬을 보태주었
다.[63] 또한 927년 11월 7일에 오월국에서 반상서가 사신으로 와서 오월국
왕의 조서를 주었다고 한다.[64] 이처럼 후백제는 오월국과 활발한 교류를
하였다. '보정' 명 기와는 이러한 맥락에서 이해할 수 있다.

61) 國立晉州博物館·晉州市, 『晉州城 矗石樓 外廓 試掘調査 報告書』, 2002, 63~65쪽.

62) 『三國史記』 권50, 甄萱傳. "遣使朝吳越 吳越王報聘 仍加檢校太保 餘如故"

63) 『三國史記』 권50, 甄萱傳. "又遣使入吳越進馬 吳越王報聘 加授中大夫 餘如故"

64) 『三國史記』 권50, 甄萱傳. "然以前月七日 吳越國使班尙書至 傳王詔旨 知卿與高麗
久通歡好 共契隣盟 比因質子之兩亡 遂失和親之舊好 互侵疆境 不戰干戈 今專發使
臣 赴卿本道 又移文高麗 宜各相親比 永孚于休"

# Ⅵ
# 진훤의 경주 입성과
# 공산 전투

# 1. 진훤의 경주 입성

후백제의 진훤은 지금의 경상북도 일대로 진격하여 세력을 확장하였다. 이에 신라는 위기감을 느끼게 되었다. 고려 또한 후백제가 경상북도에서 세력을 넓히는 것을 좌시할 수만은 없었다. 후백제는 경상북도 지역에 대한 공격 특히 경주를 향한 공격은 본디 뚜렷한 목적이 있었다. 이와 관련해 다음의 기사를 보도록 한다.

> "내가 삼국의 기원을 상고하여 보건대, 마한이 먼저 일어나 누대로 발흥한 까닭에, 진한과 변한이 (마한을) 좇아 흥기했다. 이때 백제는 금마산에서 개국하여 6백여 년이 지났는데, 총장 연간에 당 나라 고종이 신라의 요청에 의하여 장군 소정방을 보내 수군 13만을 거느리고 바다를 건너오고, 신라의 김유신도 땅을 휩쓸고 와서 황산을 지나 사비에 이르러 당 나라 군사와 협력하여 백제를 격멸하였으니, 이제 내가 어찌 서울을 완산에 정하여 의자왕의 숙분을 갚지 않겠는가?"[1]

전주에 입성한 직후 진훤은 의자왕의 숙분을 갚겠다고 선언했다. 이는 백제인들의 마음을 붙잡기 위한 선언이었다. 또한 후백제라는 새로운 국가의 지향점이기도 했다. 신라 통치하에 억압받던 백제인들은 진훤의 외침에 환호하며 적극 지지하였다. 진훤은 그러한 백제인들의 염원을 구현해줘야할 책무를 느끼게 되었다. 의자왕의 숙분을 갚겠다는 선언은 경애왕에 대한 처단을 통해 구현되었다. 진훤은 1차 목표인 백제 영역 확보를 거의 이루었다. 진훤은 2차 목표인 의자왕의 숙분을 갚기 위해 원 신라 지역으로 군대를 파견하였다. 이 군대는 진훤이 몸소 군대를 이끌면서 전쟁을 독려했다. 927년 9월, 다음에서 보듯이 진훤은 군대를 이끌고 근암성을 공격하였다.

9월에 진훤이 근품성(近品城)을 쳐서 이를 불사르고 나아가 신라의 고울부(高鬱府)를 습격하고 서울 교외에 가까이 이르니, 신라왕이 연식(連式)을 보내어 급함을 알리고 구원을 청하였다.[2]

근암성에 대해서는 사서마다 다르게 표기되었다. 『삼국사기』 지리지 중 미상 지명에는 근암성(近嵒城)으로,[3] 예천군에 대한 내용 중에서는 근

---

1) 『三國史記』 권50, 甄萱傳. "吾原三國之始 馬韓先起 後赫世勃興 故辰卞從之而興 於是 百濟開國金馬山六百餘年 摠章中 唐高宗以新羅之請 遣將軍蘇定方 以船兵十三萬越海 新羅金庾信卷土 歷黃山至泗沘 與唐兵合攻百濟滅之 今子敢不立都於完山 以雪義慈宿 憤乎" 기존에는 "吾原三國之始 馬韓先起 後赫世勃興 故辰卞從之而興"이라는 구절을 "마한이 먼저 일어나고 그 후에 혁거세가 일어났다"라고 해석하였다. 그러나 이러한 해석은 오류이다. 즉 "마한이 먼저 일어나 누대로 발흥한 까닭에"라고 해석하는 게 옳다(이도학, 「後百濟의 全州 遷都와 彌勒寺 開塔」 『한국사연구』 165, 2014, 17쪽).

2) 『高麗史節要』 권1, 태조 10년 조. "九月 甄萱攻近品城 燒之 進襲新羅高鬱府 逼至郊畿 新羅王遣連式 來告急 請救之"

3) 『三國史記』 권37, 지리 4. "近嵒城"

품현(近品縣) 혹은 건품현(巾品縣)으로,[4] 경애왕 4년 조에는 근암성(近巖城)으로,[5] 진훤전에는 근품성(近品城)으로 적혀 있다.[6] 『삼국유사』 후백제 진훤편과[7] 『고려사』 태조 10년 조[8] 및 그 지리지 상주목 조에도 근품성(近品城)으로 적혀 있다.[9] 다만 『고려사』 지리지에는 근품성에 대한 협주(夾註)로 '品一作巖'라고 하였다. 여기서 '품(品)'자와 '암(巖)'자가 함께 사용되고 있음을 알려준다. 『고려사절요』에는 근품성(近品城)으로 적혀 있다.[10]

『신증동국여지승람』의 산양현 조에는 "산양현(山陽縣)은 본래 신라 근품현(近品縣)이다. 혹은 근암(近巖)이라고도 한다"[11]고 하였다. 이러한 사례를 보아 근암성과 근품성이 동일한 지역을 가리킨다는 것을 알 수 있다. 그렇다면 어떤 표기가 맞는 것일까? 이는 『삼국사기』 지리지에 보이는 '근암성(近嵒城)' 표기가 옳다. 근암성에서 '암(嵒)' 자는 바위 '암(巖)' 자의 약기(略記)인 것이다. 그런데 필사하는 가운데 '품(品)' 자 밑의 '산(山)' 획을 누락한 경우가 발생하였기 때문에 '근품성(近品城)'으로 잘못 표기되었던 것이다. 이를 방증하는 사례로서 문경시 산북면 서중리에 있는 근암서원(近巖書院)의 존재를 제시할 수 있다. 『수당집』에서는 이를 근암서원(近嵒書院)으로 표기하였다.[12] 이렇듯 근품성은 후대에 잘못 표기된 것이

---

4) 『三國史記』 권34, 지리 1. "嘉猷縣 本近[一作巾]品縣 景德王改名 今山陽縣"

5) 『三國史記』 권12, 경애왕 4년 조. "三月 皇龍寺塔搖動北傾 太祖親破近巖城"

6) 『三國史記』 권50, 甄萱傳. "天成二年秋九月 萱攻取近品城 燒之"

7) 『三國遺事』 권2, 후백제 진훤 조. "天成二年丁亥九月 萱攻取近品城[今山陽縣]燒之"

8) 『高麗史』 권1, 태조 10년 조. "辛酉 王入運州 敗其城主兢俊於城下 甲子 攻下近品城"; "九月 甄萱攻燒近品城"

9) 『高麗史』 권57, 지리 2, 상주목. "山陽縣 本新羅近品縣[品一作巖]"

10) 『高麗史節要』 권1, 태조 10년 조. "三月 王敗運州城主兢俊於城下 遂攻近品城下之"; "九月 甄萱攻近品城 燒之"

11) 『新增東國輿地勝覽』 권28, 慶尙道, 상주목.

12) 『修堂集』 권6, 「記」 遠慕齋記.

▲ 근암성 내의 사당과 성벽돌로 쌓은 담장

므로 근암성으로 읽는 게 옳다.[13]

근암성은 지금의 문경시 산양면 현리 뒷산에 소재하였다. 성 안에는 내부의 시멘트벽에 선왕당(禪王堂)이라고 새겨 놓은 작은 사당이 소재한다. '선왕당' 글씨 아래에는 괄호 속에 작은 글씨로 '선조양위(宣祖讓位)'라고 새겨졌다. 상량문에는 "己亥 檀紀四二九二年 四月 十四日 當日立柱 午時上樑"라고 적혀 있다. 기해년 단기 4292년은 서기 1959년이다. 즉 1959년 4월 14일 정오 즈음에 들보를 올렸음을 알려준다. 사당 주위에는 근암성의 성돌로 축조한 돌 담장이 둘러져 있다. 사당 뒤편에는 성벽이 잘 남아 있다. 조금 더 안쪽으로 들어가서 살펴보면 성벽 본래의 형태가 고스란히 남아 있었다.

후백제가 근암성을 장악한 것은 고려군의 남하를 저지하고, 경상북도 북부 지역에 세력을 확장하기 위한 차원이었다. 그리고 진훤이 고울부(영천시 임고면)를 습격함으로써 경주로 진출할 수 있는 교두보를 마련하고자 했다. 이곳에서는 경주까지 불과 37㎞ 정도의 거리밖에 되지 않는다. 고울부의 중요성은 앞의 기사를 통해서도 알 수 있다. 925년 10월에 고울부 장군 능문이 왕건에게 투항한 사건이 있기 때문이다. 이때 왕건은 그

---

13) 본고에서는 이에 따라 '근암성'으로 표기하여 서술하였다. 다만 '근품성'으로 적힌 원래 사서 기록들은 앞부분의 사서 게재와 본문 인용 때 그대로 표기하였음을 밝힌다.

를 그대로 받아들이지 않
고, 타일러서 돌려보냈다.
그러한 이유로서는 신라
의 왕도와 가깝기 때문이
라고 했다.[14]

927년 신라 조정에서는
소스라치게 놀라게 되었
다. 후백제군이 고울부까
지 장악했다는 것은, 신라
의 코앞까지 들이닥쳤다

▲ 근암성 성벽

는 이야기이다. 이를 저지하지 않으면 경주가 침공 받을 위험이 매우 커
졌다. 위급한 상황에 놓인 신라는 다음과 같이 고려에 구원을 요청하였
다.

> 왕이 시중 공훤(公萱)·대상(大相) 손행(孫幸)·정조(正朝) 연주(聯
> 珠) 등에게 이르기를, "신라가 우리와 화호(和好)한 지가 이미 오래
> 되었는데 이제 급한 일을 당하였으니 구원하지 않아서는 안 된다"
> 하였다. 공훤 등을 보내어 군사 1만 명을 거느리고 가게 했는데,
> 미처 이르기 전에 진훤이 이 소식을 듣고 갑자기 신라의 도성으로
> 들어갔다.[15]

14) 『三國史記』 권12, 경애왕 2년 조. "二年 冬十月 高鬱府將軍能文 投於太祖 勞諭還之
　　以其城迫近新羅王都故也"
15) 『高麗史節要』 권1, 태조 10년 조. "王謂侍中公萱 大相孫幸 正朝聯珠等曰 新羅與我同
　　好已久 今有急 不可不救 遣公萱等 以兵一萬 赴之 未至 萱聞之 猝入新羅王都"

신라와 우호 관계를 맺고 있던 고려로서는 후백제에게 유린당하는 것을 좌시할 수 없었다. 신라와 고려가 우호 관계였음은, 신라 조정 내에 친고려계 세력이 주를 이루었다는 뜻이다. 만약 진훤이 신라 도성을 공격하여, 친고려계 세력을 숙청한다면, 왕건으로서도 향후 신라와의 관계에서 타격을 받을 수밖에 없었다. 즉 신라 조정의 신하들이 친후백제계로 바뀌게 되어 원 신라 지역 호족들이 후백제의 손을 들어준다고 하자. 그렇게 되면 향후 후백제와의 전쟁에서 고려가 밀리게 되는 일은 명약관화하였다.

이에 왕건은 공훤·손행·연주 등에게 군사 1만을 딸려 속히 신라를 구원하게 했다. 그러면 이들이 신라를 구원하려고 했던 과정은 어떻게 전개되었을까? 안타깝게도 이에 대해서는 기록이 남아 있지 않기 때문에 정확히 판단하기는 어렵다. 그렇지만 후백제군이 경주를 습격하고 이후 공산 전투로 이어지는 정황을 볼 때 이들의 구원 작전은 실패로 그쳤음을 알 수 있다.

공훤이 이끈 1만 병력의 동선은 고울부 쪽으로 잡혀진다. 병법상 36계 중 2번째 계책인 위위구조(圍魏救趙)의 구사이다. 춘추전국시대 조나라는 자신들의 수도인 한단이 위나라에 포위되자 제나라에 구원을 요청하였다. 이에 제나라는 한단으로 병력을 보내어 구원을 하지 않았다. 역으로 위나라의 수도인 대량을 공격하여 조나라를 구할 수 있었다.[16] 마찬가지로 공훤 등은 신라 수도로 가서 구원해 주는 게 아니었다. 후백제와 직접 싸움으로써 후백제의 군대가 더 이상 경주로 진격하지 못하게 하는 것이다. 그 틈을 이용해 신라는 주변의 병력을 경주로 이동시켜 후백제에 대

---

16) 도설천하 국학서원계열 편집위원회·유소영 옮김, 『도설천하 삼십육계』, 시그마북스, 2010, 22쪽.

한 방어를 공고히 해주려는 전략으로 판단된다. 그러나 전황은 고려 측의 의도와는 다르게 흘러가고 있었다. 고려의 구원군 출병에 대한 정보를 입수한 진훤은 돌연히 신라 도성으로 빠르게 진격했다. 후백제에서는 고려가 고울부를 공격해 올 것이라고 예상했기 때문에 빠른 속도로 작전을 수행한 것으로 보인다.

후백제로서는 경주를 함락시킨다고 하더라도 고울부를 잃게 된다면 향후 후퇴 상황에서 고려군에게 막혀 역격당할 수도 있다. 그렇지만 진훤은 과감하게 경주로 진격하였다. 이러한 진훤의 자신감은 고려군이 파악하지 못한 후백제의 전력에서 비롯된 것이라고 본다. 후백제는 고려 1만 군이 공격한다고 하자. 그렇더라도 이들과 맞서 싸울 수 있을 정도의 군사력을 이미 고울부나 후방에 배치해 놓았을 것이다. 또한 이 지역의 호족들도 친후백제 계열로 돌아선 것으로 보인다. 진훤은 고울부에 남은 다른 장군들이 고려군을 격퇴시킬 것으로 판단한 것 같다. 즉 후백제군 일부 병력으로 고려군을 고울부에 묶어 놓고, 경주를 공격한 것으로 보인다.

이러한 후백제의 전략은 그대로 적중했던 것 같다. 기록에 남아 있지는 않지만 결국 공훤의 군대는 패퇴하였다. 진훤은 공훤 군대 패퇴 소식이 이르기도 전에 경주로 재빠르게 진격했던 것 같다. 경주로 진격한 후백제군은 다음에서 보듯이 포석정을 급습하였다.

이때 신라왕은 비빈(妃嬪)·종척(宗戚)과 함께 포석정(鮑石亭)에 나와 술자리를 베풀고 즐기다가 갑자기 적병이 왔다는 말을 듣고 창졸간에 어찌할 줄 몰랐다. 왕과 부인(夫人)은 성 남쪽의 별궁으로 달아나고 시종과 신하·궁녀와 영관(伶官)들은 모두 적의 손에 잡혔다. 진훤은 군사를 놓아 크게 약탈하고, 왕궁에 들어가 거처하였다. 좌우 사람들을 시켜 왕을 찾아내어 군중 안에 두고 핍박하여 자살하게 하고, 왕비를 강제로 능욕했으며, 그 부하를 놓아 빈첩(嬪妾)들을 난행(亂行)하게 하였다. 왕의 표제(表弟) 김부(金傅)를 세워 왕으로 삼고 왕의 아우 효렴(孝廉)과 재신(宰臣) 영경(英景)을 사로잡고, 자녀와 각종 공인(工人)·무기와 보물을 모조리 가지고 돌아갔다.[17]

후백제군의 기습에 신라는 무기력하게 당했다. 신라인들은 방어를 하면서 전쟁을 준비하고 있던 게 아니었다. 오히려 잔치를 벌이면서 즐기고 있었다.

포석정은 지금의 경주시 배동 454번지에 위치한 유적이다. 본래는 정자 등 건물지도 함께 있었다. 지금은 전복처럼 생긴 석조 유구만 남아 있다. 화강암으로 축조한 수로의 길이는 22m에 달한다. 유상곡수연(流觴曲水宴)이 열린 신라의 연회 문화를 대표하는 현장이었다. 경애왕 이전에도 포석정은 연회 장소로 활용되었다. 헌강왕이 포석정에 행차하자 남산의 신이 왕 앞에서 춤을 췄는

▲ 경주 포석정 전경

---

17) 『高麗史節要』 권1, 태조 10년 조. "時王與夫人 嬪御 宗戚 出遊鮑石亭 置酒娛樂 忽聞兵至 倉卒不知所爲 王與夫人 奔走城南離宮 侍從臣僚 宮女伶官 皆被陷沒 菅縱兵大掠 入處王宮 令左右索王 置之軍中 逼令自盡 强辱王妃 縱其下 亂其嬪妾 乃立王之表弟金傅爲王 虜王弟孝廉 宰臣英景 盡取子女百工兵仗珍寶以歸"

데, 신하들 눈에는 안보이고 왕의 눈에만 보였다고 한다.[18]

경애왕의 포석정 연회 성격에 대해서는 많은 견해가 제기되었다. 신라가 멸망당할 만한 이유로서 포석정 연회를 지목하여 왔다. 이와는 달리 포석정에서 제사를 지내고 있

▲ 경주 반월성 성벽

었다는 견해도 있다. 그러나 잔치를 벌인 것은 분명하다. 그렇기 때문에 곰곰이 생각하면서 앞의 기사와 연결지어 볼 때 잔치를 벌일 수도 있다는 생각이 든다. 고려가 파병한 직후 포석정에서 잔치를 벌였기 때문이다. 이와 관련해 다음과 같은 『삼국사기』의 기사를 주목하고자 한다.

봄 2월에 기원(祇園)과 실제(實際) 2절이 낙성되었다.[19]

566년(진흥왕 27)에 기원사와 실제사라는 사찰이 창건되었다는 것이다. 기원사와 실제사의 위치를 알려주는 문헌은 보이지 않지만 대략의 위치를 가늠해 주는 시구가 있다. 경주 포석정에서 유희를 즐기다 후백제 군대의 급습을 받아 결국 생포되어 자진하게 된 경애왕이 읊은 「번화지곡

---

18) 『三國遺事』 권2, 紀異, 처용랑 망해사 조. "又幸鮑石亭 南山神現舞於御前 左右不見 王獨見之"

19) 『三國史記』 권4, 진흥왕 27년 조. "春二月 祇園·實際二寺成"

(繁華之曲)」에 보면 단서가 잡힌다. 「번화지곡」은 『표제음주동국사략(標題音註東國史略)』과 『동사강목』에 모두 수록되어 있다. 경애왕이 매양 미인들과 함께 포석정에서 봄놀이하면서 지은 시라고 하는데 다음과 같다.

| 기원과 실제사/ 두 절의 동쪽에 | 祇園實際兮二寺東 |
|---|---|
| 두 그루 소나무 기대 선/ 나정(蘿井) 골짜기 가운데 | 兩松相倚兮蘿洞中 |
| 머리 돌려 바라보면/ 꽃은 언덕 가득한데 | 回首一望兮花滿塢 |
| 옅은 안개 실구름에/ 희미하게 가렸어라(鄭珉 譯) | 細霧輕雲兮並濛曨 |

위의 시는 포석정에서 주변 경관을 노래하며 지어졌다. 그런 만큼, 기원과 실제사는 포석정에서 멀지 않은 곳에 소재한 사찰로 파악될 수 있다. 그리고 '나동'은 '나정 골짜기'로 해석된다. 나정은 주지하듯이 시조인 혁거세의 탄생과 관련있는 우물이다.[20] 즉 "고허촌장 소벌공이 양산 기슭을 바라보니 나정 곁의 수풀 사이에 말이 꿇어 앉아 울므로 곧바로 가서 보니 홀연히 말은 보이지 않고 다만 큰 알이 있었다"[21]라고 하여 나정의 존재가 보인다. 여기서 나정은 양산 곧 남산 기슭에 소재한 것으로 파악된다. 현재 그 위치는 남산 남쪽 기슭의 소나무 숲에 싸여 있다.

그러므로 「번화지곡」에서 "기원과 실제사/ 두 절의 동쪽에/ 두 그루 소나무 기대 선/ 나정 골짜기 가운데"라고 하였으므로, 나정의 서쪽에 기원사와 실제사가 소재한 것으로 드러난다. 그렇다고 할 때 이 2 사찰의 소재지는 시조릉인 오릉의 정남 방향으로 잡히게 되므로, 양자가 지근 거리에 소재하였음을 알게 된다. 더욱이 박씨 출신의 경애왕이 시조 박혁거세

---

20) 李道學, 『진�훤이라 불러다오』, 푸른역사, 1998, 192쪽.
21) 『三國史記』 권 1, 시조 혁거세 거서간 즉위년 조.

의 탄생 전설을 간직하고 있는 나정과 그 주변의 기원사와 실제사를 언급하고 있다.[22] 그런데 이와 연관지어 그 근처에 시조릉인 오릉이 소재하였음은 각별한 어떤 의미를 생각하게 한다. 즉 기원사와 실제사는 박씨 왕가의 원찰일 가능성을 시사해 주는 것으로 보겠다.

요컨대 김씨 왕실이 법흥왕의 원찰로서 애공사(哀公寺)를 창건한 후, 전왕실(前王室)인 박씨 왕가의 경우도 시조릉 인근에 기원사와 실제사라는 원찰을 창건한 것이 된다. 왕실이 선도하여 능묘와 관련한 추복(追福) 기원 사찰들이 조영되는 현상이 포착되었다.[23] 그렇다면 박씨 왕인 경애왕은 박씨 왕가와 연관 깊은 원찰에 참배한 후에 일행을 이끌고 포석정에서 고려군을 영접하려했던 것으로 보인다.

잔치를 벌인 시점은 고려군이 신라를 구원하려고 입성한 시점으로 볼 수 있지 않을까? 그 때문에 경애왕은 물론이고 왕비와 종친들도 모여서 고려의 구원군을 환영하는 잔치를 준비하였던 것으로 볼 수 있을까? 이러한 추정이 맞으려면 사전에 고려군이 경주에 입성한다는 연락이 왔어야 한다. 그렇지만 연락은 고려 쪽에서 온 게 아니었다. 오히려 후백제 쪽에서 고려의 이름을 빙자하여 구원병이 도착했다고 보고했을 수 있다. 그 동안 후백제가 고려와의 전쟁을 통해 확보한 고려의 갑옷이나 깃발 등으로 위장하여 경주로 들어왔다고 가정하자. 그러면 어느 누구도 후백제군인지 의심하지 못했을 수 있다.

후백제군은 포석정에 와서야 자신들의 정체를 드러내고서는 한순간에 상황을 정리한 것으로 보인다. 혹은 포석정에 이르기 직전에서야 신라 측

---

22) 오릉과 연결되는 남산 기슭에서 많은 寺址가 발견되었다. 이 가운데 기원사와 실제사 터가 존재했으리라고 본다.

23) 李道學, 「古新羅期 靈護寺刹의 機能擴大 過程」『白山學報』 52, 1999, 93쪽.

에서 이들이 고려군이 아닌 후백제군임을 파악했을 수 있다. 이렇게 추정한다면 포석정에서 잔치를 벌인 비상식적인 일이 수긍이 될까? 후백제군이 마치 경주에 무혈입성한 것 같은 상황이 벌어진 배경도 이해가 된다. 그렇다면 신라는 후백제가 펼친 고도의 기만전에 성문을 활짝 열고 멸망의 길을 자초한 셈이었다.[24] 그러나 이러한 추정은 "신라왕은 비빈(妃嬪) 종척(宗戚)과 더불어 포석정에 나와 놀면서 주연을 베풀고 오락하다가 갑자기 적병이 왔다는 말을 듣고 창졸간에 어찌할 바를 몰랐다"[25]는 기사와 배척된다. 경애왕은 잔치를 준비하고 기다린 게 아니었다. 그는 포석정에서 질펀하게 술 마시며 놀다가 기습 공격을 받은 것이다.

이후의 상황은 급박하게 돌아갔다. 경애왕을 잡기 위해 후백제군이 총동원되다시피 했다. 곧 경애왕과 왕비가 성 남쪽의 별궁에 숨어 있다가 발각되었다. 이들은 궁성에 좌정한 진훤 면전에 끌려 나왔다. 이후 경애왕은 핍박하여 자살하게 하였다. 왕비는 능욕을 당했다고 기록에 나온다.

▲ 경주 경애왕릉

24) 자신을 구원해주러 온 이를 위해 연회를 열어주는 사례는 종종 있었다. 이후의 일이지만 후삼국시대에도 이와 비슷하게 왕건이 경주로 찾아왔을 때를 예로 들 수 있다. 이때 경순왕은 교외에서 영접하여 대궐에 들어와 마주 대하며, 예우를 극진히 하고 임해전에서 연회를 베풀며 왕건에게 대접한 바 있다(『三國史記』권12, 경순왕 5년 조. "五年 春二月 太祖率五十餘騎 至京畿通謁 王與百官郊迎 入宮相對 曲盡情禮 置宴於臨海殿").
25) 『高麗史』권1, 太祖 10년 조.

비빈들도 마찬가지로 능욕을 당하면서 경주는 아수라장으로 변하였다. 이러한 기록의 정확한 사실 여부는 알 길이 없다. 후세의 역사가들이 진훤의 도덕성에 타격을 주기 위한 목적에서 지어낸 만행 기록일 수도 있다.

이후 927년 12월에 진훤은 왕건에게 격서(檄書)를 보냈다. 이듬해인 928년 정월에 왕건은 진훤에게 답신을 보내어 입장을 피력했다. 이때 왕건은 고려에게 유리한 이야기를 시시콜콜한 것까지 다 적어서 보냈다. 그렇지만 정작 경주에서 후백제군이 난행을 벌인 이야기는 언급하지 않았다. 고려가 진훤을 비난하기에는 이보다 좋은 소재가 있을까? 그럼에도 언급하지 않았다는 것은 적어도 왕비 강간 건은 사실이 아닐 가능성을 제기해 준다. 다만 재물의 약탈과 궁녀들에 대한 강간은 진훤의 묵인 하에 자행되었을 가능성은 배제할 수 없다.

경애왕에 대한 처단은 의자왕의 숙분을 풀겠다는 약속의 이행이었다. 진훤은 죽은 박씨 경애왕의 뒤를 이을 인물로 표제(表弟)인 김부를 옹립했다. 그가 신라 마지막 임금인 경순왕이다. 또한 왕의 아우인 효렴과 재상인 영경을 붙잡고, 자녀와 각종 공인들은 물론이고 병장(兵仗)과 보물까지 거둬서 후백제로 돌아갔다. 여기서 병장 즉 무기를 거두어갔다는 것은 경주 일대의 군인들을 무장해제시킴으로써 더 이상 후백제에게 대적할 수 없게 만드려는 의도였다. 진훤은 친고려 정권을 전복하고 친후백제 정권을 수립하고자 했다. 그러나 김웅렴을 비롯한 친고려주의자들은 후백제군의 포위망을 뚫고 탈출했기에 여전히 뇌관으로 남았다. 그렇다면 후백제군은 경주에 며칠 정도 주둔하면서 신라인들을 어떻게 대하였을까? 다음의 인용을 보자.

신라 말 천성(天成) 연중에 정보(正甫) 최은함(崔殷諴)이 늦도록
아들이 없어 이 절의 부처님 앞에 와서 기도하였더니 태기(胎氣)가

있어 아들을 낳았다. 석달이 못되어 백제(百濟)의 진훤(甄萱)이 서울을 침습(侵襲)하니 성중(城中)이 크게 어지러웠다. 은함(殷誠)이 아이를 안고 와서 고(告)하기를 이웃 군사가 갑자기 쳐들어와 일이 급(急)합니다. 어린 자식이 누(累)가 되어 둘 다 면(免)하지 못할 듯 하오니 진실로 대성(大聖)의 주신 바일진대 대자(大慈)의 힘으로 호육(護育)하여 우리 부자(父子)로 하여금 다시 만나보게 해주소서 하고 울며 슬퍼하되 삼읍삼고(三泣三告)하고 기저귀에 아이를 싸서 사자좌(獅子座) 밑에 감추어 두고 역지로 떠나갔다. 반달을 지나 적병(敵兵)이 물러간 뒤에 와서 찾아보니 살결이 새로 목욕함과 같고 얼굴도 좋아지고 젖 냄새가 오히려 입에 남아 있었다.[26]

위에서 인용한 『삼국유사』에 따르면 후백제군은 경주에 반달 즉 보름 정도 머물다가 회군하였다. 보름 동안 후백제는 경애왕을 자진시키고 약탈을 자행하였으며, 경순왕을 옹립하여 친후백제정권을 세웠다. 다소 빠르게 진행되기는 하였지만 보름이면 이 모든 것을 이루기에 충분한 시간이었다. 이때 후백제군이 경주의 신라인들을 핍박한 것은 사실로 보인다. 그렇지만 위의 기록에서 알 수 있듯이 사찰에 대해서는 손을 대지 않았다. 불교는 후삼국의 공통된 종교였기 때문에 아무리 급박한 상황이라도 쉽게 손을 쓰지 못하였다. 따라서 최은함의 아이도 목숨을 구할 수 있었

---

26) 『三國遺事』 권3, 塔像, 삼소관음 중생사 조. "羅季天成中 正甫崔殷誠久無胤息 詣玆寺大慈前祈禱 有娠而生男 未盈三朔 百濟甄萱襲犯京師 城中大潰 殷誠抱兒來告日 鄰兵奄至 事急矣 赤子累重 不能俱免 若誠大聖之所賜 願借大慈之力覆養之 令我父子再得相見 涕泣悲惋 三泣而三告之 裏以褓襁 藏諸猊座下 眷眷而去 經半月寇退 來尋之 肌膚如新浴 貌體嬛好 乳香尙痕於口"

던 것이다.

다산 정약용은 이 사건을 상기하면서 '계림에서 고적을 회상하다[鷄林懷古]'라는 시를 다음과 같이 남겼다.

| | |
|---|---|
| 포석정 앞에 오르니 물 기운 향기로운데 | 鮑石亭前水氣香 |
| 신라 유민 아직도 경애왕을 얘기하네 | 遺民尙說景哀王 |
| 일천 겹의 기마병 풍류 자리 포위할 제 | 千重鐵騎圍歌席 |
| 한 무리 무희들의 치마폭 어지러웠지 | 一隊花袍亂舞裳 |
| 궁중 길엔 푸른 방초 몇 번이나 돌았던고 | 輦路幾回芳草綠 |
| 옛 성의 저녁 구름 옛날처럼 누렇고녀 | 荒城依舊暮雲黃 |
| 다만 이제 붉은 누각 밝은 달빛 아래에 | 只今明月紅樓上 |
| 들리나니 목이 메인 옥피리 소리일 뿐 | 嗚咽唯聞玉笛揚[27] |

---

27) 『茶山詩文集』 권1, 詩, 계림회고.

# 2. 공산 전투와 왕건의 패주

후백제의 경주 함락과 경애왕의 피살이라는 청천벽력 같은 소식은 고려에 곧바로 전해졌다. 왕건과 여러 장수들은 몹시 놀라게 되었다. 자신들이 보낸 공훤이 신라를 구원하지도 못하였고, 신라 도성의 함락과 경애왕의 피살은 그야말로 자지러질 사건이었다. 차제에 신라에 친후백제정권이 들어서게 된다면, 경상도 일대의 패권이 후백제에 고스란히 넘어 갈 수도 있게 된다. 이렇게 되면 고려가 경상도 지역에서 활동하는데 큰 장애가 될 뿐만 아니라, 후삼국통일의 주도권은 자연스럽게 후백제에게 넘어갈 공산이 커진다.

왕건은 좌시할 수만은 없었다. 어떻게든 조치를 취해 고려가 주도권을 회복해야 했다. 그렇다고 길게 이모저모 따져볼 시간도 없었다. 당장 경주 일대가 정리되고, 후백제가 무사히 회군에 성공하게 된다면, 향후 상황은 그대로 고착될 게 자명하였다. 그렇다고 다시금 부하를 보내기에는 앞서 공훤의 실패가 걸릴 수밖에 없었다.

선택의 기로에서 왕건은 단호한 정치적 리더십을 보였다. 가장 위험하고 중요한 현장에 자신이 직접 간다는 방침을 세웠다. 물론 신하들은 모두 만류하였을 것이다. 그렇지만 자신이 친정하지 않는다면, 향후 신라 지역의 호족들이 고려를 따른다는 보장도 없었다. 왕건은 회군하는 후백제군을 공격할 목적으로 기병 위주의 빠른 군대를 편성하여 출병하였다. 군대의 지휘는 왕건이 직접 맡았다. 다음의 기사가 그것을 말한다.

왕(고려 태조)이 이 소식을 듣고 사신을 보내어 조제(弔祭)하고 몸소 정예한 기병(騎兵) 5천 명을 거느리고 진훤을 공산 동수(公山 桐藪)에서 맞아 크게 싸웠으나 이기지 못하였다.[28]

왕건은 곧바로 사신을 신라에 보내 위로하고 조위를 표하였다. 그리고 경애왕의 복수를 내 걸고 후백제군과 싸우러 갔다. 이러한 왕건의 행동은 신라인들에게 고려에 대한 호감을 높이는 결정적인 계기가 되었다. 신라 입장에서 후백제는 국토를 유린하고 왕을 시해한 난폭한 이리와 승냥이처럼로 받아들여졌다. 반면에 고려는 자신들을 구원하고 또한 복수도 대신 해주는 고마운 존재였다. 특히 위험한 상황임에도 몸소 친청을 단행한 왕건의 태도는 이러한 점들을 배가시켜 주었다. 진정한 정치적 행위는 자신의 안위를 무릅쓰고서라도 직접 행동함으로써 이룰 수 있는 것이다. 사람들에게 진정성을 느끼게 하는 것인데, 왕건은 이를 몸소 보여주었다.

왕건이 이끄는 5천의 정예 병력은 경주로 향하였고, 가는 도중에 태조지에서 처음 싸움이 벌어진 것으로 보인다. 이후 고려군은 후백제군과 동수에서 전투를 했다. 당시 고려군은 후백제군보다 먼저 전장에 도착한 것

---

28) 『高麗史節要』 권1, 태조 10년 조. "王聞之 遣使弔祭 親率精騎五千 邀萱於公山桐藪 大戰不利"

으로 보인다. 왕건이 이끄는 고려군은 남하하면서 진훤의 북상로(北上路)를 모두 파악하였기에 유리한 고지를 선점하였다. 비록 급박하게 내려오느라 지친 감도 있었지만 해볼 만하였다. 더구나 5천의 기병은 결코 숫자가 적지도 않은데다가 왕건이 직접 이끌고 온 정예 병력이었다.

『삼국사기』에 따르면 "태조가 정예 기병 5천을 데리고 공산 밑에서 진훤을 기다리다가 크게 싸웠다[太祖以精騎五千 要萱於公山下大戰]"라고 적혀있다. 원문의 '요(要)' 자는 '기다린다'는 뜻을 지녔다. 『고려사』·『고려사절요』·『표제음주동국사략』에는 '요(邀)'라고 기재해 놓았다. 이는 도중에 기다리고 있다가 적을 맞이한다는 의미의 요격(邀擊)을 구성하는 글자이다. 고려군이 먼저 와서 대기하였음을 뜻한다.[29]

자세한 기록이 없기 때문에 당시 전투가 어떤 양상으로 흘러갔는지는 정확히 알기는 힘들다. 그러나 대략 고려군이 먼저 진을 치고 매복하여 후백제군을 맞이하는 양상이었다. 그렇지만 고려군 못지 않게 후백제군 또한 정예병으로 구성되어 있었다. 후백제군은 기민한 작전을 위해 움직인 병력이며, 경주에서의 약탈로 사기가 하늘을 찔렀다. 게다가 보름 동안 충분한 휴식을 취했기에 체력적 여유도 고려군보다 훨씬 나았다. 고려군에게 이번 전역은 신라를 위한 정의의 전쟁이었다. 후백제로서는 이 전투에서 지게 되면 다시는 고향 땅을 밟지 못한다는 절박함도 있었다. 다음의 기사를 보면 대기하고 있던 고려군을 후백제군이 역포위하였고, 급기야 왕건의 진영을 포착해서 급히 포위하고 있다.

> 진훤의 군사가 매우 급하게 왕을 포위하여 대장 신숭겸(申崇謙)·김락(金樂)이 힘껏 싸우다가 죽고, 모든 부대가 패배하니 왕은

---

29) 이도학, 『궁예 진훤 왕건과 열정의 시대』, 김영사, 2000, 212쪽.

겨우 단신으로 탈출하였다.[30]


후백제군은 전세를 역전시키기 위해 고려의 중군을 공격하였을 가능성이다. 고대의 전쟁에서는 크게 3군으로 나누어 싸운다. 이를 중군과 우군·좌군이라고 한다. 최고 통수권자는 중군에서 군대를 지휘하기 마련인데, 후삼국시대에도 동일하였다.[31] 후백제군이 고려의 중군을 향해 갑작스럽게 밀고 들어오자, 고려군은 적잖이 당황하였다. 그리고 재빨리 포위진을 펼쳐서 압박해 들어오자 고려의 장군들은 위기감을 느꼈다. 특히 왕건은 그 가운데서 모든 상황을 지켜보고 있었기에 위기감은 고조되었다.

왕건이 후백제군에게 붙잡힌다면 모든 상황은 이로써 종료된다. 고려는 더 이상 후삼국통일을 노리지 못하고 모든 주도권은 진훤에게 넘어가게 된다. 왕건이 볼모로 잡히면 고려 내부에서도 어느 누구도 그 지위를 대신하기 힘들다. 도리어 내분으로 멸망될 소지가 있었다. 이러한 위험성 때문이라도 결코 왕건이 후백제 손에 넘어가게 할 수는 없었다. 이때 위기를 극복하려고 자원한 사람이 신숭겸이었다. 관련 기사가 다음에 보인다.


---

30) 『高麗史節要』권1, 태조 10년 조. "萱兵圍王甚急 大將申崇謙 金樂力戰死之 諸軍敗北 王僅以身免"

31) 일리천 전투 때도 후백제의 孝奉·德述·哀述·明吉이 투항하여 후백제의 전력을 말하였다. 이때 신검의 위치를 묻자 중군에 있다고 답하였다. 사실 중군에 총 지휘자가 있는 것은 일반적인 경우이다. 신검이 중군에 있는 것은 특별한 일은 아니었다. 그렇지만 당시로서는 확신을 가지고 공격을 할 수 있도록 도와주었기 때문에 군공으로 인정받은 것으로 보인다. 周의 제도에 따르면 천자는 六軍을 보유한 반면 제후는 三軍을 유지하였다. 전체 군대 또는 대군이라는 뜻이 여기서 파생되어 나왔다 (손무 저·유동환 역, 『손자병법』, 홍익출판사, 1995, 87쪽).

고려왕이 친히 정기 5천을 거느리고 공산[공산은 지금 영천군 서
쪽에 있으니 속칭 태조지(太祖旨)라고 한다. 혹은 대구에도 있다고도 한
다] 동수에서 진훤을 맞아 크게 싸웠으나 이기지 못하였다. 진훤
의 군사가 몹시 급하게 왕을 포위하였는데 신숭겸의 모습이 왕을
닮았으므로 대신 어가(御駕)를 타고 김락과 더불어 힘을 다하여 싸
우다 죽었다. 진훤의 군사는 그를 고려왕으로 알고 목을 베어 가
지고 갔으며 고려왕은 겨우 몸만을 모면하였다.[32]

고려의 개국공신인 신숭겸은 왕건을 즉위시키는 데 결정적인 역할을
하였다. 공산 전투 당시 그는 왕건과 함께 군사를 지휘하며 전투를 독려
했다. 그렇지만 점차 후백제군에게 밀리고, 왕건은 절체절명의 위기에 빠
졌다. 이에 신숭겸과 김락은 왕건을 대신하여 죽을 생각을 하였다.

신숭겸에게 떠오른 방책은 자신이 왕건 행세를 하여 왕건을 피신시키
는 계책이었다. 이는 초한(楚漢) 전쟁 당시 유방의 부하인 기신(紀信)이 행
한 계책이기도 했다. 유방이 성고(成皐)에서 초나라에 포위당해 위기에
빠졌을 때였다. 기신은 "일이 매우 위태롭게 되었습니다. 청컨대 제가 대
왕으로 분장하여 초왕을 속여 보겠습니다. 그 사이 대왕께서는 초군의 포
위망을 뚫고 몸을 빼내 성을 나가십시오"라고 한 뒤 황옥거(黃屋車)를 타
고 항우에게 향하였다. 이 틈에 유방은 성고를 빠져나갈 수 있었다. 반면
기신은 죽음을 면치 못하였다.[33] 이러한 전개는 당시 왕건과 신숭겸 사이

32) 『東史綱目』 권5하, 정해년 겨울 11월.
33) 『史記』 권7, 項羽本紀. "漢將紀信說漢王曰 事已急矣 請爲王誑楚爲王 王可以間出 於
是漢王夜出女子滎陽東門被甲二千人 楚兵四面擊之 紀信乘黃屋車 傅左纛曰 城中食
盡 漢王降 楚軍皆呼萬歲 漢王亦與數十騎從城西門出 走成皐 項王見紀信問 漢王安
在曰 漢王已出矣 項王燒殺紀信"

에서도 있었던 게 된다. 신숭겸은 어가를 타서 후백제군의 이목을 끌었기에 집중 공격을 받아 죽임을 당하였다. 다음의 기사에는 신숭겸 사후의 기사까지 언급되었다.

　　신숭겸(申崇謙)의 처음 이름은 능산(能山)이니 광해주(光海州) 사람이다. 체격이 장대하고 용맹이 있었다. 10년에 태조가 공산(公山) 동수(桐藪)에서 진훤(甄萱)과 싸우다가 불리하게 되어 진훤의 군대가 태조를 포위하였는데 형세가 심히 위급하였다. 이때 신숭겸이 대장으로 있었는데 원보(元甫) 김락(金樂)과 더불어 힘껏 싸우다가 전사하였다. 태조가 그의 전사를 매우 슬퍼하였으며 시호를 장절(壯節)이라 하고 그의 동생 신능길(申能吉), 아들 신보락(申甫樂) 및 동생 신철(申鐵)을 모두 원윤(元尹)으로 등용하고 지묘사(智妙寺)를 창건하여 그의 명복을 빌게 하였다.[34]

　왕건은 그러한 신숭겸의 죽음을 매우 슬퍼하였다. 자신을 위해 대신 죽었다는 점에서 슬픔을 주체하기 힘들었을 것이다. 다른 사람들에게 자신에게 충성할 경우, 그에 맞게 큰 상을 내린다는 점을 보여줄 필요도 있었다. 이에 왕건은 최대한 신숭겸의 유족에게 예를 다하였다. 지묘사(智妙寺)를 건립하여 신숭겸의 명복을 빌게 한 것이다. 지묘사라는 이름에서도 알 수 있듯이 신숭겸의 묘책을 숭고하게 평가했다고 보겠다.

　어쨌든 공산 전투에서 고려군은 사력을 다해 싸웠기에 왕건은 위기를

---

34) 『高麗史』 권92, 신숭겸전. "崇謙初名能山 光海州人 長大有武勇 十年 太祖與甄萱 戰於公山桐藪 不利萱兵圍 太祖甚急 崇謙時爲大將 與元甫金樂 力戰死之 太祖甚哀之 謚壯節以 其弟能吉 子甫樂 弟鐵並爲元尹 創智妙寺 以資冥福"

모면하였다. 고려로서는 최악의 상황을 면할 수 있었다. 이때 왕건의 피신은 이후로도 널리 회자되었기에 지명과 전설로 곳곳에 흔적을 남겼다.

# 3. 지명을 통해 본 공산 전투

왕건과 진훤의 전투 현장은 주로 대구 일대였다. 이와 관련한 지명은 동구와 북구·남구·수성구에 산재되어 있다. 대구광역시 동구의 공산동·도평동·도학동·동촌동·불로봉무동·안심동 그리고 북구의 무태조야동·복현동 수성구의 고모동·지산동·남구의 앞산 내의 지명들이 그것이다. 이러한 지명들은 주로 왕건이 피신한 장소를 중심으로 남아 있다. 그러므로 공산 전투의 양상을 추측해 볼 수 있는 자료가 된다.

물론 지명과 전설을 모두 액면 그대로 받아들이기 어려운 측면도 있다. 워낙 인지도가 높은 역사적 인물이었기에 실제보다 과장된 전설이 생겼을 가능성도 배제할 수 없다. 이러한 한계를 딛고 좀 더 명확한 역사의 실체를 만나기 위해서는, 관련 지명과 전설들을 차분히 검토해서 객관적으로 판단할 필요가 있다.

먼저 '대왕재'라는 지명을 살펴본다. 대왕재는 현재 대구광역시 동구 공산동과 경상북도 칠곡군 동명면 기성리의 경계에 있는 고개이다. 해발 661m인 도덕산 아래에 위치한 대왕재는 신라를 구원하기 위해 왕건이 기

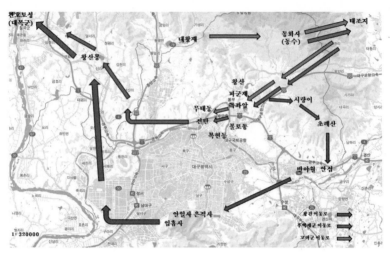

▲ 공산 전투 전개 과정 및 주요 지명

병 5천 명을 거느리고 남하하던 중 제법 넓은 골을 발견하고는 하루 숙영했다는 전설이 남아 있다. 실제로 대왕골은 군사 수천 명이 머물 수 있을 정도로 넓은 공간이다. 인근에는 왕건이 잠시 앉아 쉬웠던 대왕암이라는 바위가 있었다고 하지만 지금은 남아 있지 않다.[35]

이러한 전설과 관련해 대왕재에서 '대왕'을 지칭하는 대상은 왕건 밖에 없다. 이곳은 동수 즉 지금의 동화사로 가는 방향에 위치한다. 왕건의 퇴주로와 관련된 전승들이 대구 남쪽 앞산 일대에 집중되어 있다. 이 점에 비추어 볼 때 대왕재는 왕건의 퇴주로이기보다는 구원군이 남하하면서 거친 장소로 지목하는 게 타당하다. 즉 고려군이 이곳에서 숙영을 하고 동수(桐藪)로 진격했다면 동선이 자연스러워지기 때문이다.

기존의 견해 가운데는 왕건의 진입로와 관련하여 대구광역시 북구 무

---

35) 국토해양부 국토지리정보원, 『한국지명유래집 : 경상편』, 국토해양부 국토지리정보원, 2011, 145쪽.

태조야동(無怠助也洞)을 지목하기도 했다. 즉 왕건의 군대가 북구의 무태 지역에서 북동쪽으로 연경마을을 지났다는 것이다. 이들은 계속 동화천을 따라 동쪽으로 진격하여 지묘동과 미대동을 거쳐 갔을 것으로 추정하였

▲ 대구 대왕재에 있는 대왕재주유소

다. 그리고 고려군은 백안동이나 내학동 부근에서 동화사의 병력인 동수의 병력을 제압한 것으로 상정했다.[36]

무태동의 지명 유래에 대해서는 다음과 같은 견해가 있다. 첫째, 왕건이 공산 전투에서 진훤에게 대패하여 도주하면서 부하들에게 "쉬지 말고 빨리 가자[無怠以促足]"라고 독촉하면서 '무태'라고 했다는 설이다. 둘째, 왕건과 신숭겸이 야행하면서 "이 마을 아낙네가 야밤에도 부지런히 길쌈을 하고 있어 칭찬하여 게으름이 없다는 것[勤織組而無怠乎]"에서 연유했다고 한다. 셋째, 금호강변 서변동에 위치한 서계서원(西溪書院) 내 환성정(喚惺亭)의 「환성정기(喚惺亭記)」에 "마을의 지명은 왕건 군대가 진훤 군대를 치러갈 당시 경계심을 늦추지 말라는 것(洞卽麗朝之討甄萱時警軍曰無怠者也)"에서 유래했다는 것이다. 넷째, 왕건 군대가 이 곳을 지날 무렵 부지런한 사람들이 많은 것을 보고 게으른 사람이 없는 곳이라는 데서 유래했다고 한다.[37]

---

36) 류영철, 『高麗의 後三國 統一過程 硏究』, 景仁文化社, 2005, 114쪽.
37) 국토해양부 국토지리정보원, 『한국지명유래집 : 경상편』, 국토해양부 국토지리정보

이처럼 무태동은 공산 전투와 관련하여 여러 전승이 전하기 때문에 주목을 받았다. 그러나 근본적으로 이러한 전승이 맞는 것인지에 대해서는 의문이 든다. 일단 공산 전투는 대구 지역에서 일어난 유명한 전투였기 때문에 전쟁과 크게 관련이 없더라도 끼워 맞추기 식으로 지명이 생겨난 경우들이 많다. '무태' 또한 이러한 경우 중 하나였을 가능성을 배제할 수 없다. 뒤에서 더 살펴보겠지만 이곳은 전쟁의 주요 접전지였던 동수로 가는 길목이 아니라는 것이다. 게다가 왕건의 퇴주로 쪽으로 지목하기에는 다른 전승과는 맞지 않다. 다만 왕건을 제외한 고려군들은 이곳으로 퇴주하였을 가능성은 높다. 뒤에서 설명하겠지만 이 일대의 전탄에서 고려군과 후백제군이 싸운 전승이 있기 때문이다.

또한 왕건이 부지런한 것을 칭찬했다는 유래담은 당시 전쟁 상황에 비춰볼 때 걸맞지 않다. 그렇기 때문에 후대에 만들어진 전승일 가능성이 높다. 기존에는 '동수'의 존재를 간과한 채 무태동 전승을 바탕으로 진출로를 설명했었다. 그러나 이는 전체 전투의 흐름으로 볼 때 옳은 해석은 아니다.

고려군은 대왕재를 지나 동수로 향하였다. 『고려사』와 『고려사절요』를 보면 '동수'의 존재가 나타난다. 그러면 동수는 지금의 어느 지역일까? 결론부터 이야기하면 동수는 지금의 대구 동화사를 가리킨다.

동수를 동화사로 지목하는 이유는 동화사 사적비에 나오는 기록 때문이다. 동화사 사적비는 불기 2958년 즉 서기 1931년에 세운 비석인데 동화사의 내력에 대해 자세히 적어 놓았다. 때문에 동화사와 관련된 역사를 살피는데 중요한 자료가 된다. 동화사 사적비에는 다음과 같이 적혀 있다.

___

원, 2011, 129쪽.

▲ 동화사 사적비

102년이 지난 경순왕 7년 갑오년(993)에 이르러 영조(靈照) 선사
께서 세 번째로 다시 지으셨다. 이에 앞서 고려 태조와 진훤의 군
대가 동수(桐藪) 아래에서 크게 싸웠는데, 태조가 사리탑이 내는
빛을 따라와서 선사를 만나고 화를 면하고는 감격하였다. 이때에
이르러 탑묘를 장엄하게 만들고, 전각과 당우를 넓히고, 선사의
거처를 확장하였다. 일인석(一人石)은 속암(屬菴) 뒤에 있는데, 왕
이 선사를 만난 곳으로, 일인은 왕을 가리켜 말한 것이며 그 고적
을 깊이 존경하고 사모하며 닮을 만하였다.[38]

위의 기록을 보면 앞서 언급했듯이 동수에서 왕건과 진훤이 싸운 장면
이 나온다. 여기에 영조 선사의 존재가 개입되었다. 왕건이 영조 선사를

---

38) 국립대구박물관, 『팔공산 동화사』, 2009, 294쪽.

만나 화를 면했다고 기록되어 있다. 즉 공산 전투 당시 영조 선사가 왕건에게 도움을 준 사실을 알려준다. 당시 동화사가 고려 편이었음을 알 수 있다. 동화사에서는 고려군에게 길 안내와 군량 지원 등을 하였을 것으로 보인다.

현재 동화사 주차장 밑에는 비로암이라는 암자가 있다. 이곳에는 보물 제247호로 지정된 통일신라시대의 삼층석탑이 소재한다. 안내판에 따르면 석탑은 1967년에 해체·보수하면서 사리함이 발견되었다고 적혀 있지만 잘못된 서술이다. 실제는 1966년에 도굴꾼에 의해 발견되었다가 1968년에 수장자가 동국대학교 박물관에 기증하면서 사리 항아리의 존재가 알려졌다. 사리 항아리에는 863년에 신라 민애왕을 위해 봉안했다는 기록이 남아 있다. 당시 왕위 계승분쟁 과정에서 젊은 나이에 비극적으로 죽은 민애왕의 명복을 빌어주기 위해 세운 석탑임을 알 수 있었다.

〈민애대왕 사리호〉

다음의 인용에서 보듯이 바로 이 사리 그릇에서도 지금의 동화사를 '동수'로 일컫고 있다.

> 장사지낸 후 24년이 지나 연대(蓮臺)의 복업을 숭앙하고자 동수(桐藪)의 원당(願堂)을 세우니 동자가 모래를 장난삼아 모아 불탑을 쌓고 공양하던 뜻을 본받기를 바란다. 엎드려 원하건대 이 공덕에 힘입어 오탁의 인연을 끊고 모든 중생이 제도되길 원한다.[39]

---

39) 국립대구박물관, 『팔공산 동화사』, 국립대구박물관, 2009, 44쪽.

위의 기록에서도 동수의 원당을 세운다고 적혀 있다. 더구나 비로암의 석탑에 부장되어 있었기에 명문의 '원당'은 지금의 비로암을 가리킨다. 또한 비로암 주변이 '동수'였음을 명문이 증명해 주었다. 그 밖에 동화사 권역에 해당하는 팔공산 용수동 와요지에서 출토된 기와에도 '동수미륵당 (桐藪弥勒堂)'이라는 명문이 양각되었다. 이처럼 '사(寺)'를 '수(藪)'로 불렀음은 『삼국유사』에서도 법상종 사찰인 금산사와 발연사를 금산수(金山藪)·발연수(鉢淵藪)로 일컫은 사례에서도 알 수 있다. [40]

따라서 동수가 지금의 동화사인 동시에 공산 전투 당시 주요 전적지임을 알 수 있다. 공산 전투가 주로 이 일대에서 벌어졌음을 알게 된다. 다만 이곳에서의 싸움이 구체적으로 어떻게 이루어졌는지는 알 수 없다. 이와 관련해 더 살펴보아야 할 것이 '태조지' 지명이다. 『신증동국여지승람』 영천군 조의 관련 기록을 살펴보면 다음과 같다.

> 태조지(太祖旨)[고을의 서쪽 30리쯤 되는 곳에 있는데, 전하는 말에, 고려 태조가 진훤에게 패해서 퇴병하여 공산 밑 한 조그만 봉우리에서 보전하고 있었기 때문에 이렇게 이름한 것이다.][41]

태조지는 일반적으로 은해사 부근으로 비정된다. 현재 영천 은해사는 팔공산 동쪽 기슭에 자리하고 있다. 은해사의 본래 위치는 운부암 아래쪽의 해안평이라는 곳이다. 이곳은 은해사에서 좀 더 위쪽으로 올라가야 한다. 809년에 혜철이 해안평에 해안사를 창건하였으며, 보조국사 지눌이 거조암에서 신행결사를 도모한 이래 주목받은 사찰이 되었다. 해안평

---

40) 국립대구박물관, 『팔공산 동화사』, 2009, 49쪽.
41) 『新增東國輿地勝覽』 권22, 慶尙道, 영천군.

▲ 영천 은해사 운부암 밑의 해안평

은 평평한 대지인데 분지처럼 주변이 산으로 둘러져 있다. 현재는 산수유나무가 가득 심어져 있는 정경이다.

그러면 동수와 태조지는 어떤 관련이 있는 것일까? 일단 대왕재에서 동수로의 진출은 자연스럽다. 고려군이 동화사에서 도움을 받은 정황도 포착된다. 즉 개경에서 군대를 급하게 이끌고 내려온 왕건은 동화사 영조 선사의 도움을 받아 현지 사정을 익히고 전쟁에 임할 수 있었다. 이를 바탕으로 왕건이 이끄는 군대는 태조지까지 진출한 것으로 보인다. 태조지에 진출한 고려군은 후백제군과 마주치게 되었다. 그곳에서 첫 전투를 벌인 후 동수 일대로 유인한 것으로 보인다. 이때 고려군은 동수에 복병을 둔 다음 후백제군을 덮쳤던 것 같다. 이처럼 유리한 조건을 갖췄음에도 불구하고 고려군은 어쩐 일인지 후백제군에 밀리다가 역포위당하여 서쪽으로 줄곧 패주한 상황으로 그려진다.

공산 즉 팔공산은 동화사가 소재한 산이다. 여기서 공산이 좀 더 넓은 공간이라면, 동수는 동화사 일대만을 가리킨다고 하겠다. 그런데 팔공산의 이름 유래에 대해서는 여러 설이 있다. 불교의 팔간자와 관련되었다는 설, 여덟 고을에 걸쳐 있다는 설, 그리고 고려 왕건의 심복 여덟 장수가 공산 전투에서 순절했다는 설 등이 있다. 그러나 가장 설득력이 있는 설은 전진(前秦)의 부견(苻堅)과 동진(東晉)의 사현(謝玄) 간에 붙은 비수 전투(淝水戰鬪) 당시의 상황이, 공산 전투와 유사했기 때문에 유래되었다는 것이다.[42] 당시 도망가던 부견은 지나치던 팔공산의 나무들이 마치 복병처럼 보여 두려움에 떨었다고 한다. 왕건 또한 공포에 질려 도망갔기 때문에 팔공산이라는 명칭이 붙게 되었다.

▲ 신숭겸 장군의 전사처에 세워진 표충단

동수에서 예상치 못하게 대패를 당한 고려군은 남서쪽으로 쭉 밀려 갔다. 이후의 전투 장소는 현재의 신숭겸 장군 유적 부근으로 지목된다. 이곳에는 표충단과 신숭겸을 모신 표충사가 자리 잡았다. 왕건은 신숭겸의 전사처에 순절단과 지묘사를 세워 명복을 빌게 하고 토지를 내려 이곳을 지키게 하였다고 한다. 1607년에 지묘사 자리에 경상도 관찰사 유영순과 신숭겸의 후손 신흠이 표충사라는 서원을 세워 신숭겸의 위패를 모셨다.

▲ 춘천 장절공 신숭겸 묘소

---

42) 국토해양부 국토지리정보원, 『한국지명유래집 : 경상편』, 국토해양부 국토지리정보원, 2011, 144쪽.

▲ 신숭겸 장군 유적에서 바라본 왕산

현재 표충단 옆에 세워진 비각 안의 비석에는 '고려 장절 신공 순절지지(高麗壯節申公殉節之地)'라고 새겨져 있다. 신숭겸의 전사처임을 확인시켜주고 있다.

1672년에 표충사는 사액서원이 되었다. 1871년에 서원철폐령으로 표충사가 없어진 뒤에 후손들이 재사(齋舍)를 지어 이곳을 지켜오다가 1993년에 표충사를 복원하였다. 신숭겸장군 유적 뒤편의 세모난 산의 이름이 '왕산'이다. 왕산 또한 왕건과 관련된 지명이라고 하겠다. 또한 주변의 나팔고개 또한 공산 전투와 관련된 지명으로 전한다. 이 일대는 현재 '신숭겸길'로 지정되어 있다.

전쟁이 끝난 후 왕건은 자신을 대신하여 죽은 신숭겸의 시신을 찾게 하였다. 신숭겸의 시신은 그의 왼쪽 발바닥에 북두칠성처럼 있는 검은 사마귀를 보고서야 찾았다고 한다. 『동사강목』에 적혀 있는 이야기이다. 얼굴을 알아 볼 수 없을 정도로 신숭겸이 처참하게 살해되었든지, 아니면 후백제 측에서 그의 목을 베어 갔음을 뜻한다. 후자의 추정이 타당할 것으

▲ 대구 파군재 삼거리

로 보인다. 『대동운부군옥(大東韻府群玉)』에 의하면 후백제군은 신숭겸의
머리를 베어 창[戟]에 꽂아 가져 갔다고 했기 때문이다.

왕건은 황금으로 신숭
겸의 얼굴 형상을 만들어
장례를 치렀다. 춘천시 서
면 방동리에 소재한 신숭
겸의 묘소는 왕릉처럼 웅
대하고, 묘 앞이 확트여
명당임을 느낄 수 있다.
그런데 머리가 없는 신숭
겸의 머리를 금(金)으로
만들어 장례를 치렀으므
로, 도굴이 우려되어 봉분
을 3기를 조성했다고 한
다. 또는 부인을 합장했기
때문이라고도 한다. 어느

▲ 파군재의 신숭겸 동상

봉분이 신숭겸의 것인지는 알 수 없다. 그런 관계로 제향(祭享)은 중앙의
봉분 앞에서 행하고 있다.

그러면 공산 전투를 다시금 서술해 본다. 전투는 파군재로 옮겨갔다.
파군재는 대구광역시 동구 공산동 파군재 삼거리에 위치한 고개이다. 현
재 신숭겸의 동상이 세워져 있다. 이곳의 동상과 그 뒤에 있는 부조는 춘
천의 신숭겸 묘역과 신숭겸의 출생지인 곡성 용산재에 있는 그것과 동일
하다. 파군재[破軍峙]는 '군대가 격파된 고개'라는 뜻이다. 이곳에서 고려
군이 후백제군에게 대파되었기에 유래하였다.[43]

현재 삼거리인 파군재에는 수많은 차량이 왕래하고 있다. 고려군과 후

백제군은 북쪽에서 내려와 파군재에 이르러 격전을 벌였던 것으로 보인다. 파군재에서 서쪽으로 가면 북구, 동쪽으로 가면 동구에 이르게 된다. 서쪽으로는 무태조야동을 지나면 전탄(箭灘)이 나타난다. 고려군 주력은 이곳으로 도망갔을 것으로 보인다. 후백제군 또한 고려군의 예상 도주로를 이와 마찬 가지로 파악하여 맹추격했을 가능성이 높았다. 때문에 왕건은 후백제군의 예상을 깨고 남쪽으로 도망간 것으로 보인다.

이후 주요 전장은 파군재 서쪽의 전탄으로 옮겨졌다. 전탄은 동화천 하류의 유니버시아드 선수촌 2단지 아파트와 현대동서변 주유소 사이가 된다. 전탄은 '화살로 가득찬 내[川]'라는 뜻이다. 이곳에서 고려군과 후백제군은 하천을 사이에 두고 서로 화살을 맹렬하게 쏘았다. 이때 쏜 화살이 내를 가득 메울 만큼 전투가 치열했다는 것이다. 때문에 '화살로 가득찬 내'라는 뜻을 담은 '살내'로 구전되었다. 이것을 한자로 '전탄'으로 표기한 것이다.[44] 그런데 고려군과 후백제군이 서로 화살을 쏘면서 싸웠을 지에 대해서는 의문이 든다. 도리어 후백제군이 일방적으로 고려군에게 화살을 쏘면서 학살하는 모습이 맞을 것 같다.

▲ 대구 전탄

대구 지역의 지명과

43) 국토해양부 국토지리정보원, 『한국지명유래집 : 경상편』, 국토해양부 국토지리정보원, 2011, 146쪽.
44) 국토해양부 국토지리정보원, 『한국지명유래집 : 경상편』, 국토해양부 국토지리정보원, 2011, 147쪽.

▲ 시량이의 모영재

전설에 따르면, 왕건은 이쪽으로 도망가면 후백제군에게 밀리고, 전탄을 건너면 시간이 지체될 수도 있다고 판단하여 일부러 남쪽으로 몸을 피하였다. 그리고 후백제군의 추격을 피하기 위해 동쪽의 산으로 재빨리 도망갔다. 당시 왕건은 병사의 차림을 하고 소수의 병력과 함께 움직였을 것으로 보인다.

불로동에서 계곡을 따라 5㎞ 정도 안쪽에는 '시량이'라는 마을이 나타난다. 이곳에는 현재 대구 올레 팔공산 4코스라는 길이 조성되어 있다. 시량이로 가는 길은 평광동 '왕건길'로 이름 붙여졌다. 해당 길에는 군데군데 왕건과 관련된 유적들을 표시해 놓았다.

시량이는 '중시량이'와 '시량이'로 나뉘어져 있다. 그 제일 안쪽이 시량이다. 이곳에는 신숭겸 장군의 위패를 모셔놓은 사당인 모영재가 있다. 대구광역시 동구 평광동 108번지에 소재한 모영재는 1931년에 신숭겸의 유덕을 기리기 위해 세웠다. 모영재는 영각을 추모한다는 뜻으로 매년 9

월 9일에 신씨 문중에서 합동으로 향사를 지낸다. 모영재 뒤에는 1832년에 후손 신정위가 신숭겸의 공덕을 기리기 위해 세운 영각 유허비가 있다.

왕건은 당시 이곳까지 피신한 것으로 볼 수 있다. 전설에 따르면 이 주변의 나무꾼이 목마른 왕건을 보고 물을 주었다고 한다. 그러나 나무꾼이 잠시 자리를 비운 사이에 왕건은 길을 떠났다는 것이다. 나무꾼은 나중에야 자신이 도와준 사람이 왕이었다는 것을 깨달았다고 한다. 이로써 유래한 '실왕리' 지명은 훗날 '시량이'로 전해지게 되었다. 지명유래와 관련 유적이 있는 것으로 볼 때 왕건과 관련된 지명일 가능성이 높다. 시량이에서 남쪽으로 넘어가려면 나타나는 산의 이름이 초례산이다. 초례산 또한 왕건과 관련된 지명으로 일컬어진다. 지명에 따르면 왕건은 시량이에서 초례산으로 넘어간 후 반야월과 안심 지역으로 이동한 것으로 그려진다.

전설에 따르면 왕건은 초례산을 넘어 반야월로 갔다고 한다. 반야월은 왕건이 이곳에 도착했을 때 반달이 떠 있었고, 안심은 이곳에서 비로소 안심했다고 하여 유래한 지명이다.[45] 이러한 지명들이 실제 역사적 사실을 반영하는 것인지? 아니면 후에 대구 지역 사람들이 왕건의 퇴주를 놓고 붙인 지명인지 명확하지는 않다. 그러나 급박하였던 당시 사정을 보면 불가한 일은 아닐 수 있다.

이후 왕건은 앞산으로 이동한 것으로 보인다. 앞

▲ 대구 초례산 원경

---

45) 국토해양부 국토지리정보원, 『한국지명유래집 : 경상편』, 2011, 123쪽.

산에는 현재 왕건과 관련하여 3곳의 사찰에 관련 전설이 남아 있다. 이들은 각각 은적사·안일사·임휴사이다.[46] 은적사에는 왕건이 3일간 숨어 지냈다는 왕건굴이 남아 있다. 왕건이 이곳으로 피하자 3일 동안 짙은 안개가 끼었다. 그리고 왕건

▲ 대구 앞산 은적사 왕건굴

굴 입구는 거미들이 줄을 쳐주어 왕건이 안전하게 피할 수 있었다고 한다. 왕건은 후일 영조 선사에게 명하여 이곳에 사찰을 건립하게 하였는데, 자신이 숨어 생명을 건진 곳이라고 하여 '은적(隱跡)'으로 명명했다고 전한다. 실제로 이곳에는 왕건굴이 있으며 은적굴이라고도 일컫는다. 불자들은 은적굴에 봉안된 관음보살상에 배례를 하고 있다.

안일사는 본래 안일암이라는 암자였다. 왕건은 이곳의 왕굴로 숨어 위기를 모면했다고 한다. 또 다른 전설을 보면 왕지렁이의 후손으로 전해지는 진훤이 왔다는 의미에서 '왕지렁이'가 되었다는 것이다. 그러다가 발음의 편의상 '안지랑이'로 굳어지게 되었다고 한다.[47] 진훤 이름은 지렁이와 관련된 전설로 표출되고는 하였다. 안지랑이 전설 또한 비슷한 맥락이므로 흥미롭다. 올라가는 길이 가파른 안일사 윗쪽 500m 지점에는 왕건과 관련된 '왕굴'이 있다. 왕건은 이곳에서 3개월 동안 휴식하다가 돌아갔다

---

46) 류영철, 『高麗의 後三國 統一過程 研究』, 景仁文化社, 2005, 120쪽.
47) 국토해양부 국토지리정보원, 『한국지명유래집 : 경상편』, 2011, 146쪽.

고 하여 안일사라는 이름
이 붙게 되었다고 한다.
그러나 이 전설은 공산
전투의 전반적인 상황과
맞지 않기 때문에 취신이
어렵다.

임휴사(臨休寺)는 공산
전투 때 왕건이 탈출하던
중 임시로 국막을 치고

▲ 대구 앞산 안일사

피곤한 몸을 잠시 쉬어갔다고 해서 절 이름이 생겨났다고 한다. 현재 이
곳은 근래 지은 건물들이 들어 차 있다. 어쨌든 앞산에는 왕건과 관련한
지명들이 남아 있는 것이다. 앞산은 대구 분지를 한 눈에 조망할 수 있는
위치였기에 왕건은 이곳
에서 그 다음 동선을 살
피며 잠시 머물렀던 것으
로 추정된다.[48]

이후 왕건의 도주로를
앞산에서 서쪽을 지나 성
주 방면으로 잡기도 한
다.[49] 이러한 추정은 성
주 지역이 당시 고려의

▲ 대구 앞산 임휴사

---

48) 최덕민, 「팔공산의 王建 설화 지명과 공산전투의 지리학적 탐색」, 경북대학교 교육
대학원 석사학위논문, 2005, 30쪽.
49) 류영철, 『高麗의 後三國 統一過程 硏究』, 景仁文化社, 2005, 120쪽.

권역이었다는 점을 근거로 내세우고 있다. 그 밖에 후백제군이 대목군과 벽진군을 공격한 배경을 성주 지역에서 왕건을 숨겨준 데 대한 보복으로 간주했다.[50]

그러나 이러한 주장은 동의하기 어렵다. 후백제군은 벽진군에 앞서 지금의 경상북도 칠곡인 대목군을 공격한 데다가 칠곡군 지천면 송정리 뒷산이요 연화 1리와 경계한 '왕산봉'에는 관련 전설까지 남아 있기 때문이다. 공

▲ 칠곡 왕산봉

산 패전으로 달아난 왕건이 왕산봉에서 전열을 재정비하여 승전했다는 전설이다. 왕건이 머문 곳이기에 '왕건봉'이라고도 하며, 깃발을 꽂은 돌을 '수기석', 골짜기를 '기봉골'로 일컬었다.[51] 이러한 전승에 따른다면 왕건은 '앞산'에서 북쪽으로 북상한 후 왕산봉에서 고려군과 만난 것이 된다. 이곳에서 극적으로 구출된 왕건은 추격하는 후백제군을 따돌린 것으로 보인다.

이후 왕건은 대목군을 거쳐 개경으로 올라간 것으로 동선이 잡힌다. 이때 후백제군은 왕건의 퇴주로를 따라 다음의 기사에서 보듯이 대목군까지 추격했던 것이다.

---

50) 최덕민, 「팔공산의 王建 설화 지명과 공산전투의 지리학적 탐색」, 경북대학교 교육대학원 석사학위논문, 2005, 63쪽.
51) 한국학중앙연구원, 『디지털칠곡문화대전』, 왕산봉 수기석.

진훤은 승리한 기세를 타서 대목군(大木郡)을 탈취하고 전야에
쌓인 곡식들을 모조리 불살라 버렸다.[52]

　　대목군은 지금의 경상
북도 칠곡군 약목면 일대
를 가리킨다. 이곳에 소
재한 백포산성은 당시 대
목군의 치소로 추정된다.
백포산성에는 1996년에
세워진 '백포산 신라토성
유지(栢浦山新羅土城遺址)'
라는 이름의 비석이 세워
져 있다. 백포산성 주변

▲ 칠곡 백포산성 내부와 낙동강

에는 낙동강을 따라 평야가 펼쳐졌다. 이곳은 6.25 때 낙동강 전투의 격
전지였다.

　　그러면 진훤이 대목군 들판에 쌓여 있는 곡식을 불태운 목적은 무엇이
었을까? 이는 후백제가 도합 4개월에 걸쳐 칠곡과 벽진군(경상북도 성주)
인 경상도 북부 지역에서 농작물을 불태우거나 빼앗은 사건과 연계되어
있다. 이곳 양곡에 대한 진훤의 공략은 친고려계 호족인 벽진군장군 이총
언(李悤言)을 교두보로 한 경상도 북부 지역에서 고려군의 존립 기반격인
병참원을 파괴한다는 전략에서 나온 것이었다.

---

52) 『高麗史』권1, 태조 10년 조. "萱乘勝取大木郡 燒盡田野積聚"

# VII
# 고창 전투의 진행과 양상

# 1. 안동 지역의 치소성 비정

    삼국시대와 통일신라시대의 통치거점인 치소성(治所城)은 해당 지역의 중심지에 위치한데다가 규모도 일정하게 갖추었다. 성의 형태로서는 포곡식산성이 치소성에 해당하는 경우가 많다. 안동읍성 이전의 치소성 또한 이러한 맥락에서 생각해 볼 수 있다.

    안동 지역의 포곡식 산성은 6곳이 있다. 성황당토성·영남산토성(嶺南山土城)·천등산성·신석산성·양장산성·학가산성이다. 성황당토성의 축조 연대는 알 수 없다. 그 밖의 5개 성은 모두 고려 중기 이전에 축조된 성으로 추정된다. 이 중에서 가장 규모가 큰 산성은 영남산토성으로 둘레가 2.6㎞에 이른다. 그 다음으로 신석산성(2.3㎞), 천등산성(2.0㎞), 학가산성(2.0㎞), 양장산성(1.0㎞), 성황당산성(0.7㎞)이 있다.[1] 이러한 산성들을 지도에 표시해 보면 다음과 같다.

    현재 안동시를 기준으로 할 때 가장 가까운 곳에 소재한 산성은 영남

---

1) 이동신, 「안동지방 산성의 특징」『안동사학』 3, 1998, 24쪽.

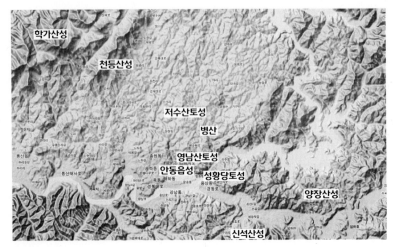

▲ 안동 지역의 주요 산성

산토성과 성황당토성이다. 학가산성과 천등산성은 현재의 안동시, 조선시대의 안동읍성을 기준으로 할 때 원거리에 위치하였다. 특히 학가산은 『신증동국여지승람』의 안동대도호부 조와 영천군 조에 함께 수록되어 있다. 이 성은 안동 지역에서는 외곽에 해당한다. 성황당토성은 안동 중심지에서 비교적 근거리이지만 치소성으로는 규모가 작다. 양장산성과 신석산성 또한 안동시에서 원거리이며 동남쪽에 위치하였다. 모두 안동 지역의 치소성으로는 적합하지 않다. 이러한 사항들을 고려한다면 통일신라시대 안동 지역 치소성은 영남산토성으로 지목된다.

1602년에 작성된 안동의 읍지인『영가지(永嘉誌)』에서는 안동의 주산으로 2곳을 지목하였다. 영남산(暎南山)과 저수산이었다. 영남산은 안동부 동북쪽으로 1리 정도 떨어진 곳에 소재한다고 했다. 저수산은 안동부 서북쪽으로 1리 쯤 떨어진 곳에 있고, 영남산과 이어진다고 적혀 있다.[2]

---

2) 『永嘉誌』권2, 山川.

영남산토성 주변에는 병산과 저수산토성이 소재하였다. 영남산토성과 저수산토성의 초축 연대는 통일신라이며, 통일신라 후기 호족들에 의해 개축되었을 것으로 추정된다.[3] 게다가 영남산토성의 위치를 놓고 볼 때 고창 전투 당시 중요한 근거지로 활용되었을 법하다.[4]

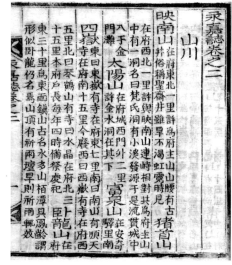

▲ 『영가지』에 기록된 영남산과 저수산

영남산토성의 동쪽에는 낙동강 본류가 흘러가고 있으나 현재는 안동댐과 맞닿아 있다. 영남산토성의 동북쪽으로는 가수천이 흐르며 많은 골짜기를 형성하였다. 그 북쪽으로는 병산이 바라다 보인다. 동쪽 끝부분 아래 산기슭에는 임청각과 군자정이 있으며 낙동강 제방이 높이 쌓여 있다. 서쪽 끝부분으로는 과거 예안현이 있었던 도산면으로 통하는 큰 길이 뚫려 있다.[5]

이상의 근거를 바탕으로 안동 지역의 치소성을 영남산토성으로 지목할 수 있다. 영남산은 저수산과 함께 안동의 주산이었다. 그러니 영남산은 안동 지역의 중심부에 위치하였다. 영남산토성은 낙동강 곁에 소재하

---

3) 이동신, 「暎南山土城에 관하여」 『安東史研究』 5, 1992, 58쪽.
4) 이동신, 「안동지방 산성의 특징」 『안동사학』 3, 1998, 15쪽.
5) 이동신, 「暎南山土城에 관하여」 『安東史研究』 5, 1992, 49쪽.

였기에 낙동강 수계의 장악을 위한 중요한 요충지로 지목된다. 후백제군은 낙동강 수계의 장악을 위해 영남산토성을 포위하여 공격하였던 것으로 보인다. 이 병력이 고려군을 상대하기 위해 병산 인근에서 전쟁터가 형성된 것으로 해석된다.

# 2. 유검필의 저수봉 점령

　고창 전투는 후삼국시대에 있어서 가장 중요한 전쟁 중 하나이다.[6] 이
곳에서의 전쟁을 계기로 후삼국시대의 판도와 무게추가 급속히 바뀌게
되었다. 그간 진훤에게 우세하게 돌아갔던 정세였다. 그런데 고창 전투를
기점으로 왕건에게 우세하게 돌아갔기 때문이다. 그렇지만 고창 전투와
관련된 기록은 많지 않은데다가 비슷한 내용으로 구성되어 있다. 그렇기
때문에 현지에서 전해 내려오는 전설이나 지명을 통해 당시의 정황을 어
느 정도 유추해 보고자 한다.

　고창 전투는 단 1회에 끝나지 않았다. 여러 차례의 전투로 구성되었
다. 기록을 토대로 929년 12월의 저수봉 전투, 930년 1월의 병산 전투, 그
리고 그에 앞선 순주성 전투를 꼽을 수 있다. 그리고 안동 지역 전설에 따

---

6) 고창 전투라는 명칭은 기존에 고창 전투·병산 전투·병산 대첩·고창 싸움 등으로 일
　컬던 전쟁을 이른다. 기존에는 병산에서의 전투에 초점을 맞췄지만, 연구 결과 병산
　이외에도 저수봉·진모래·합전교·순주성 등 다양한 지역에서 전쟁이 수행되었기 때
　문에 大戰인 것이다.

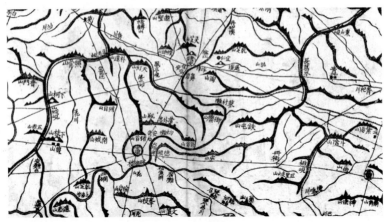

▲ 「대동여지도」에서 보이는 안동 일대. 예안·진보 및 병산·저수산·하지산 등이 확인됨.

르면 이 밖에도 진모래·합전교·송야교에서도 전투가 있었다고 한다. 당시 진훤과 왕건이 몸소 군대를 이끌고 와서 싸운 전투인데다가 수많은 장소에서 싸움이 벌어진 관계로 관련 전승도 적지 않다. 기록이 자세하지 않지만, 전설과 서로 맞물려서 연구를 하여, 당시 전투의 양상을 파악해 볼 수 있었다.

고창 전투의 서막은 저수봉 전투에서였다. 저수봉 전투에 앞서 먼저 기존의 상황을 정리볼 필요가 있다. 저수봉 전투가 발생한 929년에 진훤은 주로 경상북도에서 군사 활동을 하고 있었다. 이에 대한 『고려사절요』의 기록을 보면 다음과 같다.

- 가을 7월……진훤이 갑졸(甲卒) 5천 명을 거느리고 의성부(義城府)를 침공하니, 성주 장군 홍술(洪術)이 싸우다가 죽었다. 왕이 슬피 울면서 이르기를, "내가 양쪽 손을 잃었다." 하였다.[7]
- 진훤이 또 순주(順州)를 침공하니 장군 원봉(元奉)이 도망하

였다.[8]

- 겨울 10월……진훤이 고사갈이성(高思葛伊城)을 치려 하니, 성주 홍달(興達)이 이를 듣고 나가 싸우고자 목욕을 하다가 갑자기 오른팔 위에 멸(滅) 자가 있음을 보았는데 그 후 10일 만에 병들어 죽었다.[9]
- 진훤이 가은현(加恩縣)을 포위했으나 이기지 못하였다.[10]

위의 기사들을 통하여 진훤은 저수봉 전투 이전에 지금의 경상북도 지역을 중심으로 방대한 군사 활동을 펼치고 있었음을 알 수 있다. 후백제는 공산 전투의 승리로 고려와의 전쟁에서 주도권을 쥐게 되었다. 여기서 한 걸음 더 나아가 후백제는 고려와 신라가 서로 통교할 수 없도록 차단하고자 했다.

당시 후백제군의 공격로는 낙동강을 따라서 형성되었다. 후백제는 지금의 의성·안동·문경 지역을 집중적으로 공격하여 큰 성과를 올리고 있었다. 후백제는 순주성 확보를 통하여 안동, 즉 당시의 고창 지역으로 진출 할 수 있었다는데 큰 의의가 있다. 이러한 순주성 전투 시기에 대해서는 사서마다 기록이 서로 다르게 적혀 있다. 이에 대해서는 뒤에서 자세히 언급하도록 하겠다. 후백제는 지금의 문경 마고성인 고사갈이성의 확보를 통하여 조령천을 장악하고 또한 계립령을 통해 고려와 신라가 연결

---

7) 『高麗史節要』 권1, 太祖 12년 조. "秋七月……甄萱以甲卒五千 侵義城府 城主將軍洪 術戰死 王哭之慟曰 吾失左右手矣"

8) 『高麗史節要』 권1, 太祖 12년 조. "萱又侵順州 將軍元奉遁"

9) 『高麗史節要』 권1, 太祖 12년 조. "冬十月……甄萱 將攻高思葛伊城 城主興達聞之 欲 出戰而浴 忽見右臂上 有滅字 至十日病死"

10) 『高麗史節要』 권1, 太祖 12년 조. "萱圍加恩縣 不克"

▲ 문경 마고성(고사갈이성)

되는 것을 막을 수 있었
다.[11]

고려도 이러한 후백제
의 공세에 앉아서 당하고
만 있을 수는 없었다. 계
립령이 막혔기에 죽령이
라도 제대로 확보해야 되
었다. 이러니 양국은 크
게 부딪힐 수밖에 없었
다. 결국 양국의 이해가
맺혀 있는 전장은 안동 병산 일대에 설정되었다. 『고려사』를 보면 본격적
으로 전쟁을 시작하기 전의 상황에 대한 언급이 나온다. 고창 전투 직전
에 진훤의 후백제군은 고창군을 포위하고 있었으며, 왕건의 고려군은 이
보다 동북쪽에 있는 예안진에서 주둔하고 있었다. 이때 고창군의 고려군
이 포위되어 있다는 말을 듣고 왕건은 향후 방책을 모색하였다. 작게는
고창군에 있는 고려군의 생사가, 크게는 경상북도 지역의 패권이 걸린 문
제였다. 이에 관한 기록이 다음에 보인다.

〈태조〉 12년 진훤이 고창군(古昌郡)을 포위하자 유검필이 태조
를 따라 가서 구원하고자 하였다. 예안진(禮安鎭)에 이르렀을 때
태조가 여러 장수와 더불어 의논하기를, "싸움이 만약에 불리할
때에는 어떻게 할 것이냐"고 하니 대상(大相) 공훤(公萱)과 홍유(洪
儒)가 말하기를, "만약에 불리하면 죽령(竹嶺)으로 좇아 돌아올 수

11) 이도학, 『진훤이라 불러다오』, 푸른역사, 1998, 184쪽.

는 없으니 미리 간도(間道)를 닦아 둠이 좋겠습니다."[12]

위의 기사 도입부를 읽었을 때 심상치 않은 분위기임을 알 수 있다. 왕
건은 이미 패배를 염두에 두었던 것이다. 왕건이 여러 장수와 의논 할 때
싸움이 불리해 질 경우, 즉 패배할 경우 어떻게 해야 할 지 묻는 장면을
가리킨다. 이미 싸움을 시작하기도 전에 승리에 대한 확신이 없었음을 뜻
한다. 고창군에는 고려군 3천 명이 있었다. 그런데 이들을 버리기에는 군
대의 손실이 막중하였다. 그렇다고 구원하자니 왕건이 이끌고 있는 본대
가 궤멸될 위험마저 있었다.

물론 기록에는 '고창의 3천여 무리(古昌三千餘衆)'라고 적혀 있다. 그런
데 이들의 성격을 고창 주민이나 이곳에 주둔한 신라군, 혹은 고려군으로
보아야 할지 검토해 보아야 한다. 일단 고창 주민으로 보기에는 규모가
적다. 결국 신라군 즉 향군이나 혹은 고려군으로 지목할 수 있다. 이들을
향군으로 지목하여 고려의 구원병이 오기 전까지 후백제와 대치하여 싸
웠고, 고려의 구원병이 온 후에는 이들과 합세하여 공동전선을 형성했다
는 견해도 있다.[13]

그렇지만 3천여 무리를 향군으로 간주하기에는 저어되는 부분이 있
다. 바로 전투가 공성전이 아닌 야전으로 이뤄졌다는 것이다. 전쟁에서
공성전은 일단 수비 측에 유리하다. 더구나 왕건의 군대는 원병이다. 그
러므로 고창성인 영남산토성의 문을 활짝 열고 왕건을 맞이한 후 진훤과
싸우는 게 유리하다. 그렇지만 왕건은 고창성으로 바로 가지 못하고 병산

---

12) 『高麗史』권92, 庾黔弼傳. "十二年, 甄萱圍古昌郡 黔弼從太祖往救之 行至禮安鎭 太
祖與諸將議曰 戰若不利將如何 大相公萱·洪儒曰 若不利 不可從竹嶺還 宜預修開
道"
13) 柳永哲, 「古昌戰鬪와 後三國의 정세변화」『한국중세사연구』7, 1999, 45쪽.

에서 머무르게 되었다. 그 이유는 진훤이 석산에서 가로막은 탓도 있었을 것이다. 야전은 공성전에 비해 양쪽 모두 피해를 감수하고 적에게 심대한 타격을 입히는 전투 방식이었다. 두 군대 모두 성에서 대치하지 않고 산에다가 진을 쳤다는 것은 그만큼 적절한 장소가 없었음을 뜻한다.

앞으로도 살펴보겠지만, 삼태사의 개입 또한 전투 초반부가 아닌, 후반부 정도로 보인다. 이러한 정황으로 볼 때 3천여 무리는 향군 보다는 오히려 고려군으로 보는 게 옳을 듯하다. 이들은 진훤의 경상북도 북부 공략 때문에 먼저 파견된 군대라고 볼 수 있다. 그렇지만 도리어 후백제군에 밀려서 궤멸 직전에 있었던 것 같다. 고창 지역의 호족들로부터도 적극적인 지원이 없는 고립무원의 상태였던 것으로 판단된다. 이렇게 불리한 상황이었기에 왕건도 군대를 섣불리 움직이지 못했던 것 같다.

왕건이 섣불리 판단하기 힘든 또 다른 이유는 바로 죽령에 있었다. 장수들과의 논의에도 알 수 있듯이 왕건은 퇴주로에 대해 죽령과 사잇길[開道]을 놓고 고심하였다. 그런데 죽령으로는 갈 수 없다고 한 사실은 이미 죽령을 후백제군이 장악했음을 뜻한다.[14] 만약 패배하였을 때 퇴로를 확보하지 못한다고 하자. 그러면 왕건은 오도 가도 못하는 상황이 되어 지극히 불리해질 수 있다. 그랬기에 도사린 위험을 대상 공훤과 개국공신 홍유가 그대로 지적하고 있는 것이다.

당시 경상북도 지역의 정황은 심상치 않았던 것으로 보인다. 왕건과 진훤 가운데서 누구를 선택하느냐에 따라 호족들의 운명이 엇갈렸기 때문이다. 한쪽의 편을 들었다가, 처참하게 공격받는 경우도 있었으므로 가급적이면 전쟁에서 중립을 택하였다. 왕건은 계립령을 통해 군대를 이끌고 내려왔지만, 진훤의 세력이 심상치 않음을 알고 있었기 때문에, 분위

---

14) 이도학, 『진훤이라 불러다오』, 푸른역사, 1998, 233~234쪽.

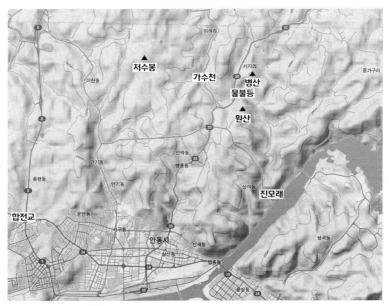

▲ 고창 전투 주요 지명 위치 표시도

기가 크게 호의적이지는 않았던 것 같다. 이러한 상황도 당시 정세 분석에 한 몫을 하였던 것으로 볼 수 있다. 때문에 고려군이 패하게 된다면 왕건으로서는 목숨까지도 내놓아야 하는 상황으로 돌변할 여지가 컸다.

고창 주변의 호족들이 생각보다 호의적이지 않고 관망하는 형세일 수 있었다. 그리고 고창에서 확실하게 승전한다는 보장도 없었다. 왕건이 머뭇거린 이유는 신라 지역인 공산에서의 참패에 대한 쓰라린 기억 때문으로 보인다. 트라우마와 같은 내상(內傷)은 한번 각인되면 쉽게 극복하기 힘든 속성을 지녔다. 왕건은 공산 전투에서 죽다 살아났었다. 그렇기 때문에 진훤에 대한 트라우마가 강하였다. 이로 인해 왕건은 용의주도하게 전쟁을 설계하게 되었다.

그러면 이 상황을 어떻게 돌파해야 할까? 진퇴양난의 상황이라면, 오히려 정공(正攻)이 그 해답이 될 수 있다. 용맹하게 후백제군과 맞서 싸워

안동 지역을 손에 넣게 된다면 상황이 호의적으로 변하게 된다. 만약 신승(辛勝)이 아니라 대승을 거두게 된다면, 공산 전투에서의 패배를 설욕함은 물론이다. 동시에 후백제와의 경쟁에서 우위를 점할 수 있게 된다. 또한 퇴로를 고심했던 죽령은 물론이고 계립령도 장악한 터이므로 경상북도 지역을 석권할 수 있다. 결국 가야할 길은 정해져 있었지만 길을 여는 일은 불확실하였다. 패전했을 때는 자신의 목숨과 국가를 담보해야 되었기에 신중해질 수밖에 없었다. 이렇게 진퇴양난의 상황에서 일부 막료들은 패배를 걱정하였다. 그러나 오히려 당당하게 전쟁에 임해야 한다고 주장한 이가 있었다. 바로 후삼국 최고의 명장 유검필인 것이다.

> 유검필이 말하기를, "신이 듣건대 병은 흉기요 싸움은 위태한 일이라 하였으니, 죽는다는 생각이 있고 산다는 마음이 없는 다음에야 가히 결전(決戰)할 것입니다. 지금 적을 앞에 두고 먼저 달아날 것을 염려함은 어찌된 일입니까. 만약에 구원하지 못하게 된다면 고창(古昌)의 3천여 무리를 고스란히 적에게 넘겨줌이니 어찌 통탄하지 않겠습니까. 신은 진군하여 급히 공격하기를 바랍니다" 하니 태조가 이를 따랐다.[15]

유검필은 전쟁을 어떻게 이끌어 나가야 할 것인지에 대한 논의가 아니라 싸우지도 않고 퇴각하는 것부터 이야기하는 것에 대해 반발하고 있었다. 물론 유검필도 당시 상황은 누구보다도 잘 직시하고 있었기에 상황을

---

15) 『高麗史』 권92, 庾黔弼傳. "黔弼曰 臣聞兵凶器戰危事 有死之心無生之計 然後可以決勝 今臨敵不戰 先慮折北何也 若不及救 以古昌三千餘衆 拱手與敵 豈不痛哉 臣願進軍急擊 太祖從之"

반전시킬 수 방법에 대해 고심하였을 것이다. 누군가 강하게 결단을 하고 적을 무찔러야 하는 상황이었다. 물론 이미 중요 지점은 후백제군이 포진하고 있었다. 공격로는 물론이고 퇴각로와 병참로까지 모두 염두에 두고 전투를 해야 하는 상황이었다. 이러한 상황에서 그 요충지가 바로 저수봉이었던 것으로 생각된다. 저수봉을 누가 얻느냐에 따라서 향후 싸움 양상이 달라지는 것이다. 아울러 고려군의 진격로와 병참로가 확보된다.

다른 장수들은 서로가 서로를 미루는 상황이었다. 그런데 유검필은 오히려 당당하게 나섰다. 그리고 자신이 먼저 군대를 이끌고 나가겠다고 자처했다. 고창 전투는 이렇게 유검필을 선봉으로 한 고려군의 반격으로 그 서막이 오르고 있었다. 다음은 저수봉 전투에 대한 기사이다.

> 유검필이 이에 저수봉(猪首峰)으로부터 분격(奮擊)하여 크게 이
> 를 파하였다. 태조가 그 군(郡)에 들어가 유검필에게 이르기를,
> "오늘의 승리는 경의 힘이로다"라고 하였다.[16]

유검필은 자신이 내 뱉은 말을 다시 주워 담지 않았다. 군대를 이끌고 당당히 저수봉으로 쳐들어갔다. 유검필은 이곳에서의 고투 끝에 저수봉을 손아귀에 넣게 되었다. 앞서 말했듯이 저수봉의 확보를 통해 고려군은 고창 지역으로의 진입이 가능해졌다. 그리고 고려군은 후백제군과 결전을 벌일 수 있었다.

물론 저수봉에 후백제군이 주둔한 기록은 남아 있지 않다. 그렇지만 유검필이 저수봉에서 후백제군을 공격했다는 기록이 있다. 그리고 이곳

---

16) 『高麗史』 권92, 庾黔弼傳. "黔弼乃自猪首峯 奮擊大破之 太祖入其郡 謂黔弼曰 今日
   之捷 卿之力也"

▲ 저수봉 전투 현장

의 지리적인 위치를 볼 때 후백제군이 저수봉을 선점했을 가능성이 매우 높다. 그랬기에 저수봉에서 혈전이 일어났다고 하겠다. 그러면 저수봉은 지금의 어디를 말할까? 저수봉의 위치에 대해 「대동여지도」에서는 병산 아래쪽에 있으며 안동의 북서쪽을 에워싼 산으로 표현하였다. 이형우는 현재 안동군 와룡면 서지동의 서남쪽에 위치한 봉우리로 흡사 2마리의 돼지가 누워있는 형상 때문에 붙여진 이름이라고 했다.[17] 류영철은 이곳을 안동여자중학교 뒤편쪽으로 바라보이는 곳이라고 했다.[18] 류영철은 이형우의 저수봉 비정을 참고하였지만 양자의 위치 비정은 약간 차이가 난다. 류영철은 안동여자중학교를 지목한데 반해 이형우는 그보다 좀 더 북쪽을 지목하여 지도에까지 표시해 놓았다. 이 사안에 있어서 이형우의 의견이 맞다고 판단하였다.

저수봉의 위치 비정에서 가장 중요한 자료는 청주 정씨(淸州鄭氏) 저수봉재사(猪首峰齋舍)이다. 이 재사는 정약(鄭若)의 묘재와 묘소를 수호하기 위해 건립되었다. 이에 대해서는 다음에 인용된 『안동의 재사』(IV)를 통하여 명확히 확인된다.

---

17) 李炯佑, 「古昌戰鬪考」『上智實業專門大學 論文集』 12, 1982, 11쪽.
18) 柳永哲, 「古昌戰鬪와 後三國의 정세변화」『한국중세사연구』 7, 1999, 39쪽.

재사의 이름은 보통 재사가 위치한 곳의 지명을 따라서 붙이는 경우가 많다. 저수봉재사도 그러한데 이 재사는 안동의 북쪽, 아름달골[美月, 美洞村] 아름달산[저수봉] 아래에 있다. 마을의 주산은 북쪽에 위치한 아름달산[猪首峰, 230m]이다. 구전(口傳)에 따르면, 이 산은 동쪽으로 머리를 내민 산 모양이 돼지머리를 닮았다고 해서 '저수봉(猪首峰)'이라 하며, 마을은 저수리(猪首里)라고도 한다. 또 고려 태조 왕건(王建)과 후백제의 견훤(甄萱)이 고창[안동] 땅에서 싸울 때 왕건이 이 산에서 숨어 싸웠다고 하며, 전투에서 이겼으므로 '재수가 좋다'고 하여 재수봉으로 불렀다고 한다. 그러나 재수봉이란 이름은 저수봉에서 음(音)이 변한 것으로 보인다.[19]

이곳과 병산은 근거리에 위치하고 있다. 그렇기 때문에 저수봉 지명과 전승은 설득력이 높다. 지금은 민가의 뒤편에 세워진 작은 건물이 바로 저수봉재사였다. 근처에 정약의 묘소 또한 있었다. 저수봉에 올라 주변을 살펴보면 높은 편은

▲ 저수봉재사

아니었지만 완만한 경사로 이어졌다. 그런데 이곳의 지리적 이점은 안동 북부 지역의 통로를 양쪽에 끼고 있다는 점이다. 「대동여지도」에서는 안

---

19) 안동민속박물관, 『안동의 재사』, 2013, 301쪽.

동으로 들어서는 북쪽 통로를 2곳으로 표시해 놓았다. 즉 북서쪽의 영천(榮川)에서 오는 길과 북동쪽의 예안(禮安)에서 오는 길로 나누어져 있다. 이 두 길을 통해 안동으로 들어서게 된다. 그런데 저수봉은 두 통로의 사이에 있다. 그렇기 때문에 저수봉을 장악한다면 양쪽 길목을 움켜쥐게 되는 셈이다. 이 때문에 진훤은 미리 저수봉에 군대를 파견하여 고려군의 남하를 차단하려고 했다. 이를 파악한 유검필이 저수봉을 과감하게 공략한 것이다.

저수봉은 행정구역상으로는 와룡면 이하리(伊下里)에 속한다. 저수봉 전투와 관련된 전설이 남아 있다. 아름달산은 저수봉과 동일한 산을 가리킨다. 때문에 현지 도로명은 아름달길이다. 아름달이라는 이름을 한역(漢譯)하여 미월(美月)·미동촌(美洞村)·미곡(美谷)으로 부르기도 한다. 전설에 따르면 고려군이 후백제군과 안동에서 싸울 때 왕건이 아름달산에 숨어서 전투를 하였다고 한다. 결국 왕건이 싸움에서 이겼으므로 재수가 좋다고 하여 이 산을 '재수봉'이라고 불렀다는 것이다. 그러나 저수봉에서 나온 재수봉 전설은 고창 전투와 연관해서 생각해 볼 수 있다. 전설처럼 실제 왕건이 저수봉에 왔을 수도 있겠지만, 전투의 중심은 유검필이었다. 그리고 왕상골(旺祥谷)도 주목된다. 즉 신라의 어떤 왕이 이곳에 행차하였을 때 주안상을 차려 만찬을 베풀었다 하여 붙여진 이름이라고 한다. 물론 신라 왕이 이곳까지 왔다는

▲ 저수봉에 위치한 정약 묘소

자료는 확인되지 않는다. 다만 통일신라와 같은 시대였던 고려의 왕이 행차한 사실이 신라왕으로 와전된 것으로 보인다.[20]

　여하튼 유검필의 저수봉 점령으로 인하여 왕건의 군대가 안동으로 진입할 수 있었다. 진훤도 군대를 이끌고 왕건의 공격에 맞서게 되었다. 결국 두 군대는 길목에서 맞닥뜨리게 되었기에 병산과 석산에 각각 진을 쳤다.

20) 安東民俗博物館, 『安東의 地名由來』, 2002, 250~310쪽.

# 3. 후백제군과 고려군의 병참 문제

    역사서에서는 고창 전투에 대해 짧게 서술되어 있다. 그렇지만 저수봉 전투까지 합쳐서 2개월이 소요된 데다가 한겨울이었기에 혹한에서의 야전이었다. 2개월 동안 승부가 나지 않았다는 것은 그만큼 치열한 접전이 었음을 뜻하는 동시에 병참의 전쟁이기도 했다. 공성전이 장기전이 된데는 성에 식량이 비축된 데다가 성만 방어하면 되었기 때문이다. 유리한 입장의 수비 측에서 시간을 오래 끌기 때문이지만, 야전에서는 장기전으로 가는 예가 그리 많지 않다. 이 경우 병참이 가장 문제가 되므로, 후백제와 고려 모두 병참에

▲ 고창 전투 현장으로 들어서는 병산교

크게 신경을 썼을 것이다. 이 병참선의 복원을 통하여 당시 전쟁 양상을
분석해 볼 수 있다.

　고려의 병참선은 예안에서 저수봉을 지나 병산에 이르는 루트이다. 이
는 저수봉에 주둔한 유검필이 관장한 것으로 보인다. 『동사강목』에 따르
면 유검필은 저수봉 전투 이후, 왕건의 본대와는 별도로 저수봉에 주둔했
던 것으로 보인다. 이는 고려군의 병참과 퇴로 확보 때문일 것이다. 또한
저수봉의 전략적 중요성을 잘 알고 있던 후백제군은 탈환을 위해 군대를
계속 보냈을 게다. 이 때문에라도 유검필은 저수봉에 계속 잔류했던 것이
다. 그러면 다음의 기사를 보도록 한다.

　　　왕이 친히 군사를 거느리고 고창군(古昌郡)의 병산(瓶山)에 진을
　　치고 진훤은 석산(石山)에 진을 치니, 서로의 거리가 5백 보쯤 되었
　　다.[21]

　두 군대는 서로 근거리인 병산과 석산에서 대치하였다. 『고려사』·『고
려사절요』·『동사강목』에서는 5백 보 정도 떨어졌다고 적혀 있다. 이에
반해 『삼국유사』에서는 백 보 정도 떨어져 있었다고 했다.[22] 일반적으로
보(步)를 120cm 정도로 규정 할 때, 전자는 600m, 후자는 120m 정도로 간
주한다. 그러므로 전자가 좀 더 합당한 것으로 보인다. 그렇더라도 600m
는 근거리에 해당한다. 이 같은 근거리에다가 좁은 공간에서 전투를 벌였
기 때문에 병력의 조밀도가 높은 치열한 접전이 예견되었다. 또한 평야에

---

21) 『高麗史節要』 권1, 太祖 13년 조. "王 自將 軍於古昌郡 瓶山 甄萱 軍於石山 相去五百
　　步許"
22) 『三國遺事』 권2, 紀異, 後百濟 甄萱 條. "太祖隔百步 而郡北瓶山營寨"

서 승기를 잡더라도 배후의 거점인 산으로 공격하기는 쉽지 않은 상황이었다. 때문에 지루한 공방전이 거듭될 수밖에 없었던 것으로 보인다. 이러한 상황에서는 서로 계략을 통하여 이기려고 하는 성향을 보이게 마련이다.

양군 간의 군세에 대해 류영철은 5천 명 이상으로 보고 있으며, 향군 3천 명이 합세한 것으로 파악하였다.[23] 이러한 견해는 경주가 함락된 후 왕건이 직접 정병을 5천 명을 거느렸다는 점에서 착안한 것이다. 후백제의 경우 전사자가 8천여 명이었기에 1만 명이 넘는 군대였음을 상정할 수 있다. 그러나 실제는 고려군이나 후백제군이 동원한 병력은 이보다 훨씬 많았을 것이다. 양군 모두 각각 2만 명 정도의 병력을 동원했다고 보는 게 자연스럽다. 1만 명 가운데 8천 명의 병력을 손실했다면 그 군대는 통제 불능한 전패요 일방적인 학살에 해당한다. 그렇지만 진훤의 후백제군은 퇴각하면서도 지속적으로 교전을 하였다. 이러한 점에 비추면 후백제군은 어느 정도의 병력은 여전히 유지했다고 볼 수 있다. 주지하듯이 적과 싸울 때 동률의 군대가 필요해진다. 그런데 이보다 더 적은 규모면 이기기 힘들다는 점은 예측이 가능하다. 그렇기 때문에 왕건 또한 애초에 후백제군과 비슷한 규모의 병력을 동원했다고 보는 게 옳다. 즉 두 나라 군대와 향군, 그리고 이전에 와있던 고려군 3천 명과 선필의 원군, 그리고 양군에 군량을 조달하던 병력까지 합쳐서 총 4~5만 정도 되는 대병력이 이곳에서 격돌했다고 본다.

그렇다면 당시의 전장은 어떻게 형성되어 있었을까? 아무래도 크게 3곳에서 전장이 형성된 것으로 보인다. 첫째는 진훤과 왕건의 본대가 대치하고 있는 병산과 석산, 그리고 둘째는 유검필이 이끄는 군대가 주둔하고

---

23) 柳永哲, 「古昌戰鬪와 後三國의 정세변화」 『한국중세사연구』 7, 1999, 44~45쪽.

있는 저수봉 일대, 그리고 셋째는 고려의 3천 병력과 후백제군이 격돌하고 있었던 고창성(영남산토성) 일대로 볼 수 있다. 여기에서 고창성이 중립을 지켰고, 고려의 3천 병력이 유검필의 저수봉 전투 이후에, 유검필군이나 본대에 합류했다고 하더라도 후백제군이 고창성에서 철수했을 가능성은 적다.

이는 크게 2가지 목적으로, 첫째는 고창성의 향군이 고려군에게 투항하는 것을 막기 위해서이다. 이미 유검필군이 온 상황이며, 왕건의 군대가 병산에서 진을 치고 있는 상황에서 고창성이 후백제에 적대적이라면, 둘의 연합을 무조건 막아야 되는 상황이었다. 그러므로 후백제군은 고창성을 포위하거나 군대를 주둔시켰을 가능성이 크다. 둘째는 후방 퇴로 및 보급로의 확보로 고창성 부근이나 낙동강을 통하여 보급이 이루어졌을 경우, 이 병참선을 잃지 않기 위해서라도 군대가 계속 주둔해야 하는 것이다.

병참은 현지 보급이 가장 좋은 편에 속한다. 그러나 이 경우 현지의 사람들에게 원성을 살 수밖에 없다. 이는 전쟁에 있어서 가장 딜레마로 작용한 부분이다. 일찍이 『손자병법』에서는 현지에서의 군량미 확보에 대해 다음과 같이 언급하였다.

> 그러므로 지혜로운 장수는 적지에서 식량을 빼앗으려고 노력한다. 적의 식량 10섬을 얻으면 본국에서 200섬을 보급 받는 것과 같으며, 현지에서 사료 1섬을 얻으면 본국에서 20섬을 보급 받는 것과 같은 효과가 있다.[24]

---

24) 『孫子兵法』 作戰. "故智將務食於敵 食敵一種 當吾二十種 忌秆一石 當吾二十石" 『손자병법』의 번역은 '손무 저·유동환 역, 『손자병법』, 홍익출판사, 1999'에 의하였다.

후백제 본토와 경상북도 지역은 멀리 떨어져 있다. 그랬기에 본국에서 지속적으로 군량을 보급하지 않는다면 주둔지의 호족들을 통해 차출하거나 현지에서 약탈하는 방법 밖에는 없다. 그러나 이 경우 현지 주민들로부터 원성을 살 수밖에 없다. 왕건은 군량 조달과 관련해 현지의 호족들과 타협하는 방식을 많이 취하였다. 이와는 달리 진훤은 둔전을 통하여 자체 조달하려고 했다. 그러나 둔전은 일정 기간 동안 군대가 상주하고 있어야 가능하다. 그렇기 때문에 고창 전투에서는 고려할 수 없었다.

보급이 가장 큰 문제가 될 경우 결국에는 현지에서의 수탈 외에는 방법이 없었다. 이미 들어와 있는 고려군을 포위하기 위해 고창으로 쳐들어온 진훤의 후백제군은 현지에서의 군량 조달 때문에 약탈을 자행했던 것으로 추측된다. 결국 이에 대한 반감이 고창 전투에서 고려가 승리하게 되는 결정적 요인이었을 가능성을 제기해 본다. 또한 원활한 군량 조달을 위해서는 수로를 통한 보급이 지속적으로 이루어져야 했다. 후백제는 낙동강을 통하여 계속 본대에 군량을 공급했던 것으로 보인다. 이러한 군량의 집결처는 가수천이 낙동강과 합류하는 진모래 일대로 추측된다. 이는 다음과 같은 진모래 전설을 통하여 추정해 볼 수 있다.

마을 앞의 낙동강에 긴 모래톱이 있어 진모래라 불렀다. 이 마을에는 삼태사와 견훤에 대한 전설이 있는데, 견훤은 원래 지렁이의 화신이었다고 한다. 전시에는 모래땅에 진을 쳐 신변이 위태롭게 되면 지렁이로 변해 모래 속으로 들어가 버려 웬만해선 그를 물리칠 수 없었다고 한다. 삼태사가 왕건을 도와 현재의 안동군 와룡면 서지에 진을 치고 있을 때 견훤은 그 동쪽 낙동강변 모래땅에 진을 쳐 대전하였다. 싸움이 수십 번 계속되었는데도 끝이 나지 않고 견훤은 싸움을 하다 불리해지면 모래 속으로 기어 들어

가니 어찌할 도리가 없었다.[25]

위의 진모래 지명 전
승은 왜곡된 것이다. 당
초에는 진훤이 숨은 모래
라고 해서 진모래로 불렸
다고 했다. 그런데 진모
래 전설에서 진훤이 낙동
강변 모래 땅에 진을 쳤
다는 내용은 그대로 받아
들이기 어렵다. 이렇게

▲ 진모래 전투 현장. 안동댐 조성으로 지형이 많이 변했다.

될 경우 진훤은 배수진을 친 셈이 되지만 그러할 이유는 없다. 흔히들 배
수진은 열세인 아군의 사기를 상승시켜 전세를 급반전시키기 위한 비책
으로 알려져 있다. 그러나 실제 병법에서는 가장 기피하는 전술이다. 퇴
로와 보급로가 확보되지 않은 상황이므로 포위만 되더라도 전멸하기 십
상이다. 그렇기 때문에 실제 배수진을 운용하여 성공한 사례는 거의 없
다. 한신(韓信)의 경우는 특수한 상황에서 병법과 어긋나게 배수진을 써
서 승리한 것일 뿐이다. 배수진이 만능이기 때문에 승리했다고 보기는 힘
들다. 게다가 현지에서 확인한 결과, 진모래 일대는 산으로 둘러싸여 있
는 지형이었다. 만약 이곳에 진을 치게 된다면 상대방에게 고지를 내놓는
격이 된다. 이렇게 되면 아군의 형세가 적에게 그대로 노출될 뿐 아니라
적이 원거리에서 화살만 쏘아도 속수무책으로 당하는 수밖에 없다.
　그렇다면 진모래에서 진훤이 힘을 얻었다는 전설의 배경은 무엇일까?

25) 安東民俗博物館, 『安東의 地名由來』, 2002, 415~420쪽.

말할 나위 없이 진모래를 통하여 병참이 이루어졌기 때문일 것이다. 진모래 근처에 주둔한 후백제군이 낙동강 하류에서 올라오는 군량을 받고 본대로 수송했던 것으로 보인다. 물자의 현지 조달은 한계가 있는 관계로 당시에는 수로를 이용하여 보급이 이루어지는 경우를 상정할 수 있다.

왕건 또한 예안에서 군량을 공급받았던 것으로 보인다. 그런데 양 군대는 쉽게 승부가 나지 않은 관계로 장기전을 끝낼 만한 변화를 원하였다. 전설에서 보이듯이 싸움이 수십 번이나 계속되어도 끝나지 않았다는 것은 당시 상황을 그대로 응축한 것이다. 양 군대 모두 군량 조달에 어려움을 느꼈다고 볼 수 있다. 이러한 상황에서 고려에게 호재가 찾아왔다. 다음에 보듯이 선필의 귀부였다.

> 봄 정월에 재암성(載巖城) 장군 선필(善弼)이 와서 투항하였다. 예전에 왕이 신라에 통호하려 할 때 도둑이 일어나 길이 막히자, 왕이 걱정하고 있었는데 선필이 기이한 계책을 써서 인도하여 통호하게 하였다. 그러므로 이제 그가 와서 항복하니, 후한 예를 갖추어 대접하고 그가 나이가 많다 하여 상보(尙父)라고 일컬었다.[26]

선필의 귀부로 인하여 고려군의 군량 조달은 걱정을 덜 수 있었던 것으로 보인다. 재암성은 안동의 동쪽인 지금의 청송군 진보면에 소재하였다. 예안과는 육로와 수로로 연결되므로 재암성과 그 예하 지역의 군량을 왕건에게 공급해주었을 가능성이 높다. 선필의 귀부는 왕건에게는 매우 시의적절하였던 것이다. 그 덕분에 고려군은 후백제군에 비해 군량상 우

---

26) 『高麗史節要』 권1, 太祖 13년 조. "春正月 載巖城將軍善弼 來投 初王欲通新羅 而賊起道梗 王患之 善弼 導以奇計 使得通好 故今其來朝 厚禮待之 以其年老 稱爲尙父"

위를 점하였음은 분명하다. 왕건이 선필을 상보라고 일컬은 데는 이러한 요인도 크게 작용한 것으로 보인다.

왕건이 상보로 일컬었던 진훤을 포함한 2명 가운데 그 최초의 인물이 선필이었다. 상보는 나이가 많은 이를 존중해서 부르는 것으로, 강태공(姜太公) 여상(呂尙)을 일컫던 사상보(師尙父)에서 유래하였다.[27] 주나라 무왕(武王)이 은나라 주왕(紂王)을 몰아내고 주나라를 세울 수 있었던 것은 강태공의 도움이 절대적이었다. 이러한 전고를 들어 왕건은 선필에게 상보로 부르며 존중해 준 것이다. 고려에 망명하였던 진훤도 결과적으로 고려의 승전에 큰 도움을 주었기에 상보로 일컬어졌다. 상보는 왕건이 자신에게 귀부한 연장자들에게 부여한 존칭만은 아니었다. 고려에 바친 공적이 지대했기 때문에 부여한 최상의 존칭이었다.[28]

군량 공급은 비단 선필에서만 그치지 않았을 것이다. 현지 주민들을 통해서도 군량 공급이 이어졌을 것으로 추정된다. 이와 관련한 전설이 다음과 같은 밥박골의 안중구(安中嫗) 노파 이야기이다.

> 밥박골 : 옛날 병산 전투 때 안중구(安中嫗) 할머니가 삼태사(三太師) 군대에게 밥을 날라주었다고 하여 전하는 이름이다. 가수내 마을 위 즉, 이하 2리의 아름달 들어가는 입구라고 한다.[29]

그 밖에 안중구 노파가 고삼뿌리를 섞은 독한 술을 빚어서 후백제군의 장수들에게 제공하여 크게 취하게 한 후, 이 사실을 삼태사군에게 알려서

---

27) 『詩經』大我, 大明. "維師尙父 時維鷹揚"
28) 이 외에도 고려 광종 때 金傅, 즉 신라 경순왕을 상보로 일컬은 바가 있다(『高麗史節要』권2, 光宗 26년 조, "冬十月 加政丞金傅 爲尙父 都省令 食邑一萬戶"
29) 安東民俗博物館, 『安東의 地名由來』, 2002, 250~310쪽.

승리하게 했다고도 전한다.[30] 이러한 전설을 통하여 안동 지역의 민심이 고려쪽으로 쏠렸음을 알 수 있다. 동시에 안동 주민들이 고려군에게 군량을 공급해 주었을 가능성이다. 그런데 안중구 노파 전설에서 후백제군에게 고삼주를 제공한 이야기를 달리 해석해 볼 수도 있다. 즉 안동 주민들의 후백제군에 대한 군량 지원 가능성을 엿볼 수 있는 것이다. 물론 이 전설은 승리한 고려의 입장에서 긍정적인 이야기로 포장되어 남게 되었다. 그러나 그 이면에는 후백제군과 고려군 모두 주민들로부터 군량을 공급받았음을 암시해 준다.

---

30) 李道學, 『진훤이라 불러다오』, 푸른역사, 1998, 243~244쪽.
    柳永哲, 「古昌戰鬪와 後三國의 정세변화」『한국중세사연구』7, 1999, 44쪽.

# 4. 고창 전투의 전개와 결말

 선필이 왕건에게 귀부하였다고 해서 고창 전투가 바로 끝나지는 않았다. 이후로도 계속 싸움을 벌여나갔다. 현지 세력의 지원을 업은 왕건에게 우세하게 돌아간 것만도 아니었다. 양군은 여전히 일진일퇴의 공방을 벌이고 있었다. 그러면서 전투를 종식시킬 만한 결정적인 한 방을 모색하였다. 이때 움직인 사람이 바로 고려 최고의 무장 유검필과 삼태사 즉 김선평·권행·장길이 이끄는 향군이었다. 유검필의 움직임과 삼태사의 귀부는 고창 전투의 승리를 왕건이 차지하는 결정적인 요인이 되었다. 그러면 다음의 기사를 보도록 한다.

 드디어 서로 싸우다가 저물녘이 되었는데, 검필이 날쌘 군사를 이끌고 저수봉(猪肯峯)으로부터 이를 공격하니, 훤은 패하여 달아나고, 그의 시랑(侍郎) 김악(金渥)은 사로잡혔으며, 백제 군사로 죽은 자가 8천여 인이었다. 고려왕이 입성하여 검필에게 이르기를, "오늘의 승첩은 경의 공이다"라고 하였다.[31]

저수봉에서 진훤군을 공격한 유검필의 전략은 그대로 적중하여 고려의 승리에 결정적으로 기여했다. 여기서 주목해야 할 점은 저수봉에 유검필이 계속 주둔했다는 것이다. 저수봉은 고려군의 보급로를 지키는 곳이었다. 혹은 패배할 때 왕건이 후퇴할 수 있는 퇴각로를 엄호하는 목적의 요충지 역할을 할 수도 있었다. 때문에 유검필은 저수봉 전투 이후에도 이곳을 탈환하려는 후백제군과 계속 싸움을 했던 것으로 보인다. 그렇지만 선필의 귀부로 군량 공급이 원활해짐에 따라 유검필의 부담은 한층 줄어들게 되었다. 이러한 상황에서 유검필은 승부를 빠르게 결정할 수 있는 방안에 대해 고심하였다. 그 결과 아무도 예상하지 못한 작전을 세운 것으로 보인다. 유검필은 어둠이 깔리는 밤을 틈타 후백제군을 기습하려고 했다. 야습(夜襲)은 전쟁에서 일상적인 일이기도 하였다. 사실 서로가 일격(一擊)을 노리고 있는 상황에서 기습은 당연히 예상되는 일이었다. 그렇지만 언제 어디로 기습이 들어올지 모르기 때문에 방비하는 측에서는 허를 찔리는 일이 비일비재하였다. 기습의 묘미는 이런 데 있었다. 후백제군은 저녁에 기습을 당할 수 있다고 예상은 했지만 장소는 예측할 수 없었다. 그런데 유검필은 후백제군의 본대를 후미에서 공격하지 않고 더 남쪽으로 내려와서 진모래 쪽을 기습한 것으로 보인다.

진모래는 앞에서 언급했듯이 후백제군의 수로 병참로였다. 이곳을 통하여 후백제군이 퇴주했을 것으로 지목하기도 한다.[32] 선박이 정박하고 있는 진모래의 선편을 이용하여 빠져나간다고 가정한다면 가능한 추론이다. 그러나 전설과 기록을 놓고 볼 때 후백제군의 퇴주로는 말구리재·합전교·순주성 등으로 이어지는 육로를 이용한 게 분명하다. 퇴각로 동선

---

31) 『東史綱目』第5下 庚寅年.
32) 柳永哲, 「古昌戰鬪와 後三國의 정세변화」『한국중세사연구』7, 1999, 50쪽.

(動線)이 이와 같다면 진모래 쪽은 유검필이 기습 공격하여 이미 장악한 것으로 볼 수 있다.

유검필의 진모래 기습은 일종의 도박이었다. 유검필은 저수봉에서 소규모의 군대를 차출하여 보병만으로 군대를 움직였던 것으로 보인다. 저수봉의 고려군 주요 전력의 이동은 후백제의 병참로와 패주로를 끊는다는 뜻이었다. 이 작전이 실패할 경우 고려군이 오히려 후백제군에게 포위당할 위험이 커진다. 전쟁의 승패에서 가장 중요한 순간이기에 유검필은 도박을 결행하였다. 다음은 상상을 가미한 예측 가능한 기습전에 대한 서술이다.

어두컴컴한 정월 21일의 자정 전후에 눈썹같은 하현달이 떴다. 이를 신호로 유검필이 이끄는 군대가 움직이기 시작한다. 입에는 재갈을 물고 검은 옷을 입고 수풀을 통하여 남동쪽으로 이동했다. 유검필이 이끄는 군사들은 전쟁 경험이 많았다. 유검필과 함께 전장을 누볐던 이들은 이번 작전이 얼마나 중요한지에 대해 잘 알고 있었다. 이윽고 진모래에 도착한 이들은 진모래 서쪽 언덕에서 잠에 곯아떨어져 있는 후백제군을 발견한다. 그 즉시 조용히 급습하여 진모래와 그 주변에 주둔해 있는 후백제군까지 무찔러 버린다. 그리고 석산의 후백제 본대에 공급될 보급 물자들을 모두 불태워버렸다. 싯벌건 화염이 새까만 하늘을 찌르듯이 치솟았기에 고려군과 후백제군은 이 사실을 포착하게 되었다. 후백제군으로서는 병참로가 끊어졌다는 사실에 절망하고, 고려군은 환호한다. 이제 전세가 고려군에게 확실하게 기울어지게 된 것이다. 후백제군의 악재는 이 뿐만이 아니었다. 그간 중립을 지키던 안동 지역 호족들이 고려의 손을 들어 준 것이다. 다음의 기사를 보도록 한다.

【건치연혁】안동(安東)은 본래 신라의 고타야군(古陁耶郡)으로 경

덕왕(景德王)이 고창군(古昌郡)으로 고쳤다. 고려 태조가 후백제왕 진훤과 이 고을의 땅에서 싸워서 진훤을 패배시켰다. 그때 이 고을 사람 김선평(金宣平)·김행(金幸)·장길(張吉)이 태조를 도와서 전공(戰功)이 있었으므로, 김선평은 대광(大匡)으로 임명하고, 김행과 장길은 각각 대상(大相)을 삼았다. 그런 까닭에 군(郡)을 승격시켜 부(府)로 삼고 지금의 이름으로 고쳤다가, 뒤에 영가군(永嘉郡)으로 고쳤다.[33]

당시 고창 지역에는 김선평과 김행 그리고 장길이라는 호족이 존재했음을 알 수 있다. 이들은 왕건을 도와 대승을 거두게 한 3공신이 되었다. 이들 3공신이 왕건에게서 대광태사(大匡太師)의 벼슬을 받았기에 삼태사(三太師)라고 부르는 것이다. 삼태사가 소재한 안동 땅에서 후백제군은 육로를 통하여 보급을 하고 있었다. 그 과정에서 후백제군은 현지 고창 지역의 물자 또한 징발하였을 것이다. 이에 대한 현지인들의 반감이 있는 상황이었다. 이때 고창 지역 호족들과 고려군과의 접선이 이루어졌던 것 같다. 때마침 재암성 성주 선필의 귀부 소식이 들려왔다. 정세가 고려 쪽에 점점 유리해진다고 느낀

▲ 삼태사 위패를 모신 안동 태사묘

33) 『新增東國輿地勝覽』 권24, 慶尚道, 安東大都護府.

이들 3인의 호족은 유검필에게 후백제 보급로에 대한 고급 정보를 알려준 것으로 보인다. 그러면 삼태사가 진모래에 대한 정보를 알려주었다고 보는 이유는 무엇일까? 진모래 전설에서 진훤과 싸우는 대상이 바로 삼태사로 나오기 때문이다.[34] 삼태사가 전투 말미에 고려군과 결탁하였기에 후백제군으로서는 육상 보급로까지 위협받는 상황이었던 것으로 보인다.

양쪽 보급로에 모두 문제가 생겼다는 것을 알게 된 후백제군은 크게 동요하게 되었을 것이다. 아무리 열심히 싸운다고 해도 굶주려가면서 싸울 수는 없었다. 게다가 고려군은 선필의 귀부와 후백제군 보급로 차단, 그리고 고창 지역 호족 세력의 가세로 사기가 높아졌다. 이러한 상황에서 후백제군은 더 이상 싸움을 계속해 나갈 수가 없다. 결국 진훤이 선택 할 수 있는 길은 단 하나, 바로 후퇴였다. 후백제군은 패배를 인정하고 후퇴할 수밖에 없었다. 진훤은 위험천만한 퇴각을 개시하게 된다.

퇴각하기 직전, 후백제군과 고려군 사이에서 마지막 일대 교전이 있었다. 그렇지만 이제는 앞서와 같은 서로 비등한 정도의 고려군이 아니었다. 기(氣)와 세(勢)가 커진 고려군은 압도적인 군세(軍勢)로 후백제군에게 달려들고 있었다. 양쪽 군대는 병산과 석산을 뒤로 한 벌판에서 대치했다. 그 복판을 가수천이 흐르고 있다. 가수천이 당시 혈전의 현장이었다는 것은 수많은 전설을 통해서도 알 수 있다. 다음과 같은 물불등·병산·진목·심은골·훤들·석산 등의 전설을 통하여 당시 상황을 유추해 볼 수 있다.

○ 물불등, 물부둑 : 병산 전투와 관련된 지명이라고 한다. 가수
　　　내 앞 국도에서 서지리의 절골 방향으로 30m쯤 올라가면 고

---

34) 李道學, 『진훤이라 불러다오』, 푸른역사, 1998, 245~256쪽.

개 좌측에 산등성이 하나가 냇물을 향해 쭉 뻗어 내려간 것을 볼 수 있는데, 가수내 앞을 흐르는 가수천이 이 산등성이를 돌아 절골 앞으로 흐르다가 가구천과 합류된다. 이 산등성이는 역산(逆山) 또는 역등이란 이름으로 부르는데 아마도 절골 뒷산인 병산을 향해서 내를 사이에 두고 역(逆)으로 향해 있다고 하여 붙여진 이름이 아닌가 싶다. 특히 이역 등에서 지대가 낮은 끝자락을 물불둑이라고 부르는데, 이는 병산 전투(甁山戰鬪) 때 고려군의 수공(水攻)으로 이 둑에 물이 넘었다 하여 '물이 불어난 등'이라고 하여 부른 이름이다.

또, 마을에 전하는 이야기로는 높은 곳에서 이곳을 바라보면 역등의 형상이 남자의 불두덩이 같이 생겼는데 이것이 개울 건너편의 병산과 어울려 흡사 남녀의 생식기가 겹합된 형상으로 보인다고 한다. 게다가 이러한 형국에 물이 사시장철 흐르므로 '물이 흐르는 불두덩 형상의 뚝'이란 의미로 물부뚝이라 부른다고 한다. 현재 이곳은 일제 때 중앙선 철길이 생기면서 등이 끊어져 있다. 예전에 가뭄이 들 때 이곳에서 기우제를 올렸다고 하는데, 이는 이곳의 특이한 형국과 관련이 있는 것으로 보인다.

○ 병산(甁山) : 영가지(永嘉誌)의 산천(山川) 조에는 안동부의 북쪽 10리에 있다고 기록되어 있다. 고려 태조와 견훤의 싸움에서 견훤이 패주하였으며 시랑 김악(金渥)이 사로잡히고, 죽은 자가 8천여 명이나 되었다. 이때 시체로 인해 흐르는 물이 막혀 물이 위로 흘렀다고 한다.

『영가지』의 불우(佛宇) 조를 보면 안동부의 북쪽 10리 떨어진 병산 아래에 가수암(嘉水菴)이 있는데 이곳이 곧 백죽당 배

상지의 재사로 변하였음을 알 수 있다. 이로 미루어 보아 병산은 현재 흥해배씨가수천재사가 있는 절골 마을 뒷산을 가리키는 것으로 보고 있다.

- ○ 진목, 질목 : 고려 태조와 후백제의 견훤군이 진을 치고 싸운 곳이라고 하여 진목이라 한다. 지금부터 80년 전까지만 해도 화살촉이 발견되었다고 한다.
- ○ 심은골, 숨은골 : 고려 태조와 견훤군이 싸울 때 고려 군사들이 숨은 골이라고 한다.
- ○ 흰들 : 지금의 절골 앞들과 성낭골로 내려가는 들이다. 고려 태조와 견훤의 군사들이 진을 친들이라고 하여 흰들이라고 한다.
- ○ 흰산, 석산(石山) : 절골 앞에 있는 산으로 마을 사람들은 앞산으로도 부른다. 견훤 군사들이 저수봉으로부터 패한 뒤 이곳 석산을 근거로 하여 건너편 병산의 고려 태조군과 500보를 두고 대치하여 대접전을 벌였다.[35]

물불등은 지금도 그 모습을 간직하고 있는 지역으로 지형이 조금 특이한 곳이다. 현지의 절골 마을 주민들은 병산이라는 이름은 물불등에서 비롯했다고 한다. 물불등의 형상이 마치 병(瓶)이나 남자의 불두덩이를 닮은데서 산 이름이 유래했다는 것이다. 절골 마을에 소재한 병산에서 마주보고 있는 산이 석산이 된다. 또한 흰들이 있는 하절골과 성낭골에 있는 들은 양쪽 산에서 직선거리로 약 600m 정도 떨어져 있다. 이는 후백제군과 고려군이 대치했을 때의 500보라는 기록과도 부합한다.

---

35) 安東民俗博物館, 『安東의 地名由來』, 2002, 250~310쪽.

위의 지명 전설을 통
해서도 알 수 있듯이 당
시 후백제군과 고려군은
석산과 병산에서 각각 진
을 쳤던 것이다. 그런데
물불등 전설에 따르면 병
산 전투 때 고려군의 수
공으로 물이 넘었다고 했
다. 이러한 물불등 전설
을 토대로 지형적 조건을

▲ 석산에서 바라본 물불등과 병산

이용한 수공이 행해졌을 가능성이 제기되었다.[36] 관련 전설을 바탕으로
한 추정이므로 주목을 요하지만, 계절을 생각하지 않을 수 없다. 당시는
겨울로서 수량(水量)이 많지 않다. 게다가 수공 상대인 후백제군이 낮은
지형인 들에 주둔한다면, 고려군은 일단 높은 지형에 있어야 가능하다.

▲ 병산 원경

설령 둑을 막는다고 하더
라도, 공간이 협소한 지
역이기 때문에 금방 포착
된다. 그러므로 실제 수
공이 이루어졌을 가능성
은 없다. 지명에서 비롯
된 부회된 이야기에 불과
하다. 오히려 진모래 전
설에 관한 다음과 같은

---

36) 柳永哲, 「古昌戰鬪와 後三國의 정세변화」 『한국중세사연구』 7, 1999, 45~46쪽.

뒷 이야기가 당시 전쟁 상황을 잘 말해준다.

927년 신라의 왕경(王京)에 침입하여 경애왕을 자살케 하고 왕비를 능욕한 견훤이 고창(안동) 땅을 침공하므로 김선평, 권행, 장길(장정

▲ 석산 원경

필) 등 신라의 세 장수는 고려 태조를 도와 무도한 견훤을 쳐 원수를 갚기로 작정하고 고창군민을 모아 이곳 병산에서 후백제군을 맞이하여 힘껏 싸왔다. 추운 겨울 동안 결전을 계속하였으나 지렁이의 소생인 견훤이 싸움을 하다 불리해지면 긴 모래 속으로 숨어버려 쉽게 승부를 낼 수 없었다. 견훤이 지렁이의 화신인 것을 알아챈 세 장수는 냇물을 막고 소금을 풀어 두었다가 견훤이 지렁이로 변해 모래 속에 숨어들었을 때 막아 놓은 둑을 터트려 버렸다. 지렁이에게 치명적인 소금물(간수)이 모래 속에 스며들자 지렁이로 변한 견훤은 더 이상 견디지 못하고 겨우 목숨만 건져 패주하여 고창 땅에서 물러갔다고 한다.

『영가지(永嘉誌)』에는 이때 견훤은 시랑 김악(金渥)과 군사 8천여 명을 잃었으며, 당시 냇물이 시체로 인해 흐르지 못하여 냇물이 거꾸로 흘렀다고 기록하였다. 이로 인하여 사람들은 이 내를 물이 거꾸로 흐른 냇물이란 뜻으로 역수천(逆水川), 소금물(간수)이 흐른 냇물이라 하여 간수천(가수내)라고 하고 견훤이 숨은 모래를

진모래 혹은 긴모래(長沙)라고 불렀다고 한다.[37]

위의 인용에는 가시내·간수천·역수천 등 여러 이름으로 불리고 있는 가수천에 대한 전설이 보인다. 진훤이 본래 지렁이 화신이기에 소금을 풀어 진훤을 도망가게 했다는 것이다. 실제로 소금을 풀었다고는 생각되지 않는다. 적의 식수원에

▲ 가수천

소금을 풀어 못 먹게 하였다고도 생각해 볼 수도 있다. 그러나 이 역시 상상할 수 없는 추정에 불과하다. 다만 소금은 중요한 생필품인 데다가 안동과 같은 내륙에서는 소금을 구하기 힘들다는 점을 상기해 본다. 오히려 고려군에 대한 삼태사의 보급품으로서 소금을 상정해 볼 수 있다. 여러 가지 상념이 떠오르는 전설이기는 한다. 현재로서는 당시 전투 현장을 알려주는 정도로만 의미 파악이 가능하다. 그리고 고려군의 공적만 기록한 기존 사서와는 달리 지역 호족인 삼태사의 비중을 높인, 즉 지역 정서가 반영되었음을 알려준다.

또한『영가지』기록처럼 당시 전투에서 사상자가 많이 발생한 관계로 시체로 하천이 막혀 물이 역류했을 수 있다. 물론 과장이 섞였지만, 기존에 볼 수 없었던 큰 전쟁이 이 지역에서 펼쳐졌기 때문에 주민들도 똑똑

---

37) 安東民俗博物館,『安東의 地名由來』, 2002, 250~310쪽.

히 기억하였을 것이다. 이러한 기억이 구전되면서 좀 더 과장되고 극적인 효과를 넣었다고 하겠다.

후백제군은 고려군의 맹공과 땅에 떨어진 사기 때문에 전쟁을 지속하기 어려워졌다. 결국 진훤은 퇴각을 결심하였다. 그렇지만 퇴각은 결코 만만한 일이 아니었다. 적의 공격에 노출된 상황에서 대오를 갖추어 퇴각하려면 군사들을 진정시켜야만 했다. 진훤군은 일단 고창성 방면으로 퇴각했던 것으로 보인다. 전쟁에서 병마를 가장 많이 손실하게 되는 때가 언제일까? 교전할 때가 아니라 퇴각하고 있을 때이다. 퇴각할 때 인명 피해가 가장 많이 발생한다. 이때 피해를 줄이기 위해서는 후방에 병력을 남겨 놓아 추격군을 저지해야 하는 것이다. 아마도 진훤은 이러한 대비를 하였기에 병력 보존에 어느 정도 성공했던 것 같다. 어쨌든 「영호루중신기(映湖樓重新記)」에는 당시의 패주 상황을 다음과 같이 짧게 기록하였다.

> 그 북쪽 10리는 곧 병산(瓶山)이다. 여기에는 역적 진훤(甄萱)의 일천 기병(騎兵)이 험조(險阻)한 곳을 점거하고 있었으나, 마침내 무너져 달아났고 위장(僞將)은 머리를 바쳤다. 왕씨(王氏)의 의기(義氣)가 동남쪽에서 크게 떨치게 된 것은 바로 이 싸움이 조짐이 되었던 것이다.[38]

후백제군은 퇴주하면서 보급로상에 주둔하고 있던 자국 군대와 합세하였다. 이들은 후백제군의 퇴각을 도왔을 것으로 보인다. 그렇지만 고창 인심의 냉대와 승기를 타고 추격해 오는 고려군을 따돌리기 위해 혼심의

---

38) 『佔畢齋集』文集, 記, 映湖樓重新記. "其北十里則瓶山也 逆萱千騎 扼于險阻 遂至崩奔 僞將授首 王氏之義氣 大振于東南 此戰爲之兆也"

힘을 쏟았던 것 같다. 안동의 말구리재와 관련한 지명은 이러한 상황에서 유래한 것으로 보인다.[39] 이 밖에 당시 고창 주민들이 고려를 도와 후백제와 싸운 전설은 다음과 같은 지명으로 남아 있다.

◇ 막곡(幕谷)

막곡, 두곡(杜谷), 두곡촌이라고도 한다. 후삼국시대에 후백제의 견훤과 고려의 왕건이 안동의 합전교(안동시 송현동) 부근에 진을 치고 전투를 할 때에 이 지역의 호족들이 의병을 일으켜 이 마을에서 진을 쳤는데 이때에 커다란 막을 쳐서 주둔하였다고 한다. 막을 친 골짜기가 장관이었는데 이때부터 막곡이라 불렀다.[40]

막곡 전승을 통해 당시 호족들이 군대를 일으켜 고려군을 도왔음을 알 수 있다. 즉 고창 호족들의 지원이 고려의 고창 전투 수행에 있어서 큰 역할을 한 것이다. 앞서 살펴보았듯이 이 지역의 호족들이 왕건에게 지리 정보나 군량을 제공하였다. 게다가 호족 스스로 병력을 동원해 후백제군을 물리치는데 도움을 주었다고 하자. 그러면 왕건 또한 이들을 간단히 생각하고 넘어갈 수는 없다. 때문에 향후 전공을 치하하면서 파격적으로 대우해 주었을 것이다.

지역 전설을 살펴보면 합전교와 송야교가 언급된다. 합전교의 위치를 현재의 송야교가 아니라 송현초등학교 옆의 교량으로 지목하고 있다.[41]

---

39) 柳永哲,「古昌戰鬪와 後三國의 정세변화」『한국중세사연구』7, 1999, 47쪽. 註 72. "말구리재는 현재 안동시 태화리의 삼거리에서 예천 통로로 가는 약 500m 지점에 위치해 있는 재로서 고개 이름은 견훤이 이곳에서 말에서 굴러 떨어졌다는데서 유래하고 있다(權進良,「瓶山大捷考」『安東文化研究』7, 1993, 136쪽)".
40) 安東民俗博物館,『安東의 地名由來』, 2002, 10~54쪽.

▲ 합전교가 있던 자리. 지금은 사거리로 바뀌었다.

현재 다리가 있던 자리는 크게 사거리가 조성되었기에 흔적조차 남아 있지 않다. 현지 주민들에 의하면, 합전교뿐 아니라 송야교에서도 전투가 벌어졌다고 한다. 두 곳 모두 후백제군의 퇴각로에 위치하였으므로 가능하다고 판단되었다.

　고창 전투는 이처럼 다양한 장소에서 펼쳐졌다. 앞서 언급한 전투들을 정리하면, 저수봉 전투·진모래 전투·병산 전투·합전교 전투·송야교 전투 등이 거론된다. 차후 언급할 순주성 전투도 넓게 보면 고창 전투에 포함되어진다. 이 밖에도 역사나 전설에 남아 있지 않은 수많은 교전들이 있었을 것이다. 그랬기에 무려 8천 명이나 되는 후백제군의 전몰과 시랑 김악과 같은 고위직까지 생포되지 않았을까? 그러니 8천 명의 전사자는 병산 전투에만 국한되지 않는다. 앞서 언급한 여러 전투들에서 희생된 병사

▲ 송야교

---

41) 柳永哲, 「古昌戰鬪와 後三國의 정세변화」 『한국중세사연구』 7, 1999, 49쪽.

들을 합산한 숫치라고 볼 수 있다.

안동 지역에서의 고창 전투는 단순히 과거의 일과성 사건만은 아니었다. 현재의 일이기도 하다. 동채싸움이라고도 불리는 안동 차전놀이(중요무형문화재 제24호)로 재현되어 꾸준히 민속놀이로 연출되었기 때문이다. 고창 전투를 형상화한 차전놀이를 통해 잠들지 않은 과거의 역사가 오늘날 우리 곁에 끊임없이 깨어 있다는 생생한 증거가 된다.

# 5. 순주성과 고창 전투 이후의 정세 변화

일반적으로 합전교 전투까지를 고창 전투에 포함시키고는 한다. 그러나 전쟁의 정확한 이해를 위해서는 순주성 전투 역시 고창 전투의 일환으로 보아야 한다. 순주성 전투에 대한 기록은 다음과 같다.

다음 날 진훤이 패잔병을 모아 순주성(順州城)을 습격하니 장군 원봉이 막아내지 못하고 성을 버리고 밤에 달아났다. 진훤이 백성을 포로로 잡아 전주로 데리고 갔다. 태조는 원봉이 이전에 세운 공을 고려하여 용서하여 주고, 순주를 개칭하여 하지현(下枝縣)으로 불렀다.[42)]

순주는 지금의 안동시 풍산읍에 해당한다. 「대동여지도」를 보면 안동

---

42) 『三國史記』 권50, 甄萱傳. "翌日 萱聚殘兵 襲破順州城 將軍元逢不能禦 棄城夜遁 萱虜百姓 移入全州 太祖以元逢前有功宥之 改順州 號下枝縣"

의 서쪽에 풍산(豐山)이라는 지명과 하지산(下枝山)이라고 하는 산이 표시되어 있다. 하지산은 위에서 언급된 하지현이라는 지명과 관계가 있어 보인다. 『신증동국여지승람』에서는 "하지산(下枝山)[다른 이름은 풍악(豐岳)인데, 풍산현(豐山縣)에 있다]"[43]라는 기록이 있다. 이를 통해 하지산의 다른 이름이 풍악임을 알게 된다. 아울러 순주성은 안동시 풍산읍 상리리에 소재한 풍악산성(豐岳山城)으로 지목할 수 있다.

풍악산성에 대해서는 『영가지』 고적 조(古蹟條)에서 "풍악산성은 풍산현의 동북쪽 2리 지점에 있으며 지금은 못 쓰게 되었다"라는 기록이 남아 있다. 풍악산성은 8부 능선을 둘러싼 테뫼식 산성으로 둘레 약 900m 정도이다. 축조 방식은 토축·석축·토석혼축 등이며, 삼국시대의 토기 조각이 출토되고 있다.[44] 그러니 풍악산성은 삼국시대에 축조되어 후삼국시대까지 사용된 것으로 해석된다.

여기서 순주성(順州城) 장군 원봉(元奉)의 존재가 등장한다. 원봉에 대해서는 다음과 같은 기록을 통해 살필 수 있다.

- 6월에 하지현(下枝縣) 장군 원봉(元奉)이 와서 의탁하였다.[45]
- 봄 3월에 하지현 장군 원봉을 원윤으로 삼고 그 고을을 순주(順州)로 승격시켰다.[46]

전자는 922년, 후자는 923년에 해당한다. 그러니 풍산 지역은 고창 전

---

43) 『新增東國輿地勝覽』 권24, 慶尙道, 安東大都護府.
44) 디지털안동문화대전. http://andong.grandculture.net/Contents/Index?contents_id=GC02400553
45) 『高麗史節要』 권1, 太祖 5년 조. "六月 下枝縣將軍元奉 來投"
46) 『高麗史節要』 권1, 太祖 6년 조. "春三月 以下枝縣將軍元奉 爲元尹 陞其縣 爲順州"

투 발발 이전에 이미 왕건에게 귀속된 상태였다. 풍산 지역의 호족인 원봉은 왕건이 현재의 경상북도 북부 지역에서 세력을 넓히는데 일조했던 것으로 보인다. 왕건 또한 그러한 원봉을 높게 대우해 주었다. 특히 고을 이름을 순명(順命)의 뜻이 담긴 순주(順州)로 승격시킨 것은, 향후 다른 호족들도 원봉의 예를 본받아 왕건에게 귀부하라는 정치적 의미를 담고 있었다.

이 기록을 보면서 한 가지 곰곰이 생각해 보아야 할 부분이 있다. 풍산과 안동은 지척임에도 불구하고 정치적 귀속을 달리하였다는 것이다. 안동, 즉 당시의 고창 호족은 고창 전투 당시와 마찬 가지로 김선평이었다고 본다. 그러한 김선평이 왕건에게 귀부한 시점은 명확히 고창 전투 당시였다. 김선평은 고창 전투 직후 논공행상에서 대광으로 봉해졌다. 이 사실로 미루어 그가 고창 지역 제1의 호족임은 분명하다. 그러한 사람이 그때까지 왕건에게 귀부하지 않았다는 것이다. 이는 크게 2가지 경우로 생각해 볼 수 있다. 즉 김선평이 친후백제계였을 가능성과, 신라 종실이었기에 신라에 대한 의리를 지키며 고려에 귀부하지 않았을 가능성이다.[47] 이렇게 본다면 고창 전투 첫 머리에 등장하는 '3천여 무리'는 향군 즉 호족의 군대이기보다는 고려군일 여지가 크다. 또한 고창군이 고려에 귀부하려고도 하지 않았다는 것이다. 그렇다면 922년 원봉의 귀부 당시 김선평은 왕건에게 비우호적이었을 가능성도 있다.

---

47) 이러한 견해에 대해 다음과 같은 지적이 있을 수 있다. 김선평은 신라 왕가와 관련된 김씨이므로 신라에 대한 귀속의식이 강했을 수는 것이다. 그러나 당시는 난세였고, 역적과 공신의 차이는 손바닥 하나 차이였다. 어떻든 난세에서 살아남는 것이 목적이었다. 명주의 김순식은 당초 궁예의 편을 들었다. 순천의 김총은 진훤의 최측근이었다. 그러므로 성씨 때문에 신라에 대한 귀속 의식이 유지되었을 가능성은 높지 않다.

원봉의 투항은 고려에게 큰 힘이 되었음은 말할 나위 없다. 그렇지만 이도 오래 가지는 못하였다. 7년 뒤, 진훤은 후백제군을 이끌고 대대적으로 경상북도 북부 지역에 대한 공격을 감행했다. 다음에 보듯이 후백제군은 고창 전투 이전인 929년 7월에 순주성을 함락시켰다.

> 가을 7월……진훤이 갑졸(甲卒) 5천 명을 거느리고 의성부(義城府)를 침공하자, 성주장군 홍술(洪術)이 싸우다가 죽었다. 왕이 슬피 울면서 이르기를, "내가 양쪽 손을 잃었다"고 하였다. 진훤이 또 순주를 침공하자 장군 원봉이 도망하였다.[48]

진훤은 홍술이 웅거하였던 의성부를 점령한 직후 순주를 공격하였다. 이때 원봉은 제대로 싸워보지도 못하고 도망간 것으로 나온다. 원봉은 변변찮은 대응도 하지 못한 채 어이없이 무너진 것이다. 그 직후 후백제군은 고창으로 진출하였다가 대패한 직후인 930년 1월에 퇴주하면서 다시금 순주성을 함락시키고 갔다. 후백제군은 6개월 사이에 순주성을 2차례나 공격하는 진기록을 세웠다. 진훤은 의성부와 순주를 차례 차례 점령한 후에 고창으로 진출한 것이다. 그런데 고창에서 퇴주하면서 후백제군은 다시금 순주를 공격했다. 후백제군은 퇴각하는 경황 없는 상황에서 굳이 순주성을 공격한 이유는 무엇이었을까? 이에 대한 해답은 "태조는 원봉이 이전에 세운 공을 고려하여 용서하여 주고"라는 글귀에 함축되었다. 고창에서 후백제군이 고려군과 사활을 건 일전을 벌이고 있을 때였다. 후방의 원봉이 고려군을 위해 보급을 비롯한 여러 가지 지원을 아끼지 않았

---

48) 『高麗史節要』 권1, 太祖 12년 조. "秋七月……甄萱以甲卒五千 侵義城府 城主將軍洪術戰死 王哭之慟曰 吾失左右手矣 萱又侵順州 將軍元奉逋"

던 것 같다. 이로 인해 고려군이 대승할 수 있었던 요인 가운데 하나가 되었다고 본다. 그랬기에 왕건은 원봉이 달아났음에도 불구하고 용서하였던 것 같다. 반대로 진훤의 입장에서는 불과 6개월 전에 점령한 적이 있었던 순주성 세력이 왕건을 지원함으로써 결정적인 패배를 입었던 것이다. 그랬기에 진훤은 퇴주하는 상황임에도 불구하고 응징 보복 차원에서 공격을 단행해 주민들을 약취한 것으로 보인다.

그 밖에 진훤은 순주성 공격을 통해 무엇을 노렸을까? 경상북도 북부의 신라계 호족이나 친고려계 호족들에게 강한 모습을 보임으로써, 이들이 쉽게 왕건을 돕지 못하게 하는 심리적인 효과를 겨냥한 것으로 해석된다.

고창 전투가 끝난 직후 이제는 기존과는 정세가 다르게 돌아가기 시작했다. 다음의 기사가 그것을 웅변해 준다.

> 고창의 성주 김선평(金宣平)을 대광(大匡)으로, 권행(權行)과 장길(張吉)을 대상(大相)으로 삼고, 그 고을을 안동부(安東府)로 승격시켰다. 이에 영안(永安)·하곡(河曲)·직명(直明)·송생(松生) 등 30여 군·현이 차례로 와서 항복하였다. 2월에 사신을 신라에 보내어 고창 싸움에서 이겼다고 알리니, 신라왕이 사신을 보내어 답례하고, 글을 보내어 서로 만나기를 청하였다. 이때 신라의 동쪽 주(州)·군(郡) 부락(部落)이 다 와서 항복하니 명주(溟州)에서 흥례부(興禮府)까지 모두 110여 성이었다.[49]

---

49) 『高麗史節要』 권1, 太祖 13년 조. "以古昌城主金宣平 爲大匡 權行 張吉 爲大相 陞其郡 爲安東府 於是 永安 河曲 直明 松生等 三十餘郡縣 相次來降 二月 遣使新羅告捷 新羅王遣使報聘 致書請相見 時新羅國 以東州郡部落 皆來降 自溟州至興禮府 摠百十餘城"

왕건은 삼태사, 즉 김선평·권행·장길을 대광과 대상으로 삼는 등 파격적인 대우를 했다. 이는 일차적으로 삼태사가 고창에서 승리하는 데 크게 기여했기 때문이었다. 또 한편으로는 다른 군현의 호족들에게 본보기가 되기를 바라는 마음이 작용하였다. 즉 고려 왕건의 인자함과 더불어 항복하는 것이야말로 대세에 순응하는 것이라는 인식을 심어주기에 충분했다. 이러한 의도는 실제 효과를 보았다. 주변의 무려 110여 성이 차례로 항복했기 때문이다. 이들은 후백제와 고려 사이에서 관망하거나 혹은 은밀하게 후백제를 원조하였을 수 있다. 그렇지만 고창 전투를 통해 후백제 군대는 경상북도 북부 지역에서 축출되었다. 이와 맞물려 이제는 고려군이 소백산맥 이남 지역으로 밀물처럼 쏟아져 들어왔다. 그러자 이 지역 호족들은 대세가 왕건에게 기운 것으로 간파하였다.

왕건은 즉각 신라에 사신을 보내어 고창 전투의 승전보를 알렸다. 신라로서는 후백제가 대패했다는 점에서 기운이 솟는 일이기도 하였다. 그런데 이러한 낭보는 또 한편으로는 고려가 신라에 보내는 무언의 경고였다. 신라는 3년 전에 후백제에게 철저하게 수도가 유린되었고, 국왕까지 살해되었다. 그렇지만 이제 고려가 그러한 후백제를 꺾었다는 것이다. 그럼으로써 힘의 균형추가 고려쪽으로 급속히 쏠렸음을 천명하였다. 그 누구도 더 이상 고려의 적수가 될 수 없음을 선포한 것이다.

고창 전투의 승전 소식은 삽시간에 전국으로 퍼졌다. 후백제의 직접적인 영향권이 아닌 지역은 모두 고려에 복속되는 효과를 가져 왔다. 결국 한 번의 전투로 후백제가 여태까지 우세했던 상황이 급반전하여 고려의 우세로 역전되었다. 이후 후백제는 전세를 역전시키기 위해 수많은 노력을 하였지만 고려의 아성을 뛰어넘지 못하였다. 그렇기 때문에 고창 전투가 지닌 의미는 각별한 것이다.

왕건은 고창 대승을 통해 그동안 자신을 옥죄고 있었던 진훤 트라우마를 벗어던질 수 있었다. 공산 참패 이후 진훤과의 대결에서 소심한 모습을 보였던 이가 왕건이었다. 그러나 고창 전투 이후 삼한 통합에 대한 자신감을 가질 수 있게 되었고, 결국 그 염원을 이루게 된다.

# VIII
# 고창 전투 이후의 전황과
# 운주성 전투

# 1. 공직의 항복과 일모산성 전투

고창 전투 이후 정세는 서서히 후백제에게 불리하게 돌아가기 시작하였다. 중립을 지키던 신라 지역의 호족들은 고려 쪽으로 귀부하는 상황이 일어났다. 후백제의 호족들도 고려 쪽으로 항복하는 상황이 나타났다. 다음에 보듯이 대표적으로 진훤의 부하였던 공직(龔直)을 들 수 있다.

> 장흥 3년(932), 용감하고 지략이 있는 진훤의 부하 공직이 태조
> 에게 항복하였다. 진훤은 공직의 아들 두 명과 딸 한 명을 잡아다
> 가 다리 힘줄을 불로 지져 끊었다.[1]

932년 6월에 공직은 왕건에게 항복하였다. 이는 진훤에게 막대한 타격으로 다가왔다. 공직은 연산 매곡 사람으로 본래 매곡성의 장군이었다.

---

[1] 『三國史記』 권50, 甄萱傳. "長興三年 甄萱臣龔直 勇而有智略 來降太祖 萱收龔直二子 一女 烙斷股筋"

그는 후백제 진훤에게 귀부하여 후백제를 섬겼다. 공직은 진훤의 심복이 되어 자신의 두 아들과 딸 한 명을 전주에 보내 놓았다.

공직은 매곡성을 지키면서 고려와 맞대치하고 있었다. 그러던 그가 어느 날 갑자기 왕건에게 항복한 것이다. 그러한 공직에 대한 내용은 『고려사』열전에 다음과 같이 자세하게 적혀 있다.

공직은 일찍이 백제에 입조하였다가 그 잔인무도한 것을 보고 직달에게 말하기를, "지금 이 나라를 보니 사치하고 무도한지라 나는 비록 심복으로 있었지만 다시는 여기로 오지 않겠다. 듣건대 '고려와 왕공(王公)은 문(文)은 족히 백성을 안정시킬 만하고 무(武)는 능히 난폭한 자를 금제할 수 있다고 한다. 때문에 사방에서 그의 위엄을 무서워하지 않는 자가 없으며 그의 덕을 따르지 않는 자가 없다' 한다. 나는 그에게 귀순하려는데 너의 뜻을 어떠하냐?"라고 하였다.

직달은 대답하기를, "볼모로 여기에 온 후 그들의 풍속을 보니 다만 부강만 믿고 서로 다투어 교만하고 자랑하기만 힘쓰니 어찌 나라를 유지할 수 있겠습니까? 지금 아버지가 현명한 군주에게로 귀순하여 우리 고을을 보존하고 편안케 하고자 하시니 어찌 의당한 일이 아니겠습니까! 저는 마땅히 아우와 여동생과 함께 틈을 타서 고려로 가겠습니다. 설사 거기로 가지 못한다 하더라도 아버지의 명철하신 조처에 의하여 자손에게 경사가 미칠 터이니 저는 비록 죽어도 한이 없겠습니다. 바라건대 아버지는 염려하지 마십시오"라고 하였다. 공직은 드디어 결심하고 태조에게로 귀순하여 왔다.[2]

위의 기록에 따르면 공직은 후백제의 사치무도에 대해 개탄했다는 것이다. 그러나 그가 왕건에게 귀부한 직접적인 원인은 다른 데 있었다. 바로 직달이 언급한 고을의 보존 때문이었다. 고창 전투에서 후백제가 대패당하자 고려의 압박은 거세게 다가왔다. 공직이 오랫 동안 터를 닦아 왔던 매곡성 일대도 고려의 위협에 시달리게 되었다. 공직은 자신의 영역을 잃고 싶지 않았다. 그렇기 때문에 현실적으로 힘이 우세하다고 판단된 왕건에게 귀부한 것이다.

그러나 고려로 귀부한 공직에 대한 대가는 혹독하였다. 진훤은 공직의 항복에 크게 분노하였고 당장 자기 앞으로 공직의 자식들을 끌고 오게 하였다. 신라의 상수리제도나 고려의 기인제도와 마찬가지로 후백제에서도 호족들의 자제를 수도에서 숙위(宿衛)하게 했다. 공직은 자기 자식들을 빼낼 수 없는 상황이었다. 그랬기에 어쩔 수 없이 그는 혼자 고려로 귀부하였다. 진훤은 더 이상의 호족 이탈을 조기에 방지하기 위하여, 모든 사람들 앞에서 본보기로 불로 다리의 힘줄을 끊어버렸다. 또한 공직에게 귀부를 권유했던 아들 직달의 목숨을 빼앗아 버렸다.

이 사건만 본다면 진훤을 잔인무도한 위인으로 생각할 수 있다. 그러나 이러한 사례는 당시에 보편적으로 보이는 상황이었다. 가령 928년에 진훤이 오어곡성을 함락시켰을 때였다. 이곳에 주둔하던 양지와 명식 등 6명의 고려 장군들이 후백제에 항복하자 즉각 그들 가족에게 보복을 했다. 즉 군사들을 구정(毬庭)에 모아놓은 다음, 항복한 6명 장군들의 처자

---

2) 『高麗史』권92, 龔直傳. "直嘗朝百濟見其無道謂直達曰 今見此國奢侈無道吾雖密邇不願復來 聞 高麗王公文足以安民武足以禁暴故四方無不畏威懷德 子欲歸附汝意何如 直達曰 自入質以來觀其風俗唯恃富强競務驕矜安能爲國 今大人欲歸明主保安弊邑不亦宜乎 直達當與弟妹俟隙而歸矣 縱不得歸賴大人之明餘慶流於子孫則直達雖死無恨 願大人勿以爲慮 直遂決意來附"

▲ 보은 매곡산성 전경

들을 그 앞에서 조리 돌리고 저자거리에서 처형하였다.[3)]

공직의 근거지였던 매곡산성은 현재 충청북도 보은군 회인면 부수리 443번지에 속한다. 이곳은 미곡성(味谷城) 혹은 아미산성(峨眉山城)으로도 불린다. 매곡산성은 금강의 작은 지류인 회인천이 남쪽으로 곡류하는 동쪽에 솟은 해발 186.5m의 작은 산 위에 축조되었다. 주변에는 작은 개울

▲ 보은 매곡산성 남문터의 성벽

들이 산골에서 내려오면서 형성된 충적평야와 구릉이 발달되었다. 매곡산성은 사방에 높은 산지가 둘러 있는 작은 분지의 중심을 차지한다. 매곡산성은 석축산성으로 산의 형태에 따라 성벽이 조성되었다. 이 산성의 평면 형태는 대체로 남북으로

---

3) 『高麗史』권1, 태조 11년 조. "冬十一月 甄萱選勁卒攻拔烏於谷城 殺戍卒一千 將軍楊志明式等六人出降 王命集諸軍于毬庭 以六人妻子 徇諸軍棄市"

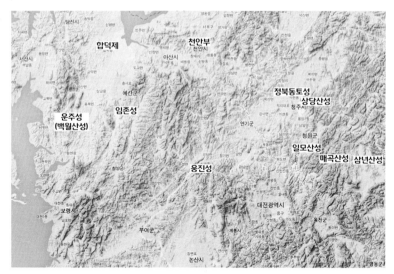

▲ 일모산성 전투와 운주성 전투 당시 주요 지명 및 유적

길쭉한 타원형을 이루며, 남북 길이 240m, 동서 너비 120m의 반달형을 하고 있다.[4] 『신증동국여지승람』에 의하면 매곡산성은 둘레 1,152척, 높이 8척의 석성이다.[5] 다음은 고려에 귀부한 이후 공직의 동향이 된다.

공직이 사례하고 이어 말하기를, "백제의 일모산군(一牟山郡)은 저의 고을과 접경인데 제가 귀순한 결과로 하여 항상 와서 침범하고 약탈하므로 백성들이 생업에 안착하지 못하고 있습니다. 저는 원컨대 그곳을 공격 점령하여 저의 고을 백성들로 하여금 약탈을 당하지 않고 오로지 농업과 양잠에 힘쓰도록 하며 그들의 귀화하

---

4) 忠北大學校 中原文化研究所, 『報恩 昧谷山城 地表調査 報告書』, 忠北大學校 中原文化研究所, 1998, 17쪽·23쪽·26~27쪽.
5) 『新增東國輿地勝覽』 권16, 忠淸道, 회인현.

려는 충성을 더욱 다하게 해야 하겠다고 생각합니다"라고 하니 태조가 이를 허락하였다.[6]

공직은 고려에 귀부한 후 자신의 충성을 증명해야 했다. 그 방편으로 공직은 매곡산성과 인접한 일모산성 공격을 왕건에게 제의하였다. 후백제가 염려한 상황이 그대로 나타나는 것임과 동시에 왕건이 바라던 바였다. 때문에 왕건은 7월에 직접 군대를 이끌고 일모산성을 공격하였다.[7] 다만 이때 일모산성은 함락되지 않았던 것으로 보인다. 그 이유는 같은 해 마지막 기사에 "다시금 일모산성을 공격해서 공파했다"고 하였기 때문이다.[8] 그렇다면 일모산성은 지금의 어디에 해당할까? 이에 대해서는 다음의 기사가 주요 참고가 된다.

연산군은 원래 백제의 일모산군이었는데 경덕왕이 개칭하였다. 지금도 그대로 부른다. 이 군에 속한 현은 두 곳이다. 연기현은 원래 백제의 두잉지현이었는데 경덕왕이 개칭하였다. 지금도 그대로 부른다. 매곡현은 원래 백제의 미곡현이었는데 경덕왕이 개칭했다. 지금의 회인현이다.[9]

【건치연혁】 본래 백제의 일모산군(一牟山郡)이었다. 신라에서는 연산군(燕山郡)으로 개칭하였고, 고려 때에는 청주에 소속되었다.

---

6) 『高麗史』 권92, 龔直傳. "直謝因言曰 百濟一牟山郡 境接弊邑 以臣歸化常加侵 掠民不安業 臣願往攻取使弊邑之 民不被寇竊 專務農桑 益堅歸化之誠 太祖許之"

7) 『高麗史』 권2, 태조 15년 조. "秋七月 辛卯 親征一牟山城"

8) 『高麗史』 권2, 태조 15년 조. "復攻一牟山城破之"

9) 『三國史記』 권36, 지리 3. "燕山郡 本百濟一牟山郡 景德王改名 今因之 領縣二 燕岐縣 本百濟豆仍只縣 景德王改名 今因之 昧谷縣 本百濟未谷縣 景德王改名 今懷仁縣"

명종 2년에 감무(監務)를 두었고, 고종 46년에 위사공신(衛社功臣) 박희실(朴希實)의 고향이므로 현령(縣令)으로 승격시키고 지금의 이름으로 고치었다. 충렬왕 때 가림(嘉林)에 병합하였다가 이내 복구하였고, 본조에 와서도 그대로 계속하였다.[10]

위의 기사는 일모산군이 고려시대에는 연산군, 조선시대에는 문의현이었음을 알려준다. 문의현은 지금의 충청북도 청주시 상당구 문의면이다. 이곳은 매곡산성의 바로 서쪽에 위치하고 있다. 본래는 연산군, 즉 일모산군이 중심지였던 것이다. 고려 세력권 하에 있었던 서원경, 즉 청주 지역과 일모산성은 이전부터 맞대치하고 있었다. 그런데 매곡산성이 고려 영역이 되자 일모산성은 양쪽으로부터 협공을 받는 형세가 되었다.

▲ 청주 양성산성 원경

일모산군을 가리키는 연산군, 즉 연산진은 고려가 얻고자 했던 땅이었다. 925년에 유검필은 정서대장군으로 임명되어 연산진을 공격하여 장군 길환(吉奐)을 죽인 일이 있었다.[11] 928년에 왕건이 진훤에게 보내는 국서에서 이 전과를 일러 "연

---

10) 『新增東國輿地勝覽』 권15, 忠淸道, 문의현.
11) 『高麗史』 권92, 유검필전. "八年 爲征西大將軍 攻百濟燕山鎭 殺將軍吉奐 又攻任存郡 殺獲三千餘人"

▲ 양성산성 안의 대지와 건물지

산군 지경에서는 길환을 목 베었다"[12]며 자랑하기까지 했다. 왕건은 일모산성 점령이 숙원이었다. 공직의 귀부는 그러한 숙원을 이룰 수 있는 계기가 되었다.

일모산성은 지금의 청주시 문의면 미천리의 양성산에 소재한 양성산성이다. 이곳은 청주와 보은을 연결짓는 통로이기도 했다.

474년에 축조된 일모산성은, 지세가 험하여 수비는 쉽지만 공격이 어려운 산세를 이용하여 삭토법으로 축조되었다. 그러나 성벽 일부 구간에서는 석축이 확인된다.[13] 양성산성으로 올라가는 길은 마을 뒤편과 문의문화재단지 뒤쪽으로 올라가는 2곳이 있다. 전자는 길이 수월한데 반해 후자는 가파른 편이다. 그러면 양성산성에 대한 다음의 기록을 보도록 한다.

> 양성산성(壤城山城)[돌로 쌓았으며, 둘레가 3,754자, 높이가 한 길이다. 안에 둥그런 못이 있는데 큰 못[大池]이라 부르며, 둘레가 192자 8치이다. 사면에 모두 돌을 쌓아 섬돌이 되었다. 그 깊이를 헤아릴 수 없으며, 장마나 가뭄에도 물이 마르거나 넘치는 일이 없다고 한다.][14]

---

12) 『高麗史』 권1, 태조 11년조. "燕山郡畔斬吉奐"
13) 이도학, 『진훤이라 불러다오』, 푸른역사, 1998, 251쪽.
14) 『新增東國輿地勝覽』 권15, 忠淸道, 문의현.

양성산성에 대한 『신증동국여지승람』의 기록처럼 실제 답사를 해보면 둥그런 못 터가 현재 남아 있다. 발굴을 한 바 있는 못 주변은 평탄한 관계로 주요 건물들이 조성돼 있었을 것이다. 현지에서는 성 내의 평지를 절터로 부르고 있다. 실제 절이 소재했는지는 알 수 없다. 현재는 수풀이 깊게 우거져서 석성벽은 찾기 힘들었다.

# 2. 후백제의 예성강 유역과 개경 급습

　왕건은 새로 귀부한 공직을 이용하여 후백제 지역을 매섭게 공격하였
다. 진훤은 이를 방관하지 않았다. 그런데 진훤의 반격은 전혀 다른 방향
으로 이루어졌다. 바로 국경 지역에서 맞대치 하면서 전쟁을 수행하는 것
이 아니었다. 고려가 전혀 예상치도 못한 곳으로 대규모 기습 작전을 준
비하였다. 왕건이 일모산성을 공격한지 2개월 뒤였다. 다음의 기사에서
짐작할 수 있듯이 예성강을 타고 낯선 함선 수백 척이 일시에 들이 닥쳤
다.

　　9월에 진훤이 일길찬 상귀(相貴)를 시켜 수군을 거느리고 예성
　강으로 쳐들어와서 염주(鹽州)·백주(白州)·정주(貞州) 등 세 고을
　의 배 100척을 불사르고 저산도(猪山島) 목장에 있는 말 300필을
　약탈하여 갔다.[15]

---

15) 『高麗史』 권2, 태조 15년 조. "九月 甄萱遣一吉粲相貴 以舟師入侵禮成江 焚塩白貞三

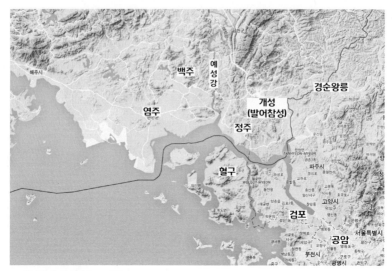

▲ 예성강 전투 당시 주요 지명

　진훤은 상귀를 보내어 전격적으로 예성강 유역의 고을을 기습하였다.
후백제군은 신속하게 염주와 백주, 그리고 정주를 쳤다. 주지하듯이 고려
는 나주는 물론이고 강주까지 함대가 진출하여 자신의 영역으로 포함시
키고 있었다. 특히 나주는 진훤에게 쓰라린 기억이 있는 곳으로서 번번히
진훤의 해양정책에 좌절을 주었다. 그러나 932년의 시점에 나주는 더 이
상 고려의 영역이 아니었다. 이제는 나주가 후백제의 영역이 되었던 것이
다. 이는『고려사』유검필전을 통해서도 확인된다.

　935년에 왕건은 여러 장군들에게 나주 지방 40여 군이 후백제에게 약
탈당해 6년간 바닷길도 통하지 않았다고 했다.[16] 이 기록을 통해 935년

　　州 船一百艘 取猪山島 牧馬三百匹 而歸"
16)『高麗史』권92, 유검필전. "十八年 太祖謂諸將曰 羅州界四十餘郡 爲我藩籬久服風化
　　嘗遣大相堅書權直仁壹等 往撫之近 爲百濟劫掠六年 之閒海路不通 誰爲我撫之"

이전의 6년, 즉 929년의 시점에 나주 지역이 후백제 영역으로 넘어갔음을 알 수 있다. 929년은 고창 전투가 일어났던 해이다. 당시 후백제는 고려를 압도하고 있는 상황이었다. 이는 경상북도 일대의 전선에만 국한되지 않았다. 나주 지역도 마찬가지였다. 진훤은 929년에 나주 지역을 장악하여 후백제의 해군력을 증강시켰다.

그런데 930년 고창 패전 이후인 932년은 정세가 후백제에 불리하게 돌아가고 있었다. 이러한 상황에서 진훤은 극적인 반전을 구상하였다. 육지에서 밀리고 있던 진훤은 반전 수단을 해상에서 찾았다. 진훤은 해상을 이용하여 허를 찌르듯이 고려의 수도인 개경을 급습하여 타격을 주려고 했다. 만약 진훤의 계획이 구현된다면 고려는 상상할 수 없는 타격을 입게 되는 것이다. 결국 진훤은 상귀를 사령관으로 하여 대규모 함대를 발진시켰다. 우리 나라 역사상 최초의 기습적인 상륙작전이었을까? 후백제의 기습 상륙전은 '암도진창(暗渡陳倉)'의 계략이었다. 과거에 태봉의 나주 공략이 이와 비슷했던 것 같다.

암도진창은 36계 중 8번째 계략이다. 즉 정면을 공격하는 것처럼 하여 일단 적을 진지에 붙들어둔다. 그런 다음에 몰래 다른 병력을 동원하여 우회해서 적 후방에 도달하여 빈틈을 타고 급습하는 계략이었다. 초한(楚漢) 전쟁 때였다. 유방은 항우에게서 벗어나 파촉으로 들어갈 때 잔도를 끊어버렸다. 그럼으로써 더 이상 중원을 차지할 욕심이 없는 것처럼 보이게 하였다. 그러나 유방은 사람들이 잘 알지 못하는 길을 남겨두었다. 그는 항우의 경계가 약해졌을 때 병력을 이끌고 옹왕 장한을 급습했다.[17]

예성강에는 다양한 성격의 선박들이 정박해 있었다. 중국에서 건너온

---

17) 도설천하 국학서원계열 편집위원회·유소영 옮김, 『도설천하 삼십육계』, 시그마북스, 2010, 90쪽.

상선은 물론이고, 교역 목적의 상선들과 바다를 지키거나 병력 이동 목적의 전함과 수송선 등이 정박하였다. 이들은 염주·백주·정주에 정박해 있었다. 염주는 황해도 연안, 백주는 황해도 배천, 정주는 개성 풍덕을 가리킨다. 왕건이 여러 해에 걸쳐 나주 공략할 때 함선을 수리하고 정비했던 곳이 예성강 하구에 소재한 정주 즉 풍덕이었다. 풍덕은 고려 최대의 해군 기지였다. 후백제는 이곳 선박들을 불살라버려 고려 해군력을 소진시키고자 한 것이다.

그러면 후백제가 고려의 해군력을 소멸시키려고 한 목적은 무엇일까? 단순히 고려의 해군력을 와해시키려는 데만 목적하지 않았던 것 같다. 후백제 군대가 예성강 유역까지 거슬러 올라가서 기습한 이유는 단순히 적진을 불바다로 만들어 왕건의 간담을 서늘하게 하려는 데 있지는 않았을 것이다. 오히려 그 이상의 목표가 있었기 때문으로 보인다. 그러면 후백제가 겨냥한 그 이상의 목표는 무엇이었을까? 바로 왕건의 목을 치기 위한 것이었다. 후백제군의 당초 공격 목표는 왕건이었다. 후백제군이 개경에 상륙하여 도성을 불사르고 왕건을 살해한다면 전세는 일시에 역전이 되는 것이다. 진훤은 이를 목표로 오랫동안 전쟁을 준비한 후 9월에 전격적으로 작전을 단행했다.

정주와 백주는 개경의 남쪽과 서쪽으로서 지척지간이다. 그 사이로 흘러가는 예성강의 동편에 고려 도성이 소재하였다. 후백제 상귀는 고려 도성으로 진입하여 불바다를 만들고 왕건을 살해하고자 한 것이다. 이 같은 후백제군의 기습 공격에 대응하여 고려에서는 어떻게 대응했는 지는 자세한 기록이 없다. 오히려 고려의 기록에서는 이 사건을 대폭적으로 축소된 느낌을 준다. 매우 중요한 전투임에도 불구하고 기록이 잘 남아 있지 않다. 그동안 예성강 전투에 대해서는 제대로 된 조명이 이루어지지 못하였다. 이와 관련해 기존에 주목하지 않았던 다음의 기록을 살펴본다.

발성(勃城) 전투에서 태조가 적에게 포위를 당하자 박수경이 힘써 싸운 덕에 탈출할 수 있었다. 또 태조를 따라 신검(神劍)을 토벌하였다.[18]

『고려사』 박수경전에서 발성 전투가 확인된다. 발성 전투 시점은 924년 7월의 제1차 조물성 전투와 936년 9월의 일리천 전투 사이로 지목할 수 있다. 이 기간 동안 왕건이 참전하여 일대 위기를 겪은 전투는 927년의 공산 전투가 된다. 그런데 공산 전투와 관련한 수많은 지명 중에 발성과 연관됨직한 지명은 보이지 않는다. 따라서 발성 전투는 공산 전투와는 별개의 전투로 간주된다.

그렇다면 발성은 어느 곳일까? 이와 관련해 발어참성의 존재를 주목해 본다. 발어참성은 왕건의 아버지 왕릉이 궁예에게 축조를 건의한 성이다. 궁예는 896년에 왕건에게 송악에 발어참성을 쌓도록 명령하였다. 그리고 궁예는 왕건을 발어참성의 성주로 삼았다.[19] 그런데 발성(勃城)은 발어참성의 줄인 표기일 가능성을 생각해 볼 수 있다. 이러한 사례로는 무진주(武珍州)의 무주(武州), 한산주(漢山州)의 한주(漢州), 금마성(金馬城)의 마성(馬城)이 지목된다. 그러한 발어참성의 흔적은 분명하지 않지만 만월대 뒷편 언덕에 그 자취가 조금 남아 있다.[20] 여기서 발어참성의 '어참'은 문자 그대로 '방어하기 위한 참호' 즉 해자(垓字)가 있는 성의 구조를 반영하는 듯하다. 그렇다면 발어참성의 순수한 고유 호칭은 '발성'인 것이다.

---

18) 『高麗史』 권92, 박수경전. "勃城之役 太祖被圍賴 守卿力戰得出 又從太祖 討神劍"
19) 『高麗史』 권1, 태조(건녕 3년 조). "世祖時爲松嶽郡沙粲 乾寧三年 丙辰 以郡歸于裔 裔大喜以 爲金城太守 世祖說之曰 大王若欲王 朝鮮肅愼卜韓之地 莫如先城松嶽 以吾長子爲其主 裔從之使 太祖築勃禦塹城 仍爲城主 時太祖年二十"
20) 高裕燮, 『松都의 古蹟』, 열화당, 1977, 27쪽.

발성 전투가 발어참성이 소재한 고려 수도 개경에서 발생했다면 932년 9월에 후백제 선단이 일제히 개경에 상륙작전을 펼쳤음을 뜻한다.

발성이 발어참성이라면 의문이 하나 제기될 수 있다. 즉 왕건이 위협을 무릅쓰고 군대를 이끌고 후백제군과 싸울 수 있겠는가이다. 그러나 이는 발어참성의 소재지를 통해 정황성이 뒷받침된다. 1029년(현종 20)에 나성(羅城)을 쌓은 개경성은 궁성·황성·내성·외성으로 구성되었다. 이 중에서 황성은 발어참성을 이용하여 쌓은 성이다. 발어참성 성벽은 송악산 마루의 북문으로부터 서쪽 북창문을 거쳐 서남쪽의 도차리고개와 눌리문을 지나서 주작고개를 돌아 북쪽으로 뻗어 다시 송악산으로 올라간다. 황성벽은 북쪽을 제외하고는 모두 발어참성의 성벽을 그대로 이용한 것이다.[21] 발어참성이 고려 왕궁과 관련 있다면 왕건은 불가피하게 발성 전투를 치른 게 된다.

이러한 정황은 다음과 같은 후백제군의 동선을 상정하게 한다. 일단 후백제군은 예성강을 이용한 전격적인 고려 개경 상륙작전을 전개하기 전에 왕건의 도성 상주 사실을 파악한 게 분명하다. 결국 후백제군은 일제히 개경에 상륙하여 고려 왕궁을 포위했을 것이다. 『고려사』 박수경전은 실로 극적으로 박수경이 왕건을 구출했음을 상정하게 한다. 이러한 극적인 상황은 후백제군이 왕건의 거처인 왕궁까지 진격했기에 가능했을 것이다. 박수경은 이때 가까스로 왕건을 구출하였다. 후백제군은 왕건을 생포하거나 살해하려는 당초의 목적은 이루지 못했다. 그러나 그들은 막대한 전과를 올리고 회군하였다.

고려로서는 너무나 처참하고 부끄러운 패배였다. 국가의 심장부인 왕궁이 적군에게 유린된 데다가 국왕인 왕건의 생명까지 위태로웠기 때문

---

21) 리창언, 『고려 유적연구』, 백산자료원, 2003, 159쪽.

이다. 왕건의 고려는 이 사실을 남기고 싶지 않았을 게 자명하다. 그렇기 때문에 상징성이 지대한 고려 왕궁성에서의 전투를 일개 발성 전투로 모호하게 폄훼시켜 기록한 것이다. 게다가 발성 전투의 내용은 대폭 축소되고 말았다. 본 전투에 대한 내용 대신 말미에서, 그것도 후백제가 올린 전과도 겨우 약탈 기록만 남겨놓았다. 왕건이 방어에 나섰다가 포위당한 사실은 역사기록의 골격인 '세가'에서는 지워졌다. 『고려사』 세가 이전의 고려시대에 그렇게 삭제된 것이다. 대신 박수경의 용전과 충성을 과시하기 위한 서술인 '박수경전'에서는 어쩔 수 없이 이 전투를 기록하였다. 그렇지만 전후 거두절미하고 기록되었다.

후백제군은 저산도 목장의 말 300필을 약탈하고서 돌아갔다. 당시 말은 전쟁에서 가장 중요한 병기였다. 그러한 말을 통일신라 때는 목장을 조성한 섬에서 길렀던 것이다. 진훤이 왕건에게 선물했던 말도 절영도 산(産)이었다. 섬에서는 말이 도망갈 곳이 없기 때문에 관리하기에 용이했기 때문이다. 저산도에서는 고려 왕실의 말을 키웠던 것으로 보인다. 이와 관련해 다음의 기록을 본다.

> 겨울 10월에 진훤의 해군 장군 상애(尙哀) 등이 대우도(大牛島)를 침략하였다. 왕이 대광 만세(萬歲) 등을 보내 대우도를 구원했으나 이기지 못하였다.[22]

진훤은 9월의 전과로 만족하지 못했다. 그는 10월에 다시금 해군을 보내 대우도를 공격하여 고려에 타격을 주었다. 고려에서도 앞서 9월에 당

---

22) 『高麗史』 권2, 태조 15년 조. "冬十月 甄萱海軍將尙哀等 攻掠大牛島 命大匡萬歲等 救之不利"

한 경험이 있었기 때문에 후백제의 재침을 염려하여 대비하고 있었다. 이 때문에 후백제군이 다시 공격해 오자 곧바로 만세를 보내 상애를 대적하게 했다. 그러나 불과 한 달 전인 9월에 고려군 함대 상당수가 불에 탄 상황이었다. 따라서 고려의 해군 동원은 한계가 있었다. 때문에 만세는 후백제군과의 싸움에서 패배할 수밖에 없었다. 당시의 상황은 다음과 같은 '유검필전'을 통해 좀 더 상세하게 살필 수 있다.

14년에 참소를 당하여 곡도(鵠島)로 귀양갔다. 이듬해에 진훤의 해군 장군 상애(尙哀) 등이 대우도(大牛島)를 공격 약탈하므로 태조가 대광 만세(萬歲) 등을 파견하여 구원하게 했으나 이기지 못하였다. 태조가 근심하고 있었는데 유검필이 글을 올려 고하기를, "저는 비록 죄를 짓고 귀양살이는 하고 있지만 백제가 우리의 해변 지방을 침략한다는 소식을 듣고 제가 이미 곡도와 포을도(包乙島)의 장정들을 선발하여 군대를 편성하고 또 전함도 수리하여 방어하게끔 되었으니 주상께서는 염려하지 마옵소서"라고 하였다. 태조가 편지를 보고 울면서 말하기를, "참소하는 말만 믿고 어진 사람을 내쫓은 것은 나의 불찰이다"라고 하면서 사신을 보내 그를 소환하고 위로하는 말이, "그대는 실로 죄 없이 귀양을 살게 되었건만 일찍이 원한하거나 울분하지 않고 오직 나라를 도울 일만 생각하였으니 내가 심히 부끄럽고 후회된다. 나의 소망은 장차 자손들에게까지 연장하여 상 주어 그대의 충절에 보답하려는 것이다"라고 하였다.[23]

---

23) 『高麗史』 권92, 유검필전. "十四年 被讒竄于鵠島 明年甄萱海軍將尙哀等 攻掠大牛島 太祖遣大匡萬歲等 往救不利 太祖憂之 黔弼上書曰 臣雖負罪在貶 聞百濟侵我海鄉 臣

곡도는 지금의 백령도를 가리킨다. 유검필은 고려 정계에서 쫓겨나 곡도에서 유배 생활하고 있었다. 유검필은 후백제의 공격이 끝난 직후 왕건에게 편지를 보냈다. 유검필은 곡도에 귀양 가 있었기 때문에 전쟁에 참전하지 못하였다. 그렇지만 그는 소식을 듣고는 향후의 싸움에 대비하여 곡도에서 전함들을 수리하고 군사들을 훈련시켜 놓았다. 곡도와 포을도에서는 고기잡이를 하면서 해상 생활에 익숙한 젊은이들이 많이 있었을 것이다. 유검필은 이들을 기반으로 군대를 편성했던 것 같다.

두 차례에 걸친 후백제군의 기습은 왕건의 간담을 서늘하게 했다. 고려는 이로부터 한동안 해군을 제대로 운용하지 못했던 것 같다. 다만 유검필이 해군을 재건할 수 있는 토대를 구축해 놓았다. 왕건은 그러한 유검필의 공로를 높게 사서 귀양에서 풀어주고 재기용하였다.

---

已選本島 及包乙島丁壯 以充軍隊 又修戰艦 以禦之願上勿憂 太祖見書泣曰 信讒逐賢
是予不明也 遣使召還慰之曰 卿實無辜見謫 曾不怨憤惟思輔國 予甚愧悔 庶將賞延 于
世報卿忠節"

# 3. 유검필과 신검의 사탄 전투

고려 조정으로 복귀한 유검필에게는 그가 필요한 일들이 기다리고 있었다. 유검필은 비록 복귀했지만 고려 중앙이 아니라 변방으로 쫓겨나 있었다. 지금의 경상북도 의성으로 파견나간 것이다. 이때 그에게 중차대한 일이 다음과 같이 부과되었다.

> 또 이듬해에 정남대장군(征南大將軍)으로 임명되어 의성부를 지켰는데 태조가 사람을 보내 이르기를, "나는 신라가 백제의 침공을 받을까 염려하여 일찍이 대광 능장영(能丈英)·주렬(周烈)·궁총희(弓悤希)들을 파견하여 진수하게 하였는데 이제 듣건대 백제 군대가 벌써 혜산성(槥山城)·아불진(阿弗鎭) 등지에 이르러 사람과 재물을 겁탈한다 하니 신라 서울에까지 침범될까 우려된다. 그대는 마땅히 가서 구원하라"고 하였다.[24]

---

24) 『高麗史』 권92, 庾黔弼傳. "又明年 爲征南大將軍 守義城府 太祖使人謂曰 予慮新羅

고려의 복수는 머지 않아 이루어졌다. 이듬해인 933년 5월에 유검필은 왕건의 명령을 받고 다시금 군무(軍務)에 몰입하였다. 예성강 전투에서 자신감을 되찾은 후백제는 다시금 신라를 압박해 들어가기 시작했다. 그러자 고려는 후백제에 대한 대응차원에서 병력을 파견하였다. 의성부에는 이미 고려 군대가 주둔해 있었다. 상황의 심각성을 파악한 왕건은 그들만으로는 부족할 것으로 판단하였다. 이와 관련해 후백제군이 약탈을 시작한 혜산성은 지금의 당진군 면천면 일대로도 간주해왔다. 그렇다면 면천 일대는 위의 인용에 등장하는 다른 지명들과 비교했을 때 동떨어진 느낌을 준다. 왜냐하면 위의 기사에 보이는 주요 지역은 의성과 경주이기 때문이다. 후백제군이 혜산성과 아불진에서 약탈한다는 급보를 받은 것을 볼 때 위의 인용에 등장하는 지역은 경상북도 지역에서 찾는 게 자연스럽다.

그러면 아불진과 관련해 경주도(慶州道)의 존재를 상기해 본다. 『고려사』의 참역에 따르면 경주도의 23개 소 중에서 3번째가 아불(阿弗)이다.[25] 『세종실록』 지리지에서는 아화(阿火)의 옛 이름을 '아불'이라고 했다.[26] 아화는 지금의 경주시 서면 아화리로 보인다.[27] 아화리에서 경주 중심까지는 불과 23㎞밖에 떨어져 있지 않다. 그런 관계로 이곳을 아불진으로 비

　　爲百濟所侵 嘗遣大匡能丈英周烈希恩希等鎭之 今聞百濟兵 已至槽山城阿弗鎭等處 劫掠人物 恐侵及新羅國都 卿宜往救"

25) 『高麗史』 권82, 志, 站驛. "慶州道掌二十三 活里牟良阿弗知里奴谷仍巳仇於且[慶州]長守[新寧]淸通新驛加火[永州]凡於[壽城]押梁[章山]六叱[神光]安康驛松蘿[淸河]仁比[杞溪]柄谷赤兀[禮州]阿叱達[平海]酒峴南驛[盈德]琴田[英陽]"

26) 『世宗實錄』地理志, 경상도 경주부. "阿火[古作阿弗]"

27) 류영철 또한 아불진의 위치를 월성 아화로 보고 있다. 다만 왜 이곳으로 보는지에 대해 구체적으로 밝혀놓지는 않았다(류영철, 『高麗의 後三國 統一過程 硏究』, 景仁文化社, 2005, 176~177쪽).

정해 본다. 그렇다면 후백제군이 마음만 먹으면 언제든지 경주로 쳐들어 갈 수 있는 상황이 되었다. 고려나 신라로서는 매우 당혹스러운 장면이 전개된 것이다.

이와는 조금 달리 아불과 아화가 동일 지명을 일컫는다는 점에 착안해 서 접근해 본다. 그렇다면 아불진은 아화옥현(阿火屋縣)을 가리킬 수도 있 다. 『삼국사기』 지리지를 보면 아화옥현은 의성부 소관 4개 현 가운데 하 나인 비옥현(比屋縣)에 해당한다.[28] 『신증동국여지승람』에 따르면 비안현 의 옛 이름이 비옥현이다.[29] 이곳은 지금의 경상북도 의성군 비안면 일대 에 해당한다. 아불진을 경주 서편으로 지목한다면 고려 조정에 보고된 시 점에는 경주가 거의 함락 직전일 수 있다. 그러니 거리상으로 너무 경주 에 가깝다는 느낌을 준다. 게다가 유검필이 의성부로 파견된 점을 고려한 다면 아화옥현이 아불진일 가능성도 배제하기 어렵다. 다음은 유검필이 신검과 맞닥뜨린 사탄 전투이다.

> 유검필이 장사 80명을 선발 인솔하고 갔다. 사탄(槎灘)에 이르 렀을 때 병사들에게 이르기를, "만약 여기서 적을 만나면 나는 필 연코 살아서 돌아가지 못할 것인데 다만 그대들이 같이 희생당할 것이 염려되니 그대들은 각자가 살 도리를 잘 강구하라"고 하였 다. 병사들은 대답하기를, "우리들이 모두 죽으면 죽었지 어찌 장 군만을 홀로 살아 돌아가지 못하게 하겠습니까?"라고 하였다. 그

---

28) 『三國史記』 권34, 지리 1. "聞韶郡 本召文國 景德王改名 今義城府 領縣四 眞寶縣 本 柒巴火縣 景德王改名 今甫城 比屋縣 本阿火屋縣[一云并屋] 景德王改名 今因之 安賢 縣 本阿尸兮縣[一云阿乙兮] 景德王改名 今安定縣 單密縣 本武冬彌知[一云曷冬彌 知] 景德王改名 今因之"

29) 『新增東國輿地勝覽』 권25, 慶尙道, 비안현.

▲ 사탄 전투 당시 주요 지명

리고 오직 한 마음으로 적을 공격할 것을 서로 맹세하였다. 사탄을 건넌 다음 백제의 통군(統軍) 신검(神劍) 등과 맞닥뜨렸다. 유검필 등은 싸우려 하였으나 백제 군대는 유검필 군의 대오가 정예로운 것을 보고 싸우지도 않고 스스로 흩어져 도망쳤다.[30]

사탄의 위치는 정확히 알 수 없다. 다만 이곳은 경주로 들어서는 길목에 위치한 것으로 추정된다. 유검필은 이곳에 80명의 소부대만 이끌고 왔다. 그만큼 사세가 급박하게 움직였음을 뜻한다. 그러나 이들은 유검필과 함께 생사고락을 같이 했던 정예군이었다. 전투 능력은 후백제군에 결코

30) 『高麗史』 권92, 庾黔弼傳. "黔弼選壯士八十人赴之 至槎灘謂士卒曰 若遇賊於此 吾必不得生還 但慮汝等 同罹鋒刃 其各善自爲計 士卒曰 吾輩盡死則 已豈可使 將軍獨不生還乎 因相與誓同心 擊賊旣涉灘 遇百濟統軍神劍等 黔弼欲與戰 百濟軍見 黔弼部伍精銳 不戰自潰而走"

뒤지지 않았다. 유검필은 이곳에서 죽기를 각오하고 싸우겠다고 결연히 선언하였다. 부하들 역시 흔쾌히 유검필을 따랐다.

당시 후백제군은 진훤의 맏아들인 신검 왕자가 이끌고 있었다. 신검은 진훤의 뒤를 이어 왕위를 계승해야 하였다. 그러기 위해서 그에게는 눈부신 공적이 필요했다. 더욱이 신검은 배다른 동생인 금강 왕자와 경쟁하는 구도였다. 신검은 고려의 지장(智將)이요 용장인 유검필에 맞서서 자신의 능력을 드러내야 했다. 그로서는 군사적 재능을 유감없이 발휘하여 향후 후백제 국왕에 걸맞은 인물임을 증명해야 하였다. 그러나 강박관념 속의 신검은 오랜 세월 동안 전쟁에 숙달된 노련한 유검필을 당해내지 못했다. 유검필은 80명에 불과한 장사를 데리고 신검군을 격파하였다. 이는 마치 『삼조북맹회편』에 적힌 금나라군 17명이 송나라군 2000명을 격파한 사건을 연상시킨다. 소수 군대라도 특화된 정예군은 말 그대로 일당백이나 일당천의 능력을 발휘할 수 있다. 게다가 일단 승기를 잡은 군대는 이후에도 주도권을 쥐며 흐름을 타고 승리를 거두는 경우가 많았다. 이와 마찬가지로 유검필은 초반에 잡은 승기를 바탕으로 신검의 군대를 여지 없이 격파하였다.

'유검필전'에는 신검의 군대가 유검필 군대의 대오를 보자 겁을 먹고 싸우지도 않고 도망갔다고 적혀 있다. 이는 사실로 보기 힘들지만, 후백제의 입장에서는 매우 치욕스러운 기록이다. 즉 사탄 전투에서 후백제는 객관적인 우세를 이용하지 못하였다. 게다가 후백제군이 다시금 경주에 입성할 수 있는 기회를 스스로 놓쳐버리고 말았다. 이로써 후백제의 경상북도 지역 진출은 더욱 어렵게 되었다. 신검 또한 향후 왕위 계승이 순조롭지 못하는 상황이 초래되고 말았다. 다음은 신검의 후백제군을 격파한 직후 유검필에 대한 신라의 민심이 반영되어 있다.

유검필이 신라에 도착하니 늙은이와 어린이들까지 모두 성 밖에 나와서 영접하며 절하고 눈물을 흘리면서 말하기를, "뜻밖에 오늘 대광(大匡)을 뵈옵게 됩니다. 대광이 아니시면 우리들은 백제군에게 살육 당했을 것입니다"라고 하였다. 유검필이 7일간 머물러 있다가 돌아오는 길에 신검 등을 자도(子道)에서 만나 싸웠는데 크게 승리하였으며 적장 금달(今達)·환궁(奐弓) 등 7명을 생포하였으며 적을 살상 포로로 잡은 게 심히 많았다. 승전 보고를 받아 본 태조는 일변 놀라고 일변 기뻐하면서 말하기를, "우리 장군이 아니면 누가 능히 이렇게 할 수 있겠는가?"라고 하였고 유검필이 돌아오니 태조는 궁전에서 내려가서 맞이하면서 그의 손을 잡고 말하기를, "그대 같은 공훈은 옛날에도 드문 일이니 내가 이것을 마음에 새겨 두고 잊지 않겠다."라고 하니 유검필이 사례하며 말하기를, "국난을 당하여 자기 일신을 생각지 않으며 위급에 직면하면 목숨을 바치는 것은 신하된 자의 직분이거늘 성상께서 왜 이지경까지 하십니까?"라고 하니 태조는 더욱 그를 소중하게 여겼다.[31]

유검필은 경주로 당당하게 입성했다. 그는 7일 동안 머문 후 고려로 돌아왔다. 그런데 유검필은 고려로 돌아가는 도중에 신검의 군대와 다시금 맞닥뜨리게 되었다. 신검은 사탄 전투의 대패 때문에 후백제로 곧바로

---

31) 『高麗史』 권92, 庾黔弼傳. "黔弼至新羅 老幼出城 迎拜垂泣言曰 不圖今日得見大匡 微大匡吾其爲魚肉乎 黔弼留七日而還 遇神劒等 於子道與戰大克 擒其將今達奐弓等 七人 殺獲甚多 捷至太祖驚喜曰 非我將軍孰能如是 及還太祖下殿 迎之執其手曰 如卿之功古亦罕有銘在 朕心勿謂忘之 黔弼謝曰 臨難忘私 見危授命臣職耳 聖上何至如斯 太祖益重之"

귀환하기 힘들었다. 어떻게든 군공을 세워야 하는 절박한 처지에 놓여 있었다. 왕위계승에 대한 복잡한 정국 속에서 신검은 마지막 승부수를 던지고자 했다. 신검은 대기하고 있다가 회군하는 유검필을 급습하고자 한 것이다. 신검 군대는 예상되는 유검필의 회군로에 매복해 있다가 불시에 공격한 것으로 추측된다. 그러나 신검은 유검필에게 또다시 패배하였다. 군공을 세워 일전의 패배를 일거에 만회하려고 했던 신검이었다. 그러나 그는 도리어 더 큰 피해를 안고 전주로 회군하였다. 이 패전으로 인해 신검은 결정적으로 진훤의 눈 밖에 난 것으로 보인다.

그런데 위의 인용에서 유심히 살펴보아야 할 사안은 신라의 자립성이다. 신라는 자신의 목 앞이라고 할 수 있는 아화진까지 후백제가 쳐들어오는 것을 허용하였다. 이는 공산 전투 때와도 비견되는 사건이다. 신라의 군사력이 더 이상 스스로를 지키기 힘든 수준으로 떨어졌음을 의미한다. 이와 더불어 신라인들이 유검필을 반긴 이유도 풀리게 된다. 그들 스스로의 군사력으로는 도저히 무찌를 수 없었던 대상이 후백제군이었다. 이들을 고려군이 대신 몰아내 주었으니 기뻐할 수밖에 없었다. 이 사실은 신라 내부적으로 이미 군사력이 최악의 상황에 도달했음을 가리킨다. 동시에 신라의 존속이 더 이상 힘들 지경에 이르렀음을 의미한다.

유검필은 당당하게 개경으로 개선했다. 경애왕 시해 사건과 동일한 일이 재현될 수도 있었다. 그렇지만 유검필의 승리로 인해 더 이상의 비극은 초래되지 않았다. 왕건은 유검필을 크게 치하하였다.

# 4. 운주성 전투의 전개

934년 정월, 후백제 조정에는 급보가 도달했다. 후백제의 북방 변경 지대인 운주(運州: 충청남도 홍성)로 왕건이 군대를 이끌고 내려온다는 소식이었다. 왕건이 운주로 친정을 온다는 것은 지금까지 전쟁과는 다른 양상이었다. 나주는 백제의 후방이었고, 고창(안동)과 공산(대구)은 엄연히 신라 영역에서 치렀던 전투였다. 그런데 운주는 후백제의 북방에 해당하였다. 이곳은 고려와의 접경지대이자 합덕지가 있는 곡창 지대이기도 했다. 운주 일대를 고려에 빼앗기게 되면 금강 북쪽의 후백제 영역이 모두 위험해 질 수 있었다.

이 때문에 진훤은 군대를 이끌고 왕건에게 맞서기 위해 몸소 출전하였다. 진훤은 자신을 대신하여 왕자들을 보낼 수도 있었다. 그러나 장남인 신검은 사탄 전투에서 패배하여 위신이 실추된 상황이었다. 그에게 만회의 기회를 줄 수도 있었다. 그러나 상대는 왕건과 유검필이었다. 때문에 신검이 상대할 수 있다고 생각되지는 않았다. 결국 진훤은 어쩔 수 없이 본인이 나서는 것이 가장 낫다고 판단했다. 진훤은 68세의 노구를 이끌고 또다시 전장으로 향하였다. 그는 알지 못하였지만, '후백제 대왕'으로서는 마지막 전투가 바로 운주성에서였다. 그러면 다음의 기록을 살펴 보도록 한다.

> 왕이 친히 군사를 거느리고 운주(運州)를 정벌하니, 진훤이 이 소식을 듣고 갑사(甲士) 5천 명을 뽑아 이르러 말하기를, "양편의 군사가 서로 싸우니 형세가 양편이 다 보전하지 못하겠소. 무지한 병졸이 살상을 많이 당할까 염려되니 마땅히 화친을 맺어 각기 국경을 보전합시다"고 하였다.[32]

당시 진훤은 갑사 5천을 이끌고 운주성으로 향하였다. 이때 운주성이 어느 나라의 영역이었는지에 대해서는 기록마다 차이가 있다. 『삼국사기』와 『삼국유사』에서는 왕건이 운주에 주둔하고 있다는 소식을 듣고 진훤이 군대를 움직인 것으로 나온다. 반면 『고려사』와 『고려사절요』에는 왕건이 운주를 정벌하려고 군대를 움직였다. 이로 인해 진훤이 갑사 5천을 거느리고 운주로 향하는 것으로 나온다. 이를 어떻게 해석해야 할까?

이에 대해서는 후자의 기록을 중심으로 해석 하는 것이 옳다고 판단된다. 군대를 이끌고 내려온 왕건이 운주성을 점령하고 군대를 배치한 것으로 보인다. 이에 맞서 싸우기 위해 진훤은 갑사 5천을 이끌고 운주성으로 왔다면 전후 상황상 문제가 없다. 이는 유검필이 군대를 이끌고 후백제군을 칠 때 미처 진영이 갖춰지지 않았다는 점을 통해 알 수 있다. 즉 고려군이 먼저 당도하였으며, 후백제군은 자국의 영토 내에서의 싸움이었지

---

32) 『高麗史節要』 권1, 태조 17년 조. "王自將征運州 甄萱聞之 簡甲士五千 至曰 兩軍相鬪勢不俱全 恐無知之卒多被殺傷 宜結和親各保封境"

만, 본대가 뒤늦게 옴으로 인하여 고려군에 비해 입지적으로 불리한 상황이었다. 운주성에서 진훤은 왕건과 싸우기 전에 화친을 요구하는 서신을 보내었다. 이때 진훤은 "각기 국경을 보존합시다"고 제의했다. 이 사실은 왕건 정권 출범 직후 후백제와 맹약을 맺은 그때의 삼국분할정립안을 염두에 둔 것이다.[33] 당시 운주성은 후백제 영역으로 확정한 바 있었다. 그런데 고려군이 쳐들어온 것은 국경 침범이다. 그러니 후백제 영역 바깥으로 철수해 달라는 요구였다.

그러면 진훤의 화친 요청은 무슨 의미를 지닌 것일까? 후백제가 싸울 의사를 포기한 것으로 간주하는 해석도 있다. 즉 고창 전투 이후 입은 타격이 채 회복되지 않았으며, 주변 지역의 전세가 불리하게 돌아가는 상황에서 왕건이 몸소 이끈 정병의 대규모 공격은 후백제 입장에서는 참으로 감당하기 어려운 일로 보았다. 그랬기에 진훤은 왕건에게 전투의 중지를 요청하는 굴욕적인 서신을 보냈다는 것이다.[34]

그러나 당시 전황을 일방적으로 파악하는 것은 문제가 있다고 본다. 진훤이 갑사를 이끌고 왔을 뿐 아니라 뒤에서 언급하겠지만 유검필이 왕건에게 근심하지 말라고 한 점을 주목할 필요가 있다. 사실 후백제는 불과 2년 전에 고려 개경 왕궁까지 쳐들어갔었다. 왕건의 간담을 서늘하게 한 것이다. 공산 전투에서는 왕건의 목숨을 빼앗을 수도 있었다. 후백제는 결코 만만한 상대가 아니었다. 진훤 또한 전쟁터에서 평생을 거침없이 보낸 백전노장이었다. 그러한 진훤이 화친을 요구하는 서신을 보낸 데는 다른 속셈이 있다고 보아야 한다.

운주성 전투에 진훤이 거느리고 온 군대는 '갑사(甲士)'로 적혀 있다.

---

33) 李道學, 「後百濟의 加耶故地 進出에 관한 檢討」『白山學報』 58, 2001, 46~52쪽.
34) 류영철, 『高麗의 後三國 統一過程 硏究』, 景仁文化社, 2005, 179쪽.

『삼국사기』등의 사서에서 '갑사'로 표현되는 예는 흔하지 않다. 이들은 중무장을 한 정예군으로 볼 수 있다. 진훤은 어쩔 수 없이 운주성 전투에 참여한 것이 아니었다. 고려군을 반드시 꺾기 위해 정예 병력을 이끌고 왔었다. 진훤은 갑사 5천의 병력으로 왕건의 상승세를 꺾고 후백제의 영역에서 고려군을 몰아내고자 하였다. 또한 자신들에게 강력한 군대가 아직도 건재하다는 것을 보여주려는 의도도 있었다.

적진에서 온 사신이 당당한 모습과 큰 소리로 호통을 치는 것은 불리한 상황을 은폐하려는 수작인 경우가 많았다. 반대로 적진에서 온 사신이 비굴한 모습을 보이는 경우는 오히려 적군이 유리한 상황에 있다는 복선일 가능성이 높다. 허실을 염탐한 후 아군의 측면을 공격할 계산을 하고 있기 때문이다. 진훤 또한 마찬가지였을 가능성이다. 겉으로는 화친을 요구하는 등 전의(戰意)가 없는 것처럼 보였지만, 방심한 고려군을 치기 위한 준비였을 수 있다.

진훤은 왕건에게 더 이상 싸움을 하지 말고 자신들의 영토를 그대로 보존할 것을 제안하였다. 이러한 진훤의 제안은 초한전쟁 당시 홍구(鴻溝)에서 한나라군과 초나라군의 맹약을 연상시킨다. 한나라군과 초나라군은 홍구를 경계로 하여 서쪽은 한나라가, 동쪽은 초나라가 차지하기로 협정을 맺었다. 그리고 협정이 맺어지자 양군은 바로 군대를 돌려서 자국의 수도를 향해 나아갔다. 그러나 이러한 맹약은 오래가지 않았다. 바로 유방의 한나라군이 즉각 군대의 말머리를 돌려 초나라군을 공격했기 때문이다. 방비를 못했던 초나라군은 한나라군에게 밀리게 되었다. 결국 항우는 해하까지 패하며 후퇴하였다. 초한전쟁의 역사는 후삼국시대에도 그대로 반복되었다고 본다. 이와 관련해 다음의 기사를 인용했다.

왕이 여러 장수를 모아 의논하니 우장군(右將軍) 유검필(庾黔弼)

이 아뢰기를, "오늘날의 형세는 싸우지 않을 수 없으니, 임금께서
는 신들이 적군을 무찌르는 것만 보시고 근심하지 마소서"라고 하
였다.[35]

왕건은 진훤의 제의를 받아들일지 말지에 대해서 숙고하였다. 진훤의
제의를 받아들인다면 자신이 유리한 위치에 있기 때문에 운주 일대 영토
의 할양 등 다양한 방식으로 우세를 점할 수도 있었다. 그렇게 된다면 후
백제의 정예군과 맞서 싸워야 할 당장의 위험을 피할 수 있는데다가 군사
력까지 보존된다. 항상 조심하는 왕건이었다. 그렇기 때문에 진훤의 제의
에 대해 검토한 것이다.

그렇지만 유검필은 이를 단호하게 배척했다. 유검필은 이번 전투가 피
할 수 없는 일전이라 생각하였다. 당장 후백제군과의 싸움에서 화친을 선
택하게 되면 군사력을 보존할 수는 있다. 그러나 통일의 길은 좀 더 미뤄
지게 되는 것이다. 그는 진훤이 정예병을 이끌고 온 이유를 간파했던 것
으로 보인다. 유검필은 피할 수 없는 전쟁이라면 필승의 각오로 이기자는
생각을 하였기에 강력하게 전쟁을 주장하였다.

이러한 유검필의 눈에 갑사의 존재가 들어왔다. 중무장한 갑사를 꺾는
것은 결코 쉬운 일이 아니었다. 그러나 유검필은 전쟁의 달인이었다. 그
는 상황에 따라 어떻게 싸워야 하는지를 누구보다도 잘 알고 있었다. 진
훤의 갑사를 이기려면 단순한 전술로는 승산이 없다는 것을 간파했다. 그
렇지만 갑사 또한 약점이 없는 게 아니라는 점 또한 살피고 있었다. 이에
유검필은 스스로 군대를 이끌고 후백제군에 공격을 가했다. 이때 유검필

---

35) 『高麗史節要』권1, 태조 17년 조. "王會諸將議之 右將軍庾黔弼曰 今日之勢不容不戰
願王觀臣等破敵 勿憂也"

이 이끈 군대에 대해 사서에서는 '경기(勁騎)'로 표현하였다. 경기는 굳센 기병으로 번역할 수 있으며, 그 외에 자세한 것을 알기는 힘들다. 그러나 경기의 존재는 일리천 전투에서도 다시 그 모습을 드러낸다. 일리천 전투 때 유검필은 관무·관헌과 함께 9,500의 경기를 이끈 기록이 보인다.[36] 여기서 경기를 구성하고 있는 종족을 흑수(黑水)·달고(達姑)·철륵(鐵勒)으로 기록하고 있다. 이 중에서 흑수와 달고는 말갈계이고, 철륵은 투르크계의 이민족에 해당한다. 유검필이 이끌었던 경기는 이러한 유목민족계 기마병으로 볼 수 있다.

그렇다면 운주성 전투에 기록된 경기는 경기(輕騎)일 수도 있다. 기병은 갑옷으로 단단히 무장한 중기병(重騎兵)와 가볍게 무장한 경기병(輕騎兵)으로 나눠진다. 중기병은 무거운 갑옷을 입고 말에게도 갑옷을 입혔으며 주로 창이나 삭(槊)을 들고 적진을 돌파하는데 강력한 위력을 보였다. 반면 경기병은 가벼운 갑옷을 입은채 주로 활을 이용해서 싸우며, 추격이나 기습공격을 하는데 투입되었다. 당태종의 경우 전쟁에서 중기병보다 경기병을 주로 활용하였다고 알려져 있다. 경기병은 빠른 기동력과 순간 대처 능력이 탁월하기 때문이다.

유검필이 이끌었던 군대도 이러한 경기병이었다고 보겠다. 진훤의 갑사는 무거운 갑옷으로 무장한 정예병이었다. 이들을 상대하기에는 오히려 기동성을 담보한 경기병을 활용하는 게 보다 효율적일 수도 있었다. 경기는 빠른 기동력을 바탕으로 활을 이용하여 공격하는 게 주효해서 갑사의 격파가 가능하다. 이 전투의 결과는 다음과 같다.

---

36) 『高麗史節要』 권1, 태조 19년 조. "大相庾黔弼·元尹官茂·官憲等 領黑水·達姑·鐵勒 諸蕃 勁騎九千五百"

저 편에서 미처 진을 치기 전에 강한 기병 수천 명을 거느리고

돌격하여 3천여 명을 목 베고, 술사(術士) 종훈(宗訓)과 의사(醫師)

훈겸(訓謙)과 용맹한 장수 상달(尚達)·최필(崔弼)을 사로잡았다.[37]


유검필의 공격에 후백제군은 크게 당황하였다. 제대로 진영을 갖추지도 않은 상태였기 때문이다. 고려군의 재빠른 공격에 후백제군은 제대로 대응하지 못했음을 알 수 있다. 유검필의 기습에 자신의 정예군을 과신했던 진훤은 허를 찔리고 만 것이다.

기록에는 당시 5천 명의 갑사 가운데 3천 명이나 전사하였다. 부상당한 병사들까지 합친다면 갑사 부대는 재기 불능상태에 놓인 것이다. 전주로 퇴각한 진훤은 이제 물러날 때가 되었음을 절감했을 듯하다.

운주를 지금의 충청남도 홍성으로 지목하는 데는 이견이 없다. 여러 기록에서 운주가 홍성임이 분명히 적혀 있기 때문이다. 그러면 운주성은 어디에 소재했을까? 일단 현재의 홍성읍을 중심으로 해서 이곳을 둘러싼 구항면·홍동면·금마면·홍북면 일대를 당시 운주의 중심지로 볼 수 있다. 그리고 운주성 전투를 바탕으로 추측을 하면 수많은 군마들이 전투를 벌일 수 있는 장소가 필요하다. 또한 기병을 이용한 전투가 효율적으로 펼쳐질 수 있는 곳이 운주성일 가능성이 높다. 즉 운주성은 산이나 구릉에 위치하지만 기마전을 펼칠 만한 벌판이 있어야 한다. 또한 운주성의 축조 연대는 응당 백제나 통일신라, 혹은 후삼국시대여야 할 것이다.

홍성의 중심은 당연히 현재의 홍성읍임은 분명하다. 이 일대를 중심으로 살펴보면 통일신라 성은 내법리산성(內法里山城)과 구룡리산성(龜龍里

---

37) 『高麗史節要』 권1, 태조 17년 조. "及彼未陣 以勁騎數千突擊之 斬獲三千餘級 擒術士 宗訓 醫師訓謙 勇將尚達 崔弼"

山城), 2곳이 있다. 또한 지금의 백월산에 있는 월산산성(月山山城), 즉 해풍현성(海豊縣城)도 주목된다. 이 성들을 차례로 살펴보면 다음과 같다.

홍주읍성

내법리산성은 조선시대 홍성의 중심지라고 할 수 있는 홍주성에 근접한 곳에 소재하였다. 즉 홍성읍에서 동북쪽으로 약 300m 정도 떨어진 표고 70m에 불과한 나지막한 야산에 소재한 토성이다. 산 정상부에서 동남쪽을 향해 좌우로 뻗은 능선 상에 산성이 자리 잡았다. 성벽은 자연지형을 적절히 이용하면서 축조되었다. 전체적인 성벽의 형태는 산 정상부에서 中腹에 걸쳐 축조된 삼태기식이다. 성벽의 둘레는 약 700m에 이른다. 다만 정상부 가까운 북벽의 일부에서만 약 100m 정도의 삭토법으로 축조된 성벽이 남아 있다.[38]

이러한 내법리산성은 홍주성과 가까운 구릉 상에 위치한 것이다. 그리고 홍성읍을 둘러싼 산 가운데의 벌판 중앙에 위치하였기에 입지도 좋은 편에 속한다. 그러나 산성 주변에 백제나 통일신라시대의 고분군이 확인되지 않는다.

내법리산성에서 동남쪽에 구룡리산성이 소재하였다. 구룡리산성은 표고 70m의 나지막한 구릉에 소재했다. 즉 홍성읍 쪽을 바라보면서 동고서저(東高西低)형으로 자리하였다. 성벽은 대부분 붕괴되었기에 정확한 축

---

38) 公州大學校博物館, 『文化遺蹟分布地圖 : 洪城郡』, 2002, 119쪽.

성법은 알 수 없지만 당초에는 석성으로 추측된다. 전체 성벽의 둘레는 740m에 이른다.[39] 구룡리산성은 남북으로 마주보는 두 개의 산봉으로 이루어져 있다. 그중 북쪽 봉우리는 해발 79.7m이고, 남쪽 봉우리는 해발 73.2m이다. 산성은 이 두 산봉을 에워싸면서 축조되었다. 그 때문에 자연스럽게 마안형을 이루고 있다. 건물지로 추정되는 평탄지가 많을 뿐 아니라 성내에서 유물도 많이 발견된다. 발견된 유물은 삼국시대까지 소급되기도 하지만 대부분 통일신라시대의 것이다. 내법리산성은 현재 홍성읍내에서 가까운 거리인데다가 입지적으로 나지막한 구릉에 자리하는 점, 성내에서 많은 유물이 수습된다는 점에서 주목된다.[40]

구룡리산성 주변에는 하천이 흘러가며 농경지가 펼쳐졌기에 생활에는 유리한 조건을 지녔다. 그리고 그 서남쪽에는 송월리 영암고분군이 소재하였다. 현재 이곳은 도굴로 인해 유구 파괴가 심한 관계로 고분의 형태를 제대로 확인하기는 쉽지 않다. 현지 주민들이 전하는 토기의 기형과 무덤의 형태 등으로 미루어볼 때 백제 고분으로 추정된다.[41] 그러나 이곳은 앞서 살펴본 내법리산성과 마찬가지로 높은 산 위에 위치하지 않았다. 즉 방어용으로 적합하지 않다.

이 밖에 또 다른 후보지가 바로 월산산성, 즉 해풍현성이다. 월산산성에 대해서는 「대동여지도」에 그 위치가 표시되어 있다. 『신증동국여지승람』에도 월산고성이라는 이름으로 관련 기록이 다음과 같이 남아 있다.

---

39) 公州大學校博物館, 『文化遺蹟分布地圖 : 洪城郡』, 2002, 120쪽.
40) 서정석, 「홍성지역의 산성과 백제의 郡縣」 『百濟文化』 47, 공주대학교 백제문화연구소, 2012, 55쪽.
41) 公州大學校博物館, 『文化遺蹟分布地圖 : 洪城郡』, 公州大學校博物館, 2002, 116~117쪽.

월산고성(月山古城)[고려 태조(太祖) 11년에 운주(運州)와 옥산(玉山)에 성을 쌓고 수졸(戍卒)을 두었는데 둘레가 9,700척이요, 우물이 하나이다.][42]

월산산성 원경

『신증동국여지승람』에는 928년에 월산산성을 쌓았다는 기록이 있으나 이에 대해서는 재고할 필요가 있다. 이 시기는 고려와 후백제가 치열하게 각지에서 공방전을 펼치던 때였다. 이보다 앞선 927년에 운주는 백제의 영역이었다. 그런데 다음의 기사에서 보듯이 당시 고려군은 이곳을 공격하여 긍준을 패퇴시켰다.

　　3월에 왕이 운주(運州)의 성주(城主) 긍준(兢俊)을 성 아래서 패배시키고, 드디어 근암성(近巖城)을 쳐서 이를 함락시켰다.[43]

그러나 이후 긍준이 일리천 전투에서 고려군의 일원으로 등장하고 있다. 이후 어느 시점에서 긍준이 고려에 투항한 사실이 엿보인다.[44] 그 시점이 927년인지 936년인지에 따라 월산산성의 축조 연대가 가늠된다. 그러면 다음의 기사를 살펴 보도록 한다.

42) 『新增東國輿地勝覽』 권19, 忠淸道, 홍주목.
43) 『高麗史節要』 권1, 태조 10년 조. "三月 王敗運州城主兢俊於城下 遂攻近巖城 下之"
44) 『高麗史節要』 권1, 태조 19년 조. "溟州大匡王順式 大相兢俊 王廉 王乂 元甫仁一等 領馬軍二萬"

해풍현성은 홍성읍의 주산(主山)인 백월산 중복(中腹)에 있는 돌성(石城)으로 성의 주위가 9,700척이요, 성 안에는 우물 하나가 있었다. 삼한시대(三韓時代)의 산성(山城)이라는 문헌도 있으나 다른 문헌에 의하면(治州白月山下卽海豊縣古基) 고려 성종(成宗) 12년 (993)에서 명종(明宗) 25년(1195)까지 123년 동안 해풍현의 고을이 있던 곳이라 하였고 이곳을 부근 주민들이 지금도 관청재라고 부르는 것으로 보아 해풍현의 고을터가 분명하며 거기서 현재의 위치로 고을이 옮겨온 것도 분명하다. 지금은 산성이 훼철되었으나 성지(城址)만은 그대로 남아 있고 1973년 홍성군수 조영호(趙榮鎬)가 사적비를 세웠다.[45]

『홍성군지』에서는 해풍현성이 본래 고을 터가 있었던 곳이라고 했다. 즉 지금의 홍주성이 치소이기 전에는 해풍현성, 즉 월산산성이 거점이었음을 알 수 있다. 삼국시대의 산성들이 줄곧 주요 치소로 활용되었다고 할 때, 월산산성이 운주의 치소인 운주성이었을 것이다. 『홍성군지』에는 993년부터 치소로 사용되었다고 되어 있지만, 그 이전부터 사용되었을 가능성은 충분하다.

백월산은 홍성읍에서 서쪽으로 약 3㎞ 정도 떨어진 곳에 위치한다. 표고 400m 정도로 일찍부터 홍성의 진산 역할을 해왔다. 월산산성은 백월산의 정상부에 자리한 테뫼식 석성이다. 백월산은 남봉과 북봉의 두 봉우리로 이루어졌다. 성벽은 두 봉우리를 마안형으로 에워싸면서 축조하였는데, 둘레는 약 850m이다. 대부분의 성벽은 이미 파괴되었고, 북벽과 서벽에서만 성벽의 흔적이 확인된다.[46]

---

45) 洪城郡誌編纂委員會, 『洪城郡誌』, 洪城郡廳, 1980, 655쪽.

▲ 홍주 일대의 주요 성곽 및 고분군

　월산산성과 관련된 부대시설로는 문지와 건물지를 꼽을 수 있다. 문지는 지형상 동문지와 서문지가 있었던 것으로 보인다. 다만 뚜렷한 흔적은 남아 있지 않다. 특히 서문지의 경우 현재도 주된 통행로로 이용되고 있지만, 진입로가 최근에 새롭게 개설되면서 성문의 흔적을 완전히 잃어버리고 말았다. 건물지로 보이는 평탄면은 성내 곳곳에 남아 있다. 그러한 평탄면 주변에는 기와편과 토기편을 비롯한 자기편이 쉽게 발견된다.[47)

　월산산성의 동남쪽에 소재한 월산리 고분군은 주로 백제~고려시대에 조성된 것으로 지목된다. 현재는 도굴이 자행되고 밭으로 경작되는 등 훼손이 심해서 원래 모습을 확인하기 어려운 상황이다.[48) 이 고분군이 월산

---

46) 公州大學校博物館, 『文化遺蹟分布地圖 : 洪城郡』, 2002, 111~112쪽.
47) 서정석, 「홍성지역의 산성과 백제의 郡縣」 『百濟文化』 47, 2012, 53쪽.
48) 公州大學校博物館, 『文化遺蹟分布地圖 : 洪城郡』, 2002, 110~111쪽.

산성과 짝을 이룬다면, 산성의 초축 연대를 올려 잡을 수 있게 된다. 그리고 앞서 살펴본 다른 산성들과 비교해 보더라도 운주성일 가능성이 가장 높다.

기마전이 이루어진 곳은 월산산성 앞의 벌판일 수밖에 없다. 즉 왕건이 먼저 운주성을 함락시켰고, 진훤은 그러한 왕건을 상대로 싸움을 하지 않고 화친을 제안하였다. 고려군은 배후에 운주성을 두고 후백제군과 맞서 싸운 것이다. 고려군은 배후의 고지(高地)를 끼고 있었기 때문에 전투에 유리한 상황이었다.

# 5. 경순왕의 항복과 신라의 멸망

　　운주성 전투의 패배는 후백제가 결정타를 맞는 직접적인 계기가 되었다. 다음의 기사에서 보듯이 당장 운주를 비롯한 주변 지역들을 고려 측에 내어주게 되었기 때문이다.

　　　　웅진(熊津) 이북의 30여 성이 소문을 듣고 스스로 항복하였다.[49]

　　운주성 전투 이후 웅진, 즉 지금의 공주 북쪽에 있는 30여 개의 성이 모두 고려 쪽으로 넘어갔다. 이 중에서는 운주성을 포함한 주변의 여러 성들도 포함되었을 것이다. 특히 후백제로서는 합덕 지역을 고려에게 빼앗기게 되어 충청 지역의 곡창지대를 상실하게 되었다. 『신증동국여지승람』에 따르면 홍주목 산하의 합덕폐현이 홍주 북쪽 30리에 소재했다고 한다. 이곳에는 합덕고성(合德古城)의 옛 터가 남아 있다고 했다.[50] 합덕 지

---

49) 『高麗史節要』 권1, 태조 17년 조. "熊津以北三十餘城 聞風自降"

▲ 당진 합덕지

역은 삽교천이 흐르면서 넓은 평야지대를 형성한 합덕읍·우강면 일대, 즉 예당평야의 일부인 소들강문 지역을 이른다. 이곳은 평야가 넓어 일찍부터 수리가 발달하였기에 곡물이 넉넉하고 살기 좋은 곳이어서 내포문화의 중심지로 꼽혔다.

합덕고성은 합덕읍 성동산에 있는 성동산성으로 비정할 수 있다. 전설에 따르면 후백제의 진훤이 왕건과 대치하고 있을 때 축조했다고 한다. 성동산성의 아래쪽에 소재한 합덕방죽과 쌉사리방죽도 성동산성에 주둔하고 있던 진훤이 군마에게 물을 먹이기 위해 만들었다는 전설이 전해진다. 합덕의 '군량이'라는 지명은 군사들에게 군량미를 조달하기 위해 큰 평야가 있는 이곳에 진훤의 군대가 주둔한데서 유래한 것으로 추정하고 있다. 또한 진훤이 성동산성에서 쏜 화살이 삽교천 너머 왕건이 주둔하고 있던 예산 신암면 용산까지 날아갔다는 전설도 내려오고 있다.

합덕제(合德堤)는 합덕지(合德池)라고도 하며, 보수·개축작업 때 참여한 장정들이 합심적덕(合心積德)하였다는 데에서 합덕이라는 명칭이 유래했다고 전한다. 이곳은 연꽃이 많이 자라 연지(蓮池)라고도 불렸다.『해동지도』에는 '합덕제'로,『1872년 지방지도』에는 '합덕연제(合德蓮堤)'로 기록되었다.[51]『만기요람』에서는 우리 나라의 대표적인 제방으로 4곳을 적었

---

50)『新增東國輿地勝覽』권19, 忠淸道, 홍주목.

▲ 당진 합덕수리기술박물관

다. 즉 홍주 합덕제·함창 공검지·김제 벽골제·연안 남대지인데, 그 가운데 한 곳이었다. 합덕지는 이 4곳의 제방 중에서 제일 앞에 언급될 정도로 대표적인 제방이었다.[52] 진훤은 합덕지를 축조하여 이 일대 농업을 증진시키고 군량미를 확보하여 고려와 싸워나갔다.[53] 그리고 그 중심이 운주성이었다. 운주성 전투의 패배는 이 때문에 진훤에게 더욱 뼈저린 고통이었다.

무엇보다도 이 일대의 호족들이 더 이상 진훤 편을 들지 않았다. 대표적으로 긍준을 꼽을 수 있다. 그가 고려로 넘어간 시기 또한 운주성 전투

51) 국토해양부 국토지리정보원, 『한국지명유래집 : 충청편』, 국토해양부 국토지리정보원, 2009, 658쪽.

52) 『萬機要覽』 財用, 著名堤堰. "見今引漑之處 撮錄于右 洪州之合德堤 咸昌之恭儉池 金堤之碧骨堤 延安之南大池 是其最著者也"

53) 진훤의 합덕지 축조에 대해서는 다음의 논문을 참조하기 바란다.
李道學, 「後百濟 甄萱의 農民 施策에 대한 再檢討」 『白山學報』 62, 2002, 132~135쪽.

이후로 보는 것이 자연스럽다. 일리천 전투 때 긍준도 고려군에 속하여 군마를 이끈다는 점에서 볼 때 후백제의 물적·인적 손실이 컸음을 짐작해 볼 수 있다. 그러나 가장 큰 손실은 진훤의 자신감 상실이었다. 이후 진훤은 군대를 이끌지 않았으며 별다른 군사 활동을 하지 않았다. 후백제 왕으로서의 마지막 전투치고는 초라하고 처참한 패배였다. 게다가 정예병 갑사들도 전멸하다시피 하였다. 그로 인한 정치적·군사적 책임과 압박이 심대했을 것임은 물을 필요도 없었다.

이후 진훤은 서둘러 후계자 문제에 방점을 찍고자 했다. 그는 장남인 신검이 아니라 넷째인 금강을 후계자로 세웠다. 이는 후백제 내부의 내분이 폭발하는 도화선이 되고 말았다. 그 와중에 신라는 운주성 전투를 계기로 고려에 항복하였다. 다음에서 보듯이 935년 10월에 신라에서는 향후 국가의 진로에 대해 진지한 논의가 있었다.

> 9년 겨울 10월, 사방의 국토가 모두 타인의 소유로 되어, 국세가 약하고 고립되었으므로, 왕은 나라를 스스로 보존할 수 없다고 판단하고, 여러 신하들과 함께 태조에게 항복할 것을 의논하였다. 여러 신하들이 의논하였으나, 옳다는 사람도 있었고, 옳지 않다고 하는 사람도 있었다. 이때 왕자가, "나라의 존속과 멸망은 반드시 하늘의 운명에 달려 있으니, 다만 충신 의사들과 함께 민심을 수습하여, 우리 자신을 공고히 하고 힘이 다한 뒤에 망할지언정, 어찌 1천년의 역사를 가진 사직을 하루아침에 경솔히 남에게 주겠습니까?"라고 말했다. 왕은, "고립되고 위태로운 상황이 이와 같아서는 나라를 보전할 수 없다. 강하지도 못하고 약하지도 않으면서, 무고한 백성들이 참혹하게 죽도록 하는 것은, 나로서는 차마 할 수 없는 일이다"라고 말하고, 곧 시랑 김봉휴로 하여금 태조에

게 편지를 보내 항복을 청하였다. 왕자는 통곡하면서 왕에게 하직
인사를 하고, 산길을 따라 개골산으로 들어갔다. 그는 바위 아래
에 집을 짓고, 삼베옷을 입고 풀잎을 먹으며 일생을 마쳤다.[54]

신라 또한 대세가 고려로 완전히 기울었다는 것을 알았다. 신라의 주
변 지역은 모두 고려로 넘어 갔다. 사실상 신라의 통치권은 경주 일대로
만 국한된 상황이었다. 더구나 후백제도 고려에 밀리는 상황이라는 점을
신라 조정에서 파악하였다. 이미 신라는 국가가 해체된 상황이나 진배 없
었다. 명목상으로만 존속하고 있는 신라에게 고려의 우호적인 태도가 언
제까지 지속될지는 알 수 없었다. 때문에 신라 신하들은 고려로의 귀부를
권유하였다. 고려로서는 내심 신라의 귀부야말로 내심 바라던 바였다. 물
론 반대하는 사람들도 있었다. 대표적으로 마의태자의 경우 천년 동안 이
어진 신라를 하루아침에 없앨 수 있냐고 항변하였다. 그러나 세상 분위기
가 이미 고려로 넘어갔다는 것은 모두가 아는 사실이었다. 신라의 왕과
신하들은 고려의 태도가 조금이라도 우호적일 때 귀부해야 더 좋은 대우
를 받을 수 있다고 판단했다. 결국 이들은 항복을 결정하게 되었다. 이로
써 천년사직 신라는 역사에 마침표를 찍었다. 신라의 항복은 다음의 기사
에 보인다.

---

54) 『三國史記』권12, 경순왕 9년 조. "九年 冬十月 王以四方土地 盡爲他有 國弱勢孤 不
能自安 乃與群下謀 擧土降太祖 群臣之議 或以爲可 或以爲不可 王子曰 國之存亡 必
有天命 只合與忠臣義士 收合民心, 自固力盡而後已 豈宜以一千年社稷 一旦輕以與人
王曰 孤危若此 勢不能全 旣不能強 又不能弱 至使無辜之民 肝腦塗地 吾所不能忍也
乃使侍郞金封休 齎書請降於太祖 王子哭泣辭王 徑歸皆骨山 倚巖爲屋 麻衣草食 以終
其身"

11월, 태조가 왕의 편지를 받고, 대상 왕철 등을 보내 왕을 영접하게 하였다. 왕이 백관을 거느리고 서울을 출발하여 태조에게 가는데, 향나무 수레와 구슬로 장식한 말이 30여 리에 이어지니, 길이 막히고 구경꾼은 울타리를 두른 것 같았다. 태조가 교외에 나와서 왕을 영접하여 위로하였으며, 왕궁 동쪽의 가장 좋은 구역을 주고, 맏딸 낙랑공주를 아내로 삼게 하였다. 12월, 왕을 정승공으로 봉하여, 태자보다 높은 지위에 두었으며, 녹봉으로 1천 석을 주고, 시종하던 관원과 장수들을 모두 등용하였다. 신라를 개칭하여 경주라 하고, 이를 공의 식읍으로 삼았다.[55]

왕건은 신라가 항복하자 몹시 기뻤다. 피 한 방울도 흘리지 않고 신라를 병합시킨 것이다. 왕건은 경순왕이 여생을 개경에서 편하게 지낼 수 있도록 배려하였다. 그리고 신라의 왕도 금성(金城)을 경사스런 고을이라는 뜻을 지닌 '경주(慶州)'로 고쳤다. 김부(金傅) 즉 경순왕은 개경에서 편안하게 살다가 생을 마감하였다. 그러나 그는 결코 경주로 돌아가지 못하였다. 전설에 따르면 경순왕의 운구 행렬이 경주로 가기 위해 임진강 고랑포에 이르렀을 때였다. 고려 왕실에서 경주 지역의 민심을 우려하여 "왕릉은 개경 100리 밖에 쓸 수 없다"는 이유로 운구 행렬을 막았다고 한다. 이로 인해 경순왕릉은 고랑포 북쪽 언덕에 자리 잡게 되었다는 것이다. 고려는 겉으로 호의적으로 경순왕을 대우했지만, 신라의 독립에 대해서는 경각심을 품고 있었던 것이다.

---

55) 『三國史記』 권12, 경순왕 9년 조. "十一月 太祖受王書 送大相王鐵等迎之 王率百寮 發自王都 歸于太祖 香車寶馬 連亘三十餘里 道路塡咽 觀者如堵 太祖出郊迎勞 賜宮 東甲第一區 以長女樂浪公主妻之 十二月 封爲正承公 位在太子之上 給祿一千石 侍從 員將 皆錄用之 改新羅爲慶州 以爲公之食邑"

연천에는 경순왕릉이 남아 있다. 오랜 세월에 묻혀 무덤의 소재지도 모르다가 1747년에 찾게 되었다. 이후 조선시대 전형적인 묘소의 격식으로 재정비되었다고 한다. 이곳은 6.25전쟁 당시 격전장이기도 하였기에 당시 총탄 자국이 지금도 선연하게 경순왕릉 묘표에 박혀 있다.

# IX

# 일리천 전투와
# 후삼국 통일

# 1. 진훤의 고려 귀부

    진훤은 운주성 전투에서 대패한 이후 더 이상 자신이 국가를 이끌기는 어렵다고 판단하였다. 결국 자신의 뒤를 이을 후계자 문제를 놓고 고심했다. 후계자 선정은 동서고금을 막론하고 어느 역사에서나 그렇듯이 서로 간의 이해관계가 가장 상충하는 사안이다. 게다가 가장 극렬한 권력 투쟁이 일어나는 민감한 문제이기도 했다.

    자신의 권력을 강화시키고자 하는 왕은 일찍부터 자신의 후계자를 정해놓고 그 후계자에게 모든 힘을 밀어준다. 이는 후계자가 제대로 정치를 펼 수 있는 역량이 된다면 큰 문제가 없다. 그러나 후계자의 정치력이 떨어진다면 후유증이 극심해진다. 진훤은 자신의 후계자로 장남인 신검을 염두에 두었다. 이는 신검을 측근에 두고 있었다는 점을 통해서도 알 수 있다. 신검은 진훤과 함께 전쟁터를 활발하게 누비면서 통솔 지휘 능력과 전투 경험을 쌓았다. 그리고 신검은 후계자로서 자신의 역량을 증명하려고 노력했던 것이다.

    그러나 933년의 사탄 전투는 신검의 왕위계승구도에 결정적으로 먹구름이 끼게 했다. 사탄 전투 직전에 신검은 아불진까지 진출하여 경주 진입을 목전에 두고 있었다. 진훤이 927년에 경주에 입성했던 것처럼, 신검 또한 경주에 입성하여 신라 정권을 뿌리채 뽑아버릴 수도 있었다. 그러나 신검은 이때 고려의 구원군인 유검필에게 철저히 유린당하고 말았다. 신검이 백전노장 유검필에게 맞설 역량이 되지 않았기 때문에 패배한 것이기는 하였다. 맞수가 될 수 없는 전투이기는 하였지만 그렇다고 결코 양보할 수 없는 전투에서 패한 것이다. 신검의 대패는 후백제의 동부전선을 크게 약화시키는 계기가 되었다. 나아가 신검의 군사적 능력에 대해 신하들은 물론이고 진훤도 의문을 제기할 수밖에 없었다. 이와 관련해 다음의 기사를 보도록 한다.

> 진훤은 아내를 많이 취하여 아들이 10여 명이었다. 그 가운데 넷째 아들 금강이 키가 크고 지략이 많았으므로 진훤은 특히 아껴서 그에게 왕위를 전하려 하였다. 그의 형 신검·양검·용검 등이 이를 알고 걱정하였다. 이때 양검은 강주도독, 용검은 무주도독이 되었으며, 다만 신검만이 진훤의 측근에 있었다.[1]

진훤은 왕건과 마찬가지로 각 지역 호족의 딸과 결혼을 하면서 세력을 안정시켰던 것으로 보인다. 결혼을 통해 맺어진 동맹만큼 믿을 수 있는 것은 없었다. 이는 가장 단순하면서도 가장 확실한 방법이었다. 아들이 10여 명이었다면 딸까지 포함한다면 자식만 해도 20~30명이 넘는 대규

---

1) 『三國史記』 권50, 진훤전. "甄萱多娶妻 有子十餘人 第四子金剛 身長而多智 萱特愛之 意欲傳其位 其兄神劍良劍龍劍等知之 憂悶 時良劍爲康州都督 龍劍爲武州都督 獨神劍在側"

모였을 것으로 추정할 수 있다. 이 중에서도 눈에 띄는 존재는 신검·양검·용검 그리고 금강이었다. 신검·양검·용검은 모두 '검(劍)'자 돌림인데, 이는 강한 무력을 선호하였던 진훤의 뜻이 반영된 결과로 보인다. 이셋은 모두 같은 어머니의 소생으로 추정된다.

반면에 금강은 조금 이질적인 존재였다. 일부러 이름에 '검'자를 쓰지 않고 금강이라는 말을 사용하였기에 신검·양검·용검과는 이복형제인 것으로 추정할 수 있다. 금강이라는 이름은 불교적인 의미에서 나온 것으로 보인다. 불교에서는 금강야차명왕(金剛夜叉明王)이라는 존재가 있다. 그는 오대 명왕 중 하나로, 분노신으로 일컬어진다. 몸의 색은 청흑색으로 얼굴이 3개, 팔이 여섯 개이며, 한쪽 다리를 들고 서 있고 정면의 얼굴은 눈이 다섯 개다. 악을 제거해서 재앙을 불식시키는 기원을 목적으로 금강야차명왕을 본존으로 금강야차법을 수행한다.[2] '금강'은 '가장 뛰어난', '가장 단단한' 등의 뜻을 지녔다. 그러므로 금강 왕자는 '가장 뛰어난 왕자' 곧 발군의 역량을 지닌 왕자였기에 왕위 계승자라는 뜻이 함축되어 있었다.[3] 금강은 『일리아스』에 나오는 트로이의 왕자 헥토르(Hektor)에 비견될만한 인물이 아니었을까라는 생각이 든다. 트로이의 총사령관으로 군대를 이끌었던 헥토로는 본디 프리아모스왕의 뒤를 이을 왕자였다. 금강은 "키가 크고 지략이 많았다"고 적혀 있다. 이는 당시 가장 이상적인 인재상이었던 군사형 지도자에 걸 맞은 덕목이었다. 『삼국사기』에 보이는 수많은 왕들은 장대한 체격과 지혜가 부각되어 있다. 금강 또한 이와 마찬 가지로 표현된 것이다.

그러한 금강은 924년 제1차 조물성 전투에서 둘째형인 양검과 함께 출

---

2) 한국사전연구사 편집부, 『종교학대사전』, 한국사전연구사, 1998.
3) 이도학, 『진훤이라 불러다오』, 푸른역사, 1998, 259쪽.

전한 바 있다. 당시 수미강이라는 이름으로 출전한 금강은 양검보다 앞에 적혀 있다. 이 자체가 금강의 군사적 재능이 걸출했음을 증명해준다. 제1차 조물성 전투 당시 후백제군은 패배하기는 했다. 그러나 후백제군은 고려의 삼군 중 상군과 중군을 대파했었다. 금강을 일컬어 "지략이 많았다"고 했다. 이는 후백제가 고려를 상대로 최대의 대승을 거두었던 공산 전투의 승전을 이끈 주역이었기 때문이 아닐까하는 느낌을 준다. 진훤의 눈에 금강 왕자가 들었던 이유를 인척 간의 갈등이나 정치적 역학관계만으로 푼다는 것은 도식적이고도 단순한 해석이라고 본다. 오히려 후백제가 국운을 건 전투인 공산 전투의 승전과 결부지을 수 있는 측면이 크다. 주지하듯이 공산 전투는 후백제의 지략과 힘을 바탕으로 거둔 승전이었다. 그렇다면 대승의 주역에게 응당의 배려가 돌아갈 수밖에 없다. 그러니 진훤이 용단을 내려 전공의 최대 수혜물로서 후계 문제를 금강 왕자에게 넘길 수 있는 정황이 된다.

그러면 이와 관련한 역사적 정황을 상기해 본다. 후한 말의 원소에게는 원담·원희·원상이라는 3아들이 있었다. 이 중 원담은 맏이였기에 일찍이 후계자가 될 것으로 인식되었다. 그러나 원소는 자신을 닮아 자기의 세력을 이끌어 나갈 수 있는 원상을 후계자로 선택했다. 이러한 원소의 선택은 결국 형제끼리 서로 싸우게 되는 비극을 초래하였다. 후백제 또한 유사한 상황에서 예외는 아니었다.

진훤이 왕위를 금강에게 물려주려는 조짐은 재빠르게 퍼져나갔다. 이는 차기 왕위를 자신이 받을 것으로 확신하는 신검에게 매우 큰 불안감을 주었다. 또한 신검의 동복형제인 양검과 용검 또한 자신들의 이복동생인 금강이 왕위를 이을 것이라는 소문을 달갑지 않게 여겼다. 신검을 전폭적으로 지지하던 호족들에게 이 소식은 청천벽력과도 같았다. 포스트 진훤 이후를 겨냥했던 이들의 대응은 다음의 기사에 보인다.

이찬 능환이 사람을 시켜 강주와 무주에 가서 양검 등과 함께 음모를 꾸미고, 청태 2년(935) 3월에 파진찬 신덕·영순 등과 함께 신검에게 권고하여 진훤을 금산 불당에 가두고 사람을 보내 금강을 죽였다. 신검이 자칭 대왕이라 하고 국내의 죄수를 크게 사면하였다.[4]

신검을 지지하던 호족의 대표로서 능환을 들 수 있다. 능환은 양검과 용검과 함께 진훤을 몰아내고 신검을 왕위에 올릴 계획을 짰다. 당시 양검과 용검은 각각 강주도독과 무주도독이었다. 이로 볼 때 강주와 무주 일대는 후백제의 영역이었음을 알 수 있다. 두 형제는 지역의 군사권을 장악하고 있었다. 이들은 정변을 단행할 수 있는 힘을 갖추었던 것이다.

후백제는 강주와 무주 외에 전주와 웅주에도 세력을 형성하고 있었다. 때문에 수도가 소재한 전주도독은 몰라도 웅주도독은 존재하였을 것이다. 그리고 용검과 양검의 예를 보아 웅주도독은 왕자의 몫으로 보인다. 그렇다면 웅주도독은 누구였을까? 웅주도독은 금강이 맡고 있지 않았을까 싶다. 본래 진훤이 신검을 측근에 두었다고 한다. 진훤의 후계자로서 위상을 생각하면 신검에 걸맞은 직책이 있었을 것이다. 그 자리에 금강을 앉히고 신검을 웅주도독으로 보낸 것으로 보인다. 이후 공식적으로 후계자를 금강으로 선포하는 여부와는 상관 없이 후백제에서는 차기 왕위를 금강이 물려받을 것으로 생각하게 되었다. 다음에 보듯이 이에 대한 반격으로 신검 형제들이 합세하여 정변을 단행하였다.

---

4) 『三國史記』 권50, 진훤전. "伊湌能奐 使人往康武二州 與良劍等陰謀 至淸泰二年春三月 與波珍湌新德英順等 勸神劍 幽置於金山佛宇 遣人殺金剛 神劍自稱大王 大赦境內"

처음에 진훤이 아직 잠자리에서 일어나기 전에 멀리 대궐 뜰에서 고함치는 소리가 들리므로 이게 무슨 소리냐고 묻자 신검이 아버지에게 아뢰었다. "왕께서는 늙으시어 군국(軍國)의 정사(政事)에 어두우시므로 장자(長子) 신검이 부왕(父王)의 자리를 대신하게 되었다고 해서 여러 장수들이 기뻐하는 소리입니다." 조금 후에 아버지를 금산사(金山寺) 불당(佛堂)으로 옮기고 파달(巴達) 등 30명의 장사(壯士)를 시켜서 지키게 하였다.[5]

신검의 정변이 단행된 장소는 주지하듯이 금산사였던 것 같다. 즉 935년 3월에 진훤이 금산사로 행차하였다. 이때 신검과 그를 따르는 측근들은 발 빠르게 거사를 준비했다. 금산사는 미륵신앙의 중심 도량으로 일찍이 진표율사가 백제의 혼을 심어주었던 곳이다. 당시 금산사 금당에 봉안되었던 미륵장육상은 766년에 진표가 주조하였다. 진훤은 진표의 채취가 물씬 풍기는 금산사를 즐겨 찾았던 것 같다. 『신증동국여지승람』에서는 진훤이 금산사를 창건하였다고 하였지만 실은 그가 창건하지는 않았다. 그가 크게 중창시켜 후백제 왕실과 관계를 맺은 사찰이었다.[6]

그러면 신검의 정변에 대해 후백제인들은 반응은 어떠하였을까? 대체적으로 부정적인 반응이 앞섰을 것으로 보인다. 진훤은 후백제를 건국한 당사자였다. 그는 반세기 가까운 시절을 통치하면서 후백제의 절대적인 상징이 되었다. 그러한 진훤이 어느 날 갑자기 말도 없이 사라지고, 신검이 진훤을 대신하여 나서겠다고 말하는 모습은 누가 보더라도 자연스럽

---

5) 『三國遺事』 권2, 紀異, 후백제 진훤 조. "初 萱寢未起 遙聞宮庭呼㴱聲 問是何聲歟 告父曰 王年老 暗於軍國政要 長子神劍攝父王位 而諸將歡賀聲也 俄移父於金山佛宇 以巴達等壯士三十人守之"
6) 이도학, 『진훤이라 불러다오』, 푸른역사, 1998, 261쪽.

▲ 김제 금산사 미륵전

지 못했다. 당시 후백제의 인심은 『삼국유사』에 기록된 "가엾은 완산(完
山) 아이, 아비를 잃어 울고 있네[可憐完山兒 失父涕連洒]"라는 노래를 통해
알 수 있다. 완산 아이는 신검을 의미하며, 아비는 진훤으로 볼 수 있다.
이는 진훤의 지지를 얻지 못하고 억지로 왕위에 오른 신검을 조롱하는 의
미로 받아들여진다.

　갑작스러운 정변에 후백제 조정은 거대한 파열음을 일으키며 양쪽으
로 쪼개졌다. 진훤에게 충성하고 금강을 지지했던 세력과 신검을 지지하
는 세력이었다. 반세기 동안 다진 후백제의 틀과 기반은 하루아침에 무너
지기는 힘들었다. 밤중에 일어난 갑작스런 정변에 진훤은 속수무책으로
당했다. 935년 3월에 신검은 재빨리 사람을 보내 금강을 죽이고 진훤을
금산사에 유폐하였다. 그렇지만 신검은 곧바로 즉위하지는 못하고 주변
을 수습하기에 바빴다. 당연히 진훤은 신검의 즉위에 동의하지 않았다.
신검은 진훤에게 충성하는 신하들이나 금강을 밀어주던 신하들에 대해

대대적인 숙청을 단행했다. 이 일로 인하여 후백제의 민심은 크게 이반되었다. 진훤과 금강을 지지하는 세력과 신검을 지지하는 세력으로 양분되었다.

「유방헌묘지(柳邦憲墓誌)」에 의하면 전주 승화현인(承化縣人)인 유방헌의 조부 법반(法攀)은 후백제 조정에서 벼슬을 하여 우장군까지 올랐다. 그의 외조부는 염악(廉岳)이라는 사람이었다. 『용비어천가』에 따르면 '승화'는 지금의 전주의 별호라고 한다. 그런데 염악은 후백제에서 난이 일어난 것을 알고는 은거했다. 이 난은 익히 지적되고 있듯이 왕위계승 분쟁을 가리키는 게 틀림없다. 문제는 염악이 난을 피해 은거했을 정도라면 나라의 기틀이 휘청거릴 정도의 큰 정변이었음을 뜻한다.[7] 이때 장유(張儒)는 후백제의 우방인 오월국으로 피신했다가 환국한 후 광종대에 기용되었다.[8] 그러면 왕위계승 문제와 관련해 다음의 기사를 보자.

> 병신(丙申 : 936)년 정월에 진훤은 그 아들에게 말했다. "내가 신라 말(新羅末)에 후백제를 세운 지 여러 해가 되어 군사는 북쪽의 고려 군사보다 배나 되는데도 오히려 이기지 못하니 필경 하늘이 고려를 위하여 가수(假手)하는 것 같다. 어찌 북쪽 고려왕에게 귀순해서 생명을 보전하지 않을 수 있겠느냐." 그러나 그 아들 신검(神劍)·용검(龍劍)·양검(良劍) 등 세 사람은 모두 응하지 않았다.[9]

---

7) 이도학, 『진훤이라 불러다오』, 푸른역사, 1998, 264쪽.
8) 이도학, 「후백제와 오월국 교류」『21세기 한중문화 교류사의 쟁점』, 華中師範大學 한국문화연구소 학술세미나, 2015.6.26.
9) 『三國遺事』권2, 紀異, 후백제 진훤 조. "丙申正月 萱謂子曰 老夫新羅之季 立後百濟 名 有年于今矣 兵倍於北軍 尙爾不利 殆天假手爲高麗 盡歸順於北王 保首領矣 其子神劍龍劍良劍等 三人皆不應"

위의 기사는 연대상으로는 신빙성이 높아 보이지는 않는다. 그러나 진훤은 934년의 시점에서 위와 같은 생각을 실제로 하였을 가능성은 있다. 운주성 패전 이후 후백제는 크게 꺾이게 된 반면 고려는 승승장구하였다. 이러한 양국의 대치가 계속되면 고달픈 것은 힘 없는 백성들뿐이었다. 현실적으로 후백제가 통일하기 어렵다는 판단이 들자, 진훤은 고려로 통일하는 방향을 생각해 보았을 가능성이 있다.

금산사에 유폐된 진훤은 수많은 생각을 하며 시간을 보냈을 것이다. 그런 도중에 기존에 가졌던 고려로의 귀부를 다시 생각하였다. 이는 가깝게는 자신이 사랑하던 아들 금강을 죽인 신검에 대한 복수심이기도 했다. 멀리는 더 이상 전쟁에서 고통 받는 사람들이 없기를 바라는 어버이와 같은 노왕(老王)의 마음에서 발로한 것이었다.

진훤의 아버지 아자개는 진훤에게 오지 않고 고려로 귀부하였다. 아자개는 진훤에게 쓰라린 배신감을 주었다. 세월이 흘러 이제는 진훤이 자신의 아버지가 그러하였던 것처럼 아자개의 전철을 밟아 고려로 귀부하기로 결심하였다. 그리고 자신의 손으로 후백제를 멸망시킴으로써 결자해지(結者解之)하고자 했다. 다음은 진훤의 고려 귀부에 대한 기사이다.

진훤은 금산에서 석 달 동안 있었다. 6월에 이르러 그는 막내아들 능예·딸 쇠복·첩 고비 등과 함께 금성으로 도망하여 사람을 태조에게 보내 만나 주기를 요청하였다. 태조가 기뻐하며 장군 유검필·만세 등을 파견하여 뱃길로 가서 그를 위로하고 데려오게 하였다. 진훤이 오자 태조는 후한 예로 그를 대접하고, 진훤의 나이가 태조보다 10년 위라 하여 그를 높여 상보라고 불렀으며, 남궁을 숙소로 주었으니 직위가 백관보다 상위에 있었다. 또한 양주를 식읍으로 주고, 동시에 금·비단·병풍·금침과 남녀 종 각 40여

명씩과 궁중의 말 10필을 주었다.[10]

『삼국유사』에서는 4월에 진훤이 금산사에서 탈출했다고 적혀 있다. 반면『삼국사기』와『고려사』에는 6월로 적어 놓았다. 이는 진훤이 4월에 금산사에서 탈출하여, 나주에서 개경으로는 6월에 이동했다고 볼 수 있다. 진훤이 나주로 어떻게 이동했는지 현재로서는 알 수 없다. 다만『삼국유사』에 따르면 금산사에서 빠져 나올 때 30여 명의 장사들에게 술을 먹여 취하게 한 다음 몰래 빠져나왔다고 한다.[11]

이 해에 고려는 나주를 확보했다. 이는『고려사』유검필전을 통해 알 수 있다. 당시 왕건은 나주가 백제의 땅이 된지 6년 정도 되어 교통이 끊겼다고 하였다. 그리고 자신을 위해 누군가 나서서 나주를 안무하라고 했다.[12] 이에 유검필이 본인이 나서겠다고 하였다.『고려사절요』에 따르면 935년 4월에 유검필이 군대를 이끌고 나주로 출항할 때 예성강에서 왕건이 배웅해 주었다. 유검필이 이때 나주를 공격한 것은 바로 신검의 정변 때문이었다. 신검의 편에 섰던 무주도독 양검은 정변에 동원하기 위해 무주의 병력을 빼서 전주로 갔을 것으로 추정된다. 이 과정에서 나주 지역에 대한 감시와 방비가 부족하게 되는 결과를 초래하였다. 고려는 이 틈을 놓치지 않았다. 바로 유검필이 이끄는 대규모 수군으로 나주를 확보하

---

10) 『三國史記』권50, 진훤전. "萱在金山三朔 六月 與季男能乂女子衰福嬖妾姑比等逃奔 錦城 遣人請見於太祖 太祖喜 遣將軍黔弼萬歲等 由水路勞來之 及至 待以厚禮 以萱 十年之長 尊爲尙父 授館以南宮 位在百官之上 賜楊州 爲食邑 兼賜金帛蕃縟·奴婢各 四十口內廐馬十匹"

11) 『三國遺事』권2, 紀異, 후백제 진훤 조. "至四月 釀酒而飮醉守卒三十人[人下有闕文] 而與小元甫香又吳琰忠質等 以海路迎之"

12) 『高麗史』권92, 庾黔弼傳. "太祖謂諸將曰 羅州界四十餘郡 爲我藩籬 久服風化 嘗遣 大相堅書權直仁壹等 往撫之 近爲百濟 劫掠六年 之閒海路 不通誰 爲我撫之"

였다.

이와 동시에 고려에서는 진훤에 대한 신병 확보를 추진했다. 진훤이 4월에 금산사에서 탈출하여 나주로 간 것도 이러한 맥락을 통해 이해할 수 있다. 후백제 조정에서는 나주가 다시금 고려에게 빼앗겼다는 사실을 알았다. 그렇지만 신검으로서는 금강 세력을 제거하고 새로운 체제 정비가 긴요한 현안이었다. 그랬기에 신검으로서는 나주 지역에 대해 관심을 쏟기에는 역부족이었다. 결과적으로 이는 신검이 저지른 결정적인 실책으로 남게 되었다.

고려에 의해 나주가 장악되자 진훤은 움직였다. 진훤을 지지하는 호족들이 아직도 많이 있었기에 진훤의 탈출을 적극적으로 도왔던 것으로 보인다. 이윽고 진훤은 나주에 도착하여 유검필을 만나게 되었다. 전쟁터에서 가장 싫어하면서도 동경하던 적장을 눈앞에서 대한 것이다. 그것도 자신이 도움을 청하는 상황이었다. 그러니 진훤의 심정은 매우 복잡하였을 수밖에 없다. 이후 진훤은 영산강을 따라 서해안으로 빠져나갔다. 당시 고려군은 40여 척의 군함으로 진훤을 영접하러 왔다. 선박들은 진훤을 호위하면서 빠르게 노를 저어 개경으로 올라갔다.[13]

▲ 나주 앙암

---

13) 『高麗史』 권2, 태조 18년 조. "遣將軍庾黔弼大匡萬歲元甫香乂吳淡能宣忠質等 領軍船四十餘艘 由海路迎之"

진훤의 고려 귀부에 대해 윤소종(尹紹宗)은 '앙암에서 이첨과 함께 지음[仰巖與李詹同賦]'이라는 시를 남겼다. 앙암(仰巖)은 현재 가야산 아래에 있으며 영산포에서 바다 쪽으로 빠져나갈 때 보이는 불룩한 바위이다. 『신증동국여지승람』에 따르면 노자암(鸕鷀巖)이라고도 하며, 그 밑에는 물이 깊어 헤아릴 수 없는데 속설에 용이 있다고 기록되어 있다.[14] 이와 관련해 다음의 시를 보자.

| | |
|---|---|
| 금성의 성이 남쪽 해변가에 있는데 | 錦城城在海南邊 |
| 오백 년 전에 국모가 예서 났네 | 大姒家邦五百年 |
| 한 척 배 타고 진훤이 이 길로 귀순해 왔고 | 一葦甄王歸命路 |
| 만 깃발로 현묘께서 예서 출진 맹세했네 | 萬旗顯廟誓師天 |
| 흥룡사 밖에 서기 아직 떠있고 | 興龍寺外浮佳氣 |
| 개계원 앞에 흰 연기가 나는구나 | 開界院前生白煙 |
| 성조의 누선들 예서 맞았으니 | 聖祖樓船迎此地 |
| 동쪽으로 왜를 치는 오늘날 생각 그지없어라 | 東征今日思悠然[15] |

진훤의 귀부에 왕건은 매우 기뻐하였다. 신라에서도 항복하겠다고 하였다. 후백제의 건국자이자 자신의 숙적이 제 발로 고려로 귀부한 것은 매우 큰 의미를 지녔다. 왕건은 자신이 할 수 있는 모든 수단을 갖춰 진훤을 예우해 주면서 적극 홍보하였다. 또한 대대적으로 신라의 항복을 맞는 행사를 통해 통일에 대한 분위기를 고조시켰다.

신검은 진훤의 귀순에 대해 아차 싶으면서도 역시 분노하였을 것이다.

---

14) 『新增東國輿地勝覽』 권35, 全羅道, 나주목.
15) 『東文選』 권17, 七言律詩, 仰巖與李詹同賦.

그러나 당장 후백제 내에서 자신의 세력이 완전히 권력을 장악하지 못한 상황이었기에 어찌할 도리가 없었다. 또한 현실적으로 후백제의 권력을 장악하기 위해서는 진훤을 이용해야 했다. 자신의 힘과 권위가 진훤에 비해 너무나도 열세인 상황이었다. 그랬기에 그는 진훤을 추켜세우면서 본인의 권력 기반을 안정시키고자 하였다. 신검은 935년 10월에 와서야 교서를 내려 자신이 왕이 되었음과 함께 대사면령을 반포했다. 정변이 일어난 지 반년이나 지난 후였다. 그만큼 진훤과 금강에 대한 지지 세력의 저항이 거셌다는 것을 반증한다.

# 2. 왕건의 결전 준비와 천안부

　신검의 정변 이후 박영규는 신검과 진훤 중 누구를 섬겨야 하는지에
대해 자신의 부인과 의논을 하였다. 박영규의 부인은 진훤의 딸이자 신검
의 누이였다. 그렇기 때문에 신검은 박영규를 함부로 대하지 못하였다.
승주 즉 순천 지역 호족인 박영규는 후백제 내에서 권력 기반 또한 강고
했다. 순천 지역은 진훤의 거병 이래, 줄곧 최측근 호족들이 있던 곳이
다. 진훤의 근본적인 세력 기반이었기에 어느 지역의 호족보다 진훤에 대
한 충성이 강하였다. 박영규는 줄곧 진훤을 지지했다. 그에 대한 수단으
로 고려로의 항복을 결행하였다.

　936년 2월 박영규는 고려로 측근을 보냈다.[16] 박영규는 우선 고려 조
정으로 직접 연락을 취하기보다, 나주 지역에 있던 고려의 군대에 먼저
연락을 주었던 것으로 보인다. 나주에서는 이 소식을 고려 조정에 보고하
였다. 이때 아예 박영규의 측근이 고려군과 함께 개경으로 올라가 직접

---

16) 『高麗史』 권2, 태조 19년 조. "十九年 春二月 甄萱壻將軍朴英規 請內附"

왕건을 만나 다음과 같은 이야기를 전하였다.

> 태조 19년(936) 2월에 박영규는 드디어 사람을 파견하여 귀순할 뜻을 표시하고 또 말하기를, "만약 외로운 군대를 이곳에 보내시면 제가 내응하여 관군[王師]을 영접하겠습니다"라고 하였더니 태조가 크게 기뻐하여 그의 보낸 사람을 후하게 상주고 돌아가서 박영규에게 다음과 같이 전달하라고 말하였다. "만약 당신의 혜택을 입어 길이 막히지 않고 가게 되면 먼저 장군을 방문할 것이요. 댁에 가서 부인에게 배례하되 형수처럼 섬기고 누님처럼 존경하겠고 반드시 끝까지 후한 보답을 하겠소. 천지 귀신들은 모두 나의 이 말을 들었을 것입니다."[17]

왕건의 입장에서 박영규의 측근이 전한 말은 결정적인 도움이 되었다. 고려의 입장에서 후백제를 공격할 때 가장 염려되는 부분이 내응 여부였다. 내부에서 고려를 반겨주지 않는다면 그동안의 전쟁과 마찬가지였다. 즉 변방 지역을 공격하여 점령하는 식의 장기전으로 갈 수밖에 없었다. 그러나 내응이 이루어져서, 주요 군대가 수도를 비울 때 다른 군대가 그곳을 차지하고 고려를 지지한다면 단숨에 전쟁을 종식시킬 수 있었다. 더구나 귀순을 밝힌 박영규는 진훤의 심복이자 후백제의 유력자였다.

때문에 왕건은 역시 자신이 취할 수 있는 최대의 예우를 갖추었다. 왕건과 진훤은 10년의 나이 차였다. 왕건은 스스로를 낮춰 진훤을 상보(尚

---

17) 『高麗史』 권92, 박영규전. "太祖十九年 二月 英規遂遣人歸款且曰 若擧義兵 請爲內應 以迎王師 太祖大喜 厚賜其使 令歸報英規曰 若蒙君惠道路無梗 則先謁將軍 升堂拜夫人兄事 而姊尊之 必終有以厚報之 天地鬼神 悉聞此言"

父)로 모셨었다. 진훤의 연령을 생각하면 그의 딸은 아무리 못해도 왕건
보다는 어리다고 볼 수밖에 없다. 그럼에도 왕건은 박영규의 부인을 누님
으로 모시겠다고 했다. 이러한 왕건의 대답은 박영규가 안심하고 귀순할
수 있는 여건을 제공해 주었다. 이후 박영규는 자신의 측근으로부터 자세
한 내용을 듣고 왕건의 친서를 받은 후 조용히 내응을 준비하였다. 다음
의 기사는 이제 준비를 마친 고려의 후백제 공격 개시였다.

> 여름 6월에 진훤이 왕에게 청하기를, "이 늙은 몸이 멀리 창파
> 를 건너서 대왕에게로 온 것은 대왕의 위력을 빌어서 나의 못된
> 자식을 처단하려는 것뿐입니다"고 하였다. 왕이 처음에는 때를 기
> 다려서 군사 행동을 취하려 했으나 진훤의 간절한 요청을 가엾게
> 생각하여 그의 의견을 좇았다. 우선 정윤(正胤) 무(武)와 장군 술희
> (述希)을 시켜 보병과 기병 1만을 거느리고 천안부(天安府)로 가게
> 하였다.[18]

왕건은 이번 전쟁이 마지막 결전임을 짐작하고 있었다. 때문에 체계적
으로 전쟁을 준비하였다. 천안부에 군대를 집결시켜 훈련하게 하는 것은
이러한 왕건이 내세운 전략의 일환이었다. 왕건은 일리천 전투를 크게 3
가지 측면에서 준비하였다. 첫째, 진훤의 힘을 빌려 후백제 내에서 변절
자가 생기고, 고려에 내응하는 이를 만드는 것이다. 즉 내부의 분란을 조
장하여 후백제군이 온전한 힘을 발휘하지 못하게 한다. 둘째, 성동격서

---

18) 『高麗史』 권2, 태조 19년 조. "夏六月 甄萱請曰 老臣遠涉滄波 來投聖化願仗威靈 以
    誅賊子耳 王初欲待時 而動憐其固請 乃從之 先遣正胤武將軍述希 領步騎一萬趣天安
    府"

▲ 천안의 주요 지명

전략으로 천안부에 군사를 모아 후백제가 북방 전선을 주로 대비하게 한후 실제 병력은 천안부가 아닌 일리천으로 집결하여 후백제를 공격하게 하였다. 후백제의 방어 병력은 이로 인하여 분산된다. 후백제 북방의 병력은 그대로 발이 묶이게 된다. 셋째, 고려군의 총동원령을 내려 후백제가 감당하지 못할 병력으로 일거에 공격하게 한다. 전쟁에서 병력의 우세는 승리로 직결되는 경우가 많다. 고려 또한 각 지역의 병력, 특히 호족들의 병력은 물론 북방의 여진족의 병력까지 모두 불러 모아 후백제군이 감히 대적하지 못하게 만들고자 했다.

왕건은 그 첫 번째 방안의 일환으로 진훤을 자신의 세력으로 끌어들이는데 성공했다. 왕건은 박영규를 후대하였다. 박영규와 친분이 있는 후백제의 다른 호족들 역시 진훤과 박영규의 뜻을 지지하였을 것이다. 이로써 후백제 내에서는 반신검파가 고려에 내응을 준비하게 되었다. 왕건이 자신의 아들인 왕무와 후견인 박술희를 천안부로 보낸 것은 두 번째 측면에 의거한 것이다. 천안에 대해서『고려사』지리지에서 다음과 같이 소개하였다.

 천안부(天安府)는 태조 13년(930)에 동·서두솔(東西兜率)을 통합하여 천안부를 만들고 도독(都督)을 두었다.[세간에 전하기를 풍수가 예방(藝方)이 태조에게 말하기를, "삼국의 중심이며 다섯마리의 용이 구슬을 차지하려고 싸우는 형상이 있으므로, 만약 이 곳에 높은 관리를 배치하면 곧 후백제가 스스로 투항하여 올 것입니다"라고 하였으므로 태조가 산에 올라 두루 살펴보고 처음으로 이곳에 부(府)를 설치하였다고 한다][19]

 왕건은 풍수지리를 중시하였다. 이는 여러 설화를 통해 확인할 수 있다. 천안 또한 풍수지리에서 예외가 아니었다. 주지하듯이 천안은 교통의 중심지로 고려가 남쪽으로 진출할 때 반드시 지나야 할 땅이었다. 왕건은 후백제를 공격하기 위해 이곳을 개척하기로 작정했다. 때문에 천안은 930년부터 적극적으로 개발이 이루어져 대규모 군사 시설을 갖춘 것으로 보인다. 이를 기반으로 왕무와 박술희는 군사 훈련을 시행하고 군량을 확충하면서 향후 있을 전쟁을 준비하였다.

 현재 천안 지역에는 태조 왕건과 관련한 여러 지명들이 전해져 온다. 대표적인 지명으로 태조산을 들 수 있다. 태조산은 천안시 유량동과 안서동 중심부에 걸쳐 있으며 왕자산의 주산(主山)이다. 태조산이라는 이름은

---

19)『高麗史』권56, 지리 1, 천안부. "天安府 太祖十三年 合東西兜率 爲天安府 置都督 [諺傳術師藝方 啓太祖云 三國中心 五龍爭珠之勢 若置大官 則百濟自降 太祖乃登山 周覽 始置府]"

▲ 천안 태조산

고려 태조 왕건에서 유래하였다. 해발 421m인 태조산에는 현재 '태조산공원'이 조성되어 있어 시민들의 휴식공간으로 이용되고 있다. 주변의 유량동(留糧洞)은 왕건이 군사들을 먹일 군량을 쌓아두었던 곳으로 전한다.[20]

【산천】 왕자산(王字山)[고을 동북쪽 12리에 있으며, 진산(鎭山)이다. 고려 태조가 군사를 이곳에 머물러 두었을 때에 윤계방(尹繼芳)이 이곳을 다섯 용이 구슬을 다투는 형세(五龍爭珠之勢)라고 아뢰어 보루를 쌓고 군사를 조련하며, 왕자성(王字城)이란 이름을 하사하였다. 왕자는 바로 그 산의 모양이다. 화산(華山) 풍세현(豐歲縣)에 있으며, 고을에서 43리의 거리이다.][21]

위에서 인용한 『신증동국여지승람』에 왕자산의 존재가 적혀 있다. 산의 모습이 마치 '왕(王)' 자처럼 생겼다고 해서 붙은 이름이며 천안시 동남구의 유량동과 안서동 경계에 위치하였다. 산 높이는 해발 252m이다. 왕자산 남쪽에 천안향교가 자리 잡았다. 산 능선을 따라 각급 학교와 공설

---

20) 국토해양부 국토지리정보원, 『한국지명유래집 : 충청편』, 국토해양부 국토지리정보원, 2009, 361쪽.
21) 『新增東國輿地勝覽』 권15, 忠淸道, 천안군.

운동장, 그리고 단국대학교 천안캠퍼스 등이 소재하였다. 『팔도군현지도』에서는 천안 상리면 동쪽에 위치하며 성거산 남쪽으로 연결된 산으로 기록되어 있다. 왕건은 이 산에 올라 지세를 살핀 후 왕자산성을 쌓고 천안도독부를 두었다고 한다.[22]

▲ 천안향교와 왕자산

왕자산성은 왕자산고성을 말하는 것이다. 『신증동국여지승람』에 따르면 군에서 20리 정도 떨어져 있다. 고려 태조가 이곳에 주둔하며 보루를 쌓아 병사들을 바라보았다고 한다. 또한 유여왕산은 고을 동쪽 11리 목천현의 경계에 있다고 한다. 이곳에는 고려 태조가 유숙한 데서 이름이 기원한 유여왕사(留麗王寺)가 있었다. 또한 마점사(馬占寺)는 고려 태조의 말이 머물렀다는 데서 이름이 유래하였다.[23]

이 밖에 유왕골이 있다. 이곳은 지금의 천안시 동남구 목천읍 덕전 3리에 속한다. 유왕골에 대해서는 2가지 전승이 전해져 내려오고 있다. 첫째는 백제 시조 온조가 위례성에 도읍을 정하고 봄과 여름에는 이곳에 와서 머물며 농사를 장려하였다는 설이다. 둘째는 고려 태조 왕건이 태조산

---

22) 국토해양부 국토지리정보원, 『한국지명유래집 : 충청편』, 국토해양부 국토지리정보원, 2009, 358쪽.

23) 『新增東國輿地勝覽』 권15, 忠淸道, 천안군.

▲ 천안 유왕골

에 진을 치고 있을 때 이곳에 머물렀으므로 유왕동(留王洞)으로 일컫게 되었다고 한다.[24] 여기서 후자가 역사성이 있는 전승일 것이다.

이곳에는 작은 마을이 들어서 있다. 주변은 산으로 에워싸인 분지이다. 산의 가운데에 넓게 평지가 조성되어 있다. 그렇기 때문에 실제 왕건이 천안에 내려왔을 때, 이곳에서 머물렀을 가능성은 크다고 생각된다. 현재 유왕골에는 이곳이 유왕골임을 알리는 여러 표지들을 조성해 놓았다. 마을 입구에 1998년에 세운 유왕골유래비[留王谷由來碑]가 있다. 그 뒤에는 2011년에 세운 '유왕골 덕전3리'라고 써놓은 돌과 그 뒤의 당산나무 앞에는 오래된 안내판이 보인다.

천안에서 고려군의 전쟁 준비는 후백제를 긴장하게 만들었다. 운주성 전투가 끝난 지 오래 지나지 않은 시점이었다. 그랬기에 후백제로서는 북부 전선을 보강할 수밖에 없었다. 신검은 이곳에 자신이 믿을 만한 장수들을 보내어 전투에 대비하였던 것으로 보인다. 이러한 정국에 고려군은 전국적으로 전쟁 준비를 하면서 왕건의 명령을 기다리고 있었다. 이윽고 9월이 되자 왕건은 개경에서 군대를 움직이며 남쪽으로 내려갔다.

---

24) 국토해양부 국토지리정보원, 『한국지명유래집 : 충청편』, 국토해양부 국토지리정보원, 2009, 365쪽.

# 3. 일리천 전투의 발발과 전개

전쟁 준비를 마친 고려군과 이에 대응하는 후백제군이 일리천에서 회전을 벌였다. 후삼국 최후의 전쟁인 것이다. 그러면 다음의 기사를 보도록 한다.

> 가을 9월에 왕이 삼군(三軍)을 거느리고 천안부에 가서 병력을
> 합세하여 일선군(一善郡)으로 나아가니 신검(神劍)이 무력으로써
> 이에 대항하였다. 갑오일에 일리천(一利川)을 사이에 두고 양군이
> 진을 쳤다. 왕은 진훤과 함께 군사를 사열하였다.[25]

왕건은 우선 천안부로 이동하였다. 이는 후백제군의 신경을 곤두서게 만들었다. 후백제군은 역시 천안부의 방비를 강화하였으며 신검 또한 출

---

25) 『高麗史』권2, 태조 19년 조. "秋九月 王率三軍 至天安府 合兵進 次一善郡 神劍以兵
逆之 甲午 隔一利川 而陣王與甄萱觀兵"

전 준비를 하였다. 그러나
왕건은 천안에서 남하하지
않고 우회하여 일선군 쪽
으로 향했다. 신검도 첩자
를 통하여 왕건이 일선군
으로 향한다는 정보를 입
수했다. 피할 수 없는 싸움
으로 판단한 신검은 몸소
군대를 이끌고 일선군 쪽
으로 진군하였다.

▲ 일선교와 낙동강

  일선군은 지금의 구미시 선산읍 일대에 해당한다. 『신증동국여지승람』
을 보면 선산도호부는 본래 신라의 일선군이었다. 진평왕 때 승격하여 주
가 되었고 군주를 두었다. 신문왕 때 주를 폐지하고 경덕왕 때 숭선군으
로 고쳤다.[26]

  『동사강목』에서는 왕건의 군대가 숭선에 이르렀다고 적혀 있다. 그리
고 주를 달아 "지금의 선산(善山) 여차니진(餘次尼津) 동쪽 1리에 있다"고
밝혀 놓았다. 양군은 일리천에 진을 치고 대치하였다. 일리천의 위치에
대해서는 "지금의 여차니진이다. 선산부 동쪽 11리에 있다"고 적혀 있
다.[27] 여차니진을 『신증동국여지승람』에서는 이매연(鯉埋淵)의 하류로, 선
산도호부의 동쪽 11리에 있다고 적어 놓았다.[28] 일단 이러한 정보를 바탕
으로 살펴보면 일리천은 여차니진에 근접해 있음을 알 수 있다. 그렇다면

---

26) 『新增東國輿地勝覽』 권29, 慶尙道, 선산도호부.

27) 『東史綱目』 第6上, 태조 19년.

28) 『新增東國輿地勝覽』 권29, 慶尙道, 선산도호부.

▲ 구미 도리사에서 바라본 낙동강(일리천)

일리천은 오늘날의 무슨 강을 의미할까? 이에 대해서는 다음과 같은 『세종실록』의 기록을 참고할 필요가 있다.

> 대천(大川)이 3이니, 첫째가 낙동강(洛東江)이다. 그 근원(根源)이 셋인데, 하나는 봉화현(奉化縣) 북쪽 태백산(太伯山) 황지(黃池)에서 나오고, 하나는 문경현(聞慶縣) 북쪽 초점(草岾)에서 나오고, 하나는 순흥(順興) 소백산(小白山)에서 나와서, 물이 합하여 상주(尙州)에 이르러 낙동강이 된다. 선산(善山)에서 여차니진(餘次尼津), 인동(仁同)에서 칠진(漆津), 성주(星州)에서 동안진(東安津), 가리현(加利縣)에서 무계진(茂溪津)이 되고, 초계(草溪)에 이르러 합천(陜川)의 남강(南江) 물과 합하여 감물창진(甘勿倉津)이 된다.[29]

---

29) 『世宗實錄』地理志, 경상도. "大川三 一曰洛東江 其源有三 一出奉化縣北太伯山黃池 一出聞慶縣北草岾 一出順興小白山 合流至尙州爲洛東江 善山爲餘次尼津 仁同爲漆津 星州爲東安津 加利縣爲茂溪津 至草溪 合陜川 南江之流爲甘勿倉津"

▲ 여차니진(여지나루터) 원경

『세종실록』에서는 경상도에 3개의 큰 하천이 있다고 하였다. 그중에서 첫 번째로 낙동강을 들었다. 낙동강의 물이 3군데에서 발원한 다음 상주에서 시작하여 김해·양산을 거쳐 남쪽 바다로 흘러간다고 적어 놓았다.

이 기록에서 상주를 지난 다음 선산의 여차니진에 이르고 이후 인동(仁同)으로 옮겨간다. 여기서 보이는 여차니진이 위에서 살펴본 여차니진과 동일한 곳으로 볼 수 있다. 즉 일리천은 낙동강 중에서도 여차니진을 중심으로 한 일부 구간을 가리킨다. 고려군과 후백제군은 이 일리천을 끼고 전투를 벌인 것이다.

여차니진은 지금의 구미시 해평면 낙산리 원촌마을에 있는 여지나루터, 즉 여진나루를 말한다. 이곳은 과거에 강이었던 곳이 농경지가 되었기에 나루터의 기능은 상실된 상태였다.

여차니진의 뒤쪽에는 냉산이 있다. 냉산에는 해발 645m의 숭신산성이 있다. 이는 왕건이 작성한 개태사 발원문에 나오는 숭선성을 가리킨다. 이곳을 중심으로 고려군은 진을 쳐서 후백제군과 대치하였다. 이 일대에는 당시 일리천 전투와 관련하여 여러 전설들이 남아 있다. 왕건이 냉산에 축성한 성이 숭신산성이다. 성벽은 거의 허물어졌으나 약간의 석축이 남아 있다. 냉산은 왕건이 머물렀던 곳이라 하여 태조산(太祖山)이라 불리기도 한다. 숭신산성 아래에는 창고였던 칠창(七倉)의 터가 있다. 군량미 비축창고였다. 지금도 땅을 파면 불에 탄 쌀들이 나온다고 하는데, 현재 행정지명은 칠창리(漆倉里)이다. 또한 왕건이 후백제를 정복할 때 말을 멈췄다는 선산읍 신기리의 태조산이 있다. 선산읍 초곡리에 길이 나면서 잘린 구릉 앞 도로를 따라 올라간 곳은 지금도 어성너머로 불린다. 이

▲ 칠창 마을과 숭신산성

어성너머의 도로 왼편 구릉에 왕건이 진을 치고 머물렀다는 어성정이 있었을 것으로 추정된다.[30]

그렇다면 신검은 왜 굳이 군대를 이끌고 일리천으로 왔을까? 신검은 왕건의 군대가 일리천 쪽으로 오고 있다는 것을 알고 일부러 군대를 이끌고 요격하러 간 것으로 생각해 볼 수 있다. 신검 또한 후백제 전국의 병력

▲ 낙동강 건너편에서 바라본 냉산

을 모두 차출하여 전쟁에 임하였다. 앞서 살펴보았지만 『삼국유사』에서 진훤이 고려에게 항복할 것을 아들들에게 말하는 기록에서 후백제의 병력이 고려의 병력보다 갑절이나 많았다고 했다. 후백제는 멸망 직전까지도 신

---

30) 박광연, 「[논픽션 龜尾史. 9] 왕건, 대업을 꿈꾸다(上)」『영남일보』, 2012. 8.22.

라 9주 중에서 4주를 차지하고 있었으며 호남 지역은 예로부터 곡창지역이고 인구조밀 지역이었다. 후백제는 고려에 밀리고 있는 상황이었지만 아직도 많은 장수들과 병력이 있었다.

왕건이 천안부에서 내려올 때 전군이 모두 천안부에 집결하여 내려왔다고 생각하기는 힘들다. 오히려 일선군에서 모든 군대가 집결한 후 싸우려했다고 볼 수 있다. 신검은 왕건이 군대를 움직이기 전에 이미 후백제의 모든 병력을 전주에 집결시킨 후 왕건의 군대가 이동한다는 소식을 듣고 방어와 공격 중에서 하나를 택해야 했다.

방어를 선택한다면 안전할 수도 있지만 고려군이 어디로 공격해 올 지는 쉽게 예상하기 힘들었다. 그리고 신검은 이제 즉위한 상황에서 자신의 지도력을 보여주어야 할 필요가 있었다. 단순히 몇몇 성에서 수만의 군대를 방어에 전념하게 할 수는 없었다. 결국 대규모 회전에서 대승을 거두어 자신의 위엄을 과시해야 하였다. 그랬기에 신검은 고려에 요격을 가하기로 했다. 또한 천안부에서 이동하는 왕건의 병력은 모든 병력이 합쳐진 상황이 아니었다. 그랬기에, 신검은 고려군 병력이 합세하기 전에 전투를 벌이면 충분히 승산이 있다고 판단했을 것으로 보인다.

그렇다면 왕건은 왜 일선군을 전장으로 택하였을까? 일선군의 가장 큰 특징은 역시 낙동강이었다. 일리천, 즉 낙동강을 이용할 수 있는 기점이었기에, 고려군은 일선군으로 향한 것이다. 문제는 낙동강을 어떻게 이용하느냐가 된다. 낙동강을 통해 병참을 이동시키기 편하기 때문으로도 볼 수 있다. 그러나 이후의 전쟁 상황을 보면 낙동강은 정작 병참으로 제대로 이용되지 않았다.

왕건이 일리천을 전장으로 택한 이유는 전후 상황을 염두에 두었기 때문으로 보인다. 왕건이 일리천 전투에서 전군을 다 끌어 모으고 후백제군을 공격한 이유는 승리에 대한 확신이 있었기 때문이다. 다만 승리를 위

▲ 일리천 전투 관련 주요 지명

해서 하나의 전략만 구상하지 않고 다양한 변수를 고려했던 것으로 보인다. 고려의 입장에서 긍정적인 변수는 박영규였다. 박영규는 고려에 큰 도움이 될 것으로 예상되었다. 그러나 박영규의 내응이 실패할 가능성 또한 염두에 두어야 했다. 고대의 전쟁을 보면 전쟁에 임하는데 크게 3가지 방책을 정해놓고 전개하는 경우가 많았다. 이를 상책·중책·하책이라 말한다. 왕건은 승리를 위해 3가지 시나리오를 가졌을 것으로 보인다.

첫째, 박영규의 내응이 이루어지는 경우가 된다. 즉 박영규가 전쟁 와중에 수도인 전주성을 점거하고 민심을 달래 고려 편에서 내응해 주는 것이다. 이 경우 신검이 전주성에 입성하지 못하는 상황이 발생할 수 있다. 그렇게만 된다면 고려로서는 유리한 상태에서 전쟁을 치를 수 있었다. 실제 전쟁 또한 이러한 양상으로 전개되어 고려군이 승리하였다.

둘째, 박영규가 전주성을 장악하지 못할 경우이다. 고려군의 입장에서 박영규가 전주성을 함락시키지 못하고, 후백제군이 험로에서 고려군의 진공을 막아, 신검이 전주성에 들어가 농성을 하게 된다면 전쟁이 장기전으로 흐를 가능성이 있었다. 이 경우 고려가 선택할 수 있는 방법은 주병력은 전주로 직공하고 일부 병력은 다른 길로 들어가서 후백제를 여러 방향으로 공격하는 것이다. 후자의 경우 천안부의 병력이 남하하고, 일리천의 군대 중 일부가 다른 길을 통해 후백제를 공격하면 된다.

일리천에서 전주로 직공하지 않고 다른 길을 간다면, 그 길은 강주 지역으로 지목해 볼 수 있다. 강주 지역은 고려 영역이었던 적도 있었다. 그 옆에는 고려 편에서 내응해주는 박영규가 있는 승주 즉 순천이 있다. 고려군이 강주로 진출한다면 박영규는 승주에서 병력을 지원하여 고려군의 진출에 도움을 줄 수 있었다. 그대로 고려군이 강주는 물론 무주까지 공격하게 도와줄 수 있었다. 이후 나주에서도 북상한다면 후백제를 상대로 전 지역에서 공세를 가할 수 있다. 이 경우 물력과 인력의 소모가 매우 크겠지만, 차선책으로 후삼국통일을 이룰 수 있는 방안이었다.

셋째, 박영규의 귀순이 거짓이었을 경우이다. 박영규가 전주에서 내응하지 않고 자신의 지역에서 가만히 있다면 고려로서는 모처럼의 대공격이 실패로 돌아갈 수도 있었다. 고려로서는 이왕 군대를 크게 일으켰기에 그만한 성과를 거두어야 했다. 고려군이 설령 전주로 진공을 못하더라도 후백제의 영역 일부를 영토로 삼는 게 가장 나은 방안이었다. 강주 지역은 이전에 고려 영역이기도 하였다. 강주도독 용검은 당시 강주의 병력 중 일부를 차출하여 신검에게 합세했다고 볼 수 있다. 즉 강주의 병력이 부족한 상황이었다. 만약 고려군이 강주 지역을 공격한다면 손쉽게 강주를 차지할 수 있다. 고려군은 이를 기반으로 무주 지역을 공격하면서 전선을 확대하여 후백제에 압박을 가할 수 있게 된다.

첫째 경우를 제외한 둘째와 셋째는 결국 강주 지역의 장악이 필수적이었다. 강주 지역으로 대군이 진출하기 위해서는 낙동강을 타고 내려오면서 주변을 공격하고 장악하는 게 효율적이었다. 때문에 고려의 대군은 낙동강 상류 지역에 해당하는 일리천을 장악하여 여차할 때에 강주 지역으로 바로 내려오고자 했던 것으로 보인다.

일리천 전투 당시 왕건과 진훤은 모두 고려군으로 참전하였다. 고려군의 숫자는 총 87,500명이었다. 가히 10만 병력이라 일컬을 만했다. 후백제 또한 이에 상응할 정도의 대군을 몰고 왔다고 추측해 볼 수 있다. 고려군은 전국에서 집결시킨 병력들로 구성되었다. 멀리는 명주의 김순식도 군대를 몰고 왔으며 유검필은 아예 여진의 기병을 데려왔다.

진훤은 좌강, 즉 좌군에서 박술희와 함께 기병 1만을 거느리고 있었다. 진훤은 고려 좌군의 맨 앞에서 말을 타고 후백제군을 응시하였다. 이에 후백제군은 자신들의 옛 주군이 정면에 있는 모습을 보고 크게 당황하였다. 다음은 일리천 전투 시작 기사이다.

이와 같이 군사를 정비하여 북을 울리면서 전진하였다. 이때에 갑자기 창검 형상으로 된 흰 구름이 우리 군사가 있는 상공에서 일어나 적진 쪽으로 떠갔다. 백제 좌장군 효봉(孝奉)·덕술(德述)·애술(哀述)·명길(明吉) 등 4명이 우리의 병세가 굉장한 것을 보더니 투구를 벗고 창을 던져 버린 다음 진훤이 타고 서 있는 말 앞에 와서 항복하였다. 이에 적 측의 사기가 저상되어 감히 움직이지 못하였다. 왕이 효봉 등을 위로하고 신검(神劍)의 있는 곳을 물었다. 효봉 등이 말하기를, "신검이 중군에 있으니 좌우로 들이치면 반드시 격파할 수 있습니다"고 하였다.[31]

---

31) 『高麗史』 권2, 태조 19년 조. "鼓行而前忽有白雲 狀如劍戟 起我師上向賊陣行 百濟左將軍孝奉德述哀述明吉等四人 見兵勢大盛免冑投戈 降于甄萱馬前 於是賊兵喪氣不敢

고려는 북을 울리며 진격을 명령했다. 고려군은 일리천을 건너 후백제 군쪽으로 돌격하였다. 양군은 들판에서 전투를 벌였다. 그런데 후백제군 은 면전의 적진에 진훤이 있는 것을 보고 싸움을 주저하였다. 결국 후백 제 장군 중 4명이 군사를 이끌고 고려군, 정확하게는 진훤에게 항복하였 다. 이들은 왕건에게 중군에 있는 신검의 소재를 알려주었다. 전쟁에서 중군에 지휘부가 소재한 것은 당연하다. 그렇지만 이 대화는 신검이 전투 에 참전하여 중군에서 군사를 지휘한 사실을 말해준다. 그러면 전투의 동 선과 관련해서 다음의 기사를 따라가 본다.

> 왕이 대장군 공훤에게 명령하여 바로 적 측의 중군을 향하여
> 삼군과 함께 일제히 나가면서 맹렬하게 공격하니 적병이 크게 패
> 하였다. 그리하여 적장 흔강(昕康)·견달(見達)·은술(殷述)·금식(今
> 式)·우봉(又奉) 등을 비롯하여 3,200명을 사로잡고 5,700명의 목을
> 베었다. 적들은 창끝을 돌려 저희들끼리 서로 공격하였다.[32]

고려군은 전군이 신검이 있는 중군을 일제히 공격하였다. 그리고 진훤 과 항복한 후백제의 장군들을 앞세웠다. 이들의 모습을 본 다른 후백제군 역시 크게 저항하지 못했다. 후백제군에 있어서 진훤은 후백제라는 나라 와도 동일한 존재였다. 결국 옛 주군이 있는 고려군과 싸울 의지가 없는 후백제군은 자연스럽게 무너졌다. 그것도 "적들은 창끝을 돌려 저희들끼 리 서로 공격하였다"고 했듯이 자중지란으로 붕괴된 것이다.

---

動 王勞孝奉等 問神劍所在 孝奉等曰 在中軍 左右夾擊 破之必矣"
32) 『高麗史』 권2, 태조 19년 조. "王命大將軍公萱直 擣中軍三軍齊進 奮擊賊兵大潰 虜將 軍昕康見達殷述今式 又奉等三千二百人斬 五千七百餘級 賊倒戈相攻"

첫 싸움에서 패한 신
검의 부대가 집결한 곳은
지금의 고아읍 일대였다.
이곳 고아읍 관심리 앞의
들판을 '어갱이들'이라고
한다. 또한 송림이 앞의
들판은 '발갱이들'이라고

▲ 구미 발갱이들

하며, 괴평리 앞들을 '점
갱이들'이라 한다. 이 들은 매봉산을 중심으로 삼각형을 이룬다. 어갱이
들은 왕건이 신검을 방어하기 위해 군사를 주둔시켰다고 하는 '어검(御劍)
평'에서 유래하였다. 진을 쳤던 곳을 '장대(새도방)'라 한다. 신검이 송림리
앞들에 진을 치고 있다가 전세가 불리하여 군사를 괴평리로 옮겨 배수진
을 친 곳이 '발검(撥劍) 평야', 즉 발갱이들이다. 또한 왕건이 매봉산 서쪽
낮은 구릉으로 진격해 기
습작전을 펼쳐 점령한 곳
을 '점검평야' 즉 '점갱이
들'이라고 한다.[33]

▲ 구미 발갱이들소리 전수관

발갱이들은 "검을 뽑
았다"는 뜻, 즉 "신검을
뽑았다"는 뜻이다. 신검
군대를 궤멸시켰음을 뜻
한다. 발갱이들에서 고려
군은 결정적인 승리를 거

---

33) 박광연, 「[논픽션 龜尾史. 9] 왕건, 대업을 꿈꾸다(上)」 『영남일보』, 2012. 8.22.

▲ 구미 김선궁 묘원

둘 수 있었다. 이곳에서는 '발갱이들 소리'라고 하는 노동요가 전해진다. 지금은 전수관이 조성되어서 정기적으로 공연도 한다.

일리천 전투의 승리는 왕건이 이끄는 고려군의 능력으로만 이루어진 게 아니었다. 일선군 지역에서도 왕건에게 호응하여 일리천 전투에 참여하였다. 대표적으로 김선궁을 들 수 있다. 다음과 같은 그에 대한 소개를 보도록 한다.

【인물】고려 김선궁(金宣弓)[태조가 후백제를 칠 때 숭선(嵩善)에 이르러 종군할 사람을 모집하였는데, 선궁이 아전으로 응모하였으므로 태조가 기뻐서, 자기가 쓰던 활을 내려주면서 선궁이라는 이름도 함께 하사하였다. 뒤에 공(功)으로써 대광문하시중(大匡門下侍中)이 되었다. 정종(定宗)이 대승(大丞)에 추증하였으며, 시호를 순충(順忠)이라 하였다. 맏아들 문봉(文奉)은 삼사우윤(三司右尹)으로 고향에 돌아와 아전이 되었으며, 둘째아들 봉술(奉術)은 아버지의 뒤를 이어 시중이 되었다. 부의 사족(士族) 및 이족(吏族)은 다 선궁의 후손들이다.]34)

첫 전투부터 자중지란에 빠졌던 후백제군의 붕괴는 가속되었다. 진훤

---

34) 『新增東國輿地勝覽』 권29, 慶尙道, 선산도호부.

을 지지하는 군사들이 신검을 지지하는 군사들을 공격하는 일이 끊어짐이 없이 발생하였다. 고려군은 크게 힘을 들이지 않더라도 손쉽게 이기게 되었다. 결국 신검은 퇴각을 결정하였다. 더 이상 고려군을 상대하기는 무리였다. 고려군은 그러한 후백제군을 따라잡기 위해 계속 추격하였다. 사기가 떨어질 만큼 떨어진 후백제군은 더 이상 싸울 힘도 의지도 상실했다. 그렇게 신검은 전주성을 향해 퇴각했다.

# 4. 황산 전투와 주요 지명

일리천 전투에서 대패를 당한 신검의 목적지는 어디였을까? 신검은 전주 방향으로 도망갔다고 보는 게 합당하다. 후백제의 수도이자 신검의 근거지였기에, 이곳에서 농성을 하며 고려군에게 대항하려고 했을 것이다. 그러나 기록을 보면 신검의 행선지는 전주가 아닌 황산 쪽으로 나온다.

이는 전주 쪽에서 변고가 생겼음을 의미하는 것으로 보인다. 즉 신검의 예상과는 달리 전주로 갈 수 없는 상황이 생겼기에 어쩔 수 없이 신검은 다른 방향으로 이동하게 된 것이다. 전주 쪽에서 생긴 변고로는 박영규의 내응을 지목해 볼 수 있다.

앞서 살펴보았던 대로 박영규는 왕건이 후백제를 정벌할 때 내응하겠다는 반응을 보였다. 그리고 이후 왕건이 후백제를 정벌한 다음에 이전에 약속한 바와 같이 박영규에게 최선의 예우를 하는 모습을 보인다. 이는 박영규가 그만큼의 역할을 하였다는 의미로 생각해 볼 수 있다.

박영규는 진훤의 사위이지만, 신검에게도 친족 관계에 해당한다. 박영규의 부인 연령이 어떻게 되는지는 확실히 알기 힘들지만 신검에게 박영규는 매형 혹은 매제였다. 더구나 진훤의 권력 기반인 순천 지역의 호족이었기에 후백제 내에서도 입김이 강했을 것이다. 박영규는 신검이 전주성을 비울 때였다. 자신의 세력을 바탕으로 전주성을 점거하였고, 진훤에게 충성하였던 호족들의 지지를 받았을 가능성은 있다. 이러한 추론은 개연성이 높다는 생각이 들게 한다. 그러나 이러한 추론을 뒷받침하는 근거는 박약한 편이다. 박영규가 전주성을 장악하지 않았다고 하더라도 신검은 필패하게 된 상황이었다. 따라서 이러한 추론을 배제하고 신검의 항복 과정을 유추해 보고자 한다.

신검은 후백제 내에서 확실한 지지를 받지 못하고 있는 상황이었다. 일리천 패전은 가뜩이나 기반이 취약한 신검의 권력이 송두리째 뿌리 뽑히는 단초를 제공했을 것임은 자명하다. 그러면 퇴각하는 신검의 동선은 어떻게 그려질 수 있을까? 이는 일리천 전투의 출발지와 관련 있을 것 같다. 이와 관련해 태자 무(武)를 수반으로 하는 고려군의 후방 본영이 천안에 설치되어 있었다고 한다. 그렇다면 이에 대응하는 후백제군의 후방 본영은 황산에 설치되었을 수 있다. 고려군이 천안에서 집결하여 일리천까지 진군하였다고 한다. 후백제군은 황산에서 집결하여 일리천까지 진군한 것으로 추측된다. 그렇다면 후백제군의 퇴각 동선 역시 진군로의 역순으로 추측할 수 있다. 결국 일리천에서부터 후백제군을 추격해 온 고려군은 황산에서 후백제군의 후방 본영을 격파하였던 것 같다. 이때 왕건은 황산에 주둔하였지만 고려군 주력은 후백제군을 쫓아 탄령을 넘어 마성까지 진출한 것이다. 후백제군의 후방 거점인 황산이 무너지고 탄령을 넘어 전주의 목에 해당하는 마성까지 넘어가자 신검은 전의를 상실하였다.

후삼국 전쟁의 마지막 일전(一戰)인 황산 전투에 대한 기록은 매우 짧다. 『삼국사기』에서는 황산으로 갔다는 내용이 적혀 있지 않다. 반면 『삼국유사』·『고려사』·『고려사절요』에서는 후백제군이 황산으로 퇴각한 기록이 보인다. 『고려사』의 관련 내용은 다음과 같다.

> 우리 군사가 추격하여 황산군(黃山郡)에 이르러 탄령(炭嶺)을 넘
> 어 마성(馬城)에 주둔했다.[35]

황산 전투와 관련한 지명은 총 3곳으로서 황산군과 탄령 그리고 마성
이다. 이곳의 위치가 어디냐에 따라 전쟁 동선이 달라진다. 우선 황산군
은 지금의 논산시 연산면 일대에 해당한다. 이곳은 백제 멸망기 때 유명
한 황산벌 전투의 현장이었다. 그리고 고려가 후백제의 항복을 받아낸 후
개태사를 지은 곳이기도 하였다. 그러한 황산군의 위치는 탄령과 함께 살
펴볼 수 있다.

『삼국유사』에서는 위의 문구 가운데 "황산군에 이르러 탄령을 넘어"라
는 구절을 "황산 탄현에 이르러"[36]라고 기술하였다. 즉 황산군과 탄현을
연이어 배치함으로써 두 지명이 서로 관련 있음을 밝혀 놓았다. 그럼에도
탄현의 위치 비정은 결코 쉽지 않다. 이에 대해서는 많은 학설들이 제기
되었다. 가령 충청남도와 충청북도 경계인 마도령, 대전 동쪽 식장산, 전
라북도 완주군 삼거리 탄현, 충청남도 금산군 진산면 교촌리 탄치 등이
다.[37]

『삼국유사』에서 황산과 탄현을 붙여 놓았다. 이는 황산군 내에 탄현이
라는 지역이 있다거나 혹은 황산군과 가까운 지역에 탄현이 소재했음을
뜻한다. 이러한 맥락에서 본다면 마도령설이나 식장산설은 황산과는 거

---

35) 『高麗史』권2, 태조 19년 조. "我師追至黃山郡 踰炭嶺 駐營馬城"
36) 『三國遺事』권2, 紀異, 후백제 진훤 조. "三軍齊進挾擊 百濟軍潰北 至黃山炭峴 神劍
  與二弟將軍富達能奐等 四十餘人生降"
37) 김갑동, 『고려의 후삼국 통일과 후백제』, 서경문화사, 2010, 68쪽.

▲ 금산 교촌리 탄치(숯고개)

리상 엮어지기 어렵다는 인상을 준다. 반면 완주 삼거리 탄현이나 금산 교촌리 탄치에 좀 더 무게를 두고 살펴볼 필요가 있다. 그 밖에 금산 백령산성 옆으로 난 잣고개도 탄현 물망에 올려놓아 본다.

여기서 금산 교촌리 탄치는 기존의 연구에서 탄현으로 지목되었던 곳이다. 현재 지도에서 숯고개로 표시된 곡남 삼거리 주변 일대를 가리킨다. 금산읍에서 금성면→진산면→벌곡면을 지나면 논산시 연산면에 이르게 된다. 그런데 이곳은 성충과 흥수의 탄현에 대한 묘사와는 달리 험준하지는 않다. 이들은 탄현을 일컬어 한 명이 창 한 자루로 만 명을 막을 수 있는 요지라고 했다.[38] 그러니 탄현은 비좁고 통행이 용이하지 않은 험준한 길로 지목하는 게 온당하다.

탄현의 위치를 금산 백령산성 부근으로도 비정해 볼 수 있다. 백령산성은 금산군 남이면 건천리와 역평리 선야봉의 동쪽에 소재하였다. 이곳은 둘레가 약 207m에 이르는 백제의 테뫼식 산성이다. 이곳은 금산군 제원면과 추부면을 통하여 영동·옥천에 이르는 전략상 요충지에 속한다. 김정호의 『청구도』에는 백자령(栢子嶺)으로, 『대동여지도』에는 탄현으로 적혀 있다. 백령산성에서는 남쪽과 북쪽에서 성문터와 구들 시설이 있는 건물지와 목곽고를 비롯하여 수혈 유구 등이 발굴된 바 있다. 백령산성

---

38) 『三國史記』 권28, 의자왕 20년 조. "一夫單槍 萬人莫當"

바깥에는 6.25전쟁 이후 공비 토벌작전 당시 사망한 영령들을 추모하기 위해 육백고지전승탑이 세워져 있다.

이곳은 천혜의 요새라고 할 수 있을 정도로 험준한 지역이다. 그리고 금산에서 전주 지역으로 가려면 반드시 통과해야

▲ 백령산성에서 바라본 백령(잣고개)

하는 요지였다. 그러나 『대동여지도』 외에 탄현으로 지목하고 있는 자료는 없는 대신 주로 백령(栢嶺)으로 일컫고 있다. 그러나 무엇보다도 백령산성에서 출토된 백제 명문와에 보이는 '栗峴△/ 丙辰瓦'[39]라는 문자는 고개 이름이 '율현' 즉 '밤고개'임을 가리킨다. 백령은 백제 때 율현이었으니 탄현과는 무관함을 웅변해 준다.

완주 삼거리 탄현은 『신증동국여지승람』에서 기록이 보인다. 이에 따르면 탄현은 고산현의 동쪽 50리에 소재하였고, 진산군 이현까지 거리는 20리로 적혀 있다. 고산현에서는 또한 전주부 경계에 이르기까지 55리, 북쪽의 연산현에 이르기까지 29리 정도 떨어져 있다고 했다.[40] 이 곳은 현재 지도에서 쑥고개로 표시되어 있다. 지금도 겨우 차 한 대가 지나갈 정도로 좁은 길이다. 현재처럼 도로가 포장되기 이전에는 어떠한 상황이

---

39) 충청남도역사문화연구원·금산군, 『錦山 栢嶺山城-1·2次 發掘調査報告書』, 2007, 290~295쪽·7쪽.
40) 『新增東國輿地勝覽』 권34, 全羅道, 고산현.

었는지 넉넉히 짐작이 가
고도 남는다. 이곳에는
봉수대가 남아 있으니 군
사적으로 요지임은 분명
하다.

　그러면 퇴각을 거듭한
신검의 동선을 다시금 살
펴보기로 한다. 후백제군
을 추격한 고려군은 지금
의 충청남도 논산시 연산

▲ 완주 삼거리 탄현(쑥고개)

면 일대인 "황산군에 이르러 탄령을 넘어 마성에 주둔하였다"고 한다. 마
성의 위치가 신검 군대의 퇴주로를 확인해 주는 관건이 된다.

　이와 관련해 완주 삼거리에서 4.1km 정도 서쪽에 용계산성이 소재하였
다. 용계산성에 대해서는 『신증동국여지승람』에 관련 기록이 다음과 같이
남아 있다.

　　용계성(龍鷄城)[용계천(龍溪川)가에 있는데, 탄현과의 거리는 서쪽으
　　로 10리쯤 되고, 서북쪽으로 연산현까지의 거리는 30리이다. 옛 성이 있고
　　돌로 쌓았는데, 둘레가 1,014척이고, 높이가 10척이며, 지금은 반절이나
　　무너졌다.][41]

　용계산성은 탄현과 연산 사이에 위치하며 교통의 요지에 해당한다. 길
한가운데에 불룩 튀어 나온 상황인 것이다. 그러므로 용계산성의 제어를

---

41) 『新增東國輿地勝覽』 권34, 全羅道, 고산현.

받으면서 통과해야 한다.
성의 둘레는 493m이며
포곡식 산성이다. 전반적
으로 지형이 동쪽을 방어
하는 형세로 되어 있다.
『증보문헌비고』에 따르면
백제군이 주둔했던 곳이
라고 한다.[42] 마찬가지로
후백제에 의해 이용되었
을 가능성이 높다. 그러

▲ 완주 용계산성 성벽

한 용계산성을 마성으로 비정하는 견해가 있다.[43] 이 견해를 그대로 받아
들인다면 고려군은 완주 삼거리 탄현을 넘어 용계산성에 주둔했다고 볼
수 있다. 그러나 용계산성이라는 명칭과 마성은 서로 연결되지 않는다.
또한 용계산성은 고려의 대군이 주둔하기에는 규모가 너무나 협소하다.

　그러면 마성을 다른 곳에서 찾아보도록 한다. 우선 논산 부적면에 소
재한 마구평리이다. 이곳은 『신증동국여지승람』에 보이는 마고평에 해당
한다.[44] 마구평리에서 3.7㎞ 정도 떨어진 곳에 외성리산성이 소재하였다.
외성리산성은 연산면과 부적면 경계 지대에 위치하며 성 둘레가 650m인
백제의 테뫼식 산성이다. 이곳을 마고평이라는 지명과 관련지어 본다면
마성으로 불렸을 가능성도 있다. 그러나 마성은 기본적으로 탄령 이남에

42) 『增補文獻備考』 권27, 輿地考 15, 관방 3, 전라도 고산.
43) 한국역사지명사전 편찬위원회, 『한국역사지명사전』, 여강출판사, 2008. 이는 김정호
　　의 『대동지지』에 나오는 내용을 보고 비정한 것이다. 류영철도 용계산성을 마성으로
　　간주하고 있다(류영철, 『高麗의 後三國 統一過程 硏究』, 景仁文化社, 2005, 222쪽).
44) 『新增東國輿地勝覽』 권18, 忠淸道, 연산현.

▲ 황산전투 관련 지명

소재하였으므로 논산 주변에서 찾는 것은 타당하지 않다. 게다가 외성리 산성 자체는 마성이나 그 비슷한 이름으로 불린 적도 없다. 그 밖에 「개태 사 발원문」에서 개태사(開泰寺)에 둔영을 했다는 기록이 보이므로 마성을 개태사로 지목하기도 한다.[45] 개태사터에 남아 있는 토성벽의 존재를 근 거로 마성으로 간주하였다.[46] 그러나 개태사 부근에서는 마성과 연관될 만한 사항은 보이지 않는다.

그러면 개태사와 왕건은 어떤 연관성이 있었을까? 왕건은 진훤이 세 상을 뜨던 해인 936년에 개태사 창건을 시작하였다. 후백제를 멸망시키

---

45) 김갑동, 『고려의 후삼국 통일과 후백제』, 서경문화사, 2010, 71쪽.
46) 정성권, 「개태사 석조삼존불입상 조성배경 再考」 『白山學報』 92, 2012, 220쪽.

고나서 역사(役事)를 시작한 것이다. 그런데 진훤이 사망한 황산은 연산과 동일한 지역으로서, 지금의 충청남도 논산을 가리킨다. 이와 관련해 진훤이 최후를 맞이했던 사찰을 취하여 왕건이 개태사를 중창했으리라는 시각도 있다. 혹은 진훤 사후 그 추종세력을 진압하기 위해 이곳에 개태사를 창건했다는 것이다. 후백제로부터 항복 받은 지점에 전승기념으로 개태사를 일으켰다는 시각도 있다. 이에 대한 해답은 『증수 임영지(重修臨瀛誌)』에서 이미 "10월에 유사에게 명하여 곧 군영이 있던 땅에 사찰을 창건하였다"고 하지 않았던가? 신검이 항복한 장소는 고려군의 본영이 설치된 황산이었다.

그러면 마성은 어느 곳으로 지목해야 할까? 고려군의 동선이 논산(황산)→완주(탄령)→마성→전주라고 한다면 완주에서 전주로 이어지는 구간 사이로 잡아야 할 것 같다. 이 구간에서 마성으로 일컬어질 수 있는 곳은 익산이다. 이와 관련해 『익산구지(益山舊誌)』에 따르면 낭산산성(朗山山城)을 '마한성'이라고 했다. 곧 '마성'으로 줄여서 일컬을 수 있는 소지가 보인다. 그러나 무엇보다도 익산은 완주에서 전주에 이르는 고려군의 동선상 그 중간에 소재했다는 것이다. 게다가 익산은 금마저(金馬渚)나 금마성(金馬城)으로 일컬어졌다. 그러니 그 끝 글자를 취하여 '마성'으로 일컫는 게 가능하다. 실제 백제 고지에 설치된 웅진부성(熊津府城)을 '부성'으로 줄여서 표기한 사례가 있다. 이러한 맥락에서 마성을 왕건의 건탑(建塔) 전설이 남아 있는 익산 왕궁면의 왕궁평성으로 지목하고자 한다. 왕궁평성은 백제의 왕성으로 사용되었으며 평지성이기에 군대 주둔이 용이하다. 왕건은 이곳에 주요 병력을 배치하여 후백제군과 대치하였던 것으로 보인다.

# 5. 고려의 후삼국 통일

　　왕건은 황산에 주둔하였지만 고려군 주력은 후백제군을 쫓아 탄령을 넘어 마성까지 진출했다. 신검은 도저히 전세를 반전시킬 수 없다고 판단하였다. 다음의 기사에서 보듯이 그는 양검과 용검 형제와 더불어 문무 관료들을 이끌고 나와 항복하였다.

　　신검이 자기 아우들인 청주(菁州)성주 양검(良劍), 광주(光州)성주 용검(龍劍)과 문무 관료들을 데리고 와서 항복하였다. 왕이 크게 기뻐하여 그들을 위로하고 해당 관리에게 명령하여 포로한 백제 장병 3,200명은 전부 제 고향으로 돌려보내고 흔강(昕康)·부달(富達)·우봉(又奉)·견달(見達) 등 40명만은 그들의 처자와 함께 서울로 데려 왔다.[47]

---

47) 『高麗史』 권2, 태조 17년 조. "神劍與其弟菁州城主良劍光州城主龍劍 及文武官僚來
　　降 王大悅勞慰之 命攸司虜獲 百濟將士三千二百人 並還本土 唯昕康富達又奉見達等

신검은 왕검에게 항복을 하겠다는 의사를 보냈다. 그리고 항복 의식을 거행하기 위하여 여러 준비를 하였다. 이때 신검은 문무 관료들을 데리고 와서 항복하였다고 했다. 이는 신라의 항복 의식과는 사뭇 다른 모습이다. 신라는 왕과 신하들이 직접 개경으로 와서 항복 의식을 거행하였다. 그러나 고려는 전쟁에 승리해서 항복을 받는 상황이었다. 신라와는 경우가 다른 것이다. 그런 만큼 고려로서는 후백제를 군사적으로 확실하게 굴복시킨다는 의미가 컸다. 그랬기에 고려군이 지켜보는 앞에서 항복 의식을 거행했던 것으로 보인다. 즉 넓은 벌판에서 항복 의식이 거행되었던 것이다. 고려군의 위용 앞에서 무장해제된 후백제군은 굴종적인 자세로 의식을 수발했을 뿐이다.

물론 고려군은 전주에 입성하여 항복 의식을 받을 수도 있었다. 그러나 그렇게 하기에는 후백제는 여전히 부담스러운 존재였다. 40년이 넘는 세월 동안 지탱해온 후백제가 하루아침에 흔들릴 수는 없었다. 왕건은 후백제군의 무장해제를 먼저 시행하였다. 후백제 주요 인사에 대해 상벌을 내렸고 군대를 해산시키는 등의 행동을 취했던 것이다. 앞서 일리천 전투에서 확보한 포로 3,200명을 모두 방면시켜 고향으로 보냈다. 그 목적은 왕건의 인도적인 모습을 강조하고 후백제인들에게 고려가 후백제의 항복을 받아냈다는 것을 고향에 알리게 하려는 의도로 볼 수 있다. 왕건은 선왕인 진훤의 귀부와 신검 왕의 항복 소식을 들은 후백제인들이 더 이상 싸울 여력을 잃게 될 것으로 판단하였기에 이들을 풀어주었다. 그러나 왕건은 사단을 제공한 이들을 다음에서 보듯이 처형하였다.

　　왕이 친히 능환(能奐)을 불러 꾸짖기를, "처음부터 양검 등과 공

----

四十人幷妻子 送至京師"

모하여 임금을 가두고 그 아들을 세운 것은 너의 짓이니 남의 신하된 도리가 이래서야 되겠느냐?"라고 하니 능환은 고개를 숙이고 감히 입을 떼지 못하였다. 왕은 드디어 명령을 내려 능환을 처단하게 하고 양검, 용검은 진주(眞州)로 귀양을 보냈다가 얼마 후에 죽였다. 신검은 그가 아비의 자리를 참람하게 차지한 것이 남의 위협에 의한 것으로서 죄가 두 아우보다는 경할 뿐더러 항복하여 왔다 하여 특별히 죽이지 않고 벼슬을 주었다. 이에 진훤은 근심과 번민으로 등창이 나서 수일 만에 황산(黃山) 절간에서 죽었다.[48]

왕건의 후삼국 통일의 일등공신은 사실 자신이 처형한 능환이었다. 능환이 후백제 내에 내분을 일으켰기 때문에 그 틈을 이용할 수 있었다. 따라서 원칙적으로는 능환에게 상을 주어야 마땅했다. 그러나 능환은 후백제를 파국으로 몰아넣은 장본인이었다. 이제 새롭게 고려 백성이 되는 후백제 주민들과 진훤, 그리고 진훤을 지지하는 세력들을 위해서라도 과거사에 대한 책임을 물어야 했다. 양검과 용검 또한 능환과 함께 정변을 주도한 이들이었기에 귀양을 보냈다. 이제 막 항복한 상황에서 바로 죽이기는 곤란하다고 판단하였다. 그랬기에 귀양을 보냈지만 적당한 시점에 죽였을 것으로 보인다. 신검 또한 마찬가지였다. 신검은 후백제 왕이었기에 신라 왕처럼 대우해 주는 척했다. 그러나 신검이 고려의 적이었다는 사실은 결국 변하지 않았다. 후백제인들의 민심 동요를 막기 위해서라도 일단

---

48) 『高麗史』권2, 태조 17년 조. "面責能奐曰 始與良劍等 謀囚君父立其子者汝也 爲臣之義當如是乎 能奐俛首不能言 遂命誅之流 良劍龍劍于眞州尋殺之 以神劍僭位爲人 所脅罪輕二弟 又且歸命特免死賜官 於是甄萱憂懣發疽 數日卒 于黃山佛舍"

신검은 살려주었다. 『삼국사기』 진훤전에 기록된 협주를 보면 삼형제를 모두 죽였다고도 한다고 적혀 있다.[49] 실제 얼마 지나지 않아 신검은 죽임을 당했을 것으로 보인다.

▲ 논산 진훤왕릉

이후 진훤은 몸져눕게 되었다. 자신이 그토록 죽이고 싶었던 신검을 죽이지 못한 원한 때문이기도 하였다. 후백제가 멸망하고나니 모든 기운이 그대로 빠졌기 때문인 것으로 보인다. 왕건 또한 진훤의 이용 가치가 사라졌으니 이전과 같은 대우는 하지 않았다. 도리어 왕건의 입장에서는 진훤이 빨리 죽기를 바랐을 것이다. 진훤은 후백제의 구심점이었다. 그가 살아 있다면, 언제 다시 후백제가 부활하게 될지 몰랐다. 차라리 이 시점에서 진훤이 죽는 게 왕건의 입장에서는 바람직했다. 결국 진훤은 황산 불사에서 쓸쓸하게 생을 마감하게 되었다.

진훤왕릉은 현재 논산시 연무읍 금곡리 산18-3에 소재하였다. 『신증동국여지승람』에 따르면 【총묘】 진훤(甄萱)의 묘[현 남쪽 12리 풍계촌(風界村)에 있다. 속칭 왕묘(王墓)라 한다]'고 기록되어 있다.[50] 임종 시 유언으로 완산이 그립다고 하여 이곳에 무덤을 썼다는 것이다. 실제 날이 맑은 때

---

49) 『三國史記』 권50, 진훤전. "神劍僭位爲人所脅 非其本心 又且歸命乞罪 特原其死[一云三兄弟 皆伏誅]"

50) 『新增東國輿地勝覽』 권18, 忠淸道, 은진현.

에는 멀리 전주의 모악산이 보이기도 한다. 무덤의 직경은 10m이며, 높이는 5m이다. 진훤 또한 경순왕과 마찬가지로 죽어서 자신이 그리워하던 곳으로 돌아가지 못하는 신세가 되었다. 후백제의 항복을 받고 일련의 항복 조치를 취한 후 왕건은 다음의 기사에서 보듯이 전주에 입성했다.

　왕이 백제 서울에 들어가서 명령하기를, "적의 큰 괴수들은 이미 항복하였으니 죄 없는 백성들을 건드리지 말라"고 하였다. 그리고 백성들을 위로하고 그들의 재능에 따라 등용하였으며 군령이 엄격하여 백성들의 재물을 추호도 침범하지 않으니 각 주현이 편안하였다. 늙은이 어린이 할 것 없이 모두 만세를 부르면서 서로 경축하기를 "진정한 임금이 오셨으니 우리들이 살고 났다"고 하였다. 이 달에 왕이 백제로부터 돌아와서 위봉루(威鳳樓)에 앉아 문무백관과 백성들의 축하를 받았다. 왕이 삼한을 다 평정하고 나서 남의 신하된 자들이 예절에 밝도록 하기 위하여 드디어 친히 "정계(政誡)" 1권과 백관에게 훈계하는 글[誡百寮書] 8편을 저술하여 국내에 반포하였다.[51]

　전주는 이미 박영규가 장악해 놓은 상황이었다. 전주 사람들 또한 후백제의 멸망을 기정 사실로 받아들인 이후였다. 왕건은 황산에서 항복 의식을 치르자마자 바로 전주로 간 것이 아닐 것이다. 전주의 분위기가 조금 가라앉을 때를 기다린 후에 전주로 입성한 것으로 생각된다. 불과 얼

---

51) 『高麗史』 권2, 태조 17년 조. "王入百濟都城令日 渠魁旣已納款無犯我赤子 存問將士 量才任用 軍令嚴明秋毫不犯 州縣按堵老幼 皆呼萬歲相慶日 后來其蘇 是月 王至自百濟御威鳳樓 受文武百官及百姓朝賀 王旣定三韓欲使 爲人臣子者明 於禮節遂自製政誡一卷 誡百寮書八篇 頒諸中外"

▲ 논산 개태사터

마 전까지만 하더라도 적국의 수도였기에 왕건에게 위해를 가하려는 인사들도 분명 존재했을 것이다. 고려로서는 사전에 치안을 강화시켜놓아야 했다. 이 작업이 완료된 이후에 왕건은 전주성에 입성하게 되었다.

936년 12월에 왕건은 황산을 천호산으로 개칭하였다. 그리고 개태사를 연산에 세웠다. 개태사는 940년 12월에 완공되었으니 고려의 호국사찰이라고 할 수 있다. 왕건의 영정을 모셔 놓은 개태사에서 국가의 중대사가 있을 때마다 점을 쳤다. 현재 개태사는 대한불교 법상종 소속이다. 개태사터는 현재 개태사의 북쪽에 위치한다. 발굴이 마쳐진 개태사터에서는 웅장했던 규모를 상상하기는 어렵지 않다. 그 밖에 개태사의 규모를 알려주는 석조와 철확이 남아 있다. 현재 개태사에는 고려 태조 왕건의 영정을 모신 어진전(御眞殿)이 복원되었다.

# 맺음말

# 맺음말

　889년(진성여왕 3)에 조세 독촉을 계기로 상주 지역에서 원종과 애노로 대표되는 농민 봉기가 일어났다. 신라 조정이 이러한 농민 반란을 수습하지 못하는 와중이었다. 이와 동시에 한반도 서남부 지역에서는 거대한 힘이 꿈틀거리다가 매섭게 폭발했다. 마치 농민 봉기와 기맥을 통하는 것 같았다. 지금의 순천만에서 비장 직에 있던 23세의 청년 장군 진훤이 신라 조정에 일제히 반기를 들었다. 이후 한반도 지역은 936년까지 햇수로 48년간, 거의 반세기에 걸쳐 요란한 굉음을 울리며 역동적으로 움직였다.

　기라성과 같은 숱한 호족과 군웅들이 들고 일어났다가 소멸되어 갔다. 죽주의 기훤과 북원의 양길은 한반도 중부 지역의 한 거점을 호령하고 있었다. 이 두 명의 군웅을 겪어 보았던, 그러니까 이들을 아주 잘 알고 있는 애꾸 눈의 승려 출신에 의해서였다. 이들은 역사의 뒷면으로 금방 퇴출되었다. 과거 고구려의 옛 터이기도 했던 한반도 중부 지역을 장악하기 위한 회전이 비뇌성 전투였다. 이 싸움에서 궁예는 양길을 비롯한 호족 연합군을 산산 조각내었다. 그 즉시 궁예는 고구려 즉 고려를 재건하였다. 그러한 일대 전기가 된 역사적 현장인 비뇌성은 안성의 죽주산성으로 밝혔다.

순천만을 기반으로 승승장구하던 진훤은 무진주를 점령한 후 부활시킨 백제의 수도로 삼았다. 이곳에서 그는 자신의 마지막 신라 군직(軍職)이었던 비장 직을 북원의 양길에게 내려주었다. 진훤은 신라왕의 대리자 역할을 하였다. 신라 서남부 지역을 위탁받아 분할 통치하는 '지역의 신라왕'을 자처한 것이다. 900년에 그는 이곳에서 북상하여 전주로 천도했다.

진훤은 우군이었던 양길을 제거한 궁예를 축출하고 양길의 근거지를 회복하려고 했다. 그로서는 한반도 중부 지역을 장악해야만 영향력을 극대화할 수 있다는 판단을 내렸다. 강원도 원주 문막에서 진훤과 궁예의 부장 왕건과의 격돌은 이러한 맥락에서 살필 수 있었다. 게다가 중국과의 외교나 교역의 비중을 가장 잘 알고 있었고, 또 가장 잘 이용했던 이가 진훤이었다. 그는 서남해를 빠르게 장악하고자 했다. 이에 대한 불만으로 나주 세력은 궁예에게 줄을 대었다. 이후 진훤은 왕건과 이곳에서 사투를 벌였고, 심지어 궁예가 직접 참전하기까지 했다. 적벽대전의 화공전에 견주어지는 격렬한 덕진포 해전은 이러한 배경에서 비롯된 것이다.

918년에는 왕건의 신정권이 들어섰다. 이후 조물성 전투가 벌어지는 925년까지 한반도에는 전쟁의 기미가 사라졌다. 상전인 궁예를 축출하고 집권한 왕건은 연이은 모반 사건으로 홍역을 치르고 있었다. 체제 정비에 필요한 시간을 벌어야 할 필요를 느꼈다. 게다가 외형상으로 후백제와 고려, 그리고 신라는 예전의 삼국 영역을 회복하였다. 과거의 삼국시대로 복귀한 것이다. 백제와 고구려 유민들이 그렇게 열망하던 옛 조국의 부활에 성공하였다. 서로 간의 이해가 맞아 떨어져서 삼국분할 정립론이 수용되었다. 즉 신라의 존재를 인정하는 한편, 통일신라 영역 안에서 옛 백제와 옛 고구려의 영역만을 복구하도록 한 것이다.

삼국분할 정립론은 7~8년간의 정적을 깨고 신라 지역에서 파열하였다. 명목상으로만 존재할 뿐 무주공산에 가까운 곳이 신라 땅이었다. 체제정비에 성공한 진훤과 왕건, 이 두 야심가는 신라 땅에서 발톱을 드러내었다. 그들이 격돌하게 된 조물성은 조문국이 소재했던 경상북도 의성으로 비정된다.

후백제와 고려가 지금의 소백산맥 지형구 안의 영남 땅을 넘보고 있을 때였다. 이곳에서도 강력한 세력가가 등장하였다. 924년에는 후당(後唐)으로부터 천주절도사(泉州節度使)를, 927년에는 권지강주사(權知康州事)와 회화대장군(懷化大將軍)에 각각 책봉된 왕봉규였다. 그가 국가를 부활시켰는지 여부는 확인되지 않는다. 그러나 이 정도의 화려한 직함이라면 응당 주민들을 결집시키는 요체로서 국가 부활을 단행했다고 보아야 한다. 아마도 가야 옛 땅을 기반으로 한 만큼, 왕봉규는 다른 삼국과 어깨를 나란히 할 목적과 독립의 명분으로 가라왕(加羅王)을 칭했을 가능성이 높다. 그러나 '가라왕 왕봉규'는 후백제와 고려라는 양대 강국 사이에서 힘겹게 버티다가 먹이감이 된 것으로 보인다. 서부 경남 지역의 절대강자였던 왕봉규가 무너지자 무주공산격인 이곳으로 후백제군과 고려군이 발빠르게 진주하게 되었다. 이에 연동하여 지역 호족들도 향배를 결정했던 것 같다. 후백제와 고려는 이제 남해의 지배권을 놓고 격돌하였다.

진훤의 소망은 자신이 정남(丁男)으로 군역을 질 때 들어왔던 천년수도 경주로 진격해 보는 일이었다. 자신을 끊임없이 자극하고 있던 박씨 왕인 경애왕을 처단한 후 김씨 왕을 옹립하여 친후백제정권을 수립하고자 마음 먹었다. 마침 상황이 급하게 돌아가고 있었다. 신라 국상(國相) 김웅렴(金雄廉)이 왕건을 초청하였기 때문이다. 진훤으로서는 왕건이 경주에 먼저 입성하여 민심을 얻는 것을 차단해야만 했다. 친고려주의자 경애왕의 제거와 왕건의 경주 입성을 차단하기 위한 목적으로 진훤은 서둘러 경주 공략을 결행하게 되었다. 진훤은 경애왕과 더불어 대표적 친고려주의자인 김웅렴의 제거를 계획에 두었다. 927년 가을 진훤은 전격적으로 경주를 급습했다. 그는 경애왕을 처단하여 의자왕의 숙분을 풀 수 있었다. 그렇지만 김웅렴을 생포하는 데는 실패했다.

후백제군은 전주로 회군하면서 신라 구원 명분을 걸고 남하한 왕건의 고려군을 공산에서 대패시켰다. 통쾌한 승리를 거둔 진훤은 즉각 왕건에게 격문(檄文) 한 장을 보냈다. 격문에서 진훤은 자신감과 포부를 화통하게 피력하였다. 성큼 다가온 통일군주에 대한 기대감이 절정에 달한 모습이었다. 이후 후백제군은 신라 땅에서 고려군을 축출하는 일에 전력을 기울였다. 929년의 시점에 후백제는 나주 지역을 장악하였다. 이제 숙원의 서남해까지 장악하여 후백제의 군사력은 가위 절정으로 치닫고 있었다.

930년 정월, 후백제군은 지금의 안동인 고창 땅을 포위했다. 이곳에 진출해 있는 고려군 3천 명을 생포하기 위한 차원에서였다. 계속 밀리고 있던 고려군이 신라 지역에서 퇴출된다면 가망이 없어지는 것이었다. 왕건도 전력을 투구해서 물러서지 않은 전쟁을 벌였다. 어찌 보면 왕건에게는 진훤에 대한 트라우마를 씻을 수 있는 기회이기도 했다. 이때의 패전으로 진훤은 신라 지역에 대한 영향력을 거의 상실하고 말았다. 그렇지만 후백제군은 퇴각하면서도 순주성(안동시 풍산읍)을 공격해서 성주 원봉이 달아나게 했다. 진훤의 입장에서는 불과 6개월 전에 점령한 적이 있었던 순주성 세력이 왕건을 지원함으로써 고창 전투에서 결정적인 패배를 입었던 것이다. 그랬기에 진훤은 퇴주하는 상황임에도 불구하고 응징 보복 차원에서 공격을 단행해 주민들을 약취한 것으로 보인다. 이때 진훤은 순주성 공격을 통해 무엇을 노렸을까? 경상북도 북부의 신라계 호족이나 친고려계 호족들에게 강한 모습을 보임으로써, 이들이 쉽게 왕건을 돕지 못하게 하는 심리적인 효과를 겨냥한 것으로 해석된다.

진훤은 신라 지역에서 기반을 대거 상실하고 말았다. 지금까지의 패배를 일거에 만회하기 위해서는 의표를 찌르는 작전 한 방이 필요했다. 진훤은 일길찬 상귀를 시켜 예성강 상륙작전을 단행했다. 932년에 후백제군은 예성강을 거슬러 올라갔다. 이때 후백제군은 고려 수도 개경을 포위한 것으로 보인다. 이는 "발성(勃城) 전투에서 태조가 적에게 포위를 당하자 박수경이 힘써 싸운 덕에 탈출할 수 있었다"라는 발성 전투를 통해서도 유추할 수 있다. 발성은 발어참성(勃禦塹城)의 약칭으로 보인다. 발어참성은 현종대 나성을 축조할 때 황성 성벽으로 활용되었다. 그렇다고 할 때 왕건이 발성 전투에서 후백제군에 포위되었다는 사실은 무엇을 말하는 것일까? 이는 말할 나위 없이 개경 왕궁이 포위되어 왕건이 생존의 기로에 섰음을 뜻한다. 왕건으로서는 공산 전투에 이어 생애 두 번째 위기였던 것이다. 이때 후백제군은 예성강 유역의 초입에 소재한 항구들을 급습하여 100여 척의 선박들을 불살라 버렸다. 그리고 주변 도서에 있는 3백 마리의 말들을 대거 약탈해 왔다. 후백제군은 선단을 이용한 급습을 통해 고려의 해군력을 붕괴시키고자 하였다. 비록 후백제는 왕건의 목을 치지는 못했다. 그렇지만 왕건의 간담을 서늘하게 하고도 남았다. 왕궁에서 포위를 당했던 왕건의 심정은 헤아리고도 남는 것이다. 그 직후에도 후백제군은 평안도 지역의 도서를 공략하는 등 고려 본토를 위협했다.

　　키가 크고 지략이 많았을 뿐 아니라 공산 대승의 기획자로 추정되는 금강 왕자가 떠 오르는 태양이었다. 왕위계승에서 위기감을 느끼고 초조해진 신검 왕자는 933년에 역시 기습적인 신라 왕도 공격을 단행했다. 927년에 자신의 아버지인 진훤이 그러했던 것처럼 신라 왕도를 급습해서 정국의 흐름을 일거에 반전시키고자 하였다. 신검이 인솔하는 후백제군은 경주 초입까지 진출했던 것이다. 그러나 이러한 작전은 급히 내려온 고려 명장 유검필과 조우함으로써 실패로 돌아갔다.

사태가 긴박하게 돌아가고 있었다. 934년 정월, 진훤은 정예병을 이끌고 운주성에 이르러 왕건과 맞대응했다. 그러나 이 전투에서 후백제가 패함으로써 충청남도 지역의 많은 호족들이 고려로 넘어 갔다. 웅진 이북의 30여 성이 고려로 귀부했다는 것이다. 이제 후백제는 가망을 상실하게 되었다. 이와 엮어져 대세가 완전히 기울었다고 판단한 신라가 935년에 고려에 항복하였다.

　노쇠하고 지친 진훤은 고려에 항복하는 방안을 심각하게 고려하고 있었다. 50년 가까운 내전으로 인해 불쌍한 농민들과 병사들의 피해를 더 이상 볼 수 없다는 현실 인식도 작용한 듯하다. 이와 맞물려 왕위계승 문제가 불거져 나왔다. 사태가 불리하게 돌아간다고 느낀 신검과 양검, 그리고 용검은 지방에 둔 자신의 예하 병력을 끌어들여 기습적으로 정변을 단행했다. 무주도독 용검의 병력이 전주로 이동하는 군사적 공백을 틈타 고려군은 기습적으로 나주를 탈환한 것으로 보인다. 금산사에 유폐되었던 진훤은 고려군이 장악한 나주를 경유하여 개경으로 들어갔다.

　후삼국 최후의 결전이 936년에 발발하였다. 고려군은 풍수적으로 의미가 있는 땅인 천안부에 집결하였다가 일리천이 소재한 경상북도 구미로 이동했다. 이에 맞대응 차원에서 천안 남쪽 황산에 주둔했던 후백제군도 고려군의 이동에 대응하여 일리천으로 움직였다. 대회전의 현장에서 고려군 진영에 진훤이 있었기에, 후백제군은 자중지란으로 붕괴되고 말았다. 후백제군의 퇴주로는 왔던 길의 복기(復棋)였다. 후백제군 후방 본영이 있던 황산으로 쫓겨온 신검의 군대는 다시금 탄령을 넘어 마성으로 내려갔다. 고려군은 후백제군이 가는 길을 고스란히 따라 추격하였다. 추격하는 고려군은 마성에서 신검의 항복을 받았다. 마성은 금마성으로 일컬어졌던 익산의 왕궁평성으로 추정된다.

　후백제군의 후방 거점인 황산이 무너지고 탄령을 넘어 전주의 목에 해당하는 마성까지 넘어가자 신검은 전의를 상실하였기 때문이다. 이로써 후삼국의 통일이 이루어졌다. 거의 반세기 가까운 분열과 대립의 시대를 청산하고 다시금 통일국가로 나가게 된 것이다.

# 참고문헌

## 1. 사서·문집

『三國史記』

『三國遺事』

『高麗史』

『高麗史節要』

『世宗實錄』

『新增東國輿地勝覽』

『東史綱目』

『東文選』

『增補文獻備考』

『水北亭集』

『萬機要覽』

『永嘉誌』

『大東野乘』

『星湖全集』

『修堂集』

『茶山詩文集』

『佔畢齋集』

「大東輿地圖」

『史記』

『日本書紀』

## 2. 단행본·보고서

慶南發展硏究院 歷史文化센터, 『陜川 傳 草八城』, 慶南發展硏究院 歷史文
化센터, 2007.

公州大學校博物館, 『文化遺蹟分布地圖 : 洪城郡』, 公州大學校博物館, 2002.

국립가야문화재연구소, 『慶南의 城郭』, 국립가야문화재연구소, 2008.

국립대구박물관, 『팔공산 동화사』, 국립대구박물관, 2009.

國立晉州博物館, 『晉州城 矗石樓 外廓 試掘調査 報告書』, 國立晉州博物
館, 2002.

국립진주박물관, 『서부 경남의 성곽』, 국립진주박물관, 2011.

국토지리정보원, 『한국지명유래집 : 충청편』, 국토지리정보원, 2009.

국토지리정보원, 『한국지명유래집 : 경상편』, 국토지리정보원, 2011.

김갑동, 『고려의 후삼국 통일과 후백제』, 서경문화사, 2010.

김상기, 『東方史論叢』, 서울대학교 출판부, 1974.

大邱大學校 中央博物館, 『文化遺蹟分布地圖 : 義城郡』, 大邱大學校 中央
博物館, 2005.

도설천하 국학서원계열 편집위원회·유소영 역, 『도설천하 삼십육계』, 시
그마북스, 2010.

류영철, 『高麗의 後三國 統一過程 硏究』, 景仁文化社, 2005.

리창언, 『고려 유적연구』, 백산자료원, 2003.

북원문화역사연구소, 『건등산 뿌리의 후삼국지』, 두루, 2005.

손무 저·유동환 역, 『손자병법』, 홍익출판사, 1999.

順天大學校博物館, 『麗水市의 山城』, 順天大學校博物館, 2003.

順天大學校博物館, 『順天 劍丹山城 I』, 順天大學校博物館, 2004.

順天大學校博物館, 『光陽 馬老山城 I : 建物址 I』, 順天大學校博物館,
2005.

신호철, 『後百濟甄萱政權研究』, 일조각, 1993.

安東民俗博物館, 『安東의 地名由來』, 안동민속박물관, 2002.

안동민속박물관, 『안동의 재사』, 안동민속박물관, 2013.

원주시, 『原州市史 : 민속·문화재편』, 2000.

이도학, 『백제고대국가연구』, 일지사, 1995.

이도학, 『진훤이라 불러다오』, 푸른역사, 1998.

이도학, 『궁예 진훤 왕건과 열정의 시대』, 김영사, 2000.

이재범, 『高麗 建國期 社會動向 研究』, 景仁文化社, 2010.

장동익, 『宋代麗史資料集錄』, 서울대학교 출판부, 2000.

朝鮮總督府, 『朝鮮金石總覽 上』, 朝鮮總督府, 1919.

조인성, 『태봉의 궁예정권』, 푸른역사, 2007.

忠北大學校 中原文化研究所, 『報恩 昧谷山城 地表調査 報告書』, 忠北大學
    校 中原文化研究所, 1998.

한국사전연구사 편집부, 『종교학대사전』, 한국사전연구사, 1998.

한국역사연구회, 『譯註 羅末麗初金石文 上』, 혜안, 1996.

한국역사연구회, 『譯註 羅末麗初金石文 下』, 혜안, 1996.

한국역사지명사전 편찬위원회, 『한국역사지명사전』, 여강출판사, 2008.

洪城郡誌編纂委員會, 『洪城郡誌』, 洪城郡廳, 1980.

3. 논문

姜鳳龍, 「甄萱의 勢力基盤 擴大와 全州 定都」 『후백제 견훤정권과 전주』,
    전북전통문화연구소, 2000.

權悳永, 「新羅 遣唐使의 羅唐間 往復行路에 對한 考察」 『歷史學報』 149,
    1996.

金基卓,「尙州 甄萱祠堂의 聖神閣 考察」『尙州文化研究』15, 2005.

金相燉,「新羅末 舊加耶圈의 金海 豪族勢力」『震檀學報』82, 1996.

金澤均,「弓裔와 世達寺」『史學研究』75, 2004.

柳永哲,「古昌戰鬪와 後三國의 정세변화」『한국중세사연구』7, 1999.

柳在春,「原州 鴿原山城考」『鄕土史硏究』9, 1997.

박종오,「영산강 유역의 왕건 관련 설화」『고려의 후삼국통합과정과 나주』, 景仁文化社, 2013.

변동명,「金摠의 城隍神 推仰과 麗水·順天」『전남사학』22, 2004.

서정석,「홍성지역의 산성과 백제의 郡縣」『百濟文化』47, 2012.

愼成宰,「궁예정권의 나주진출과 수군활동」『軍史』57, 2005.

辛鍾遠,「雉岳山 石南寺址의 推定과 現存民俗」『정신문화연구』17, 1994.

신호철,「高麗 건국기 西南海 지방세력의 동향 : 羅州 호족의 활동을 중심으로」『역사와 담론』58, 2011.

李道學,「古新羅期 靈護寺刹의 機能擴大 過程」『白山學報』52, 1999.

李道學,「後百濟의 加耶故地 進出에 관한 檢討」『白山學報』58, 2001.

李道學,「後百濟 甄萱의 農民 施策에 대한 再檢討」『白山學報』62, 2002.

李道學,「弓裔와 甄萱의 比較檢討」『弓裔와 泰封의 역사적 재조명』제3회 태봉학술제, 철원군, 2003.

李道學,「新羅末 甄萱의 勢力 形成과 交易--張保皐 以後 50年」『新羅文化』28, 2006.

李道學,「弓裔의 北原京 占領과 그 意義」『東國史學』43, 2007.

李道學,「後百濟의 全州 遷都와 彌勒寺 開塔」『韓國史研究』165, 2014.

李道學,「후백제와 오월국 교류」『21세기 한중문화교류사의 쟁점』, 華中師範大學 한국문화연구소 학술세미나, 2015.6.26.

이동신,「안동지방 산성의 특징」『안동사학』3, 1998.

이동신, 「暎南山土城에 관하여」『安東史研究』 5, 1992.

이진영, 「왕건과 견훤의 伏蛇草裡 공방전」『榮山江』 7, 2009.

이현모, 「羅末麗初 晋州地域의 豪族과 그 動向」『歷史敎育論集』 30, 2003.

李炯佑, 「古昌戰鬪考」『上智實業專門大學 論文集』 12, 1982.

張俊植, 「世達寺의 位置에 대한 考察」『文化史學』 11·12·13, 1999.

정성권, 「개태사 석조삼존불입상 조성배경 再考」『白山學報』 92, 2012.

鄭淸柱, 「新羅末·高麗初 順天地域의 豪族」『全南史學』 18, 2002.

최덕민, 「팔공산의 王建 설화 지명과 공산전투의 지리학적 탐색」 경북대
학교 교육대학원 석사학위논문, 2005.

최연식, 「康津 無爲寺 先覺大師碑를 통해 본 弓裔 행적의 재검토」『木簡과
文字 연구』 6, 주류성, 2011.

崔永好, 「나말여초 김해지역의 對中國 해상교섭」『石堂論叢』 50, 2011.

崔仁善, 「麗水 鼓樂山城에 對한 考察」『文化史學』 19, 2003.

황병성·노기욱·이진영, 「나주 공산면 상방리 복사초리 전적지」『고려의
후삼국통합과정과 나주』, 景仁文化社, 2013.


4. 뉴스기사·인터넷 사이트

박광연, 「[논픽션 龜尾史. 9] 왕건, 대업을 꿈꾸다(上)」『영남일보』,
2012.08.22.

한국학중앙연구원, 『디지털칠곡문화대전』. http://chilgok.grandcul
ture.net/

한국학중앙연구원, 『한국구비문학대계』. http://gubi.aks.ac.kr/web/

World Map Trot. http://www.eva.hi-ho.ne.jp/tokada/map/

# 색인